Depois do diário

Bas von Benda-Beckmann

Depois do diário

Os destinos de Anne Frank e dos outros moradores do Anexo Secreto

Tradução: João Carlos Pijnappel

GLOBOLIVROS

Publicado originalmente em 2020 por Em. Querido's Uitgeverij B.V., Amsterdam

Texto fixado conforme as regras do Acordo Ortográfico da Língua Portuguesa
(Decreto Legislativo nº 54, de 1995).

Título original: *Na het Achterhuis*

Editora responsável: Amanda Orlando
Editora de produção: Viviane Rodrigues
Editores-assistentes: Renan Castro e Rodrigo Ramos
Assistente editorial: Camila Novaes
Preparação: Mariana Donner
Revisão: Theo Cavalcanti e Aline Canejo
Capa e diagramação: Miriam Lerner | Equatorium Design
Foto de capa (Anne Frank): Pictorial Press Ltd / Alamy / Fotoarena

1ª edição, 2025

CIP-BRASIL. CATALOGAÇÃO NA PUBLICAÇÃO
SINDICATO NACIONAL DOS EDITORES DE LIVROS, RJ

B396d

Benda-Beckmann, Bas Von
Depois do diário : os destinos de Anne Frank e dos outros moradores do anexo secreto / Bas Von Benda-Beckmann ; tradução João Carlos Pijnappel. - 1. ed. - Rio de Janeiro : Globo, 2025.
320 p.

Tradução de: Na het Achterhuis : Anne Frank en de andere onderduikers in de kampen
ISBN 978-65-5987-265-7

1. Judeus - Holanda - Biografia. 2. Holocausto judeu (1939-1945). 3. Guerra mundial, 1939-1945 - Judeus. 4. Frank, Anne, 1939-1945. I. Pijnappel, João Carlos. II. Título.

25-99168.0 CDD: 940.5481492
CDU: 929:94(100)'1939-1945

Carla Rosa Martins Gonçalves - Bibliotecária - CRB-7/4782
11/07/2025 14/07/2025

Direitos exclusivos de edição em língua portuguesa para o Brasil
adquiridos por Editora Globo S.A.
Rua Marquês de Pombal, 25 — 20230-240 — Rio de Janeiro — RJ
www.globolivros.com.br

Sumário

Prefácio ... 9

1. "Você me perguntou se eu poderia lhe contar algo mais" – Uma busca pelos clandestinos do Anexo Secreto ... *11*
   - Onde o diário de Anne é interrompido ... *11*
   - Edith, Anne, Margot e Otto Frank ... *12*
   - Auguste, Hermann e Peter van Pels ... *28*
   - Fritz Pfeffer ... *31*
   - Clandestinidade e prisão ... *35*
   - A busca ... *38*
   - Um quebra-cabeça incompleto ... *41*

2. "Mamãe, você sabia que a Margot está aqui?"– A Casa de Detenção e o campo de Westerbork ... *51*
   - A Casa de Detenção ... *51*
   - O campo de Westerbork ... *56*
   - A chegada ... *65*
   - A vida cotidiana em um pavilhão penal ... *69*
   - Os encontros em Westerbork ... *75*
   - "Aquela viagem terrível": o transporte de 3 de setembro ... *82*
   - O conhecimento e as expectativas sobre o genocídio ... *92*

3. "A VIDA ERA UM INFERNO" – Auschwitz 101
Auschwitz e o genocídio dos judeus europeus 101
Um campo em desenvolvimento 112
Funktionshäftlinge 116
Os clandestinos em Auschwitz: chegada, seleção e registro 122
Stammlager: os homens em Auschwitz I 131
Hermann van Pels é assassinado na câmara de gás 132
Os pacotinhos 137
Sobreviver em Auschwitz 141
Despedida 149

4. "VOCÊ NÃO PRECISAVA LHE DESPERTAR ALGUM ÂNIMO, POIS ÂNIMO JÁ NÃO HAVIA" – Edith, Anne e Margot Frank e Auguste van Pels em Auschwitz-Birkenau 157
A vida no campo: fome, frio e seleções 157
Vigilância e violência no campo das mulheres 161
No "pavilhão holandês": Edith, Anne e Margot Frank e Auguste van Pels 166
Mais uma despedida: a partida de Anne, Margot e Auguste 169
"Edith ficou doente" – O falecimento de Edith Frank 172

5. "ACREDITO QUE NÃO A VI FICAR DE PÉ" – Anne e Margot Frank e Auguste van Pels em Bergen-Belsen 177
De Auschwitz para Bergen-Belsen 177
Bergen-Belsen: campo de prisioneiros de guerra, campo de troca de prisioneiros e campo de concentração 179
Margot e Anne Frank e Auguste van Pels em Bergen-Belsen 186
Encontros na cerca 196
O falecimento de Margot e Anne Frank 201

6. "ME LEMBRO DE GUSTA VAN PELS — DE ORIGEM ALEMÃ" – Auguste van Pels em Raguhn 209
"Graças a Deus, um campo pequeno" 209
O trabalho na fábrica de aviões 211

7. "ELES NUNCA VOLTARAM"– Peter van Pels em Mauthausen e Melk 217
Na marcha da morte de Auschwitz a Mauthausen 217
Um marceneiro de rosto oval 224

8. "DOS HOLANDESES, A MAIORIA MORREU"– Fritz Pfeffer em Neuengamme 235
Neuengamme 235
Fritz Pfeffer em Neuengamme 240

9. "ONDE AS CRIANÇAS ESTÃO, EU NÃO SEI"– A busca de Otto 249
De volta para casa 249
Cada migalha 256

BIBLIOGRAFIA 259
LISTA DE ARQUIVOS CONSULTADOS 266
NOTAS 269

Prefácio

Este livro é, sob muitos aspectos, resultado de um esforço comum. A base principal e a linha mestra são constituídas pela pesquisa realizada entre 2012 e 2016 por Erika Prins — que na época atuava como pesquisadora na Fundação Anne Frank. O resultado dessa investigação foi intitulado *Relatório da pesquisa sobre a permanência dos oito clandestinos nos campos* (Amsterdã, 2016). Nos anos seguintes, surgiram complementos assinados por Esther Göbel, que aprimorou uma versão anterior do capítulo sobre Auschwitz, e por Gertjan Broek e Teresien da Silva. Em 2019, a pesquisa foi continuada por Bas von Benda-Beckmann, que escreveu esta obra fundamentando-se no relatório da pesquisa de 2016 e em novas descobertas.

Contudo, outras pessoas também colaboraram para este projeto. O autor, os pesquisadores e a Fundação Anne Frank agradecem aos diversos arquivistas, revisores e consultores que tornaram este livro possível. Além dos colaboradores de diversos arquivos e instituições dedicadas à conservação do patrimônio histórico, foi, em primeiro lugar, o emérito prof. dr. Wichert ten Have que não apenas orientou o projeto e realizou observações valiosas, com grande conhecimento de causa, mas em 2019 também insistiu para que fosse publicado sob a forma de livro.

Inestimáveis comentários vieram, também, de Daan de Leeuw e Guido Abuys e de Josje Kraamer e Annette Portegies, da editora Querido, que deram feedback ao manuscrito. E também, naturalmente, todos os colegas da Fundação Anne Frank, que de várias maneiras colaboraram com esta obra. Além de todas as pessoas já citadas, participaram também Karolien Stocking Korzen, que realizou a pesquisa fotográfica, e Liselot van Heesch, Menno

Metselaar, Eugenie Martens e Tom Brinck, que revisaram o texto e contribuíram na edição deste livro.

Para encerrar, esta obra nunca teria existido sem as muitas testemunhas entrevistadas para o projeto de história oral da Fundação Anne Frank ou por outras instituições. É a elas que devemos agradecer pelo resgate das experiências dos oito moradores do Anexo Secreto nos campos de concentração. Agradecemos especialmente também a todas as testemunhas que partilharam suas histórias.

1
"Você me perguntou se eu poderia lhe contar algo mais"

Uma busca pelos clandestinos do Anexo Secreto

Só se pode falar em nome dos mortos quando se dá a palavra às testemunhas oculares.

Arnon Grunberg (discurso de 4 de maio de 2020)

Onde o diário de Anne é interrompido

Em 4 de agosto de 1944, a *Sicherheitspolizei* [Polícia de Segurança] invadiu o prédio da empresa Opekta, na rua Prinsengracht, 263, em Amsterdã. Ela encontrou oito clandestinos judeus, que desde julho de 1942 estavam escondidos nos fundos [o "Anexo Secreto"] desse prédio. Um desses clandestinos era uma menina de quinze anos, Anne Frank. Desde seu décimo terceiro aniversário, ela havia anotado detalhadamente os acontecimentos de sua vida em um diário, um documento que se tornaria um dos livros mais famosos do mundo. Por meio desse diário, que foi publicado em mais de setenta idiomas e adaptado para o cinema e a TV inúmeras vezes, a história desses oito clandestinos se tornou uma das sagas pessoais mais conhecidas da Segunda Guerra Mundial. Pelos olhos de Anne, o mundo conheceu as oito pessoas que tinham se escondido por dois anos no prédio da rua

Prinsengracht, descritas em sua intimidade pela perspectiva de uma adolescente em desenvolvimento.

É dessas oito pessoas que trata este livro: Otto, Edith, Margot e Anne Frank, Hermann, Auguste e Peter van Pels e Fritz Pfeffer. Eles eram todos judeus que, durante os anos 1930, haviam fugido da Alemanha nazista para construir na Holanda uma nova existência. Oito pessoas que, no verão e no outono de 1942, entraram na clandestinidade para sobreviver à perseguição dos nazistas aos judeus.

Este livro dá sequência ao ponto em que o diário de Anne é interrompido. Ele investiga o mais precisamente possível o que ocorreu com os oito clandestinos após terem sido detidos e levados a diversos campos de concentração e extermínio, nos quais sete viriam a falecer.

Por mais famosos que Anne Frank e seus sete companheiros de destino possam ser, esta obra não pode ter início sem uma apresentação dos oito protagonistas. Para que seja possível acompanhar a história de suas vidas nos campos, é importante retornar brevemente aos acontecimentos que precederam sua prisão. Quem eram eles, sob quais circunstâncias fugiram da Alemanha nazista e como foram parar, em 1942, no Anexo Secreto?

Edith, Anne, Margot e Otto Frank

Em primeiro lugar, havia a família Frank. O pai, Otto, era um homem de negócios, criado em uma próspera família de banqueiros em Frankfurt. Vinha de um ambiente judeu liberal e lutou como oficial no exército alemão durante a Primeira Guerra Mundial.[1] Em 1925, Otto Frank se casou com Edith Holländer. O casamento foi celebrado em Aachen, a cidade natal de Edith. Assim como Otto, ela vinha de um ambiente judeu liberal, embora fosse consideravelmente mais religiosa que o marido e se apegasse fortemente às tradições judaicas. Após o casamento, Edith e Otto moraram em Frankfurt, onde tiveram duas filhas. Margot nasceu em 1926, e Anne, em 1929.

Em Frankfurt, a família sentiu a ameaça do emergente movimento nazista. A decisão final de partir para a Holanda veio após um período de crescente ansiedade e insegurança. Depois da guerra, Otto Frank relembrou como o ambiente ameaçador na Alemanha fez com que ele e Edith, no início dos anos 1930, cada vez mais considerassem a possibilidade de emigrar:

> Eu me lembro de que, em 1932, grupos de soldados nazistas marchavam pela cidade repetindo a plenos pulmões: "Quando o sangue judeu pingar da faca". Isso era feito de forma aberta, sem nenhum pudor. Eu disse, então, imediatamente à minha mulher: "O que podemos fazer para fugir daqui?". Mas naturalmente a verdadeira pergunta era: como poderíamos garantir nossa sobrevivência se fôssemos embora, renunciando a praticamente tudo que tínhamos?[2]

O casal de noivos Otto e Edith Frank-Holländer com os convidados em sua festa de noivado, celebrada em 12 de maio de 1925. Otto comemorou seu 36º aniversário no mesmo dia.

Para a família Frank, a tomada do poder em janeiro de 1933 por Adolf Hitler e seu Partido Nacional-Socialista Operário Alemão (NSDAP, de acordo com a sigla em alemão) foi o sinal para deixarem definitivamente a Alemanha. Em Frankfurt, os efeitos do novo regime já eram imediatamente visíveis. Logo que Hitler foi nomeado chanceler, os nazistas quiseram deixar claro para os judeus que não havia mais lugar para eles. Em março, os nazistas anunciaram uma ação de boicote nacional, que foi realizada em 1º de abril em todo o país, e o terror antissemita assumiu formas cada vez mais violentas.

Por toda a parte na Alemanha, as lojas, as empresas e os médicos judeus eram boicotados. Também em Frankfurt, com uma comunidade judaica de cerca de 31 mil pessoas (aproximadamente 6% dos habitantes da cidade), as consequências foram enormes.[3] Em 13 de março de 1933, membros da *Sturmabteilung* (SA) — a tropa de assalto paramilitar dos nacional-socialistas

Edith Frank, maio de 1935.

Otto Frank, maio de 1936.

Margot e Anne em Aachen, outubro de 1933.

Nazistas penduram a bandeira com a suástica no prédio da prefeitura de Frankfurt, 13 de março de 1933.

— invadiram a sede da prefeitura, içaram a bandeira com a suástica e substituíram o prefeito liberal Ludwig Landmann pelo juiz nacional-socialista Friedrich Krebs. Na mesma tarde, a SA bloqueou em diversos locais da cidade as entradas de lojas e armazéns de proprietários judeus e intimidou os lojistas e clientes. Nos dias seguintes, a ameaça aumentou até que, em 1º de abril de 1933, ocorreu um boicote nacional às empresas judaicas que envolveu muita violência e intimidação. Ainda em 21 de março, o novo chefe da polícia de Frankfurt, durante uma grande manifestação do NSDAP, ameaçou os moradores judeus da cidade dizendo que o boicote às empresas judias era muito necessário: "Frankfurt deve se tornar alemã. Contudo, vocês, judeus, não têm nada a temer. Permaneceremos dentro da legalidade, ainda que, mesmo assim, vocês continuem a sentir que não são bem-vindos”.[4]

Foram ameaças dissimuladas como essas que convenceram definitivamente Otto e Edith Frank de que, para eles, não havia mais nenhum futuro na Alemanha. Problemas financeiros também tiveram sua parte nessa decisão. Os negócios bancários da família de Otto Frank estavam em sério declínio, assim como suas outras atividades comerciais. Na primavera de 1933, a família decidiu partir definitivamente para a Holanda, onde Otto Frank, com a ajuda de seu cunhado Erich Elias, pretendia criar a Opekta, uma empresa que comercializaria pectina, um agente gelificante com o qual também se podia fabricar geleia.

Propaganda da Opekta.

Em meados de agosto de 1933, Otto partiu para Amsterdã a fim de dar início à sua nova empresa e fazer os preparativos para a chegada da esposa e das filhas, que até aquele momento passavam alguns meses com a mãe de Edith em Aachen.[5] Em dezembro daquele ano, a família passou a ocupar uma ampla residência familiar na praça Merwedeplein, no novo bairro Rivierenbuurt, em Amsterdã. Para sua empresa, Otto Frank inicialmente alugou várias salas no prédio Candida, na rua Nieuwezijds Voorburgwal, no centro da cidade, e, a partir de 1934, em outro edifício às margens do canal Singel. Em 1938, ele também comprou a Pectacon — uma empresa que comercializava especiarias e conservas — de seu fundador, Johannes Kleiman, que permaneceu sendo um de seus colaboradores mais próximos. A partir de dezembro de 1940, Frank estabeleceu ambas as empresas na rua Prinsengracht, número 263, um prédio do século XVII, com escritórios, depósitos e armazéns suficientes para as duas empresas. Havia também um moinho para as especiarias.

Um cartão-postal ilustrado da praça Merwedeplein, em Amsterdã, nos anos 1930. A família Frank morava no número 37.

Em Amsterdã, a família Frank construiu uma nova vida. As meninas iam para a escola, onde se integraram facilmente e logo dominaram o idioma holandês, e Otto e Edith também fizeram novos amigos. Em grande parte, seu círculo social era formado por judeus fugidos da Alemanha que moravam na vizinhança, parceiros comerciais e funcionários da Opekta-Pectacon. Os amigos mais próximos eram Victor Kugler, Johannes Kleiman e as secretárias Miep Santrouschitz, que mais tarde se casou com Jan Gies, e Bep Voskuijl e seu pai, Johannes. Foram essas pessoas que, entre o verão de 1942 e agosto de 1944, assumiram o cuidado dos oito clandestinos no Anexo Secreto. Eles levavam mantimentos, roupas novas e notícias do mundo exterior para a isolada existência clandestina da família Frank e dos demais clandestinos, além de lhes fazer companhia.

Após a chegada na Holanda em 1933, a família Frank continuou a acompanhar atentamente os acontecimentos na Alemanha. Eles recebiam mensagens da família e dos amigos que lá permaneceram sob a crescente violência e a perseguição cada vez mais agressiva aos judeus. Contudo, também viram com os próprios olhos o que acontecia por lá. Até 1938 — ano em que a violência antissemita cresceu radicalmente —, Otto e Edith visitavam regularmente a família na Alemanha. Anne e Margot se hospedavam todos os anos, geralmente na época do Natal, na casa da avó em Aachen.[6]

A família Frank na praça Merwedeplein, em maio de 1941. É a última foto conhecida com toda a família reunida.

Otto e os auxiliares em outubro de 1945. Da esquerda para a direita: Miep Gies, Johannes Kleiman, Otto Frank, Victor Kugler e Bep Voskuijl.

Jan Gies no início da década de 1940.

Johannes Voskuijl em dezembro de 1940.

Também em Aachen, uma cidade preponderantemente católica, próxima à fronteira holandesa, o NSDAP se impunha visivelmente sobre a vida cotidiana da pequena comunidade judaica que vivia ali. A mãe de Edith, Rosa, e seus dois irmãos, Walter e Julius, que juntos conduziam uma bem-sucedida empresa de reciclagem de metais, eram regularmente confrontados pelo novo regime.[7]

Edith e seu irmão, Walter, durante a década de 1920.

Em junho de 1933, a Gestapo prendeu um bom amigo de Julius, o irmão mais velho de Edith, o advogado Karl Löwenstein.[8] Além de jurista, Löwenstein era diretor administrativo da sinagoga da qual Julius Holländer fazia parte. Em junho de 1933, ao lado de seu irmão, Löwenstein foi colocado durante semanas em *Schutzhaft* — "prisão preventiva".[9] A empresa de reciclagem de Walter e Julius Holländer também andava com problemas financeiros cada vez maiores devido às medidas antissemitas.[10] E até a visita semanal à sinagoga para o sabat feita por Walter, Julius e sua mãe, Rosa Holländer-Stern, se tornava uma tarefa cada vez mais difícil. Membros da SA se posicionavam regularmente às sextas e aos sábados em frente à Neue Synagoge de Aachen e impediam o acesso dos frequentadores. Os judeus eram cada vez mais excluídos da vida pública.

Após a massiva explosão de violência antissemita em 9 e 10 de novembro de 1938, as visitas anuais de Anne e Margot a Aachen foram interrompidas definitivamente. Essa noite passaria a ser conhecida como a Noite dos Cristais. A origem desse termo não é inteiramente clara. Acredita-se que foi utilizado pela primeira vez em 1939 por um funcionário nazista como uma cínica referência à quebra das vitrines das lojas de proprietários judeus. Apesar de nunca ter se tornado um termo oficial de propaganda na Alemanha nazista, a sua

Rosa Holländer-Stern, mãe de Edith, no fim dos anos 1930.

utilização permanece controversa, principalmente na literatura de língua alemã, na qual recentemente se prefere utilizar os termos "Pogrom de Novembro", ou "Noite do Pogrom", entre outras razões porque a referência ao vidro quebrado não faria justiça à violência em grande escala que ocorreu naquela noite.[11] Em uma ação terrorista coordenada, grupos nacional-socialistas em todas as partes do Império Alemão, que também já abrangia a Áustria, incendiaram sinagogas e destruíram lojas de judeus. Eles arrombaram a pontapés as portas das residências, maltratando famílias judaicas e quebrando seus móveis e utensílios. Cerca de 30 mil homens judeus foram feitos prisioneiros e confinados temporariamente nos campos de concentração de Buchenwald, Sachsenhausen e Dachau, criados pelos nazistas em 1933 para encarcerar seus opositores políticos. Walter e Julius Holländer também foram detidos em novembro. Julius foi logo colocado novamente em liberdade, porque havia sido ferido durante a Primeira Guerra Mundial e, como veterano, gozava de um tratamento especial. Mas Walter ficou três semanas confinado no campo de concentração de Sachsenhausen e só foi liberto quando, com a ajuda de Otto Frank, foi admitido em um campo holandês de refugiados, onde ele deveria aguardar sua solicitação de visto para os Estados Unidos. Ambos os irmãos conseguiriam escapar via Holanda para a América do Norte. Rosa Holländer-Stern também partiu de Aachen e foi morar com a

A sinagoga de Aachen, destruída e incendiada, 10 de novembro de 1938.

Dr. Arthur Seyss-Inquart, austríaco, nomeado por Hitler como comissário do Reich na Holanda.

família Frank na praça Merwedeplein. A ação terrorista noturna de 9 e 10 de novembro de 1938 foi um alerta vermelho: um claro sinal de que, na Alemanha nazista, os judeus não tinham mais lugar.[12]

Um ano e meio depois, em 10 de maio de 1940, a Holanda também não seria mais um local seguro. Em apenas cinco dias, o exército alemão tomou o país. A partir do fim do verão de 1940, o regime de ocupação, liderado pelo comissário do Reich Arthur Seyss-Inquart, um jurista austríaco e político nazista, introduziu medidas antissemitas cada vez mais abrangentes. Foi uma das primeiras coisas que Anne Frank descreveria em seu diário, quando ela o iniciou em junho de 1942:

> Desde que os alemães passaram a mandar por aqui, começou a nossa infelicidade; primeiro veio o racionamento e tudo tinha que ser comprado com talões; e agora, nesses últimos dois anos que eles estão por aqui, vieram as leis judaicas. [...] Judeus devem usar uma Estrela de Davi; judeus devem entregar suas bicicletas; judeus não podem andar de trem; judeus não podem andar de carro, nem mesmo se forem particulares; judeus só podem fazer compras das três às cinco da tarde, exceto nas lojas judaicas, onde há placas que informam: "Local Judeu"; judeus só podem ir em um cabeleireiro judeu; judeus não podem ficar na rua entre oito da noite e seis da manhã; judeus não podem ir ao teatro municipal nem aos cinemas e devem evitar ir a outros locais de lazer; judeus não podem frequentar as piscinas, tampouco as quadras de tênis, de hóquei ou de outros esportes; judeus não podem remar; judeus não podem praticar nenhum esporte em público. Judeus não podem mais ficar depois das oito da noite em seus jardins, nem nos de seus conhecidos; judeus não podem entrar na casa de cristãos; judeus devem ir às escolas judaicas — e todas as outras coisas desse tipo, e

assim seguia a nossa vidinha e a gente não podia isso e não podia aquilo. Jacque [uma amiga de Anne] me dizia sempre: "Eu não ouso fazer mais nada, porque tenho medo de que seja proibido".[13]

A ocupação alemã virou de ponta-cabeça a vida dos Franks, construída com tanto esforço. Além das medidas mencionadas por Anne, havia ainda outras. Em primeiro lugar, a desapropriação financeira: as empresas Opekta e Pectacon deveriam ser "arianizadas", e foi só por meio de uma hábil articulação financeira que Otto Frank conseguiu transferir suas empresas para os colaboradores, seus amigos Johannes Kleiman, Victor Kugler e Jan Gies, o marido de sua secretária, Miep. Com isso, ele conseguiu evitar que um gestor designado pelos alemães tomasse conta da companhia.

Enquanto isso, Otto Frank fez ainda duas tentativas para emigrar. Já em 1937, a família Frank tinha sérios planos de criar uma nova empresa na Inglaterra, e, quando isso não deu certo, Otto Frank provavelmente apresentou, em 1938 ou 1939, uma solicitação de emigração para os Estados Unidos.[14]

Acima: "Proibido para judeus". Praia de Zandvoort, primavera de 1941.

Ao lado: Piscina ao ar livre em Krimpen aan de Lek com a placa "Proibido para judeus".

Uma plaquinha com o texto "Proibido para judeus" no cinema City em Amsterdã, 2 de janeiro de 1941.

Em 3 de maio de 1942, os judeus a partir de seis anos passaram a ser obrigados a portar uma Estrela de Davi visível em suas roupas.

No entanto, durante o bombardeio de Roterdã, em 14 de maio de 1940, o consulado norte-americano foi atingido, e o escritório que administrava as solicitações de vistos para o país foi totalmente destruído. Quando, algumas semanas depois, o consulado foi reaberto, todos os que haviam apresentado um pedido de emigração e tinham sido colocados na lista de espera deviam apresentar seus comprovantes para que uma nova lista pudesse ser organizada. Apesar de não ter sido recuperada nenhuma documentação de Otto

Frank que demonstrasse que ele enviou esses comprovantes, em seu dossiê consta que sua solicitação de visto foi prorrogada depois de 1940. A emigração para os Estados Unidos era, então, extraordinariamente difícil, mas com a ajuda de seu amigo norte-americano Nathan Straus e dos dois irmãos de Edith, que em 1938 já haviam partido para Boston, ele ainda tentava. "Sou forçado a ansiar pela emigração, e, pelo que estou vendo, o único país para onde podemos ir são os Estados Unidos", escreveu, em 30 de abril de 1941, a seu amigo Nathan Straus, que vivia em Nova York.[15]

Em 28 de maio de 1941, Nathan, ao lado da esposa, recorreu ao Departamento de Migração do Serviço Norte-Americano de Refugiados, que abriu um novo processo no dia seguinte, 29 de maio de 1941, em nome de Otto Frank. Com os irmãos Holländer e o Comitê de Refugiados de Boston, por eles acionado, Nathan Straus e a esposa redigiram uma carta de recomendação com uma cláusula de garantia para apoiar a solicitação de visto de Otto Frank e sua família.[16]

Mas a esperança de uma emigração para os Estados Unidos se desvaneceu definitivamente quando, em agosto de 1941, foi anunciado que todas as solicitações de emigração pendentes deveriam ser apresentadas ao Conselho Judaico — os consulados norte-americanos estavam fechados desde junho. Otto Frank mais uma vez pediu a ajuda de Nathan Straus e de seus cunhados, dessa vez para uma solicitação de visto para Cuba, que exigia um visto de trânsito para a Espanha neutra. Devido ao complicado processo, ao grande risco financeiro e à pequena chance de sucesso, Otto Frank solicitou o visto cubano apenas para si próprio, a fim de verificar se seria possível obter qualquer visto para fora da Holanda. Ao longo dos meses de outubro e novembro de 1941, ficou claro que, apesar de todos os esforços, as tentativas de emigração de Otto Frank não teriam mais sucesso porque já não eram mais emitidos vistos de saída do país. A partir de 7 de dezembro de 1941, os Estados Unidos entraram em guerra contra a Alemanha, e, quatro dias depois, o procedimento de solicitação do visto cubano de Otto Frank foi definitivamente interrompido. "Em vista da situação internacional atual, a solicitação de um visto cubano para Otto Frank foi anulada", informava uma breve nota em seu processo de emigração datada de 11 de dezembro de 1941.[17]

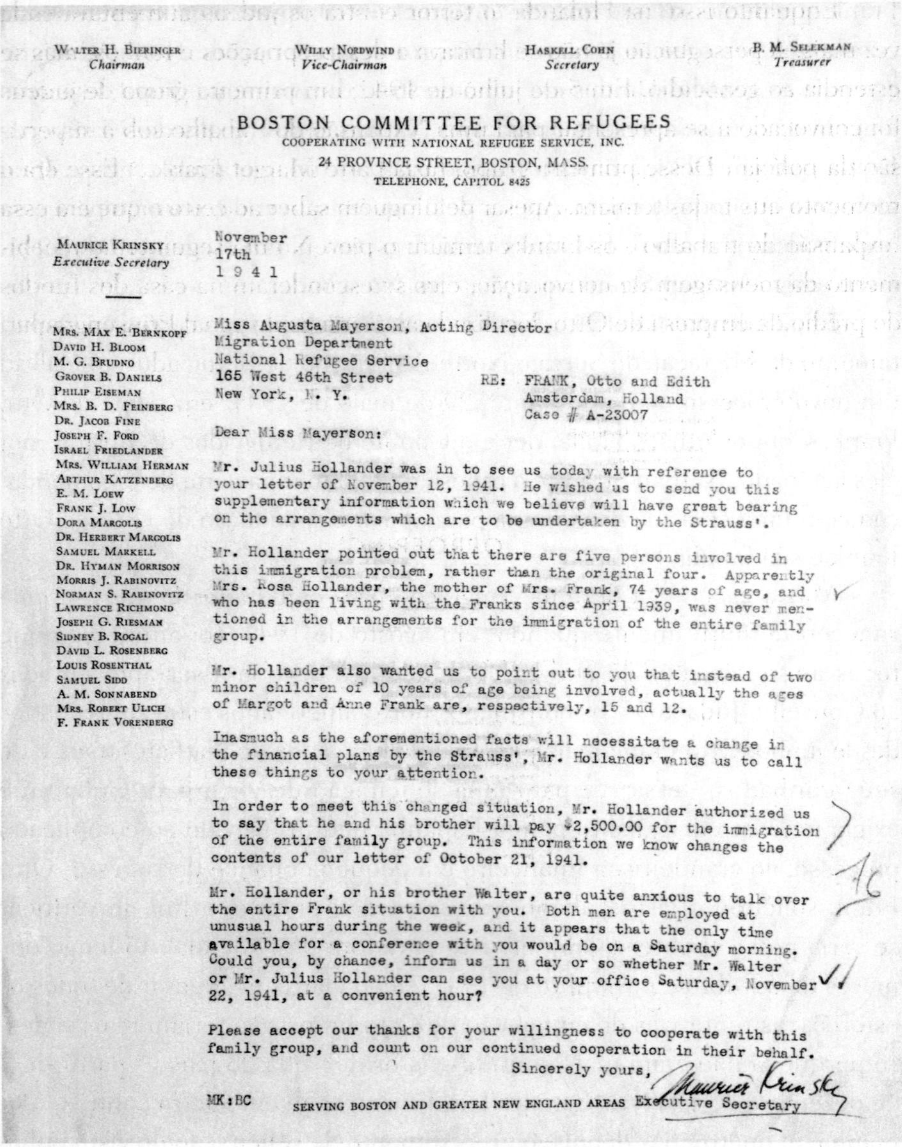
Walter H. Bieringer, *Chairman* — Willy Nordwind, *Vice-Chairman* — Haskell Cohn, *Secretary* — B. M. Selekman, *Treasurer*

BOSTON COMMITTEE FOR REFUGEES
COOPERATING WITH NATIONAL REFUGEE SERVICE, INC.
24 PROVINCE STREET, BOSTON, MASS.
TELEPHONE, CAPITOL 8425

Maurice Krinsky
Executive Secretary

Mrs. Max E. Bernkopf
David H. Bloom
M. G. Brudno
Grover B. Daniels
Philip Eiseman
Mrs. B. D. Feinberg
Dr. Jacob Fine
Joseph F. Ford
Israel Friedlander
Mrs. William Herman
Arthur Katzenberg
E. M. Loew
Frank J. Low
Dora Margolis
Dr. Herbert Margolis
Samuel Markell
Dr. Hyman Morrison
Morris J. Rabinovitz
Norman S. Rabinovitz
Lawrence Richmond
Joseph G. Riesman
Sidney B. Rogal
David L. Rosenberg
Louis Rosenthal
Samuel Sidd
A. M. Sonnabend
Mrs. Robert Ulich
F. Frank Vorenberg

November
17th
1 9 4 1

Miss Augusta Mayerson, Acting Director
Migration Department
National Refugee Service
165 West 46th Street
New York, N. Y.

RE: FRANK, Otto and Edith
Amsterdam, Holland
Case # A-23007

Dear Miss Mayerson:

Mr. Julius Hollander was in to see us today with reference to your letter of November 12, 1941. He wished us to send you this supplementary information which we believe will have great bearing on the arrangements which are to be undertaken by the Strauss'.

Mr. Hollander pointed out that there are five persons involved in this immigration problem, rather than the original four. Apparently Mrs. Rosa Hollander, the mother of Mrs. Frank, 74 years of age, and who has been living with the Franks since April 1939, was never mentioned in the arrangements for the immigration of the entire family group.

Mr. Hollander also wanted us to point out to you that instead of two minor children of 10 years of age being involved, actually the ages of Margot and Anne Frank are, respectively, 15 and 12.

Inasmuch as the aforementioned facts will necessitate a change in the financial plans by the Strauss', Mr. Hollander wants us to call these things to your attention.

In order to meet this changed situation, Mr. Hollander authorized us to say that he and his brother will pay $2,500.00 for the immigration of the entire family group. This information we know changes the contents of our letter of October 21, 1941.

Mr. Hollander, or his brother Walter, are quite anxious to talk over the entire Frank situation with you. Both men are employed at unusual hours during the week, and it appears that the only time available for a conference with you would be on a Saturday morning. Could you, by chance, inform us in a day or so whether Mr. Walter or Mr. Julius Hollander can see you at your office Saturday, November 22, 1941, at a convenient hour?

Please accept our thanks for your willingness to cooperate with this family group, and count on our continued cooperation in their behalf.

Sincerely yours,
Maurice Krinsky
Executive Secretary

MK:BC

SERVING BOSTON AND GREATER NEW ENGLAND AREAS

Carta do Comitê para Refugiados de Boston de 17 de novembro de 1941 sobre as tentativas de emigração da família Frank.

Enquanto isso, na Holanda, o terror contra os judeus aumentava cada vez mais. A perseguição já não se limitava a desapropriações e roubos, mas se estendia ao genocídio. Em 5 de julho de 1942, um primeiro grupo de judeus foi convocado a se apresentar para uma "expansão do trabalho sob a supervisão da polícia". Desse primeiro grupo, fazia parte Margot Frank.[18] Esse era o momento que todos temiam. Apesar de ninguém saber ao certo o que era essa "expansão do trabalho", os Franks temiam o pior. No dia seguinte ao recebimento da mensagem de convocação, eles se esconderam na casa dos fundos do prédio da empresa de Otto, localizada às margens do canal Prinsengracht.

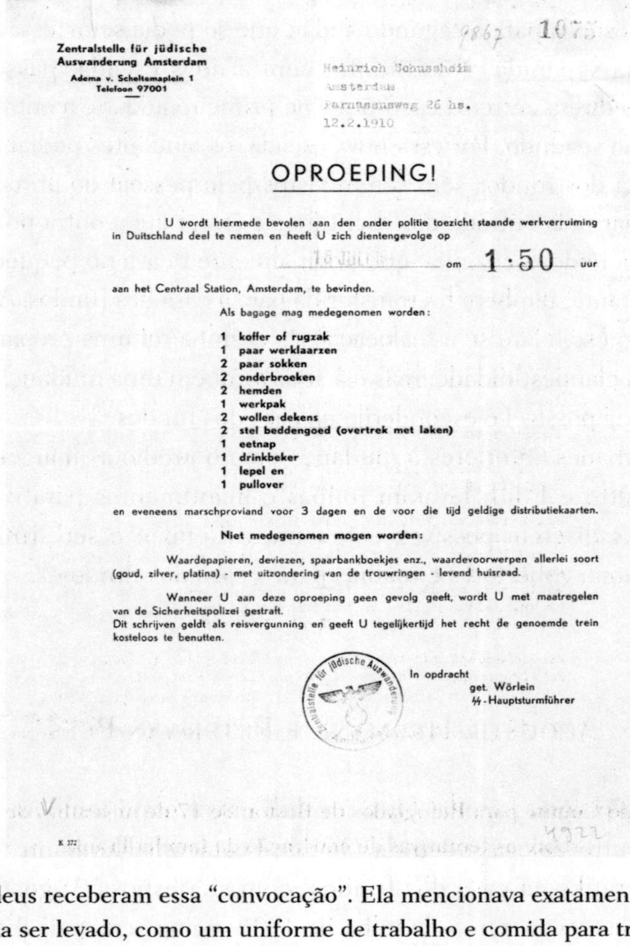

9867 1075

Zentralstelle für jüdische
Auswanderung Amsterdam
Adema v. Scheltemaplein 1
Telefoon 97001

Heinrich Schussheim
Amsterdam
Parnassusweg 26 hs.
12.2.1910

OPROEPING!

U wordt hiermede bevolen aan den onder politie toezicht staande werkverruiming in Duitschland deel te nemen en heeft U zich dientengevolge op

15 JULI 1942 om 1·50 uur

aan het Centraal Station, Amsterdam, te bevinden.

Als bagage mag medegenomen worden:

1 koffer of rugzak
1 paar werklaarzen
2 paar sokken
2 onderbroeken
2 hemden
1 werkpak
2 wollen dekens
2 stel beddengoed (overtrek met laken)
1 eetnap
1 drinkbeker
1 lepel en
1 pullover

en eveneens marschproviand voor 3 dagen en de voor die tijd geldige distributiekaarten.

Niet medegenomen mogen worden:

Waardepapieren, deviezen, spaarbankboekjes enz., waardevoorwerpen allerlei soort (goud, zilver, platina) - met uitzondering van de trouwringen - levend huisraad.

Wanneer U aan deze oproeping geen gevolg geeft, wordt U met maatregelen van de Sicherheitspolizei gestraft.
Dit schrijven geldt als reisvergunning en geeft U tegelijkertijd het recht de genoemde trein kosteloos te benutten.

In opdracht
get. Wörlein
SS-Hauptsturmführer

Os judeus receberam essa "convocação". Ela mencionava exatamente o que deveria ser levado, como um uniforme de trabalho e comida para três dias.

Nos meses anteriores, Otto Frank havia preparado cuidadosamente essa operação. Perguntou a seus colegas Victor Kugler, Johannes Kleiman, Bep Voskuijl e Miep Gies se gostariam de ajudar caso fosse necessário que se escondessem.[19] Também fez algumas adaptações importantes no prédio. Ele mandou construir uma escada extra do patamar em frente ao escritório privado no primeiro andar até o corredor em frente à entrada da casa dos fundos. Em agosto de 1942, essa entrada seria, além disso, oculta por uma estante de livros giratória. Não está claro se a nova escada foi construída deliberadamente com o intuito de ocultar um esconderijo ou por motivos operacionais mais prosaicos. Contudo, ela se revelaria de grande importância. Inicialmente, havia apenas uma escada para o segundo andar, que só podia ser acessada por uma porta externa separada. No entanto, com a nova escada, passou a haver uma conexão direta entre os escritórios no primeiro andar e a entrada da casa dos fundos no segundo. Por essa nova escada, os ajudantes podiam, portanto, chegar à casa dos fundos sem serem vistos pelo pessoal do armazém e sem precisar passar pela entrada dos escritórios e andar até a outra porta externa. No mesmo período, a cozinha, que originalmente ficava no pequeno patamar próximo à estante, também foi transferida para a casa dos fundos. Assim como a escada, não está claro se a realocação da cozinha foi uma preparação consciente para a clandestinidade, mas ela seria também uma mudança importante que tornaria possível o esconderijo na casa dos fundos.[20]

Nas semanas anteriores à mudança para o prédio às margens do Prinsengracht, Otto e Edith levaram roupas e mantimentos para o prédio, da maneira mais discreta possível, e Johannes Kleiman e seu irmão levaram roupas de cama, cobertores e toalhas para a casa dos fundos.[21]

Auguste, Hermann e Peter van Pels

Além de sua própria família, Otto e Edith envolveram também no plano a família de outro colega judeu da Opekta-Pectacon. Hermann van Pels se uniria aos Franks na casa dos fundos, com sua esposa Auguste e o filho Peter. Anne escreveu, em 8 de julho de 1942, como seus pais lhe contaram sobre os planos de clandestinidade logo antes de sua súbita partida para as margens do Prinsengracht:

> Papai e mamãe me contaram agora um monte de coisas. Nós devemos ir para o escritório do papai, onde lá em cima foi liberado um andar para nós. Os Van Pels também deverão vir e então seremos sete ao todo, e o gatinho dos Van Pels também deverá vir, e então nós teremos um pouco de distração. Chegamos bem ao escritório e fomos diretamente para cima, onde havia primeiro os lavabos e depois um banheirinho pequeno com uma pia nova, ao qual se conecta um quartinho pequeno com dois sofás-camas, que passou a ser meu e da Margot. Lá havia três armários de parede, depois outro quarto, o do papai e da mamãe, onde havia também dois sofás-camas e duas mesas pequenas com uma mesinha de fumar, uma estante e também um armário de parede, com 150 latas de legumes e todos os tipos de outros suprimentos, e então chegamos a um pequeno corredor onde havia também duas portas. Uma delas dá para o corredor. E então a gente desce e entra no escritório do papai. A outra porta dava para o nosso banheirinho, e então havia uma escada muito íngreme para cima até onde havia uma grande sala de estar combinada com cozinha dos van Pels, com o quartinho do Peter. E, por fim, chegamos a um sótão.[22]

O pai de Hermann van Pels era holandês e, por isso, ele tinha também a nacionalidade holandesa, mas havia sido criado na Alemanha, onde passara toda a vida até então. Ele trabalhava em Osnabrück, na empresa do pai, que comercializava temperos e especiarias para o processamento de carne. Em 1925, ele se casou com Auguste Röttgen.

Auguste vinha da pequena localidade de Buer, próxima a Recklinghausen e Gelsenkirchen, e aos seis anos de idade se mudou com seus pais e duas irmãs mais velhas para Essen, onde a família montou uma alfaiataria no centro da cidade.[23] Apesar de Auguste ser descrita por Anne Frank como uma mulher mesquinha e intelectualmente limitada, tinha uma formação superior à da própria mãe de Anne. Assim como Edith, Auguste frequentou um liceu de meninas, mas em seguida estudou um semestre de Macroeconomia na Universidade de Colônia.[24]

Auguste e Hermann van Pels em julho de 1941.

Peter van Pels em 1942.

Após o casamento, Auguste e Hermann moraram em Osnabrück, onde em 1926 nasceu seu único filho, Peter.[25] Ao contrário dos Franks, a família Van Pels não deixou a Alemanha logo após a tomada do poder por Hitler, mas tentou continuar com sua vida diária da melhor forma que podia. Isso não deu certo. Entre 1933 e sua partida no verão de 1937, as coisas se tornaram cada vez menos seguras para o pequeno grupo de cerca de quatrocentos judeus que viviam em Osnabrück. Eles tiveram de enfrentar um boicote agressivo às empresas judaicas, uma campanha de difamação decididamente sombria na imprensa local e repetidos surtos de violência. Embora a família Van Pels, tanto quanto se sabe, nunca tenha sido fisicamente atacada ou presa, a ameaça era enorme. Peter frequentava a pequena escola judaica em Osnabrück e viu como o número de alunos diminuiu durante a década de 1930. Eram constantes as intimidações da Juventude Hitlerista e as brigas nas ruas. Um ex-colega de escola lembra que Peter tinha de enfrentar regularmente nas ruas os meninos da Juventude Hitlerista.[26]

Foto da turma do professor Abraham Trepp na Escola Israelita de Ensino Básico, em Osnabrück, no ano de 1934. Peter van Pels é o segundo à esquerda, na terceira fila.

Em 1937, Hermann e Auguste consideraram impossível permanecer em Osnabrück. A nacionalidade holandesa de Hermann facilitou muito uma mudança para Amsterdã.[27] No país de seus antepassados, Hermann van Pels primeiro abriu sua própria empresa com o cunhado, mas logo abandonou a sociedade e, em 1939, começou a trabalhar na Opekta, o comércio de especiarias de Otto Frank. Uma semana após os Franks, Hermann van Pels se mudaria com a família para a casa dos fundos, onde ele ocupou, com a esposa e o filho, o pavimento superior ao dos Franks.

Fritz Pfeffer

O último que se somou aos clandestinos na casa dos fundos foi o dentista Fritz Pfeffer. Em 21 de setembro de 1942, quando Anne Frank já estava havia um mês em meio na clandestinidade, ela escreveu em seu diário: "Dizem que o sr. Pfeffer se juntará a nós, então poderemos ajudá-lo também".[28] Curiosamente, estava hesitante em se esconder e, quando de fato entrou na clandestinidade — provavelmente em 17 de novembro —, pediu a Miep Gies, que lhe havia feito o convite, mais uma semana de prazo porque ainda tinha de realizar cirurgias e aguardava o salário que lhe era devido pelo dentista em cujo consultório ele continuava trabalhando ilegalmente. Miep Gies, contudo, pressionou-o em nome dos outros clandestinos a decidir rapidamente. Afinal, qualquer atraso adicional colocaria em risco toda a operação.[29]

Fritz Pfeffer conheceu Otto Frank em 1940 por intermédio de sua senhoria em Amsterdã, uma velha conhecida de Otto em Frankfurt.[30] Pfeffer morava havia pouco tempo na Holanda e, entre todos os clandestinos, foi o que mais esperou para fugir da Alemanha. Ele foi criado em Giessen e estudou medicina e odontologia em Würzburg e Berlim. Com a interrupção de seu serviço militar no exército alemão, no qual acabou recebendo uma patente de oficial, assim como Otto Frank, Fritz Pfeffer trabalhou desde 1913 como dentista em Berlim, onde em 1920 obteve seu doutorado.[31]

Fritz Pfeffer e seu filho, Werner, por volta de 1937. Werner foi enviado com sucesso por um "transporte infantil" para a Grã-Bretanha. Werner sobreviveu à guerra e se mudou para os Estados Unidos, onde mudou de nome para Peter Pepper.

Charlotte Kaletta, anos 1930.

Lá ele se casou primeiro com Vera Bynthiner, com quem teve um filho, Werner. Em 1933, o casamento terminou em divórcio, e, não muito depois disso, Fritz começou um relacionamento com a não judia Charlotte Kaletta. Embora nunca tenha ocorrido um casamento oficial, Fritz e Charlotte se consideravam um casal. Ele a apresentava a todos como "a sra. Pfeffer". No entanto, as Leis Raciais de Nuremberg, de 1935, não permitiam que eles se casassem. Mesmo morando na Holanda desde 1938, um tratado multilateral os impedia de contrair matrimônio.[32]

Inicialmente, Fritz Pfeffer tentou ainda se manter como dentista em Berlim, apesar da crescente exclusão dos judeus e de todos os atos de discriminação. Foi só depois do terror da Noite dos Cristais, ocorrida de 9 para 10 de novembro, que ele decidiu fugir. Durante aquela madrugada e nos dias que se seguiram, foram feitos prisioneiros cerca de 12 mil homens em Berlim, enviados a Sachsenhausen e Buchenwald.[33] Pfeffer conseguiu evitar a prisão. Embora nenhuma fonte próxima a ele tenha sobrevivido e não se saiba se foi pessoalmente assediado ou maltratado, é certo que deve ter experimentado o terror em massa daquela noite muito de perto. Apenas a duzentos metros de sua casa, na Passauer Straße, havia desde 1905 uma sinagoga que foi completamente destruída por uma horda de homens naquela noite fatídica.[34] Um pouco mais distante de sua casa, do outro lado da Kurfürstendamm, membros da SA atearam fogo à famosa sinagoga liberal na Fasanen Straße por ordem pessoal de Joseph Goebbels.[35]

Para Fritz Pfeffer, seu filho, Werner, e a noiva, Charlotte, a eclosão da violência foi o sinal para deixarem o país o mais rapidamente possível. Com a ajuda de sua governanta não judia, Else Messmer-Hoeft, Pfeffer cuidou primeiro da fuga de seu filho para a Inglaterra. Werner viajou de barco de Bremerhaven a Harwich no chamado transporte infantil — uma iniciativa de organizações religiosas e governamentais britânicas para receber crianças judias alemãs na Inglaterra — e acabou sendo recebido em Minehead, uma cidade costeira no sudoeste da Inglaterra.[36] Fritz Pfeffer partiu para a Holanda no início de dezembro de 1938, novamente ajudado por sua governanta e por Charlotte Kaletta, que também chegou ao país algumas semanas depois.[37]

Um policial inglês conversa com cinco moças judias vindas da Alemanha nazista. Elas chegaram de barco a Harwich, na Inglaterra, 12 de dezembro de 1938.

As impressões que todos esses eventos deixaram em Fritz Pfeffer — primeiro a fuga do filho, depois sua própria partida repentina com sua amada Charlotte — são dados que não se pode saber a partir das fontes. Contudo, em uma conversa com Ernst Schnabel, o jornalista alemão que foi o primeiro a publicar uma biografia de Anne Frank e que entrevistou mais de quarenta testemunhas na década de 1950, Charlotte disse algo sobre a maneira como suas histórias foram recebidas na Holanda. Essa reação se caracterizava principalmente pela incredulidade: "Os holandeses simplesmente não conseguiam imaginar que os alemães fossem assim. Eles simplesmente não acreditavam nas histórias que os imigrantes alemães contavam. Nem mesmo os judeus holandeses acreditavam nelas".[38] Charlotte e Fritz viveram juntos em Amsterdã até que, em novembro de 1942, com grande dor no coração, ele se juntou aos clandestinos no Anexo Secreto. A partir de então, moraria separado de Charlotte, com quem trocaria mensagens apenas ocasionalmente por intermédio de Miep Gies, que também lhe entregava pacotes com comida enviados por Charlotte.

Clandestinidade e prisão

Os oito clandestinos conviveriam no Anexo Secreto durante cerca de dois anos, dominados pelo medo permanente de serem descobertos. Com grande sensibilidade para as relações sociais e recursos estilísticos notáveis para uma menina de sua idade, Anne registrou no papel a vida cotidiana na clandestinidade. Seu diário oferece uma visão íntima dos pensamentos e emoções de uma garota na puberdade que luta consigo mesma e com a tensão constante do abafado Anexo Secreto. Ela mostra como as duas famílias e Fritz Pfeffer eram oprimidos pela vida isolada no esconderijo e como isso às vezes resultava em relações tensas. Anne descreve o medo, as irritações e as brigas, mas também a solidariedade e a resiliência das sete pessoas com quem teve de dividir o pequeno espaço do Anexo Secreto. Entre Anne Frank e Peter van Pels, floresceu por um curto período um amor incipiente, que mais tarde arrefeceu do lado de Anne. Para a frustração de ambos, Anne Frank e Fritz Pfeffer compartilhavam um pequeno quarto e brigavam constantemente pelo uso da pequena escrivaninha. Em 16 de março de 1944, ela escreveu em seu diário:

> Agora sei por que sou muito mais inquieta que o Peter. Ele tem seu próprio quarto, onde trabalha, sonha, pensa e dorme. Eu sou empurrada de um canto para o outro. Nunca estou sozinha em meu quarto compartilhado, mas anseio tanto por isso! É por esse motivo que fujo para o sótão. Lá e com você posso ser eu mesma por algum tempo. Contudo, não quero me queixar; pelo contrário, quero ser corajosa! Felizmente não

> conseguem perceber meus sentimentos íntimos lá embaixo, exceto que fico cada dia mais fria e desdenhosa com a mamãe, menos carinhosa com o papai e também não me abro nada com a Margot. Fico completamente fechada. Acima de tudo, preciso manter minha certeza exterior. Ninguém deve saber que há uma guerra dentro de mim, uma guerra entre meu desejo e meu juízo. Até agora o último venceu, mas será que no fim o primeiro não terminará sendo o mais forte? Às vezes temo isso — e frequentemente é o que mais desejo![39]

São reflexões íntimas como essas que tornam o diário de Anne tão profundo. Graças a ele, podemos acompanhar a luta de uma adolescente contra a própria identidade, a falta de privacidade, o desejo de liberdade e o medo constante de ser descoberta. "O que me oprime mais do que posso dizer em palavras é que nunca podemos sair de casa, e tenho também muito medo de sermos descobertos e, em seguida, receber um tiro, o que é obviamente uma perspectiva menos agradável", escreveu ela no início de setembro de 1942.[40]

Quase dois anos depois, em 4 de agosto de 1944, essa "perspectiva" se tornou realidade. Entre as dez e meia e as onze horas da manhã, apareceram os inspetores no prédio de número 263 da Prinsengracht.

Miep Gies estava trabalhando no primeiro andar quando de repente a porta se abriu. Os inspetores seguiram para o escritório de Victor Kugler, que então ocupava o cargo de diretor. Eles o interrogaram e o levaram para fazer uma busca no prédio. Durante a inspeção, entraram na sala com a estante giratória, que bloqueava o acesso ao Anexo Secreto. Descobriram a entrada oculta por uma estante e surpreenderam os clandestinos em seu esconderijo.

Otto Frank se lembraria mais tarde que estava na parte superior do Anexo Secreto no momento da prisão, ajudando Peter com os estudos em seu quarto e que tinha acabado de apontar um erro em um ditado quando, subitamente, ouviu alguém subindo apressadamente as escadas. "De repente alguém subiu correndo, a porta se abriu e um homem estava parado bem na nossa frente com uma pistola na mão. Eles estavam todos reunidos no andar de baixo. Minha esposa, as crianças e os Van Pels estavam com as mãos levantadas."[41] Pouco depois, Fritz Pfeffer também foi levado para a sala. O austríaco Karl Joseph Silberbauer, primeiro-sargento da SS, que estava no comando, confiscou os objetos de valor e sacudiu a pasta de Otto, na qual Anne também mantinha os papéis que compunham seu diário, que caíram espalhados sobre o piso de madeira e foram encontrados mais tarde por Miep Gies e Bep Voskuijl. Os clandestinos e os dois auxiliares do sexo masculino, Victor Kugler e Johannes Kleiman, foram presos. Juntos, foram levados para o prédio do Escritório Central para a Emigração Judaica, na praça Adama van Scheltemaplein, em Amsterdã, onde foram trancados em uma grande sala para serem, um por um, posteriormente interrogados.[42]

O primeiro-sargento da ss Karl Joseph Silberbauer. Em 4 de agosto de 1944, ele comandou a prisão dos oito clandestinos e dos auxiliares Johannes Kleiman e Victor Kugler.

O instante da prisão marca um momento importante na história de Anne Frank e dos outros clandestinos. Como Silberbauer descobriu a pista dos clandestinos, se eles foram traídos e, em caso afirmativo, por quem, são questões que ainda hoje causam muita controvérsia. Nas biografias de Anne Frank assinadas por Carol Ann Lee e Melissa Müller, são apresentadas várias teorias sobre quem poderia ter sido o possível "traidor", e o Instituto Holandês de Documentação de Guerra (atualmente chamado Instituto Niod de Estudos sobre a Guerra, o Holocausto e o Genocídio) também divulgou um relatório no qual os vários cenários são considerados.[43] Em 2016, Gertjan Broek publicou o relatório de uma investigação feita em nome da Casa de Anne Frank no qual um novo cenário foi elaborado. A operação não teria sido necessariamente o resultado de uma traição, mas pode ter ocorrido em consequência de uma investigação policial que, na verdade, se direcionava à falsificação de cupons de racionamento.[44] A prisão ainda hoje é objeto de

O Escritório Central para a Emigração Judaica , localizado na praça Adama van Scheltemaplein, nº 1, em Amsterdã.

pesquisas e especulações. Desde 2018, uma equipe internacional liderada pelo agente especial aposentado e detetive do FBI Vince Pankoke tem trabalhado em uma investigação que tenta lançar uma nova luz sobre a prisão dos clandestinos do Anexo Secreto utilizando técnicas interdisciplinares e análise de *big data*.[45]

A busca

No entanto, a prisão dos clandestinos foi também um ponto de inflexão importante sob outros aspectos. Nesse 4 de agosto de 1944, termina a história vívida e profundamente pessoal narrada no diário e tem início a jornada longa e muito sumariamente documentada que levou Anne e os seus sete companheiros por vários campos de concentração na Europa ocupada pela Alemanha. A partir daquele momento, a existência de todos eles foi envolta em mistério: oito pessoas em um mar de milhões de deportados e vítimas do Holocausto.[46] O que sabemos sobre seu destino é baseado em fragmentos de informações e testemunhos de sobreviventes.

O primeiro a reunir esses fragmentos foi o próprio Otto Frank, o único a retornar dos campos de concentração e que, depois da guerra, tentou descobrir o máximo possível sobre o destino da esposa e de ambas as filhas. Além disso, por causa da fama posterior de Anne Frank, vários testemunhos foram tornados públicos ao longo dos anos. As colegas de escola de Anne, Hanneli Goslar e Nanette Blitz, por exemplo, testemunharam sobre os encontros com ela no campo de Bergen-Belsen, e as irmãs Rebekka ("Lientje") e Janny Brilleslijper e Annelore e Ellen Daniel também deram importantes testemunhos sobre os últimos momentos de Anne e Margot Frank.[47] Esses testemunhos e os resultados da busca de Otto foram registrados por autores como Ernst Schnabel, Melissa Müller e Carol Ann Lee, em suas biografias de Anne e Otto Frank, e pelo documentarista Willy Lindwer, que em 1988 lançou o inovador filme *Os últimos sete meses de Anne Frank*.[48]

Esses primeiros cronistas da vida de Anne Frank coletaram testemunhos e deram a palavra a algumas das testemunhas mais importantes dos últimos meses de Edith, Anne e Margot Frank. O que falta, no entanto, é um estudo histórico sistemático e abrangente das experiências e dos eventos da vida de Anne Frank e seus sete companheiros de infortúnio nos campos. Este livro — que é baseado no relatório da pesquisa que Erika Prins redigiu para a Casa de Anne Frank em 2016 — visa reconstruir o que aconteceu com os oito clandestinos após a prisão com ainda mais precisão do que nos documentários e livros anteriores.[49] Pela compilação de todo o material de arquivo disponível, por mais fragmentado que seja, complementado com depoimentos de testemunhas e "evidências indiretas", fez-se uma tentativa de se aproximar tanto quanto possível das experiências nos campos de concentração dos oito clandestinos. Como foi sua deportação? Como e quando eles foram separados uns dos outros? Como chegaram aos diversos campos e em que circunstâncias? O que vivenciaram lá e como sete deles encontraram o seu fim?

Além disso, este livro tem como objetivo mostrar como as histórias dos personagens principais podem ser entendidas no contexto histórico mais amplo do genocídio e da perseguição pelo regime nazista. Os campos, como enfatiza Nikolaus Wachsmann em seu abrangente trabalho sobre o sistema de gerenciamento desses locais, *A história dos campos de concentração nazistas*, são frequentemente, na imaginação do público, sinônimos de assassinato em massa por meio do uso de gás venenoso. Na realidade, os campos tinham vários propósitos e funções que se sobrepunham: eram usados como meio de intimidação, como prisão, para a produção de armas, como reserva de trabalho escravo e para conduzir experimentos médicos em seres humanos. Além disso, o sistema dos campos de concentração e as condições em vários deles estavam em constante desenvolvimento. Fazia uma grande diferença, portanto, o momento exato em que alguém chegava a um determinado local.[50] Por isso, é importante examinar e interpretar o destino de Otto, Edith, Margot e Anne Frank, Hermann, Auguste e Peter van Pels e Fritz Pfeffer diante do pano de fundo do curso das deportações, do caráter dos diversos campos onde permaneceram e das condições neles prevalecentes.

Essa busca, portanto, também cumpre duas funções. Em primeiro lugar, trata-se de reconstruir da melhor maneira possível oito histórias de vida individuais. Em segundo lugar, ela oferece a oportunidade de refletirmos sobre uma série de desdobramentos importantes na perseguição e no assassinato sistemático dos judeus europeus. O destino dos perseguidos esteve sob o signo da aniquilação, do trabalho escravo (muitas vezes resultando em morte) e dos transportes de evacuação em grande escala, que só podem ser devidamente compreendidos se tivermos uma imagem tão precisa quanto possível das condições gerais nos campos no momento em que os oito clandestinos lá chegaram.[51] Qual era o regime dominante no momento da chegada a um campo, quem estava no comando e quais foram os desenvolvimentos mais importantes na organização e nas condições de vida que resultaram em morte por fome, doença e assassinato?

Um quebra-cabeça incompleto

Muitas das questões sobre as condições nos campos de concentração podem ser respondidas com base nos livros de história.[52] Entretanto, essas publicações falam pouco sobre o destino individual dos oito clandestinos. Para isso, foram utilizadas informações administrativas, como listas e registros de transporte, e fontes pessoais, como documentos autobiográficos contemporâneos e reportagens e entrevistas do Pós-Guerra. Os arquivos do Niod, da Cruz Vermelha Holandesa, dos Arquivos Arolsen e das coleções de diversos centros de memória foram consultados em busca de informações sobre as permanências, experiências e circunstâncias em torno do falecimento ou da sobrevivência dos oito clandestinos.[53]

Esse material de arquivo tem suas lacunas e limitações. Em primeiro lugar, a maior parte dos registros dos campos foi destruída. Quando a Alemanha estava prestes a perder a guerra, houve uma ordem vinda de Berlim para que os registros administrativos dos campos fossem destruídos. Essas tentativas de apagar vestígios foram, em grande parte, bem-sucedidas.[54] Os registros originais dos campos de concentração e das prisões alemães do período da Ocupação foram, portanto, na maioria dos casos, preservados apenas de forma fragmentada, e às vezes nem isso. No entanto, organizações como a Cruz Vermelha e o Arquivos Arolsen do Centro Internacional sobre a Perseguição Nazista — conhecidos no passado como Serviço Internacional de Rastreamento — logo após a guerra fizeram todos os tipos de tentativas para reconstruir os dados sobre as deportações e a organização dos campos com a maior precisão possível.

No que se refere aos oito clandestinos, dispomos de algumas listas de transporte, da Cartoteca do Conselho Judaico (uma fonte muito utilizada para rastrear pessoas desaparecidas no Pós-Guerra); dos cartões do Arquivo da Administração Populacional em Westerbork; do registro de Auguste van Pels, em Raguhn; do registro de óbitos de Neuengamme, que continha o nome de Fritz Pfeffer; do registro de Peter van Pels no campo de Mauthausen; do registro de óbitos com seu nome e de uma lista dos mortos, ambos redigidos logo após da libertação do campo. Por último, Otto Frank levou consigo, quando liberto, um *Raucherkarte* [cartão de fumante] de Auschwitz, um cartão com o qual o "prisioneiro B9174" (Otto Frank) podia obter tabaco na cantina da prisão.[55]

Contudo, embora as fontes administrativas digam muito sobre datas e lugares, elas oferecem poucas informações sobre as experiências. Para isso, precisamos consultar testemunhos e documentos pessoais, como cartas, anotações, memórias e entrevistas.[56] Arnon Grunberg, que compilou e apresentou um livro de testemunhos literários sobre Auschwitz em 2020 e fez um discurso sobre o tema durante uma cerimônia realizada em 4 de maio desse mesmo ano, expressa um dos objetivos deste livro: "Lembrar é também falar em nome dos mortos, e só se pode falar em nome dos mortos quando se dá a palavra às testemunhas oculares".[57]

Portanto, para compreendermos o que os oito clandestinos viram e vivenciaram nos campos de concentração, contamos com os testemunhos. E aqui também existem lacunas e limitações. Sete dos oito clandestinos não sobreviveram e não deixaram nenhum documento autobiográfico depois que saíram do Anexo Secreto. E os testemunhos de outras pessoas que contam algo diretamente sobre as experiências dos oito clandestinos após a prisão e nos campos foram preservados apenas em número limitado. Quase não existem fontes da própria época.[58] Contudo, vários folhetos e documentos autobiográficos foram publicados logo após a guerra. Um dos mais importantes é o livreto *Escapei da câmara de gás!*, publicado já em agosto de 1945 por Rosa de Winter-Levy sobre suas experiências em Auschwitz. Ela estava no mesmo trem de Westerbork para Auschwitz que os oito clandestinos, e lá se tornou amiga de Edith Frank e de suas filhas, sobre as quais escreve extensamente nesse livreto.[59]

Os testemunhos mais diretos do pós-guerra vêm do próprio Otto Frank, que foi o único dos oito clandestinos a retornar dos campos. Em um pequeno caderninho de anotações vermelho, que obteve logo após sua libertação, ele descreveu em frases curtas suas experiências até seu regresso a Amsterdã em 3 de junho de 1945. Durante a viagem de retorno, escreveu também várias cartas à sua família na Basileia e em Londres.[60]

Depois disso, ele só falou em público de maneira velada sobre os eventos e suas próprias experiências, desde o momento da prisão em 4 de agosto de 1944 até sua libertação em Auschwitz. As últimas declarações e entrevistas de Otto Frank e sua correspondência, no entanto, contêm detalhes muito interessantes.

Em 1945, pouco depois do fim da guerra,
foi publicado o livreto *Escapei da câmara de gás!*, de
Rosa de Winter-Levy, no qual ela também conta sobre a
morte de Edith Frank em Auschwitz.

Rosa de Winter-Levy,
com Otto e Fritzi Frank, Suíça, 1950.

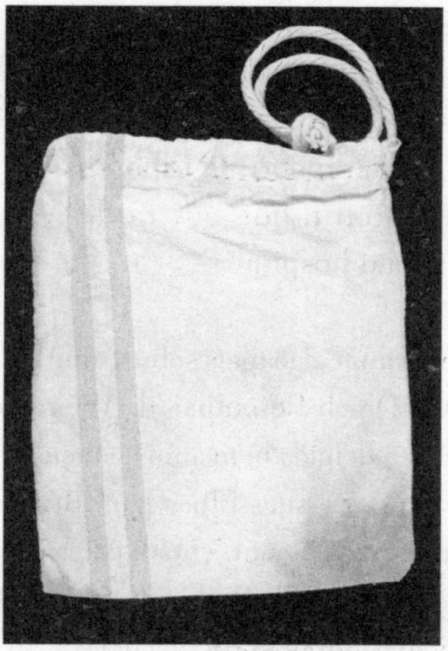

Sacolinha, feita com roupas do campo de concentração, na qual Otto Frank guardou seus pertences durante sua viagem de regresso à Holanda, entre eles um caderninho vermelho.

Em 25 de junho de 1947, é publicado *O diário de Anne Frank*. O designer Helmut Salden foi o responsável pela capa, que retrata um sol que desaparece atrás de nuvens sombrias.

Na década de 1960, por exemplo, Otto Frank escreveu um pequeno texto intitulado "Bitte schreiben Sie" [Escreva, por favor], no qual, em onze páginas, ele responde a perguntas que lhe foram feitas em cartas de leitores sobre *O diário de Anne Frank*.[61]

Mas o papel de Otto Frank vai além do de testemunha principal. Foi também ele quem iniciou a busca pelo destino dos outros clandestinos, em primeiro lugar, naturalmente, o de sua esposa e suas filhas. Ele não apenas registrou suas próprias memórias, como também procurou outras testemunhas que pudessem lhe contar algo sobre sua família. Logo após seu regresso a Amsterdã, ele realizou todos os esforços para descobrir o destino de suas duas filhas. E, para isso, entrou em contato com várias testemunhas que poderiam lhe falar sobre a morte de Margot e Anne em Bergen-Belsen.[62]

Quando Otto Frank ouviu de Hanneli Goslar que Nanette Blitz tinha visto Anne e Margot em Bergen-Belsen, ele lhe escreveu uma pequena carta perguntando se ela poderia lhe contar mais sobre suas filhas. Em 31 de outubro de 1945, do Hospital Provincial de Santpoort, ela lhe enviou um breve relato do que sabia. Também lhe contou o que ouvira de Margot Drach-Rosenthal, que se encontrava no mesmo hospital.

> Você me perguntou se eu poderia lhe contar algo mais sobre Anne e Margot. Talvez você se lembre de Margot Drach-Rosenthal, de Westerbork, que andava muito com a Anne? Ela está deitada bem aqui ao meu lado e me contou que foi junto com sua esposa e suas filhas para Birkenau, onde ficaram até novembro. Margot e Anne foram, então, para Bergen--Belsen, aonde elas chegaram em 3 de novembro. Foi lá que eu as conheci (uma garota que também está deitada aqui ficava acima delas). Eu não estava nesse mesmo pavilhão, mas as visitava frequentemente. Enquanto isso, Margot (que chamavam de Monika) Rosenthal chegou a Bergen--Belsen em janeiro e disse a elas que havia falado com sua esposa em Birkenau, o que as alegrou muito, pois elas tinham pouca esperança no momento da seleção. A seleção as havia separado de sua esposa. Em janeiro, Margot e Anne foram para o *Schonungsblock* [Bloco Protegido],

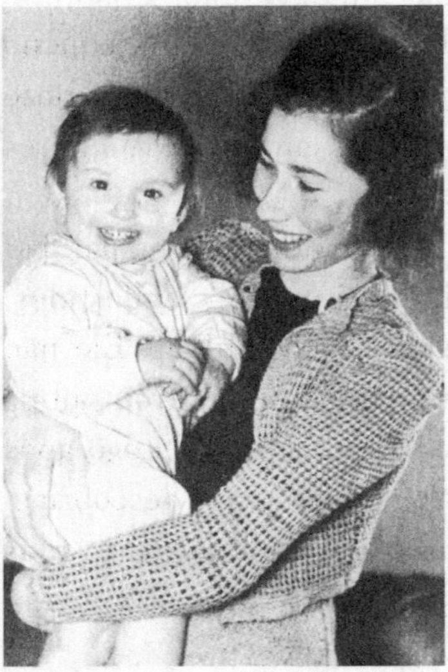

Hanneli Goslar com sua irmã mais nova, Gabi, 1941.

> onde eu também fiquei com elas. Houve, então, uma grande mudança, depois da qual não voltei a falar com elas, mas sei pela garota daqui que alguém ainda falou com as duas em fevereiro.[63]

A carta é sucinta e tenta descrever o melhor possível o que ocorreu no período que se seguiu à despedida de Otto de sua esposa e suas filhas. Como fonte precoce, a carta contém uma cronologia valiosa, mas ao mesmo tempo diz pouco sobre a experiência no campo das irmãs Frank além de citar que elas "se animaram" quando ouviram notícias da mãe.

Como já foi comentado anteriormente, a busca de Otto Frank por testemunhos sobre a esposa e as filhas foi posteriormente continuada e expandida por jornalistas e documentaristas. As entrevistas que eles fizeram também constituem uma fonte importante para este livro, assim como a extensa coleção de entrevistas de testemunhas da Casa de Anne Frank. Essa instituição, cuja fundação foi estimulada por Otto Frank, começou a receber testemunhos na década de 1990 e deu início a um extenso projeto de história oral por volta de 2005, no qual foi entrevistada quase uma centena de parentes e conhecidos dos Franks e dos demais clandestinos. Entre eles, há também várias pessoas que estiveram nos campos de concentração juntamente aos oito clandestinos.[64]

Essas entrevistas e esses depoimentos fornecem uma riqueza de informações, mas também apresentam problemas. A memória humana é falível e subjetiva. A memória é um processo de seleção, que ordena e recupera uma série caótica de eventos até obter uma história coerente.[65] A natureza traumática das experiências que essas testemunhas tiveram nos campos também significa que memórias dolorosas — incluindo aquelas das quais se tem vergonha ou que são consideradas tabus — são suprimidas e ocultadas a fim de se sentir menos a dor.[66]

No entanto, como enfatiza o italiano Primo Levi, que também foi uma das principais testemunhas do Holocausto, há outro problema fundamental: como os sobreviventes são uma minoria tão pequena e pouco representativa, eles nunca podem fornecer uma imagem expressiva das experiências dos que morreram de fome, doença e miséria ou que foram assassinados nas câmaras de gás. Ao mesmo tempo, e apesar dessa limitação, os testemunhos dos sobreviventes também constituem nosso único acesso à experiência daqueles que faleceram.[67]

Por outra ótica, o fato de a história de Anne Frank e seu diário terem se tornado tão famosos reflete-se de diversas formas nos testemunhos do Pós-Guerra. As testemunhas podem ter sido influenciadas em suas próprias memórias pelos muitos livros e filmes sobre Anne Frank que foram lançados mais tarde.[68] Em uma série de declarações sobre encontros com a família Frank nos campos, a precisão das memórias no nível dos detalhes, datas e cronologia é difícil de ser estabelecida. Assim, devem ser levadas em consideração as limitações das memórias individuais. Sempre que possível, elas foram confirmadas por outras fontes.

Mas também é importante considerar a dinâmica específica dos depoimentos em que os próprios entrevistados não são os sujeitos principais. Um pequeno número de entrevistados também expressou sentimentos contraditórios sobre o fato de que não são questionados prioritariamente sobre suas próprias experiências, apenas sobre as de Anne Frank. Às vezes, eles se sentem incomodados por não se lembrarem de nada sobre Anne e sua família, enquanto outras vezes expressam irritação pelo fato de a história de Anne Frank ter se tornado tão famosa — e ser contada repetidamente —, enquanto há milhões de outras histórias que não recebem quase nenhuma atenção. Bloeme Emden, por exemplo, que conheceu Anne e Margot no Liceu Judaico e depois as encontrou novamente em Westerbork e Auschwitz, compartilha suas reservas sobre a atenção "excessiva" que Anne Frank sempre recebeu, o que, segundo ela, às vezes chega a beirar um "culto à personalidade". "Por si só, pode ser muito interessante conhecer os sentimentos de uma adolescente judia na clandestinidade [...]. Mas existem muitos testemunhos desse tipo [...] e todos nós

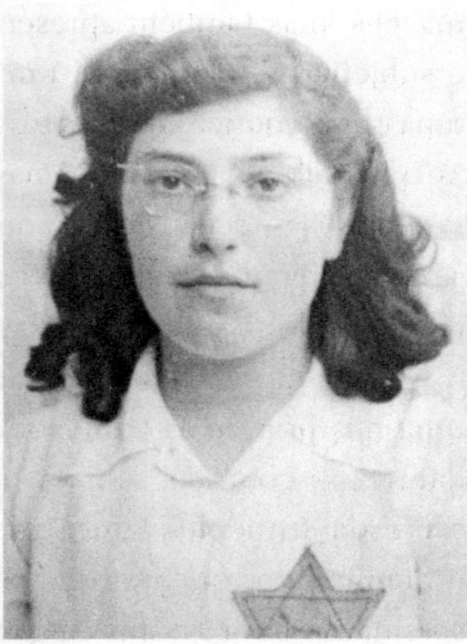

Bloeme Emden por volta de 1942.

temos mais ou menos a mesma história." Durante a conversa, também ressalta a seu entrevistador a discrepância entre o que está sendo perguntado e o que ela está em condições de contar. "Você fica me perguntando sem parar sobre a família Frank, e infelizmente eu posso lhe dizer muito pouco sobre isso."[69]

Essa tensão surge com mais frequência nas entrevistas. No entanto, isso não impede que todos aqueles que expressam sentimentos contraditórios endossem o significado simbólico e moral do diário e da história de vida de Anne Frank. A maioria das testemunhas também enfatiza que veem Anne Frank e seu diário como uma boa maneira de introduzir a história do genocídio perpetrado pelos nazistas às gerações mais jovens. Freda Wineman--Silberberg, que como testemunha do Holocausto costumava visitar escolas para falar sobre a perseguição aos judeus, explica isso da seguinte maneira:

> Acho que, no trabalho que fazemos como sobreviventes, por exemplo, visitando escolas, ajuda bastante quando as crianças já leram *O diário de Anne Frank*. Toda história é única, mas a história dela nos dá a oportunidade de contar a nossa. Portanto, é importante para nós que elas já tenham lido a Anne Frank. E, se tiverem discutido a respeito, você sabe que aprenderam com ela. Então, quando chegamos, as crianças ouvem sobre a nossa trajetória também. Nossa história é diferente da de Anne Frank: é uma história sobre o *nosso* Holocausto.[70]

O fato de ser importante levar em consideração as limitações da memória humana e essas dinâmicas específicas que cercam as lembranças de Anne Frank não diminui o valor histórico e moral dos testemunhos. Como fontes de compreensão de experiências e eventos, eles são indispensáveis, tanto para este livro em particular como para a historiografia do Holocausto.

No ensaio *The Ethics of Memory* [A ética da memória], o filósofo Avishai Margalit argumenta que os testemunhos de violência genocida não têm apenas uma função histórica, mas também moral. Segundo ele, a testemunha moral é aquela que não só assiste ao sofrimento e aos crimes, mas é diretamente afetada por eles. Ao falar de sua própria experiência, a testemunha moral desempenha um papel crucial ao expor o terror infligido a ela. "A testemunha moral desempenha um papel especial ao expor o mal que ela encontra. Os regimes perversos fazem o possível para ocultar a magnitude de seus crimes, e a testemunha moral tenta revelá-los."[71] Somente a partir da perspectiva da experiência e da memória individuais é que se pode fazer verdadeira justiça à dimensão moral do que ocorreu nos campos. Esses depoimentos dão uma ideia de como uma pessoa se vê e luta contra a memória traumática da fome, da dor, do abuso e da agonia.[72] É somente por meio dessas expressões individuais e subjetivas que podemos formar uma imagem das experiências reais que os oito clandestinos do Anexo Secreto tiveram que suportar.

Para este livro, portanto, não se tratou apenas de se obter informações concretas sobre os oito clandestinos, mas também de buscar testemunhos que fornecessem uma perspectiva das experiências das pessoas que estiveram no mesmo lugar, no mesmo momento. Algumas das testemunhas oculares não têm lembranças diretas de Anne e dos outros, mas revelam detalhes importantes sobre as circunstâncias em que eles se encontravam e a maneira como as vivenciaram.[73] Por essa razão, esta obra optou por incluir testemunhos que chegaram tão perto quanto possível dos oito clandestinos do Anexo Secreto. Sobreviventes que, como os oito clandestinos, saíram da Holanda via Westerbork e terminaram nos campos do Reich alemão. Pessoas que estiveram na mesma parte do mesmo campo durante o mesmo período e, portanto, podem nos contar mais sobre o que aconteceu lá.

Este livro monta um quebra-cabeça incompleto com peças de diferentes formas e tamanhos. Ele se baseia parcialmente em pesquisas anteriores e fontes conhecidas, mas também em novos achados em diversos arquivos. Tudo isso torna possível obter uma visão melhor sobre o destino e as experiências de Anne Frank e dos outros clandestinos após sua prisão em agosto de 1944. Primeiro, ele descreve a viagem conjunta da prisão em Amsterdã, passando pelo campo de trânsito de Westerbork, até Auschwitz-Birkenau, onde os homens e as mulheres foram separados uns dos outros. Em seguida, acompanha as experiências individuais dos clandestinos pelos diversos campos de Bergen-Belsen, Mauthausen, Neuengamme e Raguhn. E, por último, o livro acompanha Otto Frank, o único sobrevivente, durante sua viagem de regresso a Amsterdã: o momento em que iniciou a busca de seus entes queridos.

2
"Mamãe, você sabia que a Margot está aqui?"

A Casa de Detenção e o campo de Westerbork

A Casa de Detenção

A prisão dos clandestinos no Anexo Secreto, em 4 de agosto de 1944, ocorreu em um momento em que a maioria dos judeus na Holanda já tinha sido deportada. As deportações estruturais começaram em 5 de julho de 1942, quando um grupo de judeus com idades entre quinze e quarenta anos recebeu um chamado para se apresentar para a "expansão do trabalho" na Alemanha.[1] Como mencionado anteriormente, Margot Frank era um deles, e sua convocação fez com a família Frank se escondesse antes do planejado.[2]

Entre julho e dezembro de 1942, o Departamento Central para a Emigração Judaica e a divisão IVB4 da Polícia e Serviço de Segurança (conhecidos pela sigla alemã Sipo SD) deportaram quase 47 mil judeus para o campo de trânsito de Westerbork com a ajuda da força policial holandesa. A partir de 15 de julho de 1942, deportações em grande escala partiram com bastante regularidade desse campo de trânsito para o campo de extermínio de Auschwitz.[3] Depois de uma viagem miserável que levava de dois a três dias em vagões de carga, a maioria dos prisioneiros foi enviada imediatamente após a chegada para as câmaras de gás. O restante permaneceu em Auschwitz ou foi transferido para outros campos e subcampos.[4] Esses prisioneiros constituíam um enorme potencial de mão de obra barata e tiveram de trabalhar nas lavouras ou em fábricas, minas e fábricas que estavam direta ou indiretamente a serviço da indústria de guerra alemã.[5] As condições de vida dos prisioneiros eram extremamente difíceis. As chances de sobrevivência eram mínimas.[6]

Durante uma série de grandes ações de captura e batidas policiais em 1943, os serviços das polícias alemã e holandesa capturaram outros 42 mil judeus. Naquele mesmo ano, também partiram deportações de Westerbork para o campo de extermínio de Sobibor.[7] Em 29 de setembro de 1943, o comissário do Reich, Arthur Seyss-Inquart, orgulhosamente declarou que a cidade de Amsterdã estava "livre de judeus". Naquele momento, cerca de 80 mil residentes da capital que tinham origem judaica haviam sido enviados para campos de concentração. Apenas os judeus que eram cônjuges em casamentos mistos e seus filhos ainda estavam presentes na cidade.[8] Nos meses que se seguiram, o campo de Westerbork ficou repleto de "casos penais": prisioneiros judeus presos por violar a lei antijudaica, especialmente aqueles presos na clandestinidade. Entre julho de 1942 e setembro de 1944, a Sipo-SD, com a ajuda da polícia holandesa, prendeu cerca de 12 mil judeus que estavam escondidos.[9] Quando a Sipo-SD prendeu os clandestinos do Anexo Secreto, em 4 de agosto de 1944, o tempo das grandes batidas policiais já havia passado.[10] A última grande deportação de Amsterdã para Westerbork também já havia ocorrido, em 27 de julho de 1944.[11]

Um grupo de judeus detidos, Amsterdã, 20 de junho de 1943.

Em 20 de junho de 1943, ocorreu uma das últimas grandes batidas policiais em Amsterdã. Essa foto foi tirada perto da praça Merwedeplein, onde morava a família Frank.

Após sua prisão em 4 de agosto de 1944, os oito clandestinos e os auxiliares Johannes Kleiman e Victor Kugler, após um curto interrogatório, foram levados de caminhão ao Departamento Central de Imigração Judaica, em Amsterdã, no número 1 da praça Adama van Scheltemaplein. Ali, Otto Frank foi brevemente interrogado pelo chefe da detenção, o primeiro-sargento da SS, Karl Joseph Silberbauer, de nacionalidade austríaca.[12] O interrogatório transcorreu calmamente. Silberbauer não empregou nenhuma violência e fez apenas algumas perguntas. Otto não conseguiu dizer nada sobre outros casos de pessoas na clandestinidade e foi deixado em paz.[13]

No dia seguinte, 5 de agosto, os detidos foram levados para a Casa de Detenção de Weteringschans, em Amsterdã. A partir desse momento, os oito clandestinos foram considerados prisioneiros penais e estavam irreversivelmente a caminho da deportação. Johannes Kleiman e Victor Kugler foram para a Casa de Detenção na rua Havenstraat, em Amsterdã, e seguiram um caminho diferente pelas instituições penais alemãs, que não será mais discutido neste livro.

A Casa de Detenção de Weteringschans após a guerra.

Na Prisão de Weteringschans, os homens foram apartados das mulheres e colocados em duas grandes celas separadas. Na descrição de Jacob Swart, outro prisioneiro que foi para lá em 26 de maio de 1944, a cela era "uma grande sala vazia com três mesas de madeira rústica e alguns bancos no meio, dez camas do lado esquerdo e, em cima de uma balaustrada, mais dez camas (catres de ferro com sacos de palha); na parede, estavam pregados regulamentos e um espelho, além de haver buracos de vigia, os chamados 'olhos', através dos quais se era ocasionalmente observado".[14]

Jacob Swart.

Assim que as celas ficaram cheias — com cerca de quarenta homens e quarenta mulheres —, seguiu-se o transporte para Westerbork.[15] Jacob Swart se lembra de que a cela estava quase vazia quando ele foi encarcerado porque na manhã de 26 de maio tinha acabado de partir um trem para Westerbork. Ele descreve como chegavam diariamente sete ou oito novos prisioneiros — geralmente clandestinos judeus capturados. No fim, eram tantos, que não havia leitos suficientes, e os recém-chegados tinham de dormir em uma esteira de palha no chão. Uma vez por dia, os prisioneiros (homens e mulheres separadamente) iam tomar ar no pátio por quinze minutos. Swart escreve que a comida não era tão ruim. De manhã e à noite, ele recebia quatro sanduíches sem manteiga nem molho, uma bebida que se passava por "café" e, ao meio-dia, um "tira-gosto quente". Ele também conta como alguns homens colocavam o ouvido na porta da cela para ouvir as vozes de suas esposas enquanto elas jogavam fora a água do banho e eram autorizadas a buscar água potável no bebedouro do corredor.[16] As prisioneiras ficavam na cela ao lado. Ronnie Goldstein-van Cleef ficou lá por alguns dias antes de ir para Westerbork, em 1º de julho de 1944. Ela conta que havia um contato secreto com os homens. As mulheres pediam para costurar as meias dos homens e escondiam bilhetes nelas.[17]

Os oito clandestinos já estavam havia três dias nas agora superlotadas celas da Casa de Detenção de Weteringschans quando foram levados para Westerbork na terça-feira, 8 de agosto de 1944, com cerca de oitenta outros "casos penais". Os prisioneiros foram levados de bonde, sob escolta policial, até a Estação Central.[18] O que sabemos sobre essa viagem de trem se limita a uma série de dados administrativos e alguns testemunhos, inclusive o do próprio Otto Frank. A narrativa mais famosa é a de Janny Brandes-Brilleslijper, na qual ela afirma que conheceu a família Frank — "um pai que parecia particularmente preocupado, uma mãe nervosa e duas garotas de porte atlético com mochilas" — na Estação Central de Amsterdã. Essa história, porém, provavelmente se baseia em um equívoco.[19] Otto Frank fala brevemente sobre a viagem de trem em "Bitte schreiben Sie" e sobre uma entrevista com Ernst Schnabel.[20] Eles foram para Westerbork em um trem normal. Em ambos os lados, havia compartimentos trancados e vigiados.[21] O tempo também estava bom naquele dia. O sol estava brilhando, um vento fraco soprava de noroeste e fazia cerca de 19 °C.[22] Otto Frank escreve que, durante a viagem de trem, ele estava sobretudo preocupado com Victor Kugler e Johannes Kleiman, que igualmente haviam sido presos. O ânimo também estava relativamente bom. "Estávamos novamente juntos e ganhamos um pouco de comida para a viagem. Sabíamos para onde estávamos indo, mas era como se mais uma vez estivéssemos juntos em uma viagem, e estávamos realmente alegres [...], pelo menos quando eu comparo esta viagem com a seguinte."[23] A rota de Amsterdã para Westerbork levava de cinco a seis horas.[24] O trajeto ia de Amsterdã Central, passando por Hilversum, Amersfoort, Zwolle e Meppel, até Hooghalen, de onde o trem entrava em Westerbork por um desvio.[25]

O campo de Westerbork

A partir de outubro de 1939, Westerbork funcionou como um campo de recepção para refugiados judeus alemães que tinham ido para a Holanda, principalmente depois da Noite dos Cristais. No fim de março de 1940, havia 350 pessoas no campo. Após a capitulação, em maio de 1940, a liderança do campo permaneceu provisoriamente nas mãos dos holandeses, mas o regime se tornou mais rígido sob a liderança do novo diretor, Jacques Schol. Embora não houvesse cercas, os refugiados eram proibidos de deixar o campo sem permissão, e a violação das regras locais era severamente punida. Em 1º de julho de 1942, o campo foi oficialmente transferido para as autoridades alemãs. Westerbork passou a se chamar Campo Policial de Trânsito para Judeus, sob o comando do Comandante da Polícia e do Serviço de Segurança e do Escritório Central de Segurança do Reich. A partir dessa data, o campo passou a fazer parte do extenso sistema de campos de concentração alemães e funcionava como um importante ponto de trânsito para o extermínio sistemático de judeus oriundos da Holanda.[26]

Westerbork foi cercado com arame farpado, e construíram-se sete torres de vigia com guardas da SS, a partir de 1943 operadas pela polícia de fronteiras holandesa. No verão de 1944, um batalhão da polícia de Amsterdã assumiu a segurança do campo.[27]

Westerbork tornou-se um campo de trânsito para as deportações para o campo de concentração e extermínio de Auschwitz, para o campo de extermínio de Sobibor e para os campos de concentração de Bergen-Belsen e Theresienstadt. Os transportes que chegavam e partiam dominavam completamente a vida e as atividades do dia a dia no campo. O tempo de permanência dos prisioneiros em Westerbork variava muito: de poucas horas, dias ou semanas a meses, às vezes até anos.[28] Contudo, prisioneiros que, como os clandestinos do Anexo Secreto, eram classificados como "casos penais", na maioria das vezes, partiam no transporte seguinte.

Quase todas as pessoas que figuravam com a família Frank na lista de transporte de 8 de agosto de 1944 eram "casos penais".[29] Eles foram transferidos de imediato para o subcampo especialmente criado para esse tipo de prisioneiros, onde estavam localizados os chamados "pavilhões penais". Estes eram separados do resto do campo de Westerbork por uma cerca dupla de arame farpado, a parte eufemisticamente chamada de "campo livre".[30] Nessa cerca, havia uma abertura que era vigiada dia e noite. Os pavilhões penais se destinavam, inicialmente, aos prisioneiros que haviam cometido alguma falta disciplinar. No decorrer de 1943, muitos judeus que haviam violado as medidas antijudaicas foram presos e, portanto, levados para Westerbork. Esses eram, por exemplo, judeus detidos por não portarem a estrela judaica ou por se mudarem sem permissão. Depois que a Holanda foi "declarada livre de judeus", no verão de 1943, a maior parte dos "casos S" (abreviação de "*strafgevallen*", "casos penais"), como eram chamados os prisioneiros penais no jargão do campo, consistia em pessoas como os integrantes das famílias Frank e Van Pels, que tinham sido presos em seu esconderijo. Não judeus que haviam abrigado e escondido judeus também foram presos nos pavilhões penais de Westerbork, embora sua quantidade seja ignorada.[31]

A rua principal do campo de Westerbork. Ao longo dela, passava a linha férrea e partiam os trens da então chamada *Rampe* para os campos de concentração e de extermínio no Leste.

A partir de 13 de outubro de 1942, Westerbork passou a ser dirigido pelo primeiro-tenente da SS. Gemmeker era um burocrata fanático e organizou o lugar com eficiência. Ele soube utilizar a organização interna já existente, que era uma continuação da ordem inicialmente criada pelos refugiados judeus alemães.[32] Embora não hesitasse em usar a violência, ele próprio preferia não sujar as mãos.[33] Em vez disso, Gemmeker adotou uma estratégia de "dividir para governar", tornando a os gestores internos do campo responsáveis por organizar as deportações. Só quando julgava necessário é que ele próprio determinava quem ou qual grupo deveria ir para o transporte. Fora isso, ele deixava para a organização interna do campo determinar quem era indispensável e poderia ficar. Isso criou um sistema complicado de "política de compadrio", em razão do qual a SS desempenhou em Westerbork apenas um papel muito limitado no serviço interno.[34]

O primeiro-tenente da SS Albert Konrad Gemmeker, comandante do campo de Westerbork, em dezembro de 1942.

Em março de 1944, por encomenda de Gemmeker, foi feito um filme sobre o campo, no qual ele pretendia mostrar o quão bem e eficientemente o local estava organizado.[35] Esse filme fornece uma imagem interessante, embora evidentemente propagandística, do funcionamento do campo de trânsito de Westerbork cinco meses antes da chegada dos oito clandestinos. A imagem é limitada, porque faltam cenas da vida cotidiana nos pavilhões ou do funcionamento da administração e do hospital. Vemos uma escola, momentos de relaxamento e entretenimento, pessoas trabalhando na tecelagem, nas forjas, em uma oficina de marcenaria e na reciclagem de baterias, além da partida de um trem com prisioneiros para Auschwitz no fragmento "Chegada e partida". A menina dos olhos de Gemmeker, também retratada no filme, era o departamento fabril do campo, que trabalhava para a indústria bélica alemã. O primeiro-tenente estava ansioso para mostrar como seu campo contribuía para aumentar a produção da indústria bélica alemã e expandiu consideravelmente esse setor de Westerbork no verão de 1944.[36]

Os prisioneiros penais em particular — como os oito clandestinos — trabalhavam sob vigilância reciclando papel-alumínio e baterias e desmontando peças de aeronaves.[37] Em 3 de agosto de 1944, pouco antes da chegada dos clandestinos, Gemmeker endureceu o regime. Por meio da

Ordem Campal de Número 86, ele ordenou uma disciplina mais rígida e exigiu que a produção para a indústria bélica fosse de quatro a cinco vezes maior.[38] Ele argumentou que esses bens eram importantes para a guerra e que, portanto, a sabotagem seria julgada pelo direito penal militar. Em 10 de agosto de 1944, dois dias após a chegada da família Frank e dos outros clandestinos, Gemmeker, dessa vez utilizando a Ordem Campal de Número 87, de efeito imediato, proibiu qualquer contato fora ou dentro do campo. Como resultado, os prisioneiros nos pavilhões penais e os prisioneiros na parte "livre" do campo não podiam mais se visitar ou falar uns com os outros.[39] Também durante o trabalho, esse contato era estritamente supervisionado pelo Serviço de Ordem Judaico (conhecido pela sigla em holandês OD).[40]

Curiosamente, havia poucos alemães da SS no campo de Westerbork. O pessoal da SS em Westerbork consistia em, no máximo, quinze pessoas.[41] Inicialmente, em 1942, os oficiais holandeses da polícia de fronteira cuidavam da vigilância dentro do campo.[42] A partir de 1943, esses homens se tornaram responsáveis apenas pela vigilância externa e pela manutenção da ordem diária, e a guarda da passagem entre o campo livre e o pavilhão penal era responsabilidade do OD. Esses prisioneiros judeus, reconhecíveis por seus macacões verdes, deviam vigiar os pavilhões penais, escoltar os prisioneiros penais até o trabalho e, na volta, receber os prisioneiros recém-chegados e orientar todos ao longo dos extensos procedimentos de registro. Eles também estiveram envolvidos nas batidas policiais em Amsterdã e tiveram que ajudar a esvaziar a instituição psiquiátrica judaica Het Apeldoornsche Bosch, em Apeldoorn, no fim de janeiro de 1943.[43] Os membros do OD estavam, pelo menos provisoriamente, isentos de deportação e, em troca, trabalhavam com mão pesada na punição dos prisioneiros e no carregamento dos trens de deportação para os campos no Leste.

O OD era chefiado pelo judeu austríaco Arthur Pisk, que lideraria o serviço de vigilância interna até a libertação de Westerbork, em 12 de abril de 1945. Pisk e seu OD tinham uma péssima reputação entre os prisioneiros. Philip Mechanicus, que manteve um diário em Westerbork entre 28 de maio de 1943 e 28 de fevereiro de 1944, descreveu Pisk como um "pirata" e "o

Transporte saindo de Westerbork, provavelmente no outono de 1942. Os dois homens de quepe e macacão fazem parte do Serviço de Ordem Judaico.

chefe supremo da Gestapo judaica".[44] Em uma nota datada de 12 de fevereiro de 1944, ele expressou sua indignação com a maneira com que os membros do OD gritavam com os prisioneiros e, a seus olhos, estavam apenas interessados em seu próprio benefício:

> Somos impotentes contra os membros do OD: eles são os guardiões da ordem oficialmente reconhecidos, que, no entanto, nada entendem sobre o ofício de manter a ordem, apenas agem se houver algo que "deva ser organizado" e para sequestrar as meninas. Eles são odiados por sua brutalidade e por não haver nenhum recurso possível contra eles. Há poucos dias, na cantina, um deles quebrou o nariz de um jovem que tentava entrar e colocou o pé na porta. Ele ainda anda livre e impune e com um ar arrogante: "Não sou um herói?".[45]

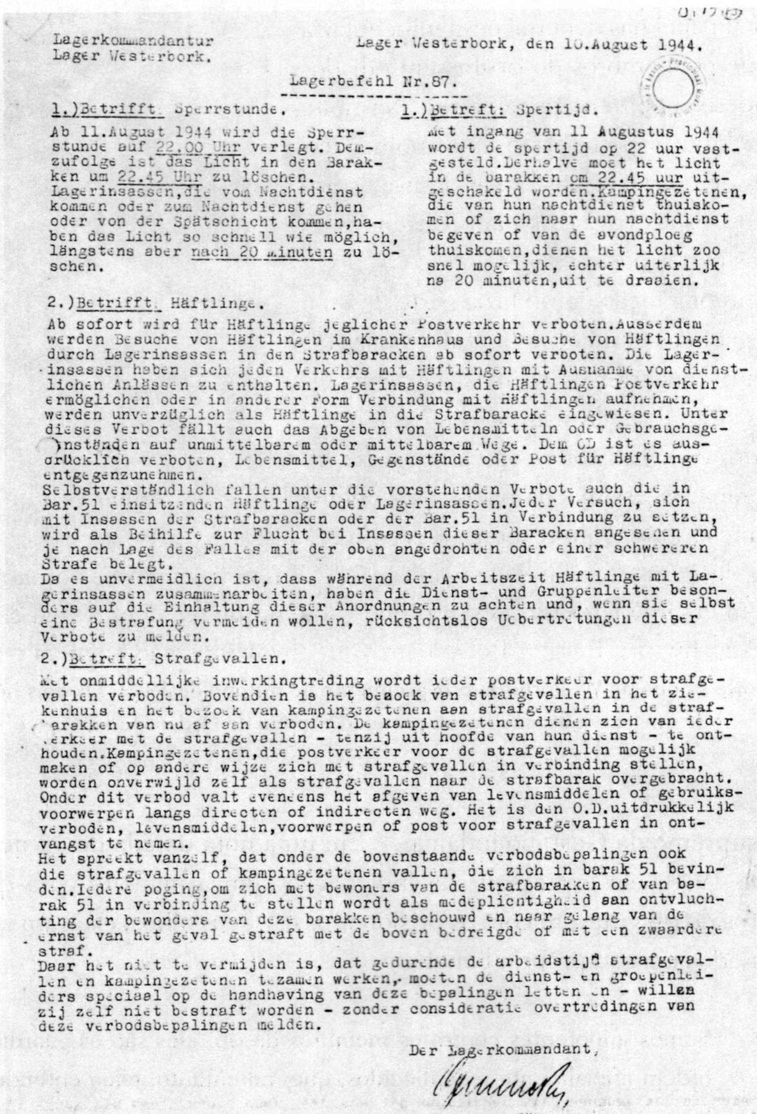

0.17(3)

Lagerkommandantur
Lager Westerbork.

Lager Westerbork, den 10.August 1944.

Lagerbefehl Nr.87.

1.)Betrifft: Sperrstunde.

Ab 11.August 1944 wird die Sperrstunde auf 22.00 Uhr verlegt. Demzufolge ist das Licht in den Baracken um 22.45 Uhr zu löschen. Lagerinsassen,die vom Nachtdienst kommen oder zum Nachtdienst gehen oder von der Spätschicht kommen,haben das Licht so schnell wie möglich, längstens aber nach 20 Minuten zu löschen.

1.)Betreft: Spertijd.

Met ingang van 11 Augustus 1944 wordt de spertijd op 22 uur vastgesteld.Derhalve moet het licht in de barakken om 22.45 uur uitgeschakeld worden.Kampingezetenen, die van hun nachtdienst thuiskomen of zich naar hun nachtdienst begeven of van de avondploeg thuiskomen,dienen het licht zoo snel mogelijk, echter uiterlijk na 20 minuten,uit te draaien.

2.)Betrifft: Häftlinge.

Ab sofort wird für Häftlinge jeglicher Postverkehr verboten.Ausserdem werden Besuche von Häftlingen im Krankenhaus und Besuche von Häftlingen durch Lagerinsassen in den Strafbaracken ab sofort verboten. Die Lagerinsassen haben sich jeden Verkehrs mit Häftlingen mit Ausnahme von dienstlichen Anlässen zu enthalten. Lagerinsassen, die Häftlingen Postverkehr ermöglichen oder in anderer Form Verbindung mit Häftlingen aufnehmen, werden unverzüglich als Häftlinge in die Strafbaracke eingewiesen. Unter dieses Verbot fällt auch das Abgeben von Lebensmitteln oder Gebrauchsgegenständen auf unmittelbarem oder mittelbarem Wege. Dem OD ist es ausdrücklich verboten, Lebensmittel, Gegenstände oder Post für Häftlinge entgegenzunehmen.
Selbstverständlich fallen unter die vorstehenden Verbote auch die in Bar.51 einsitzenden Häftlinge oder Lagerinsassen.Jeder Versuch, sich mit Insassen der Strafbaracken oder der Bar.51 in Verbindung zu setzen, wird als Beihilfe zur Flucht bei Insassen dieser Baracken angesehen und je nach Lage des Falles mit der oben angedrohten oder einer schwereren Strafe belegt.
Da es unvermeidlich ist, dass während der Arbeitszeit Häftlinge mit Lagerinsassen zusammenarbeiten, haben die Dienst- und Gruppenleiter besonders auf die Einhaltung dieser Anordnungen zu achten und, wenn sie selbst eine Bestrafung vermeiden wollen, rücksichtslos Uebertretungen dieser Verbote zu melden.

2.)Betreft: Strafgevallen.

Met onmiddellijke inwerkingtreding wordt ieder postverkeer voor strafgevallen verboden. Bovendien is het bezoek van strafgevallen in het ziekenhuis en het bezoek van kampingezetenen aan strafgevallen in de strafbarakken van nu af aan verboden. De kampingezetenen dienen zich van ieder verkeer met de strafgevallen - tenzij uit hoofde van hun dienst - te onthouden.Kampingezetenen,die postverkeer voor de strafgevallen mogelijk maken of op andere wijze zich met strafgevallen in verbinding stellen, worden onverwijld zelf als strafgevallen naar de strafbarak overgebracht. Onder dit verbod valt eveneens het afgeven van levensmiddelen of gebruiksvoorwerpen langs directen of indirecten weg. Het is den O.D.uitdrukkelijk verboden, levensmiddelen,voorwerpen of post voor strafgevallen in ontvangst te nemen.
Het spreekt vanzelf, dat onder de bovenstaande verbodsbepalingen ook die strafgevallen of kampingezetenen vallen, die zich in barak 51 bevinden.Iedere poging,om zich met bewoners van de strafbarakken of van barak 51 in verbinding te stellen wordt als medeplichtigheid aan ontvluchting der bewonders van deze barakken beschouwd en naar gelang van de ernst van het geval gestraft met de boven bedreigde of met een zwaardere straf.
Daar het niet te vermijden is, dat gedurende de arbeidstijd strafgevallen en kampingezetenen tezamen werken, moeten de dienst- en groepenleiders speciaal op de handhaving van deze bepalingen letten en - willen zij zelf niet bestraft worden - zonder consideratie overtredingen van deze verbodsbepalingen melden.

Der Lagerkommandant,

Gemmeker,

SS-Obersturmführer.

Ordem Campal de Número 87.

Seu papel nas deportações também fazia com que os membros do OD fossem odiados e temidos por muitos prisioneiros. Na noite anterior ao transporte, o OD lia os nomes das pessoas que seriam transferidas, levava os prisioneiros e suas bagagens para os trens e fechava as portas dos vagões.[46]

Arthur Pisk.

A implantação do OD fazia parte de uma estratégia mais ampla com a qual os nazistas tentavam converter as vítimas da perseguição em cúmplices do sistema dos campos de concentração. Em todos os campos, foram designados os assim chamados prisioneiros com função, que eram responsáveis pela realização de certas tarefas de organização.[47] Embora, como se tornará aparente em capítulos posteriores, a proporção em que os "chefes" em campos como Auschwitz e Bergen-Belsen estavam envolvidos na violência e o pro-

Prisioneiros judeus em Westerbork pouco antes da deportação.

Um trem com prisioneiros pronto para partir do campo de Westerbork.

cesso genocida fosse de uma ordem diferente, o OD se encontrava em uma posição comparável de ambiguidade moral.[48] Ao se confiar a supervisão e o monitoramento da ordem interna quase que inteiramente ao OD e fazer com que os membros do Conselho Judaico decidissem quem embarcaria nos transportes para Auschwitz, foi criado um sistema no qual as vítimas da perseguição aos judeus cooperavam nos maus-tratos e na deportação dos outros e de si próprios. Em seu livro sobre os guardas de Westerbork, o historiador Frank van Riet mostra que os membros do OD eram muitas vezes odiados e desprezados pelos prisioneiros, mas também havia aqueles que os julgavam muito mais positivamente e afirmavam que mesmo Pisk às vezes sabotava as ordens que recebia do comando do campo. Van Riet ressalta a pressão que os membros do OD sofriam. Gemmeker responsabilizava os membros do OD por qualquer indisciplina e os punia severamente em caso de fugas e distúrbios.[49]

Van Riet também observa que, embora Pisk e vários outros membros do OD tenham conseguido ficar em Westerbork até a libertação, eles permaneceram na incerteza até as últimas deportações. Em 1944, quando a maioria das isenções em Westerbork foi retirada, 164 membros do OD foram transportados, dos quais apenas quinze sobreviveram. No campo, permaneceram somente 32 judeus que, por isso, conseguiram sobreviver.[50]

A chegada

Quando os oito clandestinos chegaram a Westerbork, eles primeiro tiveram de ser registrados. Esse era um procedimento que podia levar horas para grandes transportes, mas é provável que tenha ocorrido de forma relativamente tranquila, já que o grupo com o qual Anne e os outros clandestinos chegaram a Westerbork era relativamente pequeno.[51] Durante as grandes deportações em 1942 e 1943, o registro dos recém-chegados sempre ocorria no pavilhão número 9, o pavilhão do teatro e dos concertos, mas, a partir de 1944, quando os grupos de recém-chegados se tornaram cada vez menores, os registros geralmente eram feitos no pavilhão administrativo, de número 34, onde também era realizada a verificação de piolhos. Esse provavelmente foi o caso do transporte no qual os oito clandestinos chegaram a Westerbork.[52] Todos os prisioneiros ficavam primeiramente em longas filas de espera num amplo salão onde era realizada uma chamada. Membros do OD os guiavam pelas várias etapas do processo de registro. Todas as bagagens eram confiscadas. Primeiro, era feita uma lista de entrada, e o comprovante de identidade e os documentos de distribuição tinham de ser emitidos. Os prisioneiros eram inscritos na administração central e recebiam um passe de campo.[53]

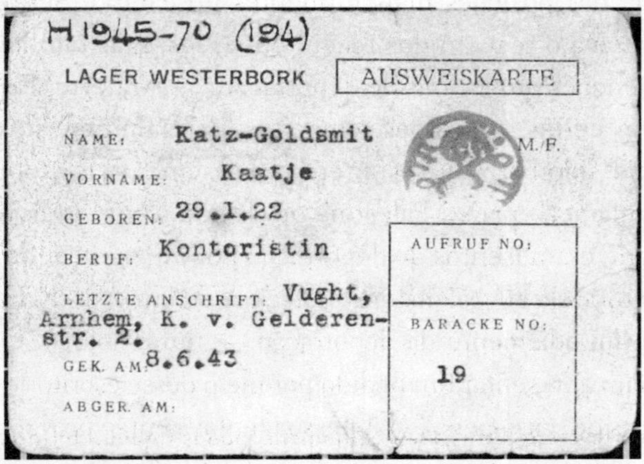
H 1945-70 (194)
LAGER WESTERBORK
AUSWEISKARTE
NAME: Katz-Goldsmit M./F.
VORNAME: Kaatje
GEBOREN: 29.1.22
BERUF: Kontoristin
AUFRUF NO:
LETZTE ANSCHRIFT: Vught, Arnhem, K. v. Gelderen-str. 2.
BARACKE NO: 19
GEK. AM: 8.6.43
ABGER. AM:

Passe de campo de Kaatje Katz-Goldsmit datado de 1943.

A administração central guardava todas as informações sobre os transportes — a razão da existência do campo durante a ocupação alemã. Apenas o comandante e o Departamento Central para a Emigração Judaica tinham acesso a esse sistema.[54] Todos os dados pessoais eram mantidos nas pastas da administração central: histórico do campo, solicitações apresentadas, isenções, internação no hospital, trabalho, realocações, números de pavilhões etc. O adiamento da deportação era indicado por uma cruz no canto superior direito do cartão; já o motivo do adiamento era mencionado no verso. O registro dos casos penais tinha um "H" vermelho de *Häftling* (prisioneiro). Pouco antes da partida, as listas de transporte eram compiladas com base nesses cartões. Os cartões de prisioneiros aos quais não havia sido concedido adiamento, os chamados "desembargados", eram separados. A administração central era ordenada de maneira alfabético-lexicográfica para que os membros de uma família permanecessem juntos administrativamente. Era assim que eles entravam na lista de transporte, e foi assim que os oito clandestinos do Anexo Secreto ficaram juntos.[55]

Uma parte importante do procedimento de registro era o escritório de inscrições, que era chefiado pelo advogado alemão Hans Ottenstein. Ele pertencia ao grupo de judeus que já estava em Westerbork antes que os alemães assumissem o controle e foi colocado no comando desse departamento em janeiro de 1942 devido à sua formação jurídica. Com isso, ele tinha uma das posições mais influentes no campo. Seu escritório não apenas gerenciava o registro dos recém-chegados, mas também tratava dos pedidos de isenções provisórias de deportação para o Leste. Prisioneiros que preenchessem certas condições, como ser parcialmente descendente de não judeus, ter sido batizado, estar em um casamento misto, possuir documentos de emigração para a Palestina ou devido à sua "indispensabilidade" em Westerbork, eram isentos de deportação por um parecer de Ottenstein.[56]

No escritório do advogado, era anotado nos cartões se havia motivos que justificassem um adiamento da deportação — um embargo. Os prisioneiros também podiam apresentar um pedido por meio desse escritório para que perdessem o status de "caso penal".[57] A pessoa tentava então provar que havia sido batizada como cristã, que era meio judia ou que tinha documentos especiais. Como os casos penais normalmente tinham de seguir na deportação seguinte, obter um embargo podia ser de importância vital. Enquanto o pedido estivesse sendo examinado, a pessoa não era transportada: ele ou ela adquiriam, então, o status de "embargado" ou de "adiado provisoriamente ou até segunda ordem".[58]

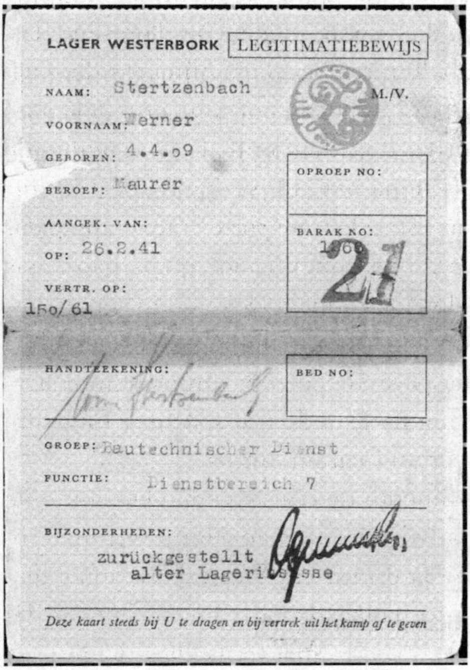
LAGER WESTERBORK | LEGITIMATIEBEWIJS

NAAM: Stertzenbach M./V.

VOORNAAM: Werner

GEBOREN: 4.4.09

BEROEP: Maurer

OPROEP NO:

AANGEK. VAN:

OP: 26.2.41

BARAK NO: 21

VERTR. OP: 150/61

HANDTEEKENING:

BED NO:

GROEP: Bautechnischer Dienst

FUNCTIE: Dienstbereich 7

BIJZONDERHEDEN: zurückgestellt alter Lagerinsasse

Deze kaart steeds bij U te dragen en bij vertrek uit het kamp af te geven

Passe de campo do prisioneiro Werner Sterzenbach. Esse cartão menciona também o embargo de Sterzenbach. Sua deportação foi postergada porque ele tinha o status de prisioneiro antigo do campo, o que significa que ele já estava em Westerbork antes de 15 de julho de 1942.

O procedimento de registro dos oito clandestinos terminou com um exame médico. Todos os homens e mulheres tiveram de se despir e foram examinados em busca de doenças infecciosas e piolhos. Por último, lhes foi designado um lugar em um dos pavilhões. Os oito clandestinos foram para o de número 67.[59] Eles tiveram de entregar seus sapatos e roupas, que foram armazenados em sacos de estopa marcados com seus nomes, e receberam um macacão azul com uma braçadeira vermelha, uma faixa branca com a letra S, de *strafgeval* [caso penal], uma Estrela de Davi e tamancos. Os homens receberam, além disso, um pequeno quepe vermelho e azul. Esse uniforme os tornava claramente reconhecíveis como "casos penais". Sob a orientação do OD, os casos penais foram levados aos respectivos pavilhões e lhes foi designado um local para dormir.

Na manhã seguinte, os homens tiveram a cabeça raspada na lavanderia do pavilhão.[60] Isso se aplicou, portanto, a Otto Frank, Hermann e Peter van Pels e Fritz Pfeffer. A partir daquele momento, eles passaram a usar os bonés.[61] Auguste van Pels, Edith, Margot e Anne Frank, assim como as outras meninas e mulheres, mantiveram seus cabelos. Apenas as mulheres que tinham piolhos — encontrados no exame médico durante o procedimento de registro — tinham suas cabeças raspadas e recebiam, então, uma touca com gasolina. Em todos os depoimentos disponíveis, não há nada que sugira que tenha sido esse o caso de Auguste, de Edith ou das duas meninas.[62]

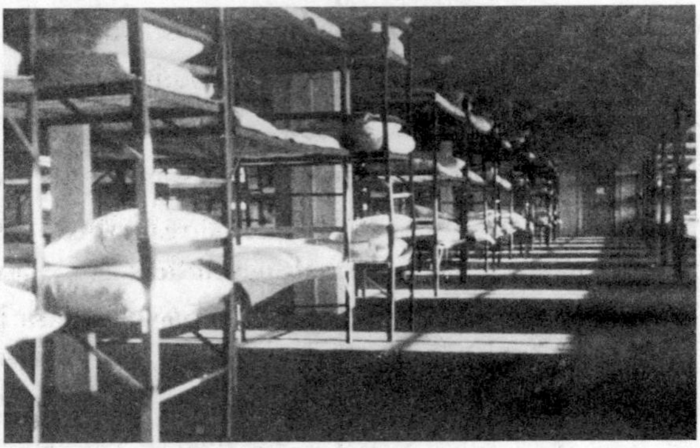

Interior de um pavilhão de Westerbork.

Prisioneiro penal trabalhando na forja do campo de Westerbork.

A vida cotidiana no pavilhão penal

Como era a vida no pavilhão penal para Anne Frank e seus sete companheiros de destino? Em setembro de 1944, os pavilhões penais estavam superlotados, com quatrocentas a quinhentas pessoas em cada um deles. O pavilhão 67 foi dividido em uma metade para os homens e a outra metade para as mulheres. De manhã e à noite, todos tinham de se apresentar ao líder do pavilhão ou do salão. Fora do horário de trabalho, os homens, as mulheres e as famílias podiam ficar juntos. No meio do pavilhão, havia uma cozinha através da qual se podia virar à direita ou à esquerda para se chegar às alas masculina e feminina. Às dez horas da noite, todos tinham de estar de volta a seus setores. A porta entre as duas partes do pavilhão era fechada e às dez e quinze as luzes se apagavam.[63]

Os dormitórios tinham um lavatório em uma das paredes, com pias alongadas e torneiras, mas apenas uma latrina, que só podia ser usada à noite. Do lado de fora, havia pequenas casinhas vermelhas com latrinas coletivas (chamadas pelos prisioneiros de "porta-ovos"), separadas para homens e mulheres, que só podiam ser usadas durante o dia. Fumar era proibido, mas se fazia isso escondido nas casinhas-toalete no exterior. Os prisioneiros dormiam em beliches de três andares com colchões de palha. Às vezes, faltavam colchões. Havia muitas queixas sobre pulgas. No meio do pavilhão, havia mesas nas quais se faziam as refeições. Era tanta gente que às vezes os prisioneiros tinham de comer em pé.[64] Faltavam itens básicos, como roupas íntimas, cobertores e produtos de higiene pessoal. Silberbauer concedeu um tempo aos oito clandestinos do Anexo Secreto para eles fazerem as malas com calma,[65] mas muitos prisioneiros que foram presos repentinamente não levaram nada.[66]

Em seu livro sobre as experiências dos judeus no campo de Westerbork, a historiadora Eva Moraal conclui que a vida cotidiana e a sua percepção variavam enormemente. A qualidade do dia a dia em Westerbork dependia em grande parte da posição que o prisioneiro ocupava no campo. O status e os privilégios, por sua vez, eram determinados por diversos fatores. Em primeiro lugar, havia uma grande diferença entre os recém-chegados — principalmente judeus holandeses — e os refugiados judeus alemães que já estavam em Westerbork antes das primeiras deportações de 1942.[67]

Estes últimos, incluindo os já mencionados Ottenstein e Pisk, muitas vezes conseguiam funções importantes logo após sua chegada, o que lhes dava acesso a privilégios, como uma cama melhor, comida e, o mais importante, um bom "embargo" para protegê-los da deportação para o Leste. Eva Moraal mostra que o lugar que uma pessoa ocupava na hierarquia tinha um grande impacto na maneira como um prisioneiro vivenciava seu cativeiro e no medo e na insegurança associados à sua condição.

Os casos penais, entre eles os oito clandestinos do Anexo Secreto, estavam na base da pirâmide. Os casos penais não tinham nenhuma perspectiva de obter um embargo. Como geralmente eles eram os primeiros a serem deportados, esse grupo de prisioneiros tinha pouco tempo para construir uma vida dentro do campo e obter uma posição melhor. Existiram, porém, algumas exceções. Philip Mechanicus e Edgar Weinberg, por exemplo, pertenciam ambos aos casos penais, mas, devido à sua posição social e a seus talentos — Mechanicus por ser um conhecido jornalista e Weinberg por ter muito conhecimento técnico —, conseguiram obter uma boa função e um embargo.[68]

Não sabemos se Otto Frank fez alguma tentativa de se livrar de seu "S" — e apresentou uma solicitação.[69] Ele certamente poderia fazer isso com base em sua condição de veterano da Primeira Guerra Mundial. Após ser libertado, Frank recordou repetidamente como a atitude do primeiro-sargento Karl Joseph Silberbauer se alterou durante sua prisão em Prinsengracht quando soube que Otto havia servido como oficial no exército alemão durante a Primeira Guerra Mundial. Silberbauer lhe falou, então, que, em vista disso, ele poderia ser considerado um candidato para ir a Theresienstadt, um campo com chances consideravelmente melhores de sobrevivência. Contudo, no período em que Otto Frank chegou a Westerbork, apenas os veteranos com um distintivo de ferido em combate eram elegíveis para ir a Theresienstadt. Como os cartões da administração central e do escritório de inscrições

O escritor e jornalista Philip Mechanicus, década de 1930.

Edgar Weinberg em Westerbork. Foto extraída do filme registrado pelo prisioneiro Rudolf Breslauer por ordens de Gemmeker, o comandante do campo, na primavera de 1944.

não foram preservados, é impossível determinar se Otto Frank tentou retirar a si mesmo e sua família do grupo dos prisioneiros penais.

Também no caso de Fritz Pfeffer, que, como Otto, lutara do lado alemão na Primeira Guerra Mundial e fora oficial, não conseguimos encontrar nada a respeito. Entretanto, no caso dele, isso seria bastante possível. Existem exemplos conhecidos de outros prisioneiros penais que, pouco antes da deportação de 3 de setembro de 1944, perderam a condição de "casos penais" e, como resultado, ou foram parar no campo "livre" ou foram enviados para Theresienstadt em 4 de setembro.[70] Contudo, devido ao endurecimento do regime do campo no início de agosto de 1944, para a família Frank e os outros clandestinos as possibilidades de conseguirem um novo adiamento da deportação eram extremamente limitadas.

A vida cotidiana no campo de Westerbork era, em grande parte, determinada pelo trabalho. Todos com idades entre quinze e 65 anos tinham de trabalhar seis dias por semana, dez horas por dia.[71] Entretanto, os casos penais também recebiam exercícios de punição (para os homens) ou ginástica obrigatória (para as mulheres) nas manhãs de domingo, das seis às oito horas.[72]

Eva Moraal observa que, especialmente para adolescentes como Anne, Margot e Peter, o trabalho pesado constituía uma reversão abrupta da vida a que estavam acostumados antes de Westerbork, na escola ou durante a clandestinidade.[73] Isso era especialmente verdade para as crianças que vinham da classe média e não estavam habituadas ao trabalho físico pesado. E o trabalho era muito duro. Edith, Margot e Anne Frank tinham de trabalhar "nas baterias".[74] A reciclagem de baterias era uma função imunda e insalubre. Embora os prisioneiros que faziam esse trabalho recebessem uma ração diária extra de leite, muitos deles tentavam trocá-la por funções melhores. Na descrição de Janny Brilleslijper, que fazia o mesmo serviço e estava em contato regular com Edith Frank e suas filhas, esse trabalho envolvia: "[...] abrir baterias com um cinzel e um martelo e depois jogar o alcatrão em uma cesta e a barra de carvão que ficava dentro da bateria na outra. Era preciso, então, remover a tampinha de metal com uma chave de fenda, e ela ia para a terceira cesta".[75] Suas peles ficavam pretas como fuligem. Após o trabalho, eles iam para as duchas escoltados pelo OD. A maior parte das pessoas não tinha sabão para se lavar.

De maneira geral, para conseguir uma função melhor, era necessário ter boas relações ou um bom relacionamento com alguém do OD. Rachel Frankfoorder, então com trinta anos, que fora presa em um trem com um documento de identidade falso, teve a sorte de ser designada para o "serviço interno" em Westerbork. Era um trabalho cobiçado, que envolvia esfregar e limpar banheiros e, quando um transporte chegava, distribuir tamancos e macacões entre os prisioneiros recém-chegados. Ela se lembra de que conheceu a família Frank no pavilhão penal e que Otto Frank lhe pediu que conseguisse uma vaga na limpeza para Anne. Embora Anne lhe tivesse causado uma ótima impressão, ela viu poucas possibilidades de ajudá-la:

> Otto Frank veio até mim com a Anne e perguntou se ela poderia me ajudar. Anne era muito simpática e também me perguntou se poderia me dar uma ajuda. Ela disse: "Eu sei fazer de tudo, sou muito jeitosa". Era realmente uma menina adorável, alegre e animada. Estava um pouco mais velha do que na foto que se tornou famosa por conta de seu livro. Infelizmente, eu não tinha nenhum poder de decisão e a encaminhei para a chefia do pavilhão. Claro que eu não poderia lhe dar mais atenção do que isso.[76]

Anne, assim como a irmã e a mãe, continuou a trabalhar na seção de baterias. Não se sabe o que os outros clandestinos tinham de fazer. Rose de Liema-van Gelder — cujo marido, Sal, mais tarde se tornaria um bom

Prisioneiros desmontam baterias em Westerbork.

Rachel Frankfoorder no início
da guerra.

amigo de Otto Frank em Auschwitz — sugeriu em uma entrevista que Otto Frank e Peter e Hermann van Pels também estavam envolvidos na reciclagem de baterias.

> Nós ficávamos... bem, era uma sala muito grande e repleta de baterias e cestas. Tínhamos de trabalhar lá durante o dia. Por coincidência, lá estava também toda a família Frank, Otto, sua esposa, as filhas, Van Pels, Peter e todos eles, e meu marido e eu. Mas, para mim, a mãe e as meninas e a sra. Van Pels eram apenas outras prisioneiras, quero dizer... nunca conversamos realmente sobre as coisas pelas quais elas passaram juntas.[77]

Rose e Sal de Liema durante seu casamento, em 20 de dezembro de 1942. Para ocultar as estrelas em suas roupas, eles prenderam flores na lapela.

Não foram encontrados outros dados para confirmar as palavras de Rose nem está claro, pelas próprias declarações de Otto Frank, se os homens e as mulheres em Westerbork faziam o mesmo trabalho.

Otto Frank declarou apenas que todos tinham de trabalhar e que ficavam livres à noite.[78] Portanto, só conseguimos saber algo sobre o cotidiano em Westerbork de maneira geral. Os prisioneiros do pavilhão penal eram acordados às cinco e meia da manhã. Depois de se lavar, vestir-se, pegar comida e tomar o café da manhã, às quinze para as sete eles tinham de se perfilar ao lado do pavilhão. Sob a liderança do OD, eles então passavam pelo portão e iam em direção aos pavilhões industriais no campo "livre". Lá trabalhavam das sete ao meio-dia. Em seguida, acompanhados pelo OD, voltavam ao pavilhão para comer (geralmente, ensopado de repolho-roxo ou nabo) e, então, eram levados de volta ao trabalho das duas às sete horas.[79] Eles podiam conversar entre si durante o trabalho, mas eram estritamente supervisionados para que não tivessem contato com os prisioneiros da outra parte do campo. Para ir ao toalete, era necessário pedir permissão.[80] Depois do trabalho e do banho (para quem trabalhava nas baterias), comia-se pão no pavilhão penal.[81]

Os encontros em Westerbork

Otto Frank se recorda de que a vida cotidiana em Westerbork era um pouco mais fácil, especialmente para as filhas, porque eles podiam fazer contato com outras pessoas.[82] A família Frank encontrou inúmeros conhecidos em Westerbork. Pessoas de seu bairro em Amsterdã e colegas de turma das filhas. Bram Asscher, que estudou com Margot Frank no Liceu Judaico, escreveu para a mãe em 25 de agosto de 1944, de Westerbork: "Mamãe, você sabia que a Margot está aqui? Aquela amiguinha da Trees. Certamente você se lembra dela, não é? Ela, os pais e a irmãzinha estão no S. Que triste!".[83] Bram estava em Westerbork com o irmão Jeannot. Os dois sobreviveriam e escreviam regularmente cartas à mãe e ao padrasto. Sua mãe, Stephanie Fischer, havia se casado novamente após a morte do primeiro marido (o pai de Bram) com um homem não judeu e, portanto, obteve um embargo como membro de um casamento misto. Seus filhos, no entanto, não. Na carta, Bram agradece à mãe pela bela escova de dentes e por outros itens que havia lhe enviado.

O próprio Bram estava na parte "livre" do campo e tinha permissão para escrever uma ou duas cartas e receber pacotes uma vez a cada quinze dias. Os oito clandestinos não tinham essas regalias, pois eram casos penais. Sem contatos dentro ou fora do campo, não podiam alterar sua situação. Devido às medidas mais rígidas implantadas no início de agosto, não podiam informar ninguém sobre sua situação nem pedir que lhes fossem enviados pacotes de alimentos, algo que acontecia com frequência como uma forma de complementar o cardápio restrito do campo. Do mesmo modo, não podiam contratar ninguém para alterar seu status de "caso penal". Se Bram viu ou mesmo chegou a falar com Margot, que estava em outra parte isolada do campo, isso não ficou claro pela correspondência.

Bram Asscher e Trees Lek, logo depois da guerra.

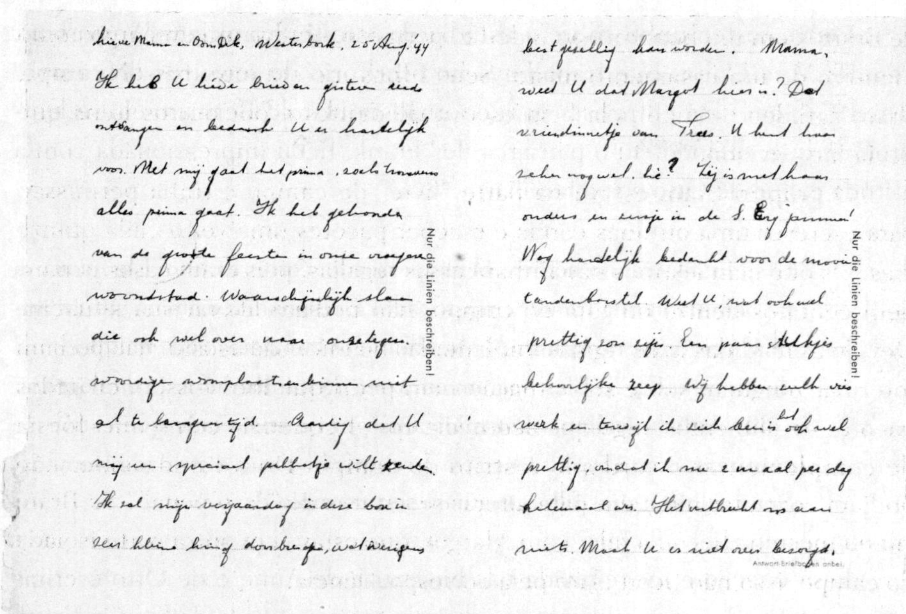

Lieve Mama en Oom Dik, Westerbork. 25 Aug. '44
Ik heb Uw lieve brieven gisteren [illegible]
ontvangen en bedank U er hartelijk
voor. Met mij gaat het prima, zoals trouwens
alles prima gaat. Ik heb gehoord
van de grote feesten in onze vroegere
woonstad. Waarschijnlijk slaan
die ook wel over naar onze tegen-
woordige woonplaats en binnen niet
al te langen tijd. Aardig dat U
mij een speciaal pakketje wilt zenden.
Ik zal mijn verjaardag in deze box in
een kleine kring doorbrengen, wat overigens

Nur die Linien beschreiben!

best gezellig kan worden. Mama,
weet U dat Margot hier is? Dat
vriendinnetje van Trees. U kent haar
zeker nog wel, hè? Zij is met haar
ouders en zusje in de S. Erg prima!
Nog hartelijk bedankt voor de mooie
tandenborstel. Weet U, wat ook wel
prettig zou zijn. Een paar stukjes
behoorlijke zeep. Wij hebben erg vies
werk en terwijl ik ziek ben is het ook wel
prettig, omdat ik me 2 maal per dag
helemaal was. Het ontbreekt ons aan
niets. Maak U er niet over bezorgd.

Nur die Linien beschreiben!

Antwort-Briefbogen anbei.

A carta que Bram Asscher escreveu para a mãe em 25 de agosto de 1944.

Outra colega de escola de Margot, Bloeme Emden, que chegou ao campo pouco depois da família Frank, em agosto de 1944, como caso penal, ainda se lembra de que reconheceu a família Frank logo na chegada. Eles estavam em pé ao lado do portão, observando-a entrar no campo com vários outros recém-chegados:

> Entre as pessoas que estavam em pé ao lado do portão para ver quem chegava, estava também a família Frank completa, com as duas filhas, que reconheci imediatamente, e elas a mim. E a gente se cumprimentou e ficou um pouco triste por termos de nos encontrar nessa situação [...]. E então me levaram. Não havia nada a dizer. Eu as via regularmente, afinal nós tínhamos sido colegas de turma, colegas de escola. A gente havia [...] se tornado um número.[84]

Outro testemunho sobre a estadia da família Frank em Westerbork vem de Vera Cohn, que trabalhava no escritório de registros do campo. Em 1956, em uma entrevista para o jornalista Harold Berman, ela se lembrou de que, quando viu o patriarca dos Frank, ficou impressionada com a atitude calma de Otto e sua família:

> O sr. Frank era um homem bem-apessoado, cortês e culto. Ele ficou em pé bem na minha frente, empertigado. E respondeu calmamente às minhas perguntas de rotina [...]. Nenhum dos familiares deu qualquer sinal de desespero [...]. Eles ficaram em volta da minha mesa de datilografia, controlados e calmos. Por mais amargura e ansiedade que estivesse sentindo, o sr. Frank se negava a renunciar à sua dignidade humana. Sua mulher e suas filhas seguiam seu exemplo.[85]

Essa citação é mencionada nas biografias de Anne e de Otto escritas por Carol Ann Lee para ilustrar os sentimentos e a atitude da família Frank em Westerbork. Contudo, ela é problemática sob vários aspectos. Cohn não conhecia a família antes de tê-la registrado e se lembrava do encontro muito tempo depois, com muitos detalhes. Embora seja certamente possível que essa tenha sido mesmo a impressão que ela teve dos Franks quando os registrou, devemos também considerar a possibilidade de ela ter trocado as pessoas e a caracterização quase estereotipada de uma família que, "apesar de todos os sentimentos de amargura e ansiedade", manteve sua "dignidade humana", e isso tenha sido vinculado posteriormente às suas memórias. Afinal, é questionável que, dos milhares de pessoas que ela viu passar em seu escritório, tenha se lembrado justamente dos Franks, que ela não conhecia e que nunca encontraria de novo.

Outros testemunhos sobre a família Frank diferem fortemente entre si. Muitos anos depois, Ronnie van Cleef se lembrou de que a família Frank parecia estar devastada e deslocada nas circunstâncias caóticas do pavilhão penal. Eles eram muito reservados, e Anne Frank vivia pendurada no braço do pai.[86]

Em contraste com isso, estão as declarações que Vera Cohn e Rosa de Winter-Levy compartilharam com o jornalista alemão Ernst Schnabel

— que, como já foi mencionado, foi quem, na década de 1950, pela primeira vez recolheu de forma sistemática testemunhos sobre Anne Frank. De Winter-Levy foi presa com o marido e a filha, Judik, em um esconderijo próximo a Arnhem, nos Países Baixos, e, então, levada para Westerbork pouco antes da chegada dos oito clandestinos do Anexo Secreto. De Winter--Levy só se tornaria amiga íntima de Edith Frank em Auschwitz, mas ela lembra que já havia notado a família em Westerbork. Via em Anne uma amiga em potencial para sua própria filha, Judik, e, por isso, ficou de olho nela. Ela contou a Schnabel a impressão que teve da família. Sobre Edith Frank, De Winter-Levy declarou que ela perambulava em Westerbork "em silêncio e quase petrificada". "Margot também era calada, mas Edith agia como se fosse muda. Ela não dizia nada durante o trabalho e, à noite, sempre lavava as roupas, na água suja e sem sabão, mas ela sempre tinha de lavar algo. O pai de Anne, claro, também ficava em silêncio, mas esse era um silêncio mais alentador."[87] De Winter-Levy enfatiza, sobretudo, o contraste com Anne, que em suas memórias andava "feliz e livre" em Westerbork, fazia muito contato com outras pessoas e, além disso, estava sempre com Peter van Pels:

> Eu via Anne Frank e Peter van Daan [Peter van Pels] todos os dias em Westerbork. Eles estavam sempre juntos, e eu disse ao meu marido: "Olha só esses dois jovens lindos...". Anne estava linda em Westerbork, tão radiante, que contagiava Peter. No início, ela estava muito pálida, mas sua suavidade e seu rosto expressivo eram tão atraentes, que a princípio Judik não se atreveu a entrar em contato com ela. Talvez eu não devesse dizer que os olhos de Anne eram radiantes, mas eles tinham um brilho, entende? E ela era tão livre em seus movimentos e em sua aparência que muitas vezes me perguntei: será que ela é feliz aqui? Ela era feliz em Westerbork, embora isso seja dificilmente compreensível, porque não tínhamos uma vida boa naquele campo.[88]

É notável o quanto essa interpretação difere da de muitas outras testemunhas, e a imagem evocada de Anne e Peter como um casal "radiante" e talvez apaixonado levanta a questão de saber se essa não é, sobretudo, uma interpretação que ela projetou depois em suas memórias, como presumivelmente ocorreu com a já mencionada citação de Vera Cohn. A história de De Winter-Levy difere da de Cohn porque está estabelecido que ela construiu um relacionamento próximo com Edith Frank e suas filhas, e, muito antes que a história de Anne Frank se tornasse conhecida pela publicação de *O diário de Anne Frank*, ela escreveu sobre a família Frank no seu relatório de Auschwitz.[89]

O próprio Otto Frank não revelou muito sobre Westerbork após a guerra, mas se lembrava de que a chegada de suas filhas ao campo também havia sido até certo ponto um momento de alívio. "No campo, tínhamos de fato de trabalhar, mas à noite ficávamos livres e podíamos estar juntos. Principalmente para as meninas, era um certo alívio não estarmos mais escondidos e podermos falar com outras pessoas."[90] Em Westerbork, os jovens podiam andar à noite entre os pavilhões, se encontrar uns com os outros e tagarelar. Era verão e o tempo estava bom, e, mesmo no pavilhão penal, onde os prisioneiros não tinham acesso aos concertos e ao lazer organizados na outra parte do campo, os prisioneiros tentavam se divertir um pouco. Em uma entrevista de 1970, Otto Frank se lembrou de que certa noite no pavilhão penal uma jovem judia cantou músicas em iídiche.[91] E Rose de Liema-van Gelder também se lembra de que ela, a família Van Pels e a família Frank costumavam cantar no pavilhão penal.[92] Outros que durante o mesmo período estiveram no pavilhão penal de Westerbork também enfatizam como a música era importante. Frieda Brommet (mais conhecida pelo seu nome de casada, Frieda Menco), por exemplo, lembra que participou de um cabaré no pavilhão penal. Ela conta como esse entretenimento contribuiu para que os jovens prisioneiros deixassem de lado, por algum tempo, o medo da deportação:

> E o que o meu pai [...] pensava a respeito, eu não sei. Acho que, quando ele me via saltitando em Westerbork com todos aqueles rapazes, e participando em uma espécie de cabaré e... nessas horas, eu não sentia mais fome... acho que ele pensava: "Ah bom, deixe eles... [...] Felizmente isso ainda é possível".[93]

Frieda Brommet por volta de 1940.

E o conhecido violinista Benny Behr, que estava no pavilhão penal com a família Frank desde 1º de agosto de 1944, também se lembra de ter tocado para os prisioneiros de sua ala. "Para as crianças, eu tocava canções escolares alegres, claro. Os mais velhos queriam ouvir algo mais clássico. Toquei peças de Kreisler, entre outras. E era assim que eu tentava entreter as pessoas", disse ele em uma entrevista a Willy Lindwer. Ele também enfatiza que a música era uma distração para o medo constante da deportação. "Westerbork talvez possa ser mais bem caracterizado por termos como 'desalento', mas também 'expectativa esperançosa'. Você podia ver nos rostos das pessoas quando elas estavam na lista para serem transportadas. E você via pessoas que, às vezes provisoriamente, estavam dispensadas do transporte. Uma tinha um sorriso, e a outra estava mais perto de chorar do que de rir. Nós todos sentíamos um medo terrível, sobretudo dos veículos que saíam nas noites de terça-feira."[94]

Benny Behr toca violino para as crianças em Westerbork.

Fora isso, o panorama da estadia dos oito clandestinos em Westerbork permanece obscuro. Não restou quase nenhum testemunho sobre a família Van Pels e Fritz Pfeffer. Mesmo as testemunhas que têm lembranças dos Franks raramente fazem declarações sobre os outros. Essa ausência de lembranças está relacionada ao período relativamente curto em que essas oito pessoas permaneceram em Westerbork e, de maneira mais geral, ao fato de que no pavilhão penal se desenvolveu uma "comunidade campal" com uma extensão muito menor do que na outra parte de Westerbork.[95]

"Aquela viagem terrível": o transporte de 3 de setembro

Os prisioneiros, e em especial os casos penais, tinham de levar constantemente em conta o fato de que seriam transportados para o Leste. Jules Schelvis — que aliás nem era um prisioneiro penal e já em 1943 havia sido levado de Westerbork para Sobibor — chama isso de "o medo do desconhecido".[96] Quão amedrontados estavam os clandestinos do Anexo Secreto pela sua possível deportação? É difícil dizer. Rose de Liema-van Gelder se lembra de uma conversa em que todos falavam ao mesmo tempo, e Otto Frank, em particular, expressava-se com otimismo sobre o curso da guerra. Segundo De Liema, ele estava confiante de que a libertação não tardaria a chegar:

> Bem, Otto Frank geralmente dizia: "Ah, isso vai acabar logo, não pode durar por muito mais tempo". E eu retrucava: "E como é que nós podemos ficar aqui sentados?". Só esperávamos que tudo terminasse logo. Quero dizer, nós nunca falávamos algo como: "E agora eles vão nos mandar para outro campo, e então isso e aquilo..."; não, absolutamente. E de repente chegava alguém que dizia: "Amanhã vocês vão ser transportados, aprontem todas as suas coisas", e a gente tinha de fazer as malas. Mas nunca falávamos sobre perigo de morte em Westerbork.[97]

Otto Frank, no entanto, escreveria mais tarde que, embora não quisesse desanimar, na verdade tinha muito medo da deportação:

> Apesar de tudo, nós, os mais velhos, temíamos ser deportados para os infames campos de extermínio [...]. Infelizmente, isso aconteceu em 3 de setembro. Foi durante aquele terrível transporte — três dias trancados em vagões de gado — que estive com minha família pela última vez. Cada um de nós tentava ser o mais corajoso possível e não abaixar a cabeça. Depois da chegada em Auschwitz-Birkenau, fui separado da minha família.[98]

Se Otto Frank já estava ciente dos campos de extermínio naquela época, ou se isso foi formulado dessa forma em retrospectiva, é uma questão que será discutida com mais detalhes a seguir. Contudo, assim como os outros, ele deve ter tido medo do que esperava por ele e sua família.

Esse seria o último grande transporte de deportação de Westerbork para Auschwitz. Naquele momento, havia cerca de 4 mil prisioneiros em Westerbork, pelo menos mil dos quais estavam amontoados nos pavilhões penais superlotados.[99] O transporte anterior para Auschwitz ocorrera em 19 de maio de 1944, e, durante esses três meses, os pavilhões penais foram aos poucos se enchendo de gente.[100] Entre os prisioneiros, havia a esperança e a expectativa de que mais nenhum transporte sairia e que a libertação estava próxima.[101]

No início de setembro, Gemmeker recebeu ordens de Berlim para encaminhar a maior parte dos prisioneiros do campo para Auschwitz, Theresienstadt e Bergen-Belsen.[102] Durante esse período, um grande número de prisioneiros vindos de todas as partes foi levado para Auschwitz para ser enviado como trabalhadores forçados para outros campos.[103] Esse seria o último transporte da Holanda para Auschwitz. Praticamente todos os prisioneiros do pavilhão penal foram transferidos e sua ala, por fim, extinta.[104] Os oito clandestinos, portanto, tiveram de seguir no transporte seguinte. Após uma estadia de 26 dias em Westerbork, foram transferidos no domingo, 3 de setembro de 1944.

Esse transporte foi provavelmente uma resposta improvisada às pressas ao rápido avanço dos Aliados. No dia anterior, tropas britânicas e norte-americanas invadiram a Bélgica em vários locais, e isso despertou a expectativa de que em breve a Holanda seria libertada. Na terça-feira, 5 de setembro, que entraria para os livros de história como a "Terça-feira Louca", os rumores de que os Aliados estavam se aproximando causaram uma euforia espontânea entre a população de toda a Holanda e o pânico entre as forças de ocupação alemãs e os colaboradores holandeses, muitos dos quais partiram em fuga. Não há evidências concretas de que o transporte de 3 de setembro tenha sido resultado direto do pânico em torno do avanço dos Aliados que irrompeu entre as autoridades de ocupação na primeira semana de setembro. Mas é surpreendente que esse tenha sido o único transporte de Westerbork que partiu em um domingo, enquanto todos os outros partiam na terça-feira, e esse também era um dia em que, a princípio, não se trabalhava. Isso constitui uma indicação clara de que a evacuação do campo foi feita às pressas e de que o transporte foi antecipado por esse motivo.[105]

A lista de transporte de 3 de setembro de 1944 contém 1.019 pessoas.[106] Ela é composta por diferentes categorias de prisioneiros: 149 detentos "normais", 675 casos penais e 195 prisioneiros em custódia.[107] Este último grupo era composto por pessoas em casamentos mistos ou semijudias que eram suspeitas de algum delito. O regulamento da custódia permitia que a polícia alemã detivesse pessoas que ainda não haviam sido julgadas por tempo indeterminado. Essa lei se aplicava a pessoas suspeitas de resistência ou de uma atitude "antialemã", mas também era utilizada para deportar, sem nenhum tipo de investigação, "semijudeus" e pessoas em casamentos mistos para os campos. Em Westerbork, os prisioneiros detidos por conta do regulamento de custódia eram mantidos no pavilhão penal, mas tinham um status à parte e presumivelmente também foram levados para Auschwitz em um vagão separado.[108]

Na noite anterior ao transporte, alguém do OD leu no pavilhão penal a lista daqueles que seriam transferidos. Todos tinham de responder ao ouvir o seu nome. Hans Goudsmit, que também estava no pavilhão penal naquele momento, escreveu para a esposa em uma carta que foi contrabandeada: "Sábado à noite, 10h, 2/9. Meus queridos e amados tesouros. Enfim, consegui um tempo para informar a vocês que amanhã parte o meu trem para o desconhecido".[109] A lista era longa e demorou muito tempo para ser lida. Henriëtte Sachs, que também estava nessa lista, disse em uma entrevista que, depois de ouvir o seu nome, ficou acordada a noite toda para esperar o transporte com os outros. Ela se lembra de que ela e alguns colegas

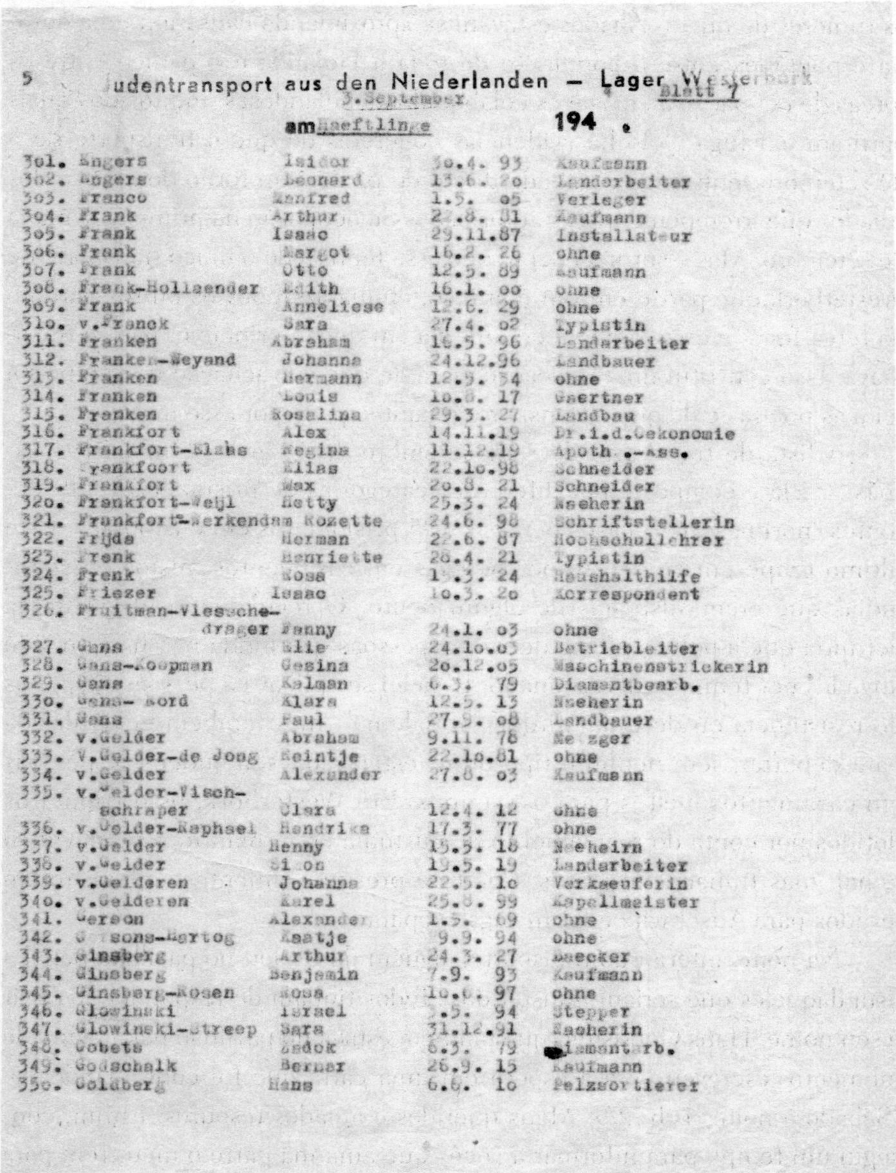

5 Judentransport aus den Niederlanden – Lager Westerbork

Blatt 7

am 3. September 194 .

Haeftlinge

Nr.	Name	Vorname	Geb.	Beruf
3o1.	Engers	Isidor	3o.4. 93	Kaufmann
3o2.	Engers	Leonard	13.6. 2o	Landarbeiter
3o3.	Franco	Manfred	1.5. o5	Verleger
3o4.	Frank	Arthur	22.8. 81	Kaufmann
3o5.	Frank	Isaac	29.11.87	Installateur
3o6.	Frank	Margot	16.2. 26	ohne
3o7.	Frank	Otto	12.5. 89	Kaufmann
3o8.	Frank-Hollaender	Edith	16.1. oo	ohne
3o9.	Frank	Anneliese	12.6. 29	ohne
31o.	v. Franck	Sara	27.4. o2	Typistin
311.	Franken	Abraham	16.5. 96	Landarbeiter
312.	Franken-Weyand	Johanna	24.12.96	Landbauer
313.	Franken	Hermann	12.5. 34	ohne
314.	Franken	Louis	10.8. 17	Gaertner
315.	Franken	Rosalina	29.3. 27	Landbau
316.	Frankfort	Alex	14.11.19	Dr.i.d.Oekonomie
317.	Frankfort-Elsas	Regina	11.12.19	Apoth.-Ass.
318.	Frankfoort	Elias	22.1o.98	Schneider
319.	Frankfort	Max	2o.8. 21	Schneider
32o.	Frankfort-Weijl	Hetty	25.3. 24	Naeherin
321.	Frankfort-Werkendam	Rozette	24.6. 98	Schriftstellerin
322.	Frijda	Herman	22.6. 87	Hochschullehrer
323.	Frenk	Henriette	28.4. 21	Typistin
324.	Frenk	Rosa	1 .3. 24	Haushalthilfe
325.	Friezer	Isaac	1o.3. 2o	Korrespondent
326.	Fruitman-Vleeschedrager	Fanny	24.1. o3	ohne
327.	Gans	Elie	24.1o.o3	Betriebleiter
328.	Gans-Koopman	Gesina	2o.12.o5	Maschinenstrickerin
329.	Gans	Kalman	6.3. 79	Diamantbearb.
33o.	Gans-Nord	Klara	12.5. 13	Naeherin
331.	Gans	Paul	27.9. o8	Landbauer
332.	v.Gelder	Abraham	9.11. 78	Metzger
333.	V.Gelder-de Jong	Keintje	22.1o.81	ohne
334.	v.Gelder	Alexander	27.8. o3	Kaufmann
335.	v.Gelder-Vischschraper	Clara	12.4. 12	ohne
336.	v.Gelder-Raphael	Hendrika	17.3. 77	ohne
337.	v.Gelder	Henny	15.5. 18	Naeheirn
338.	v.Gelder	Simon	19.5. 19	Landarbeiter
339.	v.Gelderen	Johanna	22.5. 1o	Verkaeuferin
34o.	v.Gelderen	Karel	25.8. 99	Kapellmeister
341.	Gerson	Alexander	1.5. 69	ohne
342.	Gersons-Hertog	Kaatje	9.9. 94	ohne
343.	Ginsberg	Arthur	24.3. 27	Baecker
344.	Ginsberg	Benjamin	7.9. 93	Kaufmann
345.	Ginsberg-Rosen	Rosa	1o.6. 97	ohne
346.	Glowinski	Israel	.5. 94	Stepper
347.	Glowinski-Streep	Sara	31.12.91	Naeherin
348.	Gobets	Zadok	6.3. 79	Diamantarb.
349.	Godschalk	Berner	26.9. 15	Kaufmann
35o.	Goldberg	Hans	6.6. 1o	Pelzsortierer

Lista de transporte de 3 de setembro de 1944 com os nomes da família Frank.

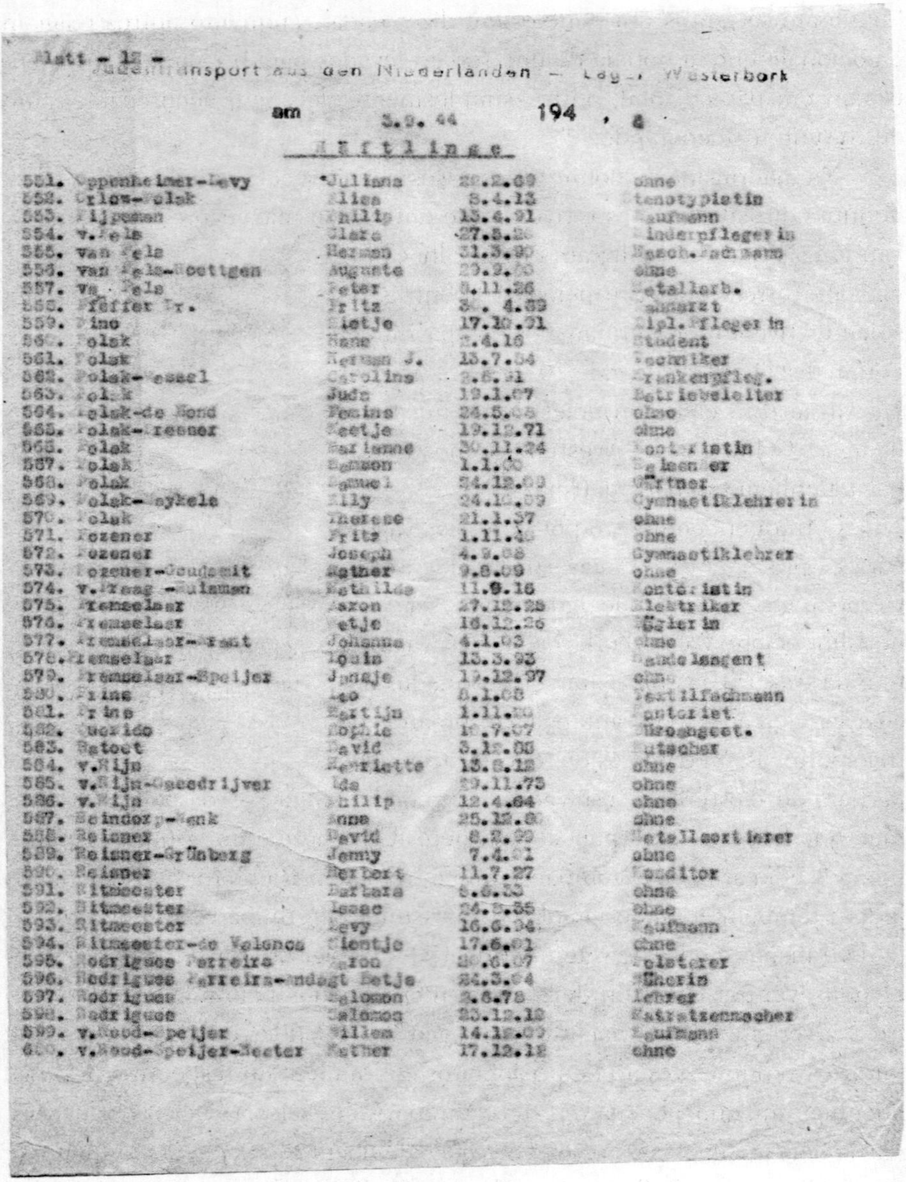

Blatt - 12 -
Judentransport aus den Niederlanden - Lager Westerbork

am 3.9.44 194 , 6

Häftlinge

551.	Oppenheimer-Levy	Juliana	22.2.69	ohne
552.	Orlow-Polak	Elise	8.4.13	Stenotypistin
553.	Pijpeman	Philip	13.4.91	Kaufmann
554.	v. Pels	Clara	27.5.26	Kinderpflegerin
555.	van Pels	Hermann	31.3.98	Gesch. Fachmann
556.	van Pels-Roettgen	Auguste	29.9.00	ohne
557.	van Pels	Peter	8.11.26	Metallarb.
558.	Pfeffer Dr.	Fritz	30. 4.89	Zahnarzt
559.	Pino	Rietje	17.10.91	Dipl. Pflegerin
560.	Polak	Hans	2.4.16	Student
561.	Polak	Herman J.	13.7.04	Techniker
562.	Polak-Wessel	Caroline	2.6.91	Krankenpfleg.
563.	Polak	Jude	19.1.07	Betriebsleiter
564.	Polak-de Hond	Femina	24.5.08	ohne
565.	Polak-Dresner	Keetje	19.12.71	ohne
566.	Polak	Marianne	30.11.24	Kontoristin
567.	Polak	Samson	1.1.00	Schlachter
568.	Polak	Samuel	24.12.09	Gärtner
569.	Polak-Meykels	Elly	24.12.09	Gymnastiklehrerin
570.	Polak	Therese	21.1.37	ohne
571.	Rozener	Frits	1.11.40	ohne
572.	Rozener	Joseph	4.9.08	Gymnastiklehrer
573.	Rozener-Goudsmit	Esther	9.8.09	ohne
574.	v. Praag-Huisman	Mathilde	11.9.16	Kontoristin
575.	Premselaar	Aaron	27.12.23	Elektriker
576.	Premselaar	Betje	16.12.26	Malerin
577.	Premselaar-Praat	Johanna	4.1.03	ohne
578.	Premselaar	Louis	13.3.93	Handelsagent
579.	Premselaar-Speijer	Jansje	19.12.97	ohne
580.	Prins	Leo	8.1.08	Textilfachmann
581.	Prins	Martijn	1.11.20	Kontorist
582.	Querido	Sophie	10.7.07	Bürogehilf.
583.	Ratoet	David	3.12.88	Kutscher
584.	v. Rijn	Henriette	13.8.12	ohne
585.	v. Rijn-Goedrijver	Ida	29.11.73	ohne
586.	v. Rijn	Philip	12.4.64	ohne
587.	Reindorp-Monk	Anne	25.12.80	ohne
588.	Reisner	David	8.2.99	Metallsortierer
589.	Reisner-Grünberg	Jenny	7.4.01	ohne
590.	Reisner	Herbert	11.7.27	Konditor
591.	Ritmeester	Barbara	8.8.33	ohne
592.	Ritmeester	Isaac	24.5.35	ohne
593.	Ritmeester	Levy	16.6.34	Kaufmann
594.	Ritmeester-de Valence	Mientje	17.6.01	ohne
595.	Rodrigues Ferreira	Aaron	20.6.07	Polsterer
596.	Rodrigues Ferreira-Andagt	Betje	24.3.04	Näherin
597.	Rodrigues	Salomon	2.6.78	Lehrer
598.	Rodrigues	Salomon	23.12.12	Matratzenmacher
599.	v. Rood-Speijer	Willem	14.12.09	Kaufmann
600.	v. Rood-Speijer-Kester	Esther	17.12.12	ohne

Lista de transporte de 3 de setembro de 1944 com
os nomes da família Van Pels e de Fritz Pfeffer.

"sentaram-se juntos um pouco, sem dizer nada", enquanto outros reagiam emocionalmente à notícia de que seriam levados para o Leste. "Alguns entraram em pânico total, outros simplesmente deixaram acontecer... e um outro sentou-se chorando."[110]

Na madrugada de domingo, os casos penais receberam de volta a bolsa de juta com suas roupas e tiveram de entregar o macacão e os tamancos. Em longas filas, caminharam dos pavilhões penais até o trem que os esperava. Os outros residentes tiveram de permanecer nos pavilhões. Foram distribuídos cerca de 70 a 75 prisioneiros por vagão. Em cada um deles, havia um barril de água. O filme sobre Westerbork mostra que havia também um barril-latrina.[111]

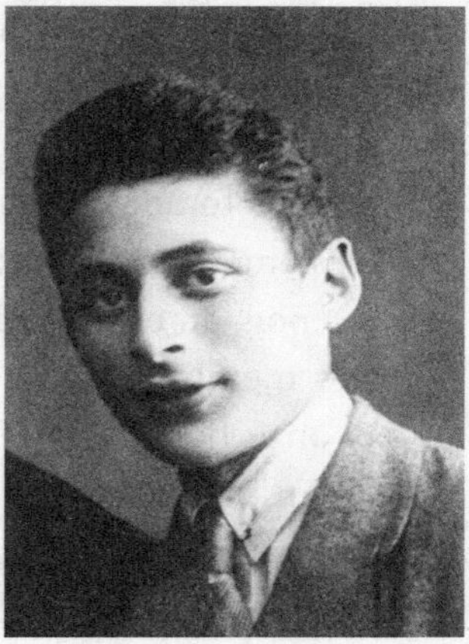

Johan (Hans) Goudsmit por volta de 1920.

O trem era composto por dezesseis vagões para os prisioneiros e cinco para os doentes.[112] Como regra, como pode igualmente ser visto no filme sobre Westerbork, os vagões da frente e da traseira costumavam ser destinados aos guardas alemães.[113] A segurança e o comando do transporte, assim como os de todos os trens que partiam de Westerbork, estavam a cargo do batalhão 105 da polícia de Bremer, que fazia parte da polícia da ordem. Um chefe e um grupo de quinze homens bem armados acompanhavam o trem de prisioneiros.[114] Prisioneiros judeus também eram designados para assumir determinadas tarefas. Na lista de transporte de 3 de setembro de 1944, o líder do vagão e o enfermeiro responsável por cada um deles eram mencionados pelo nome. O líder do trem e seu substituto viajavam no vagão 3.[115] O líder do vagão tinha que informar o número exato de prisioneiros e o número do respectivo vagão ao líder do trem, que, por sua vez, deveria repassar essa informação aos guardas. Havia dois médicos para os cinco vagões de doentes.[116] Pelo depoimento de Janny Hamburger-Bolle (mais tarde, Moffie-Bolle)[117] para a Cruz Vermelha Holandesa, as enfermeiras dos vagões de doentes estavam na lista para o transporte. Elas usavam uma braçadeira da Cruz Vermelha e levavam uma maleta com ataduras.[118]

Embora na memória popular as deportações de Westerbork se caracterizem bastante pela imagem do vagão de gado, cerca de 60% dos transportes desse campo eram feitos com vagões de passageiros. Os dois primeiros transportes de Westerbork eram compostos por vagões de carga, mas depois disso, até março de 1943, a maioria dos prisioneiros judeus era levada para os campos nas partes orientais do Reich alemão por trens regulares. Eram trens de terceira classe, que muitas vezes estavam em más condições. A partir de meados de março de 1943, as forças de ocupação proibiram o uso de trens de passageiros para as deportações para Auschwitz e Sobibor, e os prisioneiros foram novamente transportados em vagões de gado e de carga, com uma média de cinquenta a sessenta pessoas por vagão.[119]

Depois de estabelecer com precisão quantas pessoas estavam nos vagões, os membros do OD os fecharam e trancaram. O trem partiu por volta das onze horas da manhã.[120] Ele cruzou a vizinha Hooghalen e passou por Assen, Hoogezand-Sappemeer e Winschoten até a fronteira alemã.[121] No cruzamento da fronteira, a locomotiva holandesa, com maquinista e foguista, foi desconectada e substituída por uma locomotiva da Deutsche Reichsbahn.[122] De lá, o transporte seguiu o trajeto, fazendo um longo desvio para Bremen e Hamburgo e, mais a leste, em direção a Berlim, Breslau e Katowice, para enfim chegar a Auschwitz.[123] A sobrevivente do campo Rachel Frankfoorder conta como um homem de origem polonesa acompanhou a rota pela janela gradeada do vagão e reconheceu sua antiga cidade de residência, Katowice.[124]

O tempo de viagem variava entre 36 e 44 horas.[125]

As pessoas a bordo tentavam encontrar passatempos e distração. Alguns ficavam imersos em pensamentos ou diziam palavras de consolo para os seus entes queridos. Outros tentavam se proteger contra o comportamento agressivo de seus companheiros nos vagões superlotados.[126] Não havia janelas, apenas uma tela gradeada ou um respiradouro. Pelas rachaduras entre as tábuas, podiam ser vistos os trilhos. Os prisioneiros se levantavam, se sentavam e dormiam uns sobre os outros. O barril-latrina ficava em um canto, descoberto. O fedor era insuportável. A sobrevivente do campo Henriëtte van Bekkum-Sachs lembrava que a falta de privacidade significava que você tinha que forçar constantemente seus limites.[127] Lenie de Jong-van Naarden, que estava no mesmo vagão da família Frank, lembra que o balde que servia como latrina logo transbordou, mas que alguns jovens conseguiram esvaziá-lo por uma fresta nas portas.[128] Segundo testemunhas oculares, o barril que continha água potável não foi reabastecido, e a sede era grande.[129]

Um detalhe do cartão de identidade de Lenie de Jong-van Naarden.

Os prisioneiros às vezes recebiam comida para a viagem de três dias e, em outros, geralmente conseguiam levar, eles próprios, algo para comer.[130] Segundo Rosa de Winter--Levy, a porta se abriu em algum lugar da Alemanha e eles receberam pão e geleia.[131] Muitas testemunhas afirmam que o trem parava frequentemente. Segundo alguns deles, as portas permaneceram trancadas durante toda a jornada.[132] Outros se lembram de soldados ou guardas alemães que abriram as portas durante uma parada demorada e levaram todos os objetos de valor, como dinheiro, joias e canetas-tinteiro dos prisioneiros.[133]

Ocorriam fugas dos trens, e também no trem em que estavam Anne e sua família algumas pessoas teriam conseguido escapar.[134] Ainda em território holandês, pelo menos sete pessoas do transporte de 3 de setembro de 1944 acharam uma oportunidade para fugir. Três delas haviam escondido, em suas meias, ferramentas da serraria de Westerbork. Logo após a partida, elas começaram a fazer um furo na parede de trás do vagão até haver espaço para a serra abrir um buraco maior. Elas pularam do trem em movimento por aquele buraco e, depois disso, conseguiram se esconder.[135] Depois de chegar a Auschwitz-Birkenau, o líder do vagão, Salomon Tas — um detetive da polícia que tinha um casamento misto —, teve de responder por essa fuga. Segundo Rica Rozenthal, que havia chegado no mesmo trem de deportação, ele foi "gravemente espancado".[136] Tas sobreviveu a Auschwitz. Outro prisioneiro afirmou que a designação de um líder de vagão também tornava as pessoas menos propensas a escapar. Em seu vagão, o líder chegou a dizer às pessoas: "Eu sou o líder do vagão, não tentem escapar, porque isso vai me custar a vida".[137]

Para cada transporte, além de um líder de trem e de vagões, também eram designados médicos.[138] Não temos nenhum testemunho de Kropveld e Jacobsohn, os médicos de trem desse transporte, sobre o que aconteceu nesse trem específico para Auschwitz, mas declarações de médicos que estavam em outros trens de deportação nos dão uma ideia do trabalho que tinham de fazer.[139] Por exemplo, o clínico geral Joël van der Kous, de Amsterdã, era o médico do trem de deportação de 14 de setembro de 1943. Na chegada, ele foi questionado pelo oficial da ss que realizou a seleção sobre eventuais doenças em Westerbork.[140] Outro médico judeu, que foi deportado para Auschwitz em agosto de 1943, afirmou após a guerra que ele "tinha sido chamado algumas vezes para ir a um outro vagão, no qual as pessoas estavam passando mal. Com três outros colegas, fui nomeado médico de trem e usava uma faixa no braço como sinal dessa dignidade; isso tudo, é claro, não tinha o menor significado".[141] Leo Maurits Muller, preso por estar um casamento misto, líder de um vagão de doentes no trem para Birkenau, nunca mais viu novamente seus companheiros de viagem.[142]

Os gravemente enfermos eram colocados em vagões separados e tratados por médicos judeus. Janny Hamburger-Bolle, uma estudante judia de enfermagem nomeada em Westerbork para cuidar dos enfermos durante a viagem, foi agarrada por um colega, que a instigou a não ir, porque os doentes certamente seriam gaseados na chegada a Auschwitz junto com os seus acompanhantes. "Foi a primeira vez que ouvi falar sobre gaseamentos. Fiquei em choque. 'Gaseados' — isso soava tão irreal... Mas senti um arrepio na espinha." Ela decidiu pular do vagão em que deveria ficar, tirou a braçadeira da Cruz Vermelha e se juntou ao marido, Max Hamburger, em outro vagão. Durante a viagem, ela dividiu o conteúdo de seu kit de primeiros socorros entre os companheiros de destino. Já não era mais verificado se as pessoas estavam no vagão correto.[143]

Janny Bolle como estudante de enfermagem no Hospital Israelita Holandês em 1942.

É quase impossível compor uma imagem do desespero nos vagões cheios.[144] Lenie de Jong-van Naarden lembra o seguinte sobre o transporte de Westerbork para Auschwitz:

> Essa foi a única vez em que chorei, quando nosso número e nosso nome foram chamados e precisávamos nos preparar para o transporte. Já tínhamos ouvido falar sobre essas deportações, mas para onde iriam nos levar? Ninguém sabia ao certo, mas tínhamos de nos preparar para o fato de que era o fim das nossas vidas. E por acaso fomos parar junto com a família Frank, no vagão de animais. Havia cerca de setenta pessoas ali, com um balde para as necessidades. E isso era terrível. Era um vagão escuro, e alguém pendurou uma lata com uma vela no teto para que houvesse alguma luz. [...] É tão difícil colocar em palavras o que se passava em um vagão assim, que andava tão rápido [...]. As pessoas viravam animais, elas estavam como sardinha em lata, elas não podiam se levantar e também não podiam se sentar.[145]

De Jong-van Naarden se lembra também de um detalhe sobre a família Frank. Em uma entrevista, ela conta como Edith, com uma tesoura, recortou de seu macacão, que ela havia contrabandeado, a ombreira vermelha que indicava os casos penais na esperança de poder utilizá-lo em Auschwitz. Supondo que lá também seria feita uma distinção entre "casos penais" e "prisioneiros comuns", ela queria garantir, dessa forma, que não seria reconhecida como uma prisioneira penal.[146]

O conhecimento e as expectativas sobre o genocídio

Os testemunhos sobre esse transporte de Westerbork para Auschwitz também lançam uma luz sobre as expectativas que os prisioneiros judeus de Westerbork tinham sobre Auschwitz e os outros campos no Leste. Muitos dos judeus que moravam em Westerbork não sabiam exatamente qual seria seu destino, muito menos o que os esperava.[147] Era óbvio que seria duro. No entanto, houve alguns que se recordavam de que tinham mais certeza e conhecimento do que se podia esperar. A observação de Otto Frank, citada anteriormente, na qual ele afirma em Westerbork que tinha medo dos "campos de extermínio", sugere que naquela época ele já sabia o que estava acontecendo na Polônia ocupada.[148] E também Janny Brilleslijper e Sonja van Dam — esta última foi uma das pessoas que conseguiram escapar do trem de deportação de 3 de setembro de 1944 — afirmaram em entrevistas que tinham uma imagem bastante realista de campos como o de Auschwitz.[149] "Sabíamos que Auschwitz era um campo de extermínio. Portanto, sabíamos o que esperar", relatou Janny Brilleslijper.[150] E Sonja van Dam relembrou em uma entrevista: "Sabíamos que íamos todos para Auschwitz, sabíamos bem de tudo isso. Diziam que a gente estava indo para um campo de trabalhos forçados, mas eram campos de extermínio". Ela não podia acreditar que eles seriam realmente enviados para um campo de trabalhos forçados, porque nenhum dos que foram deportados antes havia retornado.[151]

É difícil responder à pergunta se Otto Frank e as mulheres citadas aqui realmente tinham esse conhecimento em 1944 ou se isso foi depois inconscientemente combinado às memórias da deportação. Isso também envolve um debate histórico mais amplo sobre o conhecimento, os rumores e as suspeitas sobre o genocídio dos judeus. No estudo de 2012 *Não sabemos nada sobre o destino deles: os holandeses comuns e o Holocausto*, o historiador Bart van der Boom argumenta, com base em diários, que tanto os holandeses judeus como os não judeus ouviram muitos rumores sobre o que aconteceu nos campos, mas que careciam de "conhecimento" concreto. As expectativas variavam de pessoa para pessoa, e, embora muitos judeus contassem com a sobrevivência nos campos, poucas pessoas tinham uma ideia concreta do que realmente estava acontecendo: genocídio em escala industrial.[152]

Sonja Wagenaar-van Dam por volta de 1940.

O livro de Van der Boom foi inicialmente bem recebido, mas não muito depois de sua publicação também recebeu críticas ferozes.[153] Historiadores como Jaap Cohen, Remco Ensel, Evelien Gans e Guus Meershoek argumentaram que Van der Boom utiliza uma definição muito estreita de "conhecimento" sobre o Holocausto para defender seu ponto de vista. Seus críticos enfatizam que a informação sobre o genocídio orquestrado pelos nazistas foi disseminada pela imprensa ilegal, pela rádio britânica e por outros canais. Meershoek argumenta, por exemplo, que membros proeminentes da resistência, como Koos Vorrink e Henk van Randwijk, falavam de "genocídio" desde o início e que esse termo também costuma aparecer em diários.[154]

A questão sobre o que as pessoas sabiam a respeito do assassinato em massa acaba sendo difícil de responder e depende das definições de "conhecimento" e "saber" utilizadas. A literatura sobre a disseminação do conhecimento, por exemplo, mostra que as informações sobre a primeira fase do genocídio, as execuções em massa realizadas pelos grupos operacionais na Europa Oriental, foram disseminadas em detalhes por meio de numerosas cartas de soldados alemães da linha de frente, tanto na Alemanha como no exterior.[155] Em relação aos campos de extermínio, no entanto, o regime nazista seguiu uma política de sigilo muito mais rígida. Essa política não impediu que todos os tipos de histórias e descrições vazassem. Perto do fim da guerra, os Aliados receberam relatórios cada vez mais detalhados de prisioneiros fugitivos sobre o que estava acontecendo, e jornais ingleses e norte-americanos também noticiavam regularmente sobre os campos. No entanto, a política de sigilo da Alemanha fez com que essa informação fosse amplamente disseminada por meio de um circuito impreciso de boatos. Em consequência disso, o conhecimento sobre os campos de extermínio e os métodos neles utilizados permaneceu fragmentado e esparso. Isso deixou espaço para dúvidas e incertezas e para a supressão de informações que pareciam simplesmente inacreditáveis.[156]

No momento de sua prisão, os clandestinos do Anexo Secreto também parecem ter presumido que os judeus poderiam esperar ser assassinados após a deportação.[157] Isso é aparente, em primeira instância, no diário de Anne Frank, no qual ela escreveu, em 3 de fevereiro de 1944, que os clandestinos consideraram como "um fato" que, "na Polônia e na Rússia, milhões e milhões foram massacrados e enviados para as câmaras de gás".[158] E, na versão revista de seu diário, Anne anotou — com data de 9 de outubro de 1942, mas, na verdade, isso foi escrito depois de 20 de maio de 1944: "Se já é tão ruim na Holanda, como eles viverão nas regiões distantes e bárbaras para onde são enviados? Presumimos que a maioria é assassinada. A rádio inglesa fala em câmaras de gás. Talvez seja esse o método mais rápido de morte".[159]

Essas expectativas sombrias — e aparentemente bastante realistas — dos clandestinos podem ser explicadas, pelo menos em parte, por suas experiências pessoais. Conforme foi comentado brevemente na introdução, como judeus que fugiram da Alemanha, eles já haviam experimentado o terror do regime nazista em primeira mão durante os anos 1930. Em novembro de 1938, o irmão mais velho de Edith Frank, Julius, ficou preso por algumas semanas no campo de Sachsenhausen, do qual foi liberto sob a condição de emigrar o mais rápido possível. O pai de Hermann van Pels também havia sido preso em sua cidade natal, Osnabrück, em novembro de 1938.[160] Fritz Pfeffer, como já foi mencionado, tinha até testemunhado pessoalmente o Pogrom de Novembro em Berlim, tinha visto como a sinagoga foi destruída em sua própria rua e como milhares de outros cidadãos haviam sido presos.[161]

Além disso, as grandes batidas policiais em fevereiro e junho de 1941 desempenharam um papel importante na crescente consciência de que a maioria dos judeus não sobreviveria à deportação. As primeiras batidas ocorreram em 22 e 23 de fevereiro de 1941 como resultado de lutas entre nazistas holandeses e rapazes judeus. Quando durante um desses tumultos, na sorveteria Koco, na Van Woustraat, que era dirigida por dois refugiados judeus alemães, uma patrulha da Polícia Verde (a polícia local do Reich) foi pulverizada com amônia, as forças de ocupação alemãs responderam prendendo 427 homens judeus que estavam na praça Waterlooplein e nos arredores. A maior parte desse grupo foi levada para o campo de Mauthausen. Apenas dois homens sobreviveriam à guerra. Essa batida seria a causa imediata da greve de fevereiro, que eclodiu em 25 e 26 de fevereiro de 1941, por iniciativa da seção de Amsterdã do Partido Comunista dos Países Baixos. Em Amsterdã e logo depois também em Haarlem, Utrecht, Zaanstreek, Velsen e Hilversum, trabalhadores, comerciários e funcionários municipais interromperam seu trabalho em protesto contra o crescente terror antijudaico. As forças de ocupação alemãs foram apanhadas completamente de surpresa por esse protesto repentino e intervieram duramente. Durante a greve, cerca de duzentas pessoas envolvidas foram presas e maltratadas em Amsterdã, sobretudo funcionários municipais que haviam entrado em greve e vários comunistas e judeus presos aleatoriamente. Cerca de uma centena de grevistas também foi presa até o início de abril.[162]

Koco

Logo da sorveteria Koco, datado de 1939. A Koco estaria depois no epicentro das batidas policiais em Amsterdã e da greve de fevereiro.

Em 11 de junho de 1941, em resposta a um atentado à bomba por parte de um grupo de resistência holandês, seguiu-se uma segunda grande batida policial, dessa vez no sul de Amsterdã. Para evitar uma repetição da greve de fevereiro, o chefe de polícia de Amsterdã, Willy Lages, decidiu não organizar uma operação massiva de rua dessa vez, mas fazer com que um grande grupo de judeus fosse preso em casa pela polícia holandesa com o apoio da polícia de ordem alemã. Isso dizia respeito principalmente a ex-residentes da Aldeia de Trabalho Judaica Nieuwesluis, localizada na cidade de Wieringermeer, que foram forçados a se mudar para Amsterdã em março. Vários homens judeus também foram presos na praça Merwedeplein naquela noite sob o olhar chocado de seus vizinhos, entre os quais a família Frank. Quando se descobriu que muitos dos homens procurados não estavam em suas casas, dezenas de rapazes judeus foram presos na rua, em cafés e clubes esportivos. No total, mais de trezentos jovens seriam presos naquela noite no sul de Amsterdã. A maioria deles foi parar em Mauthausen, passando antes pelo campo de Schoorl.[163]

Em 22 e 23 de fevereiro de 1941, 427 homens judeus foram arbitrariamente presos nos arredores da praça Waterlooplein, em Amsterdã. Eles foram capturados com violência e conduzidos para o campo de concentração de Mauthausen.

Batida policial na praça Jonas Daniël Meijerplein,
em Amsterdã, 22-23 de fevereiro de 1941.

De fato, dessa vez o povo de Amsterdã reagiu de maneira diferente, e não houve mais protestos em grande escala. A maneira dura com que a greve de fevereiro havia sido esmagada pegou muita gente de surpresa. O medo era de se esperar. E a nova batida policial de 11 de junho reforçou esse sentimento. Rian Verhoeven, que publicou um livro sobre a praça Merwedeplein, escreve que "uma sombra" caiu sobre o bairro. A praça inteira se encheu de medo e incerteza sobre o destino dos vizinhos sequestrados. Além disso, depois de alguns dias, uma enxurrada de atestado de óbitos foi entregue às famílias, muitas vezes com a informação de que o falecido havia sido "baleado em fuga", o que indicava que os judeus prisioneiros no campo de Mauthausen tinham sido assassinados em grande escala.[164]

A família Frank ficou muito impressionada com essa batida policial, que ocorreu muito próxima à sua casa. Inúmeros vizinhos e conhecidos foram presos, inclusive Karl Lewkowitz, filho de um amigo de Otto Frank.[165] Otto explicou mais tarde o quanto essa batida policial o afetou: "Havia amigos meus, jovens, que foram levados embora. Depois de oito dias, veio a notícia de suas mortes. Então a gente sabia com certeza que aquelas pessoas estavam sendo assassinadas".[166]

Fritz Pfeffer e a família Van Pels também devem ter sofrido as consequências da operação de perto. Outro presságio das intenções dos nazistas veio da família de Auguste van Pels. Mesmo antes de se esconder no Anexo Secreto em 1942, ela perdeu sua irmã mais nova para o genocídio nazista. Lotte, a irmã caçula, pertencia a um grupo de mais de novecentos judeus da região de Düsseldorf e Wuppertal que foram deportados para a cidade bielorrussa de Minsk, em 10 de novembro de 1941.

A irmã mais nova de Auguste, Lotte, estava entre os milhares de judeus alemães assassinados em Minsk. Ela morava em Düsseldorf com o marido, Max Gutmann. De manhã, Max e Lotte tiveram de se apresentar na estação de carga Düsseldorf-Dehrendorf, de onde às dez e dez da manhã um longo trem de carga partiria para Essen e Wuppertal, onde ainda mais judeus foram recolhidos.[167]

Esse transporte marca uma transição crucial na perseguição aos judeus pelos nazistas. Conforme é discutido com mais detalhes no capítulo 3, os historiadores suspeitam de que a decisão de Hitler e Himmler de assassinar

A família Röttgen. Provavelmente, a menina na extrema direita é Auguste e a menina em pé à direita da mãe é Lotte, por volta de 1910.

sistematicamente todos os judeus europeus tenha ocorrido por volta de outubro de 1941. Nos meses anteriores, a ofensiva alemã na frente oriental havia assumido o caráter de uma guerra de extermínio. Enquanto os grupos operacionais massacravam homens, mulheres e crianças judeus atrás das linhas da frente oriental na Rússia e nos estados bálticos, a cúpula da SS se convencia de que os guetos cada vez mais esvaziados em cidades como Riga e Minsk eram locais adequados para onde levar os judeus deportados do Império Alemão para, então, assassiná-los. No inverno de 1941/1942, os nazistas deportaram milhares de judeus da Alemanha, da Áustria e do Protetorado da Boêmia e Morávia para Minsk. Muitos deles foram mortos a tiros logo após a chegada. Apenas dez deles sobreviveriam à guerra.[168]

Um relatório desse transporte que foi conservado, registrado pelo capitão da polícia Wilhelm Meurin, dá uma ideia das condições adversas do transporte em que Lotte e Max foram levados para Minsk. Com um cinismo gélido, Meurin relatou que as temperaturas extremas de -18 °C e a falta de água potável enfraqueceram gravemente os homens e as mulheres deportados:

> Os judeus estavam bastante fracos nessa época, porque o trem não tinha aquecimento e não havia mais nenhuma possibilidade de se estocar água desde o momento em que entramos no território russo. A água ali tem de ser fervida primeiro, e eu não tinha nenhuma possibilidade de ferver água para quase mil pessoas. E eu não queria que durante a viagem irrompesse um surto de diarreia e de febre tifoide.[169]

Uma vez em Minsk, contou Meurin, um terço dos homens e mulheres deportados mal conseguia andar, mas a polícia auxiliar da Letônia, que "teve novas experiências com judeus russos" e "exibiu um comportamento claro e apropriado de aceleração de ritmo", encurralou todos no gueto.[170] Não se sabe se Lotte e seu marido, Max Gutmann, foram assassinados logo depois de sua chegada, se sucumbiram às condições bastante precárias do gueto ou se morreram durante uma das execuções em massa em fevereiro e março de 1942, nas quais novamente dezenas de milhares de judeus de Minsk foram fuzilados.[171]

Não se sabe o que exatamente Auguste sabia sobre o destino de sua irmã, Lotte, em 1942. É bem possível que de alguma forma ela tenha tido conhecimento de que Max e Lotte foram presos e deportados em Düsseldorf e que ela tenha, pelo menos, considerado seriamente que eles não sobreviveram a isso, mas nenhuma fonte que confirme essa história foi preservada. Além disso, a questão de quais conclusões ela teria tirado disso, quando a própria chegou a Westerbork, só pode ter uma resposta aproximada. As experiências pessoais com o regime nazista devem ter moldado fortemente as expectativas dos oito clandestinos sobre "os campos". Não pode ser estabelecido a partir das fontes disponíveis que eles realmente "sabiam" o que os esperava na Polônia ocupada, apenas que suas expectativas eram bastante sombrias. Como os outros judeus em Westerbork, provavelmente estavam divididos entre a esperança e o desespero e, na época da deportação para Auschwitz, ainda lidavam com um grande medo, com dúvidas e incertezas.[172]

3
"A vida era um inferno"
Auschwitz

Auschwitz e o genocídio dos judeus europeus

Na noite de 5 para 6 de setembro de 1944, o trem chegou a Auschwitz-Birkenau. Por três dias e duas noites, as pessoas ficaram espremidas umas sobre as outras.[1] Esse transporte foi um dos três provenientes da Holanda que chegaram à *Rampe* — uma plataforma no meio do campo de Auschwitz-Birkenau.[2] Devido à posição central de Auschwitz no genocídio dos judeus europeus e ao fato de que todos os clandestinos passaram um bom tempo lá, esse campo será amplamente tratado neste livro.[3] Para se interpretar de modo adequado as experiências dos clandestinos ali, é importante considerar o desenvolvimento e a organização do complexo frequentemente referido como "Auschwitz", mas que, na verdade, consistia em diferentes campos separados por vários quilômetros. Além disso, para se obter uma imagem precisa das circunstâncias em que se encontravam os clandestinos, é importante esclarecer uma série de acontecimentos relacionados ao Holocausto.

A partir do momento em que a família Frank entrou na clandestinidade — no verão de 1942 —, a perseguição aos judeus tornou-se cada vez mais caracterizada pelo assassinato em massa e pelo genocídio, ou, na terminologia dos nazistas, *die Endlösung*, a "solução final". A partir da primavera de 1942, os nazistas deram início às deportações sistemáticas e em massa de judeus da Alemanha e dos territórios ocupados para os campos de extermínio. Auschwitz cresceu até se tornar o maior complexo alemão de campos de concentração e extermínio. Em novembro de 1943, a área ocupada por Auschwitz era tão extensa que foi dividida organizacionalmente em três campos: Auschwitz I (o campo principal, ou *Stammlager*), Auschwitz II (Auschwitz-Birkenau) e Auschwitz III. Este último consistia no campo de trabalho de Monowitz, no que prestava serviços à IG Farben, uma das maiores indústrias químicas alemães, e mais de quarenta campos menores e subcampos destinados a oferecer mão de obra a outras empresas industriais, a maioria dos quais ficava dentro de um raio de dez quilômetros.[4] Durante a guerra, Auschwitz I e II, além de serem campos de extermínio, serviam cada vez mais também como pontos de reunião de prisioneiros, que eram enviados dali como trabalhadores escravizados para os subcampos de Auschwitz III.[5]

Como a maioria dos outros campos de concentração, todo o complexo de Auschwitz recaiu diretamente sob o comando da SS, primeiro sob a *Inspektion der Konzentrationslager* (IKL — "Inspeção dos campos de concentração") e, a partir de março de 1942, sob a *Wirtschafts-Verwaltungshauptamt* (WVHA — "Sede econômica e administrativa"), a organização da SS liderada pelo SS-*Obergruppenführer* [general da SS] Oswald Pohl, responsável pela gestão e pela operação dos campos de concentração. O comandante, os oficiais, os médicos e os guardas da SS estavam no comando. Violência, execuções, maus-tratos, corrupção e enriquecimento pessoal faziam parte da ordem do dia. Auschwitz aos poucos se tornou sinônimo do genocídio nazista dos judeus na Europa.[6]

No momento em que os clandestinos do Anexo Secreto chegaram, o SS-*Sturmbannführer* [major da SS] Richard Baer era o comandante do campo de Auschwitz. Em julho de 1944, ele substituiu o SS-*Hauptsturmführer* [capitão da SS] Rudolf Höss, sob cuja liderança Auschwitz havia se tornado um dos centros do assassinato em massa de judeus europeus. Höss deixou Auschwitz em novembro de 1943 para trabalhar para a WVHA em Berlim como chefe do *Amtsgruppe* [grupo administrativo] D1. Em maio de 1944, no entanto, ele mudou de posto e liderou a Operação Höss, responsável pelo massacre de 430 mil judeus húngaros.[7]

Da esquerda para a direita: Richard Baer, Josef Mengele e Rudolf Höss, 1944.

A completa ausência de qualquer limite moral em Auschwitz também é ilustrada pelo fato de que os prisioneiros do complexo eram usados em experiências médicas. Em Auschwitz-Birkenau, o médico do campo, Josef Mengele, liderou um projeto de pesquisa financiado pela organização científica alemã Deutsche Forschungsgemeinschaft (DFG — "Fundação Alemã de Pesquisa") usando como objetos de teste gêmeos idênticos e pessoas com nanismo. Ele recrutou como assistentes vários especialistas médicos entre os prisioneiros. Com frequência, eram experimentos extremamente brutais, em que as cobaias recebiam injeções venenosas ou eram infectadas de propósito com doenças mortais para se analisar sua progressão no organismo humano. A pesquisa mais infame de Mengele envolveu gêmeos que eram costurados uns nos outros e tinham fluidos injetados nos olhos, além de terem de suportar muitos outros tipos de experimentos abomináveis.

Mengele, no entanto, não foi o único médico a conduzir experimentos em humanos em Auschwitz. Johann Paul Kremer, que originalmente havia ido a Auschwitz para cuidar de membros da SS, fez experiências com prisioneiros desnutridos, que eram primeiro entrevistados sobre sua saúde, depois mortos por injeção letal e finalmente dissecados. Já Carl Clauberg, que começou sua pesquisa em Auschwitz-Birkenau, conseguiu que lhe fossem disponibilizadas mulheres do bloco 10 do *Stammlager* Auschwitz, que ele esterilizou com injeções experimentais.[8]

Auschwitz I estava localizado em um antigo quartel militar polonês próximo à cidade de Oświęcim, que, em alemão, era chamada de Auschwitz. Do grande portão que dava acesso a esse campo pendia a cínica frase "*Arbeit macht frei*" [O trabalho liberta], que supostamente deveria dar a impressão de que se tratava de um campo de trabalhos forçados.[9] O *Reichsführer*-SS [general-marechal de campo] Heinrich Himmler havia procurado locais adequados em todas as áreas de fronteira para construir campos de concentração para inimigos políticos. Em 27 de abril de 1940, ele decidiu que um campo de concentração deveria ser construído em Auschwitz, a princípio, sobretudo, para encarcerar prisioneiros políticos da Alta Silésia, no sul da Polônia.[10] Himmler I escolheu o SS-*Hauptsturmführer* Rudolf Höss como comandante do campo. O primeiro transporte de prisioneiros poloneses chegou em 14 de junho de 1940, e então se seguiram grandes grupos. Quase todos foram utilizados para a renovação do campo, sendo os pavilhões existentes acrescidos de um andar suplementar.[11]

No início, chegavam sobretudo prisioneiros de guerra poloneses e presos políticos da Alemanha. Após o ataque alemão à União Soviética, em 22 de junho de 1941, dezenas de milhares de prisioneiros de guerra russos foram também enviados para lá. Como em outros campos de concentração, Auschwitz utilizava um sistema pelo qual os prisioneiros eram diferenciados uns dos outros por triângulos coloridos costurados em seus uniformes. Os prisioneiros políticos, que em Auschwitz consistiam principalmente em poloneses, recebiam um triângulo vermelho; os *Berufsverbrecher* — criminosos —, um triângulo verde; e os *Asoziale* — associais, uma categoria que se aplicava a um grupo diversificado composto por desempregados presos comuns, prostitutas e ciganos sinti e roma —, um triângulo preto. Testemunhas de Jeová recebiam um triângulo roxo e os homossexuais, um triângulo rosa. Os judeus, que, no fim da guerra, formariam a maioria em Auschwitz, receberam inicialmente um triângulo vermelho invertido e um triângulo amarelo, que juntos formavam uma Estrela de Davi. Mais tarde, uma faixa retangular amarela foi adicionada, e, a partir de 1944, os prisioneiros judeus oriundos dos campos de trânsito deixaram de receber triângulos.[12]

O portão de Auschwitz I, com a frase "*Arbeit macht frei*" [O trabalho liberta]. Foto do pós-guerra.

O ataque à União Soviética marca uma importante virada no genocídio dos judeus e das outras minorias. A Operação Barbarossa foi concebida como uma guerra de aniquilação total. O exército foi apoiado pelos *Einsatzgruppen* da SS e por batalhões especiais da polícia que deviam eliminar os inimigos do Terceiro Reich fora das linhas de frente.[13] Nas instruções que eles receberam, o bolchevismo e o judaísmo eram apresentados como duas unidades fundamentalmente vinculadas e, assim, essa primeira fase do genocídio judeu fora legitimada. A SS e a polícia receberam ordens de executar judeus russos em "funções de partido e Estado" e de promover *pogroms*.

No fim de 1941, meio milhão de judeus, homens, mulheres e crianças e cidadãos soviéticos não judeus já havia sido assassinado nessas execuções em massa.[14]

Em agosto de 1941, Auschwitz I fez pela primeira vez experiências com o Zyklon B, um gás de ácido cianídrico extremamente venenoso. Por volta de 5 de setembro de 1941, pela primeira vez grupos maiores de prisioneiros de guerra russos foram assassinados com ele.[15] Quanto à questão de saber se o gaseamento de prisioneiros de guerra russos em 1941 deve ser considerado como um ensaio geral para o genocídio dos judeus europeus, há desacordo entre os historiadores.

O historiador Franciszek Piper acredita que o gaseamento dos russos mostra que, naquela época, Himmler já via um papel central para Auschwitz em seu plano de extermínio dos judeus europeus.[16] Historiadores como Christopher Browning, Mark Mazower, Yitzhak Arad e Nikolaus Wachsmann demonstram de forma convincente, no entanto, que o Holocausto não foi um plano premeditado. Eles argumentam que o uso do Zyklon B em 1941 ainda ocorria em pequena escala e estava longe de ser realizado de forma ordenada. Os primeiros gaseamentos sistemáticos em Auschwitz I ocorreram entre o fim de março e o início de abril de 1942, e o campo como um todo só se tornou o centro do Holocausto em 1943.

Wachsmann enfatiza que, quando a decisão de realizar essas campanhas de assassinato foi tomada, em 1941, o regime nazista ainda não havia decidido fazer do assassinato em massa imediato de judeus europeus uma política oficial. As ações estavam relacionadas à tentativa da SS de reiniciar o chamado programa de eutanásia nos campos de concentração, sob o nome de *Aktion 14f13*.[17] Isso levou à realização de experimentos com diferentes métodos de extermínio. No entanto, até 1942, de acordo com Wachsmann, esses campos não haviam sido montados e equipados para assassinar um grande número de judeus.[18]

Mazower vê uma virada por volta de outubro de 1941, quando a política de forçar os judeus a emigrarem foi finalmente abandonada e deu lugar a um regime de assassinato em massa. Yitzhak Arad menciona três momentos-chave: a decisão de exterminar a população judaica da União

Soviética, que foi tomada no início de agosto de 1941, seguida em outubro pela decisão de matar cerca de 2,3 milhões de judeus poloneses, e, mais tarde, a terceira decisão, tomada em meados de dezembro, de exterminar a população judaica em toda a Europa.[19]

Essas diferenças de opinião resultam de interpretações divergentes sobre como o assassinato em massa sistemático se desenvolveu. Enquanto historiadores como Franciszek Piper acreditam que o genocídio foi o resultado de um plano preconcebido, historiadores como Nikolaus Wachsmann, Yitzhak Arad e Christopher Browning enfatizam que o assassinato sistemático de judeus europeus foi, antes, o resultado de um longo processo, em que a improvisação e as iniciativas locais desempenharam um papel importante. A maioria dos historiadores concorda, porém, que o ataque à União Soviética levou a política antijudaica a um nível de radicalismo sem precedentes. Em geral, é aceito que na segunda metade de 1941 foi tomada uma decisão final para massacrar em grande escala os judeus europeus.[20] Durante a Conferência de Wannsee, que ocorreu em 20 de janeiro de 1942, vários representantes dos ministérios mais importantes, instituições governamentais e organizações nazistas se reuniram para fazer acordos para a implementação e a divisão de tarefas relativas às deportações. Nesse ponto, porém, o objetivo principal já estava claro: os judeus europeus seriam conduzidos ao Leste ocupado e assassinados, diretamente ou por *Vernichtung durch Arbeit* — o extermínio pelo trabalho.[21]

No outono de 1941, os planos para o assassinato em massa de mais de 2 milhões de judeus tomaram forma no Governo Geral. Surgiram vários campos de extermínio, primeiro em Chelmno e, em seguida, sob o codinome *Aktion Reinhard* [Operação Reinhard], também em Belzec, Sobibor e Treblinka.[22] Para isso, foram secretamente levados ao Governo Geral peritos técnicos que haviam participado do programa confidencial de eutanásia T4 e que deveriam montar um sistema de câmaras de gás.[23] Pelo menos 1,7 milhão de judeus foram assassinados nesses "campos de Reinhard". Apenas alguns deles foram mantidos vivos para auxiliar no processo de extermínio. Em novembro de 1943, a *Aktion Reinhard* foi encerrada, e demoliram-se os campos de extermínio.[24]

171

- 6 -

Land	Zahl
A. Altreich	131.800
Ostmark	43.700
Ostgebiete	420.000
Generalgouvernement	2.284.000
Bialystok	400.000
Protektorat Böhmen und Mähren	74.200
Estland - judenfrei -	
Lettland	3.500
Litauen	34.000
Belgien	43.000
Dänemark	5.600
Frankreich / Besetztes Gebiet	165.000
Unbesetztes Gebiet	700.000
Griechenland	69.600
Niederlande	160.800
Norwegen	1.300
B. Bulgarien	48.000
England	330.000
Finnland	2.300
Irland	4.000
Italien einschl. Sardinien	58.000
Albanien	200
Kroatien	40.000
Portugal	3.000
Rumänien einschl. Bessarabien	342.000
Schweden	8.000
Schweiz	18.000
Serbien	10.000
Slowakei	88.000
Spanien	6.000
Türkei (europ. Teil)	55.500
Ungarn	742.800
UdSSR	5.000.000
Ukraine 2.994.684	
Weißrußland ausschl. Bialystok 446.484	
Zusammen: über	11.000.000

Inventário dos judeus na Europa, redigida durante a Conferência de Wannsee, janeiro de 1942.

Reinhard Heydrich por volta de 1942.

Seis dias após a Conferência de Wannsee, Himmler informou o inspetor de campo de concentração Richard Glücks sobre os acordos feitos e sua decisão de enviar um grande número de judeus para os campos. Dois deles foram designados para esse fim: Auschwitz e Majdanek — próximo à cidade de Lublin, no leste da Polônia.[25]

Auschwitz-Birkenau estava localizado a cerca de três quilômetros a noroeste de Auschwitz I, próximo à vila de Brzezinka (Birkenau, em alemão). Ali, no outono de 1941, começou a construção de um gigantesco campo, inicialmente com o objetivo de internar dezenas de milhares de prisioneiros russos. Auschwitz-Birkenau foi construído por prisioneiros de guerra russos e trabalhadores forçados.[26] Quase ninguém sobreviveu ao trabalho árduo, com condições desumanas. Depois que o primeiro grupo de prisioneiros de guerra russos morreu, quase que inteiramente de fome e exaustão, os nazistas levaram para Birkenau dezenas de milhares de judeus escravizados para continuar o trabalho. A decisão de assassinar judeus europeus levou à realização de ajustes no projeto e no propósito desse campo. Sob a liderança de Höss, o objetivo principal passou a ser o extermínio de judeus e a seleção de mão de obra.

A partir do início de julho de 1942, os transportes judeus que chegavam eram submetidos a uma seleção. Nas palavras do *Untersturmführer* [segundo-tenente] Heinrich Kinna, oficial da SS que relatou as seleções em Auschwitz em dezembro de 1942, era "necessário remover imbecis, idiotas, deformados e doentes o mais rápido possível por meio de liquidação [...], para aliviar o campo".[27] Sua formulação reflete a desumanização dos prisioneiros judeus no pensamento da SS. Em Birkenau, os médicos selecionavam os judeus aptos para o trabalho; os restantes iam para a câmara de gás. Inicialmente, eram exterminados logo de imediato os doentes, os idosos, as mulheres grávidas e aquelas com filhos pequenos.[28] Himmler via os prisioneiros judeus não apenas como um "problema" a ser resolvido pelo assassinato em massa, mas também como escravos em potencial para a indústria alemã. Os últimos tinham de ser jovens e aptos ao trabalho. E os 10%, em média, que vinham em cada transporte e eram considerados incapazes de trabalhar encontravam um destino perfeitamente claro.[29] Em setembro de 1942, a maioria deles havia sido assassinada. De todo esse grupo de11.172 deportados, apenas 25 homens e duas mulheres sobreviveram à guerra.[30]

Karl Bischoff, líder da *Zentralbauleitung der Waffen*-SS *und Polizei Auschwitz* [Gestão Central de Construção da SS e da Polícia de Auschwitz], ordenou, no outono de 1941, a construção de um imenso crematório, porque a liderança do campo previu que o grande número de judeus que viriam para Birkenau como prisioneiros não sobreviveria às condições extremas.[31] Auschwitz-Birkenau foi primeiro liderado por Fritz Harjenstein, que foi sucedido por Josef Kramer em maio de 1944.[32] Na primavera de 1942, a liderança do campo deu ordens para a construção de câmaras de gás em duas fazendas vazias para assassinar judeus imediatamente após a chegada. Presumivelmente, já no início de maio de 1942, os prisioneiros debilitados já eram separados dos demais assim que chegavam a Birkenau e assassinados.[33]

A primeira câmara de gás em Birkenau, a Bunker I, também chamada de "Casinha Vermelha" pela SS devido à cor dos tijolos sem estuque de suas paredes, foi provavelmente colocada em funcionamento em meados ou ao final de maio de 1942.[34] Já a Bunker II (a "Casinha Branca"), provavelmente já estava pronta para ser utilizada no fim de junho ou no início de julho. Depois das Bunkers I e II, foi realizada, entre março e junho de 1943, a construção dos crematórios e das câmaras de gás II–V.[35]

A partir de maio de 1942, Auschwitz-Birkenau ainda estava em desenvolvimento, mas, tendo sido constituído como um campo de extermínio, assumiu em grande parte a prática dos assassinatos de Auschwitz I. No outono de 1942, os gaseamentos no crematório de Auschwitz I foram interrompidos. A SS considerava a transferência dos gaseamentos em grande escala para Birkenau como uma solução para os problemas práticos do assassinato em massa. Era mais fácil matar os prisioneiros designados no próprio campo de Birkenau do que enviá-los ao campo principal e lá gaseá-los. Além disso, o crematório de Auschwitz I não estava equipado para queimar tantos cadáveres, e os gaseamentos nas câmaras de gás de Birkenau — que eram em parte subterrâneas — eram menos perceptíveis do que aqueles realizados na câmara de gás acima do solo em Auschwitz I, onde os gritos dos que eram assassinados causavam muita inquietação entre os outros prisioneiros.[36]

Um campo separado para mulheres também foi instalado em Birkenau no início de agosto de 1942. O enorme complexo consistia nas partes BI e BII (mais tarde, uma parte BIII, nunca terminada, seria montada), cada uma subdividida em setores menores. As partes do campo BIa e BIb constituíam o campo das mulheres. Além disso, com o tempo, as prisioneiras também foram acomodadas nas seções BIIa, o pavilhão de quarentena, BIIb, a seção para as famílias que chegavam de Theresienstadt, e a seção feminina BIIc.[37] A necessidade de se criar uma ala especial para as mulheres em Auschwitz surgiu a partir da política nazista de intensificar o trabalho escravo dos prisioneiros judeus. Na primavera de 1942, uma seção feminina já havia sido instalada em Auschwitz I, separada da masculina por uma parede. O grande fluxo de mulheres levadas para Auschwitz durante a segunda metade da guerra foi alojado nos blocos de 1 a 10 do *Stammlager*. Cerca de metade de todas as prisioneiras em Auschwitz trabalhava para o próprio campo. Como as mulheres eram destacadas para trabalhar na agricultura e na pecuária, grandes grupos de homens podiam ser alocados em outro local. Eles trabalhavam na expansão do campo e na indústria de armas alemã.[38]

Em meados de agosto de 1942, decidiu-se colocar grande parte das prisioneiras em Birkenau, no setor BIa, que acabara de ser concluído.[39] Elas foram alojadas em trinta pavilhões (quinze feitos de pedra e quinze de madeira, que originalmente eram estrebarias). Em 1943, foram adicionados mais cinco pavilhões de madeira entre a fileira de construções de pedra e o local onde se encontravam as latrinas e os pavilhões de lavagem.[40] A partir do fim do verão de 1942, Birkenau assumiu um papel cada vez mais proeminente no assassinato organizado. Enquanto no decurso de 1943 os "campos de Reinhard" Belzec, Sobibor e Treblinka foram fechados e as deportações para Majdanek também foram interrompidas, ficaram prontos os crematórios de números II, III, IV e V do complexo que se somou às câmaras já existentes nos Bunkers I e II. Com seis câmaras de gás, Auschwitz-Birkenau passou a ser o epicentro do genocídio dos judeus europeus.[41]

UM CAMPO EM DESENVOLVIMENTO

A importância do complexo de Auschwitz para o assassinato em massa de judeus europeus aumentou constantemente desde o início de 1942. Mais de um milhão de judeus foram mortos entre março de 1942 e novembro de 1944.[42] O primeiro grupo de vítimas em massa das novas câmaras de gás em Birkenau, em maio de 1942, veio da Silésia. No decorrer daquele mês, chegaram judeus de várias cidades da parte alta desse território que foram considerados incapacitados para o trabalho.[43] Em 17 e 18 de julho de 1942, Heinrich Himmler fez uma visita de inspeção ao complexo de Auschwitz, onde assistiu no quase concluído campo de Auschwitz-Birkenau ao gaseamento de judeus holandeses, que foram levados no primeiro transporte de 15 de julho de 1942.[44]

Prisioneiros em Auschwitz-Birkenau logo após a libertação, janeiro de 1945.

Heinrich Himmler em visita de inspeção em Auschwitz-Monowitz, 18 de julho de 1942.

Uma nova fase se seguiu em 1943. Enquanto por um lado o número de transportes de judeus para Auschwitz aumentou bastante em 1943, por outro, os prisioneiros dentro do próprio campo eram todos dizimados. Isso se devia às condições extremas, à violência e aos assassinatos sistemáticos. No entanto, durante aquele ano, a SS foi pressionada para melhorar as condições no campo. Tudo isso tinha a ver com o aumento do valor do trabalho escravo para a indústria bélica.[45] No tratamento médico dos enfermos, por exemplo, foram feitas algumas melhorias. Mais prisioneiros com formação na área da saúde foram alocados para trabalhar nas enfermarias e nos pavilhões de doentes. Tanto o equipamento médico como o suprimento de remédios foram expandidos, e o fornecimento de alimentos melhorou para alguns pacientes, que passaram a receber as cestas básicas que só eram fornecidas aos detentos não judeus.

Embora tais casos às vezes beneficiassem prisioneiros individuais, a situação geral pouco melhorou. Muitos dos aprimoramentos na higiene foram prejudicados pela crescente superpopulação, resultado direto da demanda por mais trabalhadores escravizados. As enfermarias também continuavam a sofrer com a escassez sistemática, a negligência e os maus-tratos.[46] Além disso, as melhorias demoravam muito para acontecer. Em Birkenau, por exemplo, foi iniciada em 1944 a construção de lavanderias e banheiros em vários pavilhões que ainda não estavam prontos no momento em que o campo foi fechado.[47]

Na primavera de 1943, Himmler encerrou a *Aktion 14f13*, o programa de eutanásia da SS que tinha como objetivo o assassinato em massa de prisioneiros incapacitados para o trabalho. Os comandantes passaram então a enviar diretamente para as câmaras de gás apenas os recém-chegados que sofriam de doenças mentais.[48] A taxa de mortalidade caiu temporariamente. De maneira geral, no outono de 1943, os prisioneiros tinham uma probabilidade ligeiramente maior de sobreviver. No entanto, a mortalidade de judeus, que formavam o maior grupo de prisioneiros em Auschwitz e Majdanek, não diminuiu. Eles seguiram morrendo em massa como resultado das condições extremas de trabalho, uma prática deliberadamente calculada na política de perseguição, que, como mencionado, não visava apenas ao genocídio em si, mas se baseava também em questões de produção.[49]

Himmler tinha orgulho do trabalho realizado pelos prisioneiros do KZ [campo de concentração], mas a mão de obra escravizada era muito menos produtiva do que ele afirmava ser. Muitos prisioneiros simplesmente não trabalhavam porque estavam doentes, ou porque não havia nada a ser feito. De acordo com os números da SS, na primavera de 1944, mais de um quarto dos prisioneiros em Auschwitz estava muito fraco ou doente para fazer qualquer coisa. E a maioria dos trabalhadores escravizados era muito menos forte e capacitada do que os trabalhadores comuns. Além disso, no início de 1944, as rações alimentares dos prisioneiros do KZ foram novamente reduzidas por ordem do *Reichsministerium für Ernährung und Landwirtschaft* [Ministério da Alimentação e Agricultura do Reich].[50]

Em 18 de setembro de 1942, o princípio de "extermínio pelo trabalho" foi estendido a alguns grupos de não judeus, como ciganos sinti e roma e prisioneiros russos e ucranianos.[51] Ao final de fevereiro de 1943, grandes grupos de romas foram deportados para Auschwitz-Birkenau e alojados em um *Zigeunerlager* [campo de ciganos] especial no setor BIIe. A situação ali também era péssima. Quando irrompeu uma epidemia de tifo, o campo cigano foi colocado em quarentena. Os doentes foram encaminhados para as câmaras de gás. Um número não registrado de ciganos também foi morto imediatamente após sua chegada quando se descobriu que havia casos de febre tifoide entre eles. No verão de 1943, Himmler já havia decidido fechar o campo cigano, mas isso só aconteceu em 2 de agosto de 1944, quando todos os prisioneiros restantes foram assassinados.[52] Dos 245 sinti e roma que foram transportados de Westerbork para Auschwitz-Birkenau em 19 de maio de 1944, apenas trinta sobreviveram.[53]

Na primavera de 1944, o extermínio estava em pleno andamento no complexo de Auschwitz. Os trens continuavam a chegar, principalmente de França, Holanda, Eslováquia, Grécia, Itália e Hungria. No verão de 1944, a máquina de matar de Birkenau atingia o seu auge. Ao mesmo tempo, a SS forçava mais prisioneiros do que nunca a trabalharem para a indústria bélica.[54]

Pouco depois do assassinato em massa dos judeus húngaros entre maio e julho de 1944, o caráter e a função do complexo de Auschwitz foram novamente alterados. O local se tornou um ponto de encontro para grandes transportes de prisioneiros de diferentes nacionalidades, que eram enviados como trabalhadores forçados a campos na Alemanha.[55] Desde meados de agosto de 1944, milhares de mulheres polonesas e húngaras foram de Auschwitz para Bergen-Belsen para, depois de alguns poucos dias, ou semanas, serem novamente enviadas para comandos externos de outros campos, onde tinham de trabalhar em fábricas de aeronaves, por exemplo.[56]

Em 1944, a maioria desses prisioneiros tinha sido deportada dos campos principais de Auschwitz I e II para um dos muitos subcampos menores, como Gleiwitz e Bismarckhütte, onde havia uma necessidade constante de novos trabalhadores.[57] Os campos principais passaram a funcionar, sobretudo, como grandes centros de trânsito. No verão de 1944, quando o exército soviético avançou do Leste e se aproximou dos campos na Polônia ocupada, mais e mais prisioneiros foram deportados como trabalhadores escravos para campos na Alemanha.[58] Ao mesmo tempo, os nazistas começaram a tentar eliminar os vestígios do genocídio em Auschwitz.[59] Desde o início de novembro de 1944, não ocorreram mais gaseamentos em Birkenau. As câmaras de gás e os crematórios foram desmontados e dinamitados. Em janeiro de 1945, quando o exército soviético se aproximou ainda mais, os grandes transportes de evacuação partiram de Auschwitz: 58 mil homens e mulheres — inclusive Peter van Pels — tiveram de se juntar às chamadas marchas da morte.

Os alemães queriam mantê-los como mão de obra para a indústria de guerra, de forma que os prisioneiros que sobreviveram à jornada foram parar em fábricas e complexos industriais na Alemanha.[60] A liderança do campo fugiu, e os guardas da SS acompanharam as marchas da morte para outros campos.[61] Um pequeno grupo de prisioneiros permaneceu nos pavilhões de doentes. Otto Frank era um deles. Ele foi o único dos clandestinos do Anexo Secreto a sobreviver.

Funktionshäftlinge

A vigilância em Auschwitz estava a cargo da SS, mas, assim como em Westerbork e em muitos outros campos, prisioneiros também eram utilizados na manutenção da ordem interna. Conforme já foi mencionado, o sistema dos campos de concentração se baseava em diferenças acentuadas e na extrema desigualdade entre os prisioneiros. Isso resultava em uma hierarquia refinada na qual certos prisioneiros, os chamados *Funktionshäftlinge* [funcionários da prisão], ocupavam posições de liderança em todos os níveis. Por exemplo, o SS-*Lagerführer* [líder do campo] era apoiado por um prisioneiro com o posto de *Lagerälteste* [veterano do campo]. E, em um nível inferior, o SS-*Blockführer* [líder do bloco] era assistido por um prisioneiro que atuava como *Blockälteste* [veterano do bloco], uma posição que podia ser preenchida tanto por homens como por mulheres. Janny Brilleslijper descreve o *Blockälteste* como "o governo, o prefeito de um bloco, que tinha de garantir uma distribuição justa das coisas, e essa distribuição justa consistia em primeiro eu, depois eu e você, e você um pouco, e você um pouco, e depois o resto do bloco".[62]

Os *Blockältesten*, juntamente aos outros *Funktionshäftlinge*, formavam uma pequena elite que, enquanto a maioria dos prisioneiros morria ou mal conseguia sobreviver, desfrutava de um certo conforto devido à posição privilegiada em relação aos prisioneiros comuns. Essa elite "às vezes parecia viver em outro mundo", como escreve Nikolaus Wachsmann em sua abrangente obra KL: *A History of the Nazi Concentration Camps* ["KL: Uma história dos campos de concentração nazistas"].[63] Eles tinham acesso a bens, poder, privilégios e, sob circunstâncias estritamente regulamentadas, obtinham até permissão para se exercitar e relaxar. Eles eram chamados de *kapos*, embora permanecessem subordinados aos membros da SS. Apesar de tudo, uma posição privilegiada podia significar a diferença entre a vida e a morte.

Era um sistema hierárquico no qual os oficiais da SS selecionavam os prisioneiros que consideravam mais adequados para seguir ordens e executá-las ou impô-las aos outros prisioneiros. Ao tornar um pequeno grupo de prisioneiros cúmplice da opressão aos demais e promover contrastes mútuos entre os prisioneiros, a liderança da SS esperava reduzir a pressão sobre seu próprio pessoal e, ao mesmo tempo, cortar pela raiz qualquer resistência eventual dos prisioneiros. A SS inicialmente dava preferência aos prisioneiros alemães. Isso correspondia à visão de mundo ideológica dos nacional-socialistas, pela qual os alemães eram considerados superiores aos outros povos, mas havia também razões práticas para isso. Afinal, ordens e instruções podiam ser transmitidas mais facilmente em seu próprio idioma. Embora muitos sobreviventes enfatizem que a SS preferia selecionar criminosos profissionais para serem *Funktionshäftlinge*, Nikolaus Wachsmann observa que, na prática, isso raramente acontecia. Em muitos campos, a SS preferia escolher prisioneiros políticos, e, além disso, a maioria dos prisioneiros designados pelos nazistas como *Berufsverbrecher* não havia sido presa por crime organizado, mas com muito mais frequência por delitos menores. Os judeus estavam na base da hierarquia do campo e, no início, raramente recebiam posições de liderança. No entanto, nas áreas onde havia apenas judeus, a SS optou cada vez mais, ao longo do tempo, por *Funktionshäftlinge* judaicos.[64]

Outro nome para *Funktionshäftlinge*, como mencionado acima, era *kapo*, também grafado como "capo", presumivelmente uma referência à palavra francesa *caporal* (cabo de exército) ou à palavra italiana *capo* (chefe, supervisor, patrão).[65] Era assim que eram chamados, além dos prisioneiros responsáveis pelos salões, departamentos e pavilhões, aqueles destacados como guardas auxiliares para apoiar a SS.[66] Abel Herzberg descreve no conto "O capo", baseado em suas experiências no campo de Bergen-Belsen — que será discutido a seguir —, como os prisioneiros eram levados a se tornar cúmplices do genocídio. Por ser uma descrição tão notável e universal da função do *kapo*, ela deve ser citada aqui:

O capo é o prisioneiro nomeado como instrutor, guarda e condutor de seus companheiros de prisão. Às vezes também como espião, mas para isso um encargo especial costuma ser supérfluo. É que o bom capo, que sabe o que se espera dele, fará isso naturalmente. De maneira geral, ele deve transmitir a pressão que o nazista deseja exercer sobre sua vítima. Como salário, recebe uma melhor localização, alimentação suficiente e o direito de se apropriar prioritariamente das roupas dos falecidos ou de roubá-las de outra maneira — desde que não abertamente. O termo técnico para isso é organização. Além disso, ele obtém a felicidade inestimável de poder espancar, com a força e a frequência que quiser, sem medo de ser revidado. Ele pode comandar — e até mesmo precisa fazer isso. A contestação será esmagada. É assim que ele é comprado e, além disso, é atingido o objetivo de fazer surgir uma classe privilegiada no exército dos prisioneiros, como resultado da qual uma resistência coletiva é desde logo quebrada pela raiz e não pode nem mesmo se manifestar. Os alemães sabiam que há algo em muitas pessoas que, apesar de todo o ódio, curva-se ao privilégio e o reconhece. Em todo caso, isso se encaixava em seu sistema, que envolvia uma especulação consequente sobre a submissão, sobre o escravo no homem.[67]

Abel Herzberg quando jovem, por volta de 1913.

Às vezes, os *kapos* lideravam grandes comandos de trabalho, porém, mais frequentemente, unidades de comando menores.[68]

Em seu relato do pós-guerra sobre a prisão, *Última parada: Auschwitz*, o médico e psiquiatra judeu holandês Eddy de Wind discorre sobre as grandes desigualdades que prevaleciam nesse campo. Em 1942, logo após concluir a faculdade, De Wind se voluntariou para trabalhar como médico no hospital de Westerbork depois que sua mãe foi levada para lá. Embora tivesse recebido a promessa de que ele e a mãe poderiam ficar em Westerbork, ele foi parar em Auschwitz em meados de setembro de 1943, onde terminou por trabalhar no pavilhão de doentes. Em seu relato, ele descreve a hierarquia do campo como um sistema em que todos refletiam as ordens que vinham de cima na hierarquia:

> Foi assim com os nazistas em todos os lugares. Os homens da ss gritavam com todos, inclusive com os *Blockältesten*. Os *Blockältesten* gritavam e espancavam, inclusive os poloneses, que, por sua vez, escolhiam os mais fracos para gritar com eles [...]. Assim como uma bola de bilhar, que para ao bater contra outra bola, os homens descansavam espancando e gritando com os prisioneiros.[69]

Eddy de Wind na década de 1930.

Os prisioneiros que trabalhavam no pavilhão de doentes também estavam entre as figuras proeminentes do campo. Em seu livro, Eddy de Wind descreve como, ao chegar, percebeu de que forma os prisioneiros que conseguiram obter uma posição proeminente no campo, como médicos assistentes, diferiam dos demais:

> Havia alguns homens de trajes brancos em frente à porta. Eles pareciam estar bem de vida. No dorso dos casacos, havia uma listra vermelha, assim como nas costuras das calças. Esses eram com certeza os médicos. Eles mal olhavam para os recém-chegados, mas Hans[70] notou que a falta de interesse deles tinha uma causa diferente da de todos os outros milhares do lado de fora. Em todos aqueles trabalhadores escravizados, era o cansaço, o profundo desânimo, que impedia qualquer esforço mental. Nessas pessoas de boa aparência, havia uma certa arrogância. Afinal, elas eram as figuras proeminentes do campo.[71]

Os cerca de 2.200 prisioneiros que eram forçados a fazer parte do *Sonderkommando* [unidade de comando especial] em Auschwitz tinham uma posição diferente. O *Sonderkommando* consistia em prisioneiros fortes do sexo masculino, a maioria judeus, que haviam sido selecionados pela liderança do campo para auxiliar no gaseamento de seus companheiros de prisão. Eles viviam juntos em uma área separada e tinham de ajudar a levar os prisioneiros judeus para a câmara de gás. Depois, eles arrastavam os corpos para fora. Outros membros do *Sonderkommando*, então, retiravam dos cadáveres todos os objetos de valor possíveis. Molares de ouro eram extraídos para serem derretidos em barras de ouro, e o cabelo dos prisioneiros assassinados também era cortado para ser reciclado na indústria têxtil. Eles tinham, então, de enterrar os cadáveres ou, depois que os crematórios passaram a ser utilizados, arrastá-los até lá para serem incinerados.[72]

"Em troca" dos seus serviços, eles recebiam comida extra e outros privilégios, e às vezes sua estreita cooperação os levava a estabelecer relacionamentos pessoais com os guardas da SS. Devido ao envolvimento direto com o genocídio, muitos outros prisioneiros os viam com horror e desprezo, mas, depois da guerra, vários historiadores e sobreviventes enfatizaram que a vida no *Sonderkommando* era em grande parte uma "escolha" que não era voluntária.[73]

Ninguém se oferecia para esses cargos, e quem os recusasse era imediatamente morto a tiros. Além disso, os membros do *Sonderkommando* eram geralmente assassinados depois de alguns meses, e poucos deles sobreviveram. A maneira como lidavam com a posição variava de pessoa para pessoa. Embora a maioria não visse outra opção além de permitir que os gaseamentos ocorressem o mais suavemente possível e não dar à SS nenhuma razão para puni-los, esse grupo às vezes resistia. Um membro do *Sonderkommando*, por exemplo, o grego Alberto Errera, conseguiu, em agosto de 1944, registrar o assassinato de um grupo de judeus de Lodz com uma câmera fotográfica. Escondido na câmara de gás do Crematório V em Birkenau, ele registrou como um grande número de cadáveres era queimado do lado de fora. O rolo de filme foi contrabandeado fora do campo, e em seguida a resistência polonesa distribuiu ilegalmente as fotos reveladas. Os negativos originais só foram descobertos depois da guerra.[74]

Em 7 de outubro de 1944, durante uma seleção para transferência a outro campo, um grupo de integrantes do *Sonderkommando* se revoltou, porque tinham certeza de que seriam assassinados pelos alemães. Eles atacaram os membros da SS com martelos, pedras, machados e barras de ferro e depois atearam fogo no crematório. O levante, de curta duração, fracassou. Por falta de tempo, a ação não foi suficientemente preparada e os insurgentes tampouco receberam apoio da resistência no restante do campo. A maioria dos revoltosos inicialmente conseguiu escapar, mas, nas semanas que se seguiram, a maior parte foi recapturada em grandes ações de represália e depois assassinada. No entanto, essa revolta mostra claramente que a imagem dos prisioneiros judeus como vítimas passivas não corresponde à realidade e que, mesmo sob as circunstâncias extremas de Auschwitz, eles ainda conseguiam reunir forças para resistir ao genocídio.[75] Os poucos membros do *Sonderkommando* que sobreviveram também estão entre as testemunhas mais importantes do massacre em Auschwitz, cuja proximidade com os assassinatos lhes permitiu fornecer descrições detalhadas do genocídio nazista que faltam em outros depoimentos.[76]

Uma das fotos das câmaras de gás tiradas em segredo pelo prisioneiro Alberto Errera, membro do *Sonderkommando* em Auschwitz, em agosto de 1944.

Os clandestinos em Auschwitz: chegada, seleção e registro

Os clandestinos do Anexo Secreto, portanto, chegaram a um momento em que Auschwitz estava passando por uma importante transição, ou seja, de um campo destinado primariamente ao genocídio para um em que a utilização de mão de obra escravizada se tornou mais importante.[77] O transporte oriundo de Westerbork no domingo, 3 de setembro de 1944, com os Franks, os Van Pels e Fritz Pfeffer, chegou à plataforma de Auschwitz-Birkenau na madrugada da terça-feira, dia 5, para a quarta-feira, 6 de setembro.[78] Vários sobreviventes que foram levados para Auschwitz pelo mesmo trem ainda têm fortes lembranças do momento da chegada. Lenie de Jong-van Naarden recorda:

> A certa altura, o trem começou a desacelerar e parou. Realmente não lembro se era manhã ou noite quando chegamos. As portas foram abertas com força. Imediatamente ouviu-se uma gritaria tremenda nos alto-falantes. Havia muitos policiais e soldados, todos uniformizados. Todos os que estavam nos vagões rolaram para fora, uns sobre os outros: os mortos, os doentes, as crianças. Aquela gritaria nos alto-falantes nos disse para abandonarmos as malas e nos alinharmos apenas com nossa bagagem de mão, as mulheres de um lado, os homens de outro e todos de frente. É degradante contar como eles esperavam por nós, com chicotes, com cachorros. A gente podia cair morto, seria o melhor, mas, caso não fizéssemos, tudo que nos restava era nos mexer e seguir em frente.[79]

Estava escuro, os holofotes brilhavam intensamente, havia gritos e latidos de cães.[80] Tudo precisava ser feito rapidamente. Os prisioneiros tiveram de abandonar suas malas, mas alguns conseguiram manter consigo alguns pequenos pertences. Os corpos dos prisioneiros que morreram durante o transporte também foram deixados para trás e levados ao crematório para serem incinerados.[81] Os homens e as mulheres foram separados por guardas da SS com cães e cassetetes e alinhados em longas colunas. Oficiais da SS faziam a supervisão. Tudo aconteceu tão rápido que quase não houve tempo para despedidas. Foi ali que Otto Frank viu sua família pela última vez.[82]

Após a chegada em Auschwitz-Birkenau, os homens e as mulheres eram separados na plataforma.

Após a separação, foi feita a seleção entre os "capacitados" e os "incapacitados" para o trabalho por um dos médicos de Auschwitz-Birkenau. As crianças e os idosos, considerados "incapazes", foram separados daqueles que podiam trabalhar para serem imediatamente assassinados. Embora os critérios não fossem fixos e variassem por período, crianças com quinze anos ou menos e adultos com mais de cinquenta anos costumavam ser selecionados para a câmara de gás. Mães com filhos menores de quinze anos, independentemente da idade, também eram enviadas diretamente para a morte, assim como as mulheres grávidas.[83] Três dos oito clandestinos, portanto, já ao chegarem a Auschwitz estavam na zona de perigo. Anne Frank tinha quinze anos, Otto Frank e Fritz Pfeffer tinham 55. Margot Frank (com dezoito anos) e Peter van Pels (dezessete anos) provavelmente sobreviveriam à seleção — assim como Edith Frank (44 anos), Auguste van Pels (43 anos) e Hermann van Pels (46 anos) — até sob critérios mais rígidos.

A seleção dos prisioneiros na plataforma em Auschwitz-Birkenau.

A maioria dos sobreviventes que chegou de Westerbork no mesmo transporte se lembra dessa seleção como uma cena caótica. Só depois eles ouviram de prisioneiros que já estavam lá havia um tempo que alguns dos recém-chegados eram selecionados para serem assassinados imediatamente. Ronnie van Cleef se lembra dessa seleção como um evento surreal:

> "Depois veio a seleção, que não entendíamos, felizmente, na verdade. Mengele estava lá e apontava — ele não dizia nada, só apontava. À direita ficamos nós, os jovens, aos seus olhos as pessoas mais saudáveis. Os outros, os mais velhos e as crianças, iam para a esquerda. Não entendíamos o que estava acontecendo. Eu pensei: vamos vê-los novamente mais tarde."[84]

Ronnie van Cleef, por volta de 1940.

Todos os sobreviventes desse transporte mencionam Josef Mengele como o SS-*Lagerarzt* [médico da SS do campo] que realizou a seleção.[85] Ainda assim, é questionável se realmente era Mengele quem estava de serviço naquele turno. O ex-prisioneiro e historiador austríaco Hermann Langbein menciona o processo de "deslocamento da memória" que ocorre em muitos depoimentos sobre Mengele e outros criminosos de guerra icônicos. Devido à grande atenção que Mengele recebeu na formação do imaginário popular de Auschwitz, ele se tornou muito mais conhecido do que seus colegas. Como resultado, os sobreviventes projetaram suas experiências com outros médicos e guardas em Mengele, o que às vezes era impossível de ter ocorrido: "Muitas vezes, ouvi sobreviventes declararem que Mengele fez algo com eles, sendo que Mengele ainda não havia chegado a Auschwitz naquela época".[86]

Em 4 de setembro de 1944, Mengele estava realmente trabalhando em Auschwitz, mas isso não altera o fato de que o mesmo processo de projeção também possa ter ocorrido nesse caso. Algumas testemunhas igualmente dizem que "presumem" que fosse Mengele. "Saber, eu não sei, ele não se apresentou", observa Rachel Frankfoorder. Embora seja bem possível que Mengele estivesse de serviço naquele dia, não há nenhuma fonte oficial que o confirme. Em *The Nazi Doctors* ["Os médicos nazistas"], o historiador Robert Jay Lifton mostra que vários *Lagerärzte* trabalharam em Auschwitz e, alternadamente, fizeram as seleções em grupos de dois. Seu chefe não era Mengele, mas o *Standortarzt* [médico local] Eduard Wirths, que liderou as seleções em 1943 — sob a supervisão direta do comandante do campo. Wirths chefiava uma equipe de vários médicos, que se revezavam no "serviço da plataforma", além de assegurar que ele próprio também realizasse regularmente as seleções, uma função que considerava tão importante que dava prioridade a esse trabalho sobre outras responsabilidades.[87]

O SS-*Standortarzt* Eduard Wirths.

A seleção era feita às pressas e com base em impressões superficiais do médico de plantão. Em consulta com Himmler e a administração do campo, Wirths geralmente decidia com antecedência quantas pessoas teriam de passar na seleção e qual porcentagem seria assassinada imediatamente.[88] Em Auschwitz, normalmente entre 10% e 30% dos prisioneiros eram selecionados como trabalhadores escravizados — uma média de 20%, portanto.[89]

No entanto, uma parte muito maior dos deportados no transporte de 3 de setembro de 1944, o trem que levou Anne e sua família de Westerbork a Auschwitz, passou na seleção de chegada.[90] A lista do transporte contém 1.019 pessoas, das quais 672 passaram pela seleção: mais de 65%.[91] Os oito clandestinos também passaram todos. Isso incluiu até Otto Frank e Fritz Pfeffer, que, dada a idade de 55 anos, não atendiam aos critérios de sobrevivência. Visto que há mais exemplos de homens com mais de cinquenta anos que sobreviveram à seleção nesse transporte, é provável que os critérios, em vista da necessidade de mão de obra escravizada na indústria de guerra, tenham sido aplicados com menos rigor.[92]

Do transporte, 347 homens, mulheres e crianças foram imediatamente assassinados nas câmaras de gás. Eles próprios tiveram de caminhar até lá. Havia caminhões disponíveis para os inválidos.[93] As mães com filhos que não podiam andar também iam para as câmaras de gás nos caminhões. Janny Brilleslijper relembra:

> Ao passar por Mengele, chegamos a um grande campo com veículos do exército. Ficamos ali em duas filas. A fileira da esquerda foi levada diretamente para as câmaras de gás em caminhões militares. Isso foi rápido. Em um instante, Suze e tia Bloeme ainda estavam paradas ao meu lado. Ainda cheguei a segurar a mãozinha da criança. E, no instante seguinte... [...] Minha tia tinha ido embora! Minha sobrinha se fora![94]

Um dos sobreviventes do transporte também lembra que foi anunciado que quem quisesse também poderia ir de caminhão se estivesse cansado ou doente. Várias pessoas fizeram isso e pegaram o caminhão como quem pega um "ônibus".[95]

A partir desse momento, os homens e as mulheres foram separados para sempre. Os 400 homens e as 249 mulheres caminharam, separados uns dos outros cerca de um quilômetro da plataforma até a *Zentralsauna* [sauna central]. Era um prédio de tijolos, onde os prisioneiros recém-chegados eram registrados, depilados e desinfetados e recebiam uma tatuagem com um número.[96] "A sauna desempenhou um papel extremamente importante. Tudo acontecia nesse complexo [...]", disse um prisioneiro holandês.[97] No espaço aberto em frente a esse prédio, os prisioneiros esperavam o restante da noite até que tivesse início o ritual humilhante do procedimento de registro.[98]

O protocolo era o seguinte: primeiro os recém-chegados tinham de se alinhar em ordem alfabética. Um prisioneiro do *Aufnahmekommando* (administração) escrevia os nomes em uma lista (*Eingangsliste* — "lista de entrada") e os numerava. Todos os recém-chegados recebiam uma cédula com um número. Em seguida, eles entravam no edifício da *Zentralsauna*, onde tinham de se despir na primeira sala e entregar seus últimos pertences. Os prisioneiros que tentavam ficar com algo eram espancados pelos guardas. Ronnie van Cleef se lembra de que, no momento em que chegou, ela estava menstruada e se recusou a se despir completamente, e então um guarda deu um tapa em sua cabeça e puxou com força sua calcinha. "Eu pensei então: 'É o fim'. Tive muita dificuldade com isso e vi que ele fazia a mesma coisa com outras mulheres. Não, não há como dar um nome a isso, ficamos totalmente arrasadas."[99]

Completamente nuas, as prisioneiras tinham de caminhar para a próxima sala, onde as prisioneiras do *Aufnahmekommando* estavam sentadas atrás das mesas. Elas preenchiam, então, um formulário pré-impresso para cada prisioneira recém-chegada, no qual eram registrados dados pessoais, características externas, condição física e o número que tinham acabado de receber. Ronnie van Cleef conta como esse número foi posteriormente tatuado no seu antebraço esquerdo: "As prisioneiras polonesas vinham tatuar o número em nosso braço. Uma delas tatuou muito bem, mas a tatuagem de outra ficou muito feia, ela a borrou um pouco e, então, um novo número foi tatuado por cima do que já estava ali, o que resultou em uma inflamação feia".[100]

Todos os pelos do corpo eram raspados, e os genitais e as axilas eram limpos com desinfetante. Algumas mulheres se lembram de que seu cabelo foi primeiro cortado curto e que suas cabeças só foram raspadas mais tarde.[101] As prisioneiras entravam, então, em uma sala com chuveiros, dos quais fluía uma água desconfortavelmente quente ou extremamente gelada e, às vezes, também havia um vapor quente para a desinfecção. Para muitas, o banho foi a primeira oportunidade em dias de matar a sede.[102]

Ronnie van Cleef descreve como um guarda entrou e borrifou as prisioneiras com uma mangueira d'água:

> Então, de repente, chegou um chucrute, um SS com uma perna de pau, nunca me esquecerei disso, ele tinha uma bengala debaixo do joelho. Aquele homem não era muito bom da cabeça, ele pegou uma mangueira grande de água e começou a nos borrifar, e se divertia muito com isso. Estávamos tão encharcadas, que não sabíamos o que fazer. A gente ainda gritava "Vá embora!", porque imaginávamos o que viria a seguir. Aquele sujeito sentia prazer naquilo. Por fim, ele parou. Estávamos congelando e não havia nada com que pudéssemos nos secar. Vimos então que havia cortinas e nos secamos com elas o melhor que pudemos.[103]

Não havia toalhas ou sabonete, e outras prisioneiras também contam como tinham de se secar ao vento, nas correntes de ar de dentro ou de fora do prédio. Ronnie se lembra de que as prisioneiras do grupo tiveram de sair nuas, quando então foram atiradas algumas roupas sobre elas. Em 1943 e 1944, as roupas listradas prescritas para o campo foram substituídas por vestimentas usadas, pois nesse período já não havia mais uniformes de prisioneiro disponíveis. As mulheres recebiam peças de roupa aleatórias e, de acordo com a maioria das testemunhas, nenhuma roupa de baixo.[104] No dorso, às vezes elas tinham listras feitas com tinta vermelha.[105] Leny Boeken--Velleman, uma das sobreviventes do transporte de 3 de setembro, lembra que foi aplicada tinta vermelha nas suas roupas: "Recebi um saco preto que parecia um vestido, com um grande quadrado branco costurado nas costas. Naquela peça branca, uma grande área havia sido pintada com tinta vermelha. Imagine que, se você quisesse fugir, você poderia então ser facilmente reconhecida e teria um alvo extremamente visível nas costas".[106]

Leny Velleman no início da década de 1940.

Além disso, as mulheres recebiam tamancos de madeira ou sapatos gastos. Eles vinham dos chamados "depósitos Canadá", os armazéns nos quais a bagagem dos prisioneiros recém-chegados era armazenada e selecionada por membros de um grupo especial de *Funktionshäftlinge*, logo apelidado pelos prisioneiros de *Kanada-Kommando*, uma referência cínica ao Canadá, um país relativamente rico.[107] Não está claro se os homens recebiam roupas de prisioneiros porque eles não expressaram isso claramente em seus depoimentos.[108] O sobrevivente Sal de Liema lembra que, em Auschwitz I, usava roupas listradas, um casaco e calças.[109] Os prisioneiros do sexo masculino em Auschwitz geralmente usavam sapatos ou tamancos de madeira.[110] Após todo o procedimento de registro, os recém-chegados eram colocados em pavilhões e tinha início o período de quarentena.

Auschwitz era o único campo onde os números dos prisioneiros eram tatuados no corpo para identificação. Entre os moradores do Anexo Secreto, o único número exato que conhecemos é o de Otto Frank: B 9.174. Acredita-se que os de Fritz Pfeffer e Hermann e Peter van Pels eram B 9.276 e B 9.294.[111] Em tese, esse número também era usado na roupa: na altura do seio esquerdo para as mulheres e, para os homens, ao longo da costura externa da perna direita da calça.[112] No entanto, esse princípio se mostrou inconsistente — os depoimentos posteriores e as poucas fotografias disponíveis dos últimos meses de 1944 mostram que a prática era mais indisciplinada. Como já mencionado, na falta de uniformes, muitos andavam com roupas misturadas aleatoriamente. No entanto, Eva Geiringer, que mais tarde se tornaria enteada de Otto Frank e esteve em Auschwitz-Birkenau de maio de 1944 até a libertação, lembra que não usava número algum nas roupas e que, além disso, recebia regularmente roupas diferentes após uma seleção ou quando os prisioneiros iam às frequentes desinfecções.[113]

Prisioneiros judeus classificam os pertences dos judeus recém-chegados no assim chamado "Depósito Canadá".

Uma vez admitidos, como regra, seguia-se primeiro um período de quarentena. Isso acontecia nas partes do campo e nos pavilhões indicados para tal. Somente após esse período é que os prisioneiros eram designados para comandos de trabalho ou enviados para outros campos.[114] Em princípio, a quarentena tinha como objetivo prevenir a propagação de doenças contagiosas. Os prisioneiros a vivenciavam principalmente como um meio de submetê-los ao regime do campo.[115] Esse período tinha um efeito destrutivo na psiquê dos prisioneiros. Alguns se tornavam completamente apáticos, outros se suicidavam, por exemplo, atirando-se contra a cerca de alta tensão. O tormento combinado de um trabalho sem sentido com a pouca comida logo matava muitos. Os pavilhões de quarentena costumavam ser superlotados. Eles também serviam para separar os fracos dos fortes. Durante esse período, novas seleções para a câmara de gás eram feitas regularmente. Sua duração podia ser de poucos dias a oito semanas.[116]

Desde o momento em que chegavam, os prisioneiros eram completamente subjugados pelos gritos e pela brutalidade. No início, muitas vezes não entendiam as ordens dos *kapos*, gritadas em polonês ou iídiche.[117] Eles tinham de ficar horas em pé na chamada, a comida era ruim e estavam à mercê do *Blockführer* e dos *Blockältesten*. A isso se seguiam a alocação em vários comandos de trabalho e mudanças para outros pavilhões. As condições podiam variar dependendo do comando. O impacto disso nos oito clandestinos é descrito o melhor possível a seguir.

Stammlager: os homens em Auschwitz i

Após o procedimento de registro, todos os homens do transporte de 3 de setembro de 1944 que sobreviveram ao processo de seleção depois da chegada a Birkenau foram a pé para Auschwitz i.[118] Lá, eles foram parar na quarentena do bloco 8. Eddy de Wind, o jovem médico que desde setembro de 1943 estava em Auschwitz e com o passar do tempo conseguiu um trabalho na enfermaria, descreve-o como "um bloco de quarentena sujo e em péssimo estado".[119] Os prisioneiros dormiam em beliches de três andares, muitas vezes com duas ou mais pessoas em uma cama. O bloco de quarentena estava superlotado. Apenas o *Blockälteste* e outros prisioneiros privilegiados tinham seu próprio quartinho com mesa, cadeira e cama.

Todos tinham de trabalhar durante a quarentena. A maioria trabalhava no *Straßenbau* — a construção de ruas — ou no *Kiesgrube* — o poço de cascalho —, onde tinham que carregar cascalho em carrinhos e levá-lo para pavimentar as ruas.[120] Era um trabalho muito duro, que durava o dia todo. Muitos sofriam lesões e ferimentos. Os *kapos* e guardas também chutavam e espancavam os prisioneiros quando achavam que eles não estavam trabalhando rápido o suficiente. Depois da guerra, Otto Frank contou que foi designado para um comando em que tinha de arrastar cascalho. Em uma declaração redigida para o seu companheiro de campo Joseph Spronz, Otto Frank resumiu brevemente suas próprias experiências: "Como eu mesmo estive em um *Kieskommando* por algum tempo, sei muito sobre o trabalho árduo que tinha de ser feito lá e os maus-tratos frequentemente a ele associados".[121] O tom sucinto, que também caracteriza muitas das outras declarações de Otto Frank, fornece poucos detalhes sobre o que ele realmente vivenciou ali. Para mais informações sobre o período de quarentena dos clandestinos, devemos recorrer a outros depoimentos. Eddy de Wind descreve como Otto Frank foi designado para a construção de ruas logo após chegar a Auschwitz e teve de puxar, juntamente a outros quinze prisioneiros, um carrinho de cascalho com tiras de arraste e arame de aço entre a pedreira e o campo. "Ele próprio também puxava, ele fazia parte de uma engrenagem de quinze dentes e, se não puxasse com força suficiente, imediatamente levava um chute do polonês que caminhava logo atrás."[122] Com esse cascalho, outros prisioneiros tinham de pavimentar as ruas.

Hermann van Pels é assassinado na câmara de gás

O período de quarentena dos homens do transporte de 3 de setembro terminou com duas seleções no início de outubro de 1944, pelas quais outro grupo de prisioneiros considerados incapazes para trabalhos pesados foi assassinado na câmara de gás. Essas seleções também anunciariam a morte de Hermann van Pels. A primeira seleção ocorreu entre os prisioneiros que tinham permissão para não trabalhar devido a doença ou lesão — *Blockschonung* —, seguida logo depois por uma segunda seleção de judeus doentes na enfermaria.[123] Fritz Simon, outro prisioneiro do transporte de 3 de setembro, recorda-se de como essas seleções funcionavam:

> Na minha época, houve duas seleções. Na primeira, foram selecionadas todas as pessoas que tinham *Blockschonung*, o que significa que estavam dispensadas do trabalho por alguns dias devido a uma enfermidade. Essas pessoas iam para um bloco especial e, após dois dias, eram removidas, aparentemente para serem gaseadas em Birkenau. Aqueles dois dias eram terríveis para essas pessoas, porque elas sabiam exatamente o que as esperava. Também nesse caso, os casais mistos terminavam por

ser excluídos após terem inicialmente passado pelo medo da morte. A segunda seleção ocorria de maneira semelhante, mas dessa vez o hospital era esvaziado primeiro.[124]

A seleção entre os doentes da enfermaria do bloco 9 é descrita por Eddy de Wind, que como médico havia conseguido uma função na assistência aos enfermos.[125] Ele descreve como conheceu no pavilhão dos doentes o renomado professor catedrático de economia Herman Frijda, que acabara de chegar a Auschwitz no transporte de 3 de setembro de 1944, assim como os oito clandestinos do Anexo Secreto, e fora posto para trabalhar em um comando de cascalho. Seu testemunho é particularmente interessante, não apenas porque Frijda era um conhecido de Otto Frank e pai da amiga de escola de Margot, Jetteke Frijda,[126] mas também porque Frijda deve ter sucumbido ao trabalho pesado mais ou menos nas mesmas circunstâncias que Hermann van Pels. Eddy de Wind lembra-se de Frijda: "O velho senhor chegou com o último transporte holandês. [...] Em Auschwitz, ele foi parar no comando *Straßenbau* [construção de ruas]. Ele havia arrastado carrinhos o dia todo por algumas semanas e foi assim que foi parar no hospital".[127]

Herman Frijda, economista e professor emérito (e *rector magnificus*) da Universidade de Amsterdã, 1921.

De Wind prossegue dizendo que teve de anotar o número de todas as pessoas que suspeitava de que ficariam na enfermaria por mais de duas semanas e que a SS tomou a administração para determinar a seleção. Como De Wind previu que esses pacientes seriam gaseados, ele perguntou a seu colega francês se ainda seria possível salvar Frijda — que, de acordo com De Wind, era "muito popular" entre os médicos por causa de sua "atitude amigável e modesta". Mas isso não era possível. "Não podíamos dizer que ele era saudável. O homem receberia alta na hora e depois não conseguiria andar cem metros." No dia seguinte, vieram caminhões e levaram esses selecionados, com o pretexto de que seriam empregados na tecelagem de Birkenau, e os levaram para a câmara de gás. Sabemos por dados da Cruz Vermelha e por vários testemunhos que Herman Frijda foi gaseado em 3 de outubro de 1944.[128]

Em 3 de outubro, também foram gaseados os homens rotulados como inaptos para o trabalho na segunda seleção ao final do período de quarentena. É quase certo que Hermann van Pels fazia parte desse grupo. Nas investigações do pós-guerra sobre seu destino, presumiu-se primeiramente que ele havia sido gaseado imediatamente após sua chegada a Auschwitz-Birkenau.[129] Mais tarde, a NRK estabeleceu sua data de morte em 15 de março de 1945, de acordo com o "método de reconstrução coletiva". Presumiu-se que Hermann van Pels pertencia ao grupo de prisioneiros que, após a quarentena, teria chegado ao campo de concentração de Stutthof até 1º de outubro de 1944. Sua morte teria então ocorrido entre 1º de outubro de 1944 e 9 de maio de 1945, data em que Stutthof foi liberto.[130] Várias pessoas desaparecidas da lista de transporte de 3 de setembro de 1944 receberam, dessa maneira, a data de 15 de março de 1945 como sua data de óbito. No entanto, Hermann van Pels não parece estar na lista de transporte para Stutthof datada de 26 de outubro de 1944, o que realmente exclui a possibilidade de que ele tenha sobrevivido à seleção de 3 de outubro de 1944.[131]

Apenas alguns breves testemunhos sobre o destino de Herman van Pels sobreviveram. Em uma declaração, o companheiro de prisão Fritz Simon diz que não viu "Hermann van Pels, de Amsterdã, Z. Amstellaan 34", após as duas seleções ao final da quarentena.[132] Otto Frank afirmou repetidamente que Van Pels foi gaseado depois de ter sido selecionado em 5 de outubro de 1944, mesmo tendo *Blockschonung* ou *Stubendienst* [serviço de pavilhão].[133] Ele havia machucado a mão enquanto fazia um trabalho pesado no *Straßenbau* e, a seu próprio pedido, recebeu alguns dias de dispensa do trabalho. A seleção posteriormente provou ser fatal para ele. Em seu *Kalendarium* [calendário] dos eventos em todo o campo de Auschwitz, Danuta Czech menciona

2 de outubro de 1944 como a data de uma seleção de 101 homens da quarentena.[134] Sabemos que mais prisioneiros do transporte de 3 de setembro de 1944 faleceram exatamente nessa data, 3 de outubro de 1944.[135] É quase certo eles foram mortos naquele dia, com Hermann van Pels, em uma das câmaras de gás de Auschwitz-Birkenau. Hermann tinha 46 anos na época.

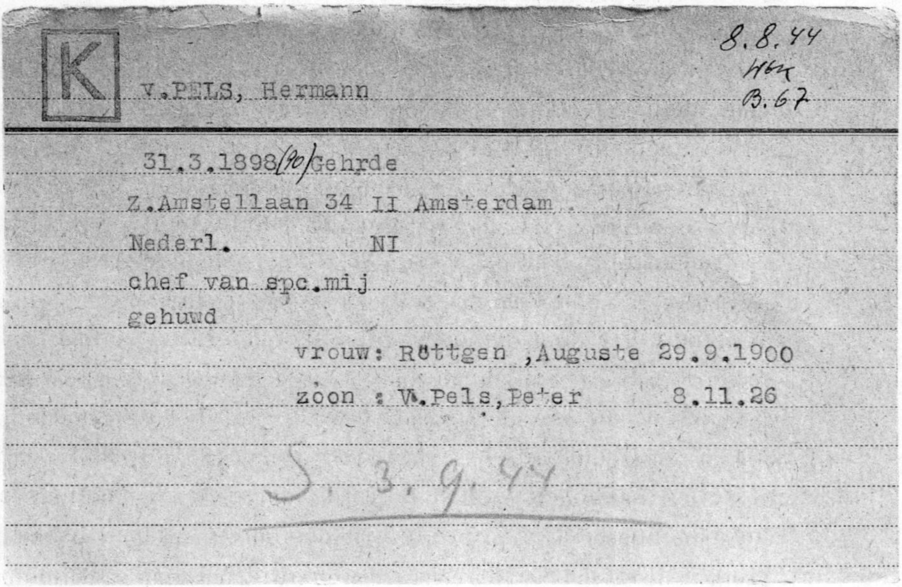

K

v.PELS, Hermann

8.8.44

B.67

31.3.1898(90)Gehrde

Z.Amstellaan 34 II Amsterdam

Nederl. NI

chef van spc.mij

gehuwd

vrouw: Röttgen ,Auguste 29.9.1900

zoon : V.Pels,Peter 8.11.26

3. 9. 44

O cartão de registro de Hermann van Pels da administração do Conselho Judaico.

Ninguém pode dizer exatamente como foi o gaseamento de Hermann van Pels, Herman Frijda e os outros homens da quarentena, mas a descrição do judeu eslovaco Filip Müller, que já estava em Auschwitz-Birkenau desde abril de 1942, nos dá uma impressão disso. Müller foi designado para o *Sonderkommando* e sobreviveria até a libertação do campo pelos russos. Em suas memórias, ele faz uma descrição pungente de um gaseamento sem data de um grande número de prisioneiros, que ele vivenciou de perto como membro do *Sonderkommando*, e nos dá uma ideia das circunstâncias em que Hermann van Pels foi assassinado.

Depois de algum tempo, ouvi gritos estridentes vindos da câmara de gás, batidas na porta, mas também lamentos e gemidos. As pessoas começaram a tossir, e a tosse foi ficando mais forte a cada minuto. Isso indicava que o gás estava fazendo efeito. O barulho inicialmente crescente, que a gente tinha de ouvir, diminuía de minuto a minuto e logo se transformava em um gorgolejo polifônico e surdo, às vezes abafado pela tosse. O gás letal havia entrado no pulmão das pessoas e rapidamente paralisado o seu sistema respiratório [...]. Depois de abrir a câmara de gás, as ordens foram dadas primeiro para remover os corpos que haviam caído e ficado atrás da porta, a fim de desobstruir a entrada. Fizemos isso colocando um cinto de couro em torno de um dos pulsos dos mortos, puxando o laço, arrastando-os para o elevador e transportando-os escada acima para o crematório. Quando um espaço foi criado atrás da porta, os cadáveres foram enxaguados com mangueiras de água. Isso serviu para neutralizar os cristais de gás que ainda estavam espalhados aqui e ali, mas também para limpar os cadáveres [...]. Mesmo que ainda estivessem quentes e não enrijecidos, os carregadores de cadáveres lutaram para separar as pilhas de corpos uns dos outros. Muitos estavam com a boca bem aberta, a maioria com um rastro de saliva esbranquiçada e seca nos lábios. Alguns ficaram azuis e muitos rostos ficaram tão desfigurados pelos golpes que receberam, que estavam quase irreconhecíveis. Sem dúvida, o labirinto subterrâneo que se tornou a câmara de gás também fez com que as pessoas corressem em terror no escuro, esbarrando umas nas outras, caindo umas sobre as outras e pisando umas nas outras, criando essa confusão de cadáveres entrelaçados.[136]

Filip Müller após a guerra.

Otto Frank, Fritz Pfeffer e Peter van Pels provavelmente não receberam nenhuma informação sobre esses detalhes, mas sem dúvida logo souberam que Hermann havia sido selecionado para a câmara de gás. Após a guerra, Otto Frank disse a Ernst Schnabel que Peter viu seu pai sendo levado para a câmara de gás em um grupo de homens.[137] Uma declaração semelhante pode ser lida em uma entrevista de 1979 com Otto Frank no jornal alemão *Welt am Sonntag*, em que ele diz que ele e Peter teriam visto Hermann van Pels no grupo de homens selecionados.[138]

Ironicamente, o assassinato de 3 de outubro seria o último grande gaseamento em Auschwitz. Quatro dias depois, em 7 de outubro, eclodiu uma revolta entre os membros do *Sonderkommando*, durante a qual um dos crematórios foi desativado. Essa revolta foi rapidamente reprimida, mas, em vista do avanço do exército russo, a SS interrompeu os gaseamentos no campo por volta entre o fim de outubro e o início de novembro de 1944. Em uma tentativa de ocultar a extensão do extermínio em massa, a liderança do campo começou a demolir as câmaras de gás e os crematórios em novembro.[139]

Os pacotinhos

Os homens que sobreviveram à seleção permaneceram após o período de quarentena em Auschwitz I, onde foram colocados em vários comandos de trabalho. Além dos *Straßenbau* já mencionados, eles também foram designados para escavar areia (*Sandgrube*), foram para o *Schlachthofkommando*, o abatedouro, ou tiveram de descascar batatas no *Kartoffelschälkommando*.[140] Outros ainda foram designados para as empresas privadas que utilizavam os trabalhadores escravos de Auschwitz, como o *Kommando Petersen*, que se ocupava com a canalização, e a Hoch-und Tiefbau Aktiengesellschaft (HUTA) [Sociedade Anônima de Engenharia Civil], em Katowice, onde eram feitos trabalhos com concreto. Auschwitz e outros campos abrigavam um enorme potencial de trabalho escravo para os nazistas, que deveria beneficiar a economia alemã.

Não sabemos para onde Fritz Pfeffer foi designado. Nada foi encontrado nos depoimentos dos sobreviventes sobre a prisão de Pfeffer em Auschwitz. O que sabemos é que ele foi registrado no mesmo grupo que Hermann e Peter van Pels.[141] Como os outros, ele ficou em quarentena até cerca de 1º de outubro de 1944. Só então ocorreram novamente as seleções e os gaseamentos em Auschwitz, e as deportações se seguiram, entre outros, para Stutthof.[142] Pfeffer não estava na lista de transporte de Auschwitz para Stutthof e não está claro quando exatamente ele foi deportado de Auschwitz.[143] É provável que, em 1º de outubro, isso ainda não tivesse ocorrido. De acordo com o sobrevivente Aron Gross, um transporte de deportação partiu de Auschwitz por volta de 11 de novembro de 1944, via Neuengamme, para o Außenlager Braunschweig (Lager Büssing-nag).[144] Trinta médicos e dentistas judeus teriam desembarcado em Neuengamme. Apenas o cartão do dr. Isaac Chatt foi recuperado desse transporte; não há data, apenas o número de campo: 64.976. Como o número de campo de Fritz Pfeffer é conhecido (64.971) e sabemos a data de chegada de alguns dos outros prisioneiros com números de campo ligeiramente mais elevados e ligeiramente mais baixos, a saber, em 10 e em 18 de novembro, podemos deduzir que Pfeffer deve ter chegado a Neuengamme em uma dessas datas.[145]

Sabemos um pouco mais sobre as experiências de campo de Peter van Pels em Auschwitz, o que — como será discutido em detalhes — se deve principalmente aos depoimentos de Otto Frank, com quem ele teve muito contato até sua partida em janeiro de 1945. Ele ficou no bloco 8 de quarentena com os outros homens do transporte de 3 de setembro de 1944. O único outro testemunho sobre Peter em Auschwitz é o de Max Stoppelman, um conhecido de Otto Frank.[146] Após o período de quarentena, Peter van Pels foi para o bloco 2, onde Stoppelman, havia pouco, ocupava a posição de *Stubenältester* — líder do pavilhão. Nesse ínterim, Peter foi separado de Otto, que fora designado para outro pavilhão.[147] Stoppelman, que sobreviveu à guerra, lembra que um dia Peter se dirigiu a ele em francês — aparentemente supondo que Stoppelman fosse francês. "Ele se apresentou em francês, ao que eu comentei: 'Você fala francês como um holandês', e ele então se apresentou como Peter e eu como Stoppelman." Embora nunca tivessem se visto em Amsterdã, logo ficou claro que Peter conhecia a mãe de Stoppelman e sabia que ela era a senhoria judia de Jan e Miep Gies, e que eles a ajudaram a encontrar um esconderijo. "A primeira história que ele contou foi a de que ele sabia por Jan e Miep que tudo ainda estava bem com minha mãe. Eu disse a ele para ficar perto de mim tanto quanto possível e que eu tentaria fazer com que ele sobrevivesse." Um vínculo foi formado imediatamente, e, embora Stoppelman não lembre se eles falaram muito sobre o que Peter havia vivenciado em Amsterdã, ele o manteria sob sua proteção como *Stubenältester* até a evacuação de Auschwitz. Depois disso, perderam-se de vista.[148]

Na lista de transporte de 3 de setembro de 1944, Peter van Pels está registrado como metalúrgico. Muitos prisioneiros supunham que, se fossem deportados para um campo de trabalho forçado com uma profissão ou um ofício, eles se qualificariam para um trabalho especializado e, assim, salvariam suas vidas.[149] Como ter uma profissão aumentava a chance de uma vida melhor, muitas foram inventadas: pedreiro, marceneiro ou montador. Diante disso, é provável que Peter inicialmente tenha se registrado como metalúrgico.

Não se sabe se ele foi de fato inicialmente alocado como metalúrgico em Auschwitz. Sabemos por meio de Otto Frank e Max Stoppelman que, com o tempo, Peter foi bem-sucedido em Auschwitz e — possivelmente com a ajuda de Stoppelman, que, como *Stubenältester*, exerceu a influência necessária — obteve uma boa função com os correios, e, mais tarde, consta em seu cartão na administração do campo de Mauthausen que ele era *Tischler* (marceneiro).[150] Otto Frank contou em uma entrevista após a guerra: "Peter teve a sorte de conseguir uma função no correio do campo destinado aos oficiais da SS e aos prisioneiros não judeus, que recebiam correspondência e pacotes".[151] O que isso significava para sua liberdade de movimento e posição dificilmente pode ser subestimado. Isso fica evidente nas memórias do prisioneiro Max Rodrigues Garcia, um menino judeu de Amsterdã que foi parar em Auschwitz e cuja história coincide com o que se sabe sobre Peter van Pels. Depois de um período no hospital, Rodrigues Garcia foi contratado pelo *Paketstelle*, o serviço de correios, pelo qual chegavam os pacotes para os prisioneiros. Os judeus não tinham permissão para receber encomendas, mas muitos prisioneiros políticos e outros prisioneiros não judeus tinham. Os homens que trabalhavam no *Paketstelle* eram encarregados de abrir os pacotes destinados aos prisioneiros falecidos e selecionar seu conteúdo. Sem muito esforço, eles conseguiam se apropriar de uma parte disso. Rodrigues Garcia descreve que começou como engraxate, na base da hierarquia, e rapidamente ascendeu até o *Prominentenblock*. Lá estavam os prisioneiros com boa posição e poder, que tinham uma sala separada e podiam providenciar tudo. O regime no *Paketstelle* também era mais flexível: os prisioneiros não tinham que atender à chamada e tinham mais liberdade de movimento. Em seu livro, Rodrigues Garcia explica os benefícios que a função proporcionava:

> Os pacotes para os mortos — aqueles inúmeros pacotes para os inúmeros mortos — estavam à nossa disposição e, portanto, todos os alocados no nosso *Kommando* tinham automaticamente uma posição poderosa e influente. Todos os dias separávamos o conteúdo dos pacotes dos mortos: os bolos iam para um barril, os salames para outro, a margarina ficava ali, o *schmaltz* (gordura de galinha ou ganso — geralmente dos poloneses) e outros perecíveis em potes iam para outra parte. Os biscoitos ocupavam outro lugar. A maioria das verduras era levada direto para a cozinha, e algumas delas eram jogadas na sopa diária do campo. Os produtos mais delicados eram sempre separados para os trabalhadores do *Kommando*, que por sua vez os forneciam aos funcionários do campo nazista se assim desejassem. Notei que meus colegas iam e voltavam regularmente entre o *Paketstelle* e seu bloco. Logo me dei conta de que eles se serviam de algumas sobras e o faziam abertamente, como se essa prática não só fosse aceita, mas esperada deles. Meu corpo se avolumou rapidamente. Eu me sentia bem, em forma e forte. As cicatrizes da minha pneumonia e da apendicite sararam e ficaram para trás. Eu ficava bem-vestido durante o dia e aquecido à noite. Eu tinha até cigarros.[152]

Max Rodrigues Garcia, 1946.

Rodrigues Garcia voltou a ser forte e bem nutrido. Na véspera dos transportes de evacuação, em janeiro de 1945, ele e seus camaradas forneceram roupas quentes e coletaram suprimentos em vagões vazios para os guardas levarem consigo.[153]

Embora não saibamos se Peter van Pels também conseguiu chegar ao *Prominentenblock*, Rodrigues Garcia dá uma boa descrição das circunstâncias que permitiram a Peter estar relativamente em boas condições em janeiro de 1945 e, além disso, poder visitar e cuidar de Otto Frank, que estava doente.[154] Mesmo os trabalhadores do *Paketstelle* que estavam na base da hierarquia tinham acesso a agasalhos e alimentos — como fica claro no depoimento de Rodrigues Garcia — e tinham relativamente muito espaço para se locomover.[155]

Sobreviver em Auschwitz

Como ficará claro posteriormente, a função favorável de Peter também teve consequências importantes para Otto Frank. Otto foi o único a sobreviver e, portanto, deixou mais vestígios de suas experiências nos campos. No caderno que Otto Frank conservou imediatamente após a libertação do campo, ele anotou o nome de vários outros prisioneiros que conheceu durante esses meses.[156] Ele ficou com, entre outros, Philip Felix de Jong (o marido de Lenie de Jong-van Naarden), Hans Goudsmit, Hans Bruck, Nico Pimentel e Hans Citroen no *Stube* (quarto) 8º do bloco de quarentena 8.[157] Esse *Stube* estava localizado no primeiro andar de um dos antigos pavilhões de Auschwitz I.[158] Otto costumava passar o tempo em Auschwitz I com Hermann e Peter van Pels e com Fritz Pfeffer.[159] Sal de Liema também estava no bloco com ele.[160]

A vida diária consistia principalmente de trabalho árduo. Durante o período de quarentena, Otto Frank trabalhou pela primeira vez no *Kommando Kiesgrube*. Entre seus colegas de penúria na cascalheira, estava o húngaro Joseph Spronz. Em apoio a um pedido de benefício por invalidez no pós-guerra para Spronz, Otto Frank afirmou que conhecia o trabalho árduo em *Kiesgrube* e os maus-tratos associados por experiência própria.[161] Logo ele foi parar no *Straßenbau*.[162] Se isso aconteceu imediatamente após o período de quarentena, não está claro. Outros prisioneiros do bloco 8 enviados para trabalhar no *Straßenbau* depois de serem libertos da quarentena foram parar no bloco 2. É possível que Otto Frank também estivesse alojado neste bloco, mas nenhuma fonte foi encontrada para confirmar isso.[163] Os prisioneiros marchavam diariamente, acompanhados por membros da SS, para seu trabalho fora do campo e ao ar livre. De manhã e depois de voltar do trabalho, tinham de se perfilar na chamada e eram contados.

Joseph Spronz e Otto Frank, 1975 ou 1976.

Quando o trabalho no *Straßenbau* foi interrompido por causa da geada, Otto Frank disse que conseguiu um trabalho melhor, no *Kartoffelschälkommando*.[164] Ele se mudou para o quartel 5. O trabalho no *Kartoffelschälerei* foi descrito por Spronz, que também trabalhou lá por algum tempo. As batatas eram entregues em caixas grandes, lavadas, e apenas as grandes eram descascadas. O restante ia para o moedor, com casca e tudo, com rutabagas, beterrabas e nabos-forrageiros. Era a base para a "sopa", a refeição padrão dos prisioneiros em Auschwitz e outros campos. Os descascadores podiam comer um pouco secretamente e, assim, obter algumas vitaminas. O que também era importante é que o trabalho era realizado internamente e sentado. Os prisioneiros preferiam o trabalho interno, pois oferecia abrigo da chuva e do frio e, geralmente, era menos árduo do que o trabalho ao ar livre.[165]

O trabalho rendeu-lhes um *Prämienschein*, uma espécie de talão de um marco que podia ser trocado na cantina por um talão de tabaco, um *Raucherkarte*. A coleção da Casa de Anne Frank contém um *Raucherkarte* para a *Häftlingskantine* de Auschwitz I do prisioneiro B9174 (Otto Frank) no bloco 5a.[166] O bloco 5a era o primeiro andar do bloco 5. Até onde sabemos, esse é o único documento original de Otto Frank desde o tempo em que era prisioneiro em Auschwitz.[167] Resta saber se Otto Frank usava esse tipo de cartão para fumar. Os cigarros Mahorka, cigarros russos de má qualidade, eram um importante meio de pagamento ou troca em Auschwitz.[168] Essas recompensas adicionais eram mais comuns para os *Häftlinge*, embora fosse difícil para os prisioneiros judeus obtê-las. Mas havia um comércio clandestino generalizado em Auschwitz, no qual os *kapos*, outros *Funktionshäftlinge* e os prisioneiros que, como Peter, foram alocados em um comando favorável, desempenhavam o papel principal.[169]

Prämienschein **de 1** ***Reichsmark*****,**
cupom de prêmio de um marco.

Raucherkarte**, o cartão de fumante de**
Otto Frank em Auschwitz.

Embora Otto Frank fosse frequentemente entrevistado, ele raramente falava em detalhes sobre a vida diária no campo após a guerra. No entanto, existem todos os tipos de depoimentos que fornecem informações sobre isso. Um bom exemplo é o papel que a fé desempenhou para Otto Frank. Sabemos que, ao contrário de sua esposa Edith, ele raramente visitava a sinagoga antes de se esconder e tinha pouco interesse em religião, mas também que seu envolvimento na comunidade judaica liberal aumentou de modo considerável em 1945. A amiga de infância de Anne, Hanneli Goslar, ela mesma de uma família ortodoxa, lembra que Otto Frank lhe disse que tentava manter os rituais judaicos em Auschwitz: "A família Frank costumava celebrar o sabat conosco às sextas-feiras. Otto me disse depois da guerra que queria recitar o *kidush* [a bênção pronunciada antes da refeição principal no início do sabat] em Auschwitz com outros prisioneiros judeus, mas que ninguém o sabia de cor. Mas Otto Frank tinha ouvido o *kidush* de nós tantas vezes, que ele era o único que podia recitar a cerimônia em hebraico".[170]

Outro testemunho importante vem de Sal de Liema, que em 1995, aos oitenta anos, foi entrevistado pelo documentarista Jon Blair sobre sua estada em Auschwitz e sua relação com Otto Frank. "A vida era um inferno", é como ele resume o período em que viveu com Otto Frank em Auschwitz, e ele descreve em detalhes as condições terríveis, os guardas violentos e a enorme escassez no campo.[171] Os prisioneiros brigavam até por pedaços de papel para poderem limpar o traseiro. "Vou te contar uma coisa: esse campo de Auschwitz era provavelmente o lugar mais limpo do planeta. Você não encontrava um pedacinho de papel no chão, porque, se houvesse um pedaço de papel em algum lugar, nós brigaríamos por ele, só para nos limparmos, porque não tínhamos nada com que nos limpar."[172]

De Liema também conta como se tornou amigo de Otto Frank, a quem passou a chamar de "Papa Frank" com o tempo. Cerca de uma semana depois que Otto Frank e De Liema chegaram a Auschwitz no mesmo trem de 3 de setembro de 1944, vindo de Westerbork, os dois homens se conheceram. No início, eles só falavam sobre os horrores do campo, como a cremação e a falta de comida, mas Sal e Otto logo decidiram parar com isso:

O vínculo estreito com Otto Frank se desenvolveu quando eu já estava no campo havia pelo menos uma semana. Naturalmente, tudo o que a gente falava era sobre os crematórios e a falta de comida e roupas. Mas falar sobre isso não ajudava. Só piorava. E então o sr. Frank me encontrou, e eu encontrei o sr. Frank, e dissemos: "Precisamos parar com isso, porque estamos enlouquecendo falando sobre comida e roupas o tempo todo. Não podemos mudar o que acontece com nossos corpos"— pois sabíamos que nossos corpos estavam se deteriorando a cada dia —, "mas vamos tentar salvar nossas mentes".[173]

Para lidar com a enorme pressão psicológica e o medo constante, Otto e Sal conversavam sobre arte e cultura:

Digamos: você se lembra da melodia da "Nona sinfonia" de Beethoven? E então começávamos a cantá-la um para o outro. Só para fugir do medo, para pensar em outra coisa. Falamos sobre Van Gogh, Rembrandt: "[...] Você já foi ao Rijksmuseum?". [...] E eu realmente acho que isso ajudou.[174]

A importância de "salvar a mente" também fica evidente em outros testemunhos de Auschwitz. Quase todos os sobreviventes descrevem como muitos prisioneiros desistiam da luta pela sobrevivência e passavam pelo campo em um estado letárgico e indiferente. O judeu italiano Primo Levi, que ficou em Auschwitz-Monowitz, descreve-os como homens emaciados "com a cabeça caída e os ombros encurvados, em cujos rostos e olhos não se podia ler nada de um pensamento".[175]

Em Auschwitz e em alguns outros campos, esses prisioneiros foram apelidados de *Muselmann*. O termo significa "muçulmano" em alemão, e é provavelmente uma referência à semelhança externa entre prisioneiros que não podiam mais ficar de pé por causa da exaustão e a posição de

Primo Levi, anos 1950.

oração dos muçulmanos.[176] "Esses *Muselmänner* eram zumbis", escreve o historiador Nikolaus Wachsmann. "Eles estavam exaustos, apáticos e famintos e haviam perdido tudo. Seus corpos consistiam apenas em ossos e pele seca, coberta de feridas e crostas. Eles mal podiam falar e olhavam para a frente com olhos ocos e vazios." Quase incapazes de trabalhar ou de obedecer a ordens, os *Muselmänner* eram escolhidos em primeiro lugar entre os selecionados para morrer na câmara de gás. Outros prisioneiros costumavam se manter distantes dos *Muselmänner* por medo de serem associados a eles e de serem eles próprios selecionados para a câmara de gás.[177]

Depois da guerra, o *Muselmann* se tornaria um dos principais símbolos do terror dos campos, e para os prisioneiros ele significava o terror máximo. Com suas conversas sobre arte e museus, Sal de Liema e Otto Frank tentaram impedir que desistissem da luta pela sobrevivência e se tornassem parte dos *Muselmänner*.

Os testemunhos de Sal de Liema mostram como isso foi difícil. Além da fome, do risco de doenças e do frio, os prisioneiros enfrentavam constantes violências, humilhações e maus-tratos por parte dos guardas. Também havia brigas entre os prisioneiros. Mais uma vez, o próprio testemunho de Otto Frank sobre isso permanece bastante breve e temos de confiar em outras testemunhas. Miep Gies, por exemplo, recorda-se de que depois da guerra Otto Frank pediu que ela o acompanhasse a uma sapataria na Leidsestraat. Ele disse a Miep que havia conhecido o proprietário em Auschwitz e que dera um soco no rosto desse homem durante uma discussão. "Quando Frank entrou na loja, o homem imediatamente o reconheceu e se aproximou dele. Houve um momento de hesitação e, então, eles se abraçaram." Quando Miep Gies lhe perguntou depois sobre o que havia acontecido, Otto explicou que no campo "os ânimos [...] às vezes podiam ficar muito exaltados por coisas pequenas, que não valem a pena ser mencionadas".[178]

Mas os guardas, e os *kapos* em particular, representavam uma ameaça constante. A descrição de Sal de Liema mostra claramente sua arbitrariedade e sua extrema violência. Ele se lembra da vida em Auschwitz como uma luta constante pela sobrevivência. De Liema se recorda, por exemplo, de que, quando os *kapos* escoltavam prisioneiros para seu trabalho diário, eles recebiam explicitamente a mensagem de que, dos 250 homens, eles só precisavam levar 240 de volta ao final do dia e, portanto, podiam matar dez deles, o que invariavelmente acontecia. Uma vez, ele testemunhou um homem com quem estava caminhando ser morto a tiros por um guarda sem nenhum motivo.[179]

De Liema também se lembra de, ao lado de outros prisioneiros, inclusive Otto Frank, em um dia muito frio, ter sido forçado a entrar nu em um chuveiro cuja água estava quase fervendo. Dois guardas com chicotes empurraram os prisioneiros para dentro do banheiro com vapor quente. Estava tão quente e abafado, que De Liema desmaiou e mal pôde ser mantido em pé por seus amigos:

> A água estava muito quente, era inacreditável. Nos primeiros dez a quinze segundos, não a sentimos porque estávamos todos congelados. [...] Porém, depois de uns dez segundos, você queria sair porque estava quente demais. Mas havia dois soldados alemães com um chicote, e era tudo como um circo. [...] Aparentemente eu devo ter desmaiado. Eles me disseram isso depois, eu mesmo não percebi. Durou apenas alguns minutos, mas eles sabiam que eu corria grave perigo. Porque, se eles encontrassem alguém no chão, eles simplesmente o jogariam no fogo.[180]

Em seguida, os prisioneiros tiveram de correr nus no frio de volta para seu pavilhão. Durante as chamadas, os prisioneiros também tinham de ficar no frio por horas a fio, às vezes até sem roupa. De Liema lembra o sadismo dos guardas e o comentário que um deles fez a ele durante uma chamada:

> Tínhamos acabado de voltar do trabalho e eu estava parado em pé na neve, nu. Quando começou a chamada, [...] um soldado alemão veio até mim com um casaco de pele, olhou para mim e disse: *Kalt, huh?* [Está frio, não?]. Eu não respondi e apenas olhei para ele. E ele disse: "Sabe, você não vai sobreviver a isso e você sabe disso. Mas, se você sobreviver — e vou me certificar de que isso não aconteça —, ninguém vai acreditar no que fizemos com você. Ninguém".[181]

Em outra ocasião, De Liema, Otto e outros prisioneiros receberam ordens para pular de cuecas imitando sapos. Os prisioneiros caíam com frequência, e então os guardas os espancavam com um chicote para colocá-los de pé.[182]

Otto Frank passou por várias situações semelhantes. Ele disse a Ernst Schnabel que foi espancado com tanta força enquanto descascava batatas, que sua resistência foi completamente destruída. No dia seguinte, um domingo, ele não conseguia mais reunir forças para se levantar.[183] Seus companheiros de destino o encorajaram e chamaram um médico holandês, que havia sido um dos *Zugärzte* (médicos de trem) do transporte de 3 de setembro de 1944. Em um documentário de televisão para o canal alemão *Südwestfunk*, Otto acrescentou a essa história:

> Um dia, em Auschwitz, eu estava muito deprimido e não conseguia continuar. Fui espancado e isso me impressionou muito, também moralmente. Era uma manhã de domingo e eu disse: "Não consigo mais me levantar". E, então, meus camaradas — todos holandeses, é claro: afinal, eu era um alemão entre os holandeses, mas eles haviam me assimilado completamente — disseram: "Isso não é possível. Você tem de se levantar, senão você estará perdido". E, então, eles foram a um médico holandês que estava trabalhando junto com um médico alemão, e aquele médico holandês me visitou no meu pavilhão. Ele disse: "Levante-se e venha para a enfermaria pela manhã. Vou falar com o médico alemão e cuidar para que você seja internado". E foi assim que aconteceu, e isso me salvou.[184]

O nome desse médico holandês era Samuel Kropveld e, junto com o outro médico — que na verdade não era um médico alemão, mas o médico tcheco Fischer —, ele garantiu que Otto fosse internado no hospital no dia seguinte. O próprio Kropveld declarou, em 4 de março de 1948:

> [...] E foi assim que conheci o pai da Anne Franck [*sic*], que estava muito sujo e coberto de piolhos, deitado em um sótão. Ele me disse "Doutor, me ajude", e eu fui então falar com o colega judeu tcheco Fischer para lhe pedir um conselho. Fischer era neurologista e esta-

va disposto a admitir Franck para observação psicológica. Esse Franck foi internado e colocado em um cantinho, onde ainda estava deitado quando os russos o libertaram. Ele ainda me recrimina por ter salvado sua vida.[185]

A última frase — "Ele ainda me recrimina por ter salvado sua vida" — está em total contraste com as declarações de Otto Frank de que ele foi "salvo" com a ajuda de seus camaradas e pela hospitalização e, como que por um "milagre", teve a felicidade de sobreviver a Auschwitz.[186]

Samuel Kropveld, 1941.

Despedida

Em algum momento entre o início de novembro e 21 de novembro de 1944, Otto Frank foi internado na enfermaria de Auschwitz.[187] Ele foi parar no bloco hospitalar 19.[188] Apesar da falta de medicamentos e de cuidados médicos, era menos perigoso ir parar no hospital durante esse período do que antes. Anteriormente, os doentes eram assassinados nas câmaras de gás, mas, desde o início de novembro de 1944, ninguém mais foi gaseado em Auschwitz. Na enfermaria, Frank teve relativamente menos problemas porque não precisava trabalhar e podia ficar do lado de dentro, enquanto fazia -20 °C do lado de fora. Ele fez tudo o que pôde para permanecer lá.[189] O contato com Sal de Liema, que nesse ínterim também ficou doente e teve uma diarreia grave, foi perdido. De Liema lembra que o médico holandês Elie Cohen, que se preocupava com ele, aconselhou-o fortemente a não visitar Otto Frank na enfermaria, porque poderia infectá-lo. Eles não se veriam de novo até depois da guerra.[190]

Nessa época, na enfermaria, Otto Frank tornou-se amigo do já mencionado judeu húngaro Joseph Spronz.[191] Spronz contou a Frank sobre os problemas cardíacos que havia sofrido durante o trabalho árduo na pedreira e mostrou-lhe ferimentos que teve no olho e no nariz após um *kapo* ter lhe dado um tapa forte no rosto.[192] À sua prima Milly Stanfield, Otto escreveu, logo após sua libertação, que ele se lembrava de que dois outros prisioneiros na enfermaria, nenhum dos quais sobreviveria, tocavam violino e violoncelo no Natal.[193]

Mas, de longe, o maior apoio que Otto Frank recebeu foi o de Peter van Pels. Em razão de seu trabalho no *Paketstelle*, Peter estava em boa forma e em uma posição que lhe permitia ajudar seus amigos. Durante o período em que Otto esteve na enfermaria, a partir de novembro de 1944, Peter apareceu quase todos os dias. "Peter me ajudou como um filho. Todos os dias ele me trazia comida extra... Ele nunca conseguia ficar muito tempo. Nunca conversamos sobre assuntos sérios e ele nunca falou sobre Anne. Não tive a impressão de que ele estivesse amadurecendo muito", lembra Otto mais tarde.[194] A citação reflete a mistura de gratidão e crítica com que Otto costumava falar de Peter depois da guerra, mas também fala muito sobre a posição de Peter, que, aparentemente, graças ao seu trabalho no *Paketstelle*, era capaz de se mover com bastante liberdade pelo campo e também tinha acesso fácil a comida extra, que ele partilhava com Otto Frank. Ele ajudou Otto a sobreviver até que o campo fosse evacuado.[195]

No entanto, em meados de janeiro de 1945, Otto e Peter tiveram de se despedir. Após as principais deportações ocorridas no outono de 1944, ainda havia aproximadamente 67 mil prisioneiros no complexo de Auschwitz no início de 1945. Contudo, com a aproximação do exército russo, a SS começou os preparativos para a evacuação geral do campo.[196] Esses planos previam viagens a pé para o Oeste e depois de trem para os campos situados nas profundezas da Alemanha. Quando, em meados de janeiro de 1945, o exército soviético estava prestes a tomar a Cracóvia, a cerca de sessenta quilômetros de distância, começou a evacuação de Auschwitz, com exceção do pavilhão da enfermaria.[197]

Os prisioneiros ficaram sabendo da evacuação com alguns dias de antecedência.[198] Isso foi novamente acompanhado por uma seleção. Apenas os prisioneiros que pareciam aptos para o trabalho e que estavam em condições de andar dezenas e dezenas de quilômetros por dia deveriam participar. Apesar disso, muitas pessoas debilitadas e doentes também se apresentaram, com medo de serem assassinadas se não o fizessem.[199] Como a ofensiva russa chegou uma semana antes do esperado, houve um certo caos e um afrouxamento da supervisão sobre os prisioneiros. Como resultado disso, alguns conseguiram levar roupas e alimentos extras de um depósito que havia sido arrombado.[200]

Aqueles que podiam ser evacuados tinham de entrar em formação na chamada, pavilhão por pavilhão. O trajeto passava pelas cozinhas, onde receberam uma ração de comida para a estrada. Entre 17 ou 18 de janeiro e 21 de janeiro de 1945, essas marchas da morte partiram com um total de 56 mil pessoas a caminho de vários campos na Alemanha.[201] Geava muito e havia uma espessa camada de neve no solo. As roupas dos prisioneiros eram totalmente inadequadas para as adversas condições climáticas.

Peter van Pels fazia parte do grupo de prisioneiros levados para o campo de concentração de Mauthausen, na Áustria. De acordo com Otto Frank, ele estava otimista com suas chances e queria se juntar ao transporte de evacuação com as pessoas com quem trabalhava.[202] No fim dos anos 1970, Otto Frank disse ao jornalista norte- americano Arthur Unger que Peter van Pels o havia visitado na enfermaria um pouco antes da evacuação de Auschwitz.

> Os alemães tiveram de deixar Auschwitz e evacuaram todos os prisioneiros. Felizmente, eu estava no hospital. No assim chamado hospital: não era tratamento o que a gente recebia lá. Só que você não era espancado e não precisava ficar do lado de fora. Fazia -20 °C, e fiz tudo o que pude para ficar do lado de dentro. E, então, veio o Peter e disse: "Estamos indo embora". Peter estava bem alimentado e tinha uma boa posição. E ele era jovem. Peter disse: "Todas as pessoas com quem trabalho estão indo, então eu vou também, vou conseguir". Eu disse: "Peter, esconda-se. Você pode se esconder aqui no hospital, no andar de cima ou em outro lugar". Mas ele não queria, e por isso morreu.[203]

Em suas descrições do pós-guerra, Otto Frank retrata a decisão de Peter de não se esconder como um erro fatal e até ingênuo. "Peter era um menino tão bom, mas não era muito inteligente", acrescentaria ele mais tarde.[204]

Samuel Kropveld confirma que se esconder na enfermaria era uma opção real. Mas sua declaração também revela que os prisioneiros tinham bons motivos para não se arriscarem. Kropveld, que, como Peter, foi junto com os prisioneiros "saudáveis" e acabou em Mauthausen e Melk, diz em seu relatório sobre o campo que considerou seriamente ficar para trás. "Durante a evacuação, primeiro considerei se deveria tentar ficar para trás. Eu já tinha todo um plano e discuti isso com o Chefe [...], mas ele me disse que só os doentes ficariam e com certeza eles não seriam deixados com vida. Esconder-se seria uma opção [...], mas então pensei que as coisas poderiam dar errado e acabar tudo muito mal, e fui com o transporte de evacuação."[205] É provável que Peter tivesse ouvido rumores semelhantes e, também considerando a sua relativa boa forma, presumiu que as chances de sobrevivência seriam maiores se ele fosse com o restante.

Otto Frank, junto com os outros pacientes, ficou na enfermaria. Pouco depois de sua libertação, ele anotou várias datas importantes em seu caderno. Em 16 de janeiro, ele escreveu "SS *geht fort*" (a SS vai embora). Após a evacuação de Auschwitz, que realmente ocorreu entre 17 e 21 de janeiro de 1945, a enfermaria em que Otto Frank estava foi deixada intacta. Ele ficou para trás em Auschwitz com cerca de 8 mil outros prisioneiros. Ninguém sabia se eles seriam libertos ou executados.[206] Quando os últimos SS saíram com os prisioneiros, os que ficaram se moveram cuidadosamente pelo campo em busca de comida e bebida. Otto Frank mais tarde se lembrou:

> Quando os alemães partiram, ficamos sozinhos. As pessoas do hospital e alguns outros. Aí encontramos muita comida, porões cheios de alimentos destinados aos SS, mas não havia água, porque estava tudo congelado e quebrado. Mas havia lagos próximos. Então fomos quebrar o gelo e pegar a água dos lagos.[207]

Joseph Spronz também se lembra de como os prisioneiros restantes se organizaram para levar o máximo de água possível para a cozinha. "Todo paciente que conseguia andar estava ocupado levando água para a cozinha. Bebia-se apenas água fervida, e, graças ao estoque no armazém, o café preto estava sempre disponível."[208]

Como já foi afirmado anteriormente, Otto estava convencido de que havia sobrevivido ao Holocausto por causa de sua permanência na enfermaria e sua determinação em permanecer na enfermaria a todo custo enquanto os outros se preparavam para a evacuação do campo.[209] Outros ex-prisioneiros, como Eddy de Wind, compartilhavam dessa crença. Afinal, foi por causa da estadia no hospital que eles escaparam das marchas da morte e sobreviveram.[210]

Mas o que aparece em muitos depoimentos como uma escolha ponderada entre partir ou tentar ficar foi uma aposta cega. Na realidade, os prisioneiros não tinham ideia do que os esperava e, se eles tivessem alguma escolha, podiam confiar apenas em vagos rumores e em sua intuição. O médico holandês Elie Cohen escreveu que ele e alguns outros nunca haviam levado em conta que talvez tivessem de seguir a pé. Eles estavam cientes da existência dos "transportes a pé", porque vários holandeses haviam chegado a Auschwitz a pé vindos de Lublin. Mas, apesar desse conhecimento, eles não acreditavam que os alemães teriam sucesso em levar milhares de pessoas de volta ao Reich em um curto espaço de tempo. Naquela noite, quando os homens estavam prontos e Eddy de Wind foi se despedir de seus companheiros de prisão, ele disse a Elie Cohen: "Não sei quem está fazendo a coisa certa, se você ou eu, mas não acredito que eu sobreviveria ao transporte, então corro o risco de permanecer aqui. Depois da guerra, ficará claro quem estava certo".[211]

Em retrospecto, ficou claro que realmente havia planos para matar todos aqueles que ficaram para trás.[212] Em 26 de janeiro, enquanto Otto Frank estava ocupado com outros prisioneiros abrindo um lago congelado para obter água, um grupo de membros da SS apareceu de repente e ordenou a todos os prisioneiros que entrassem em formação com a intenção de executá-los.[213] Em uma carta à mãe datada de 8 de junho de 1945, Otto Frank descreveu como escapou por pouco da morte no fim de janeiro. "No dia 26, fomos levados para fora pela SS para sermos mortos, mas a SS foi chamada antes que tudo chegasse a esse ponto — um milagre aconteceu."[214] O caderno de Otto Frank também contém um breve registro desse evento: *"26.I Apell"*.[215] Esse evento também é descrito por Justus Philips, Joseph Spronz e Eddy de Wind.[216] Em *Última parada: Auschwitz*, Eddy de Wind descreve como ouviu de um companheiro de prisão que eles haviam escapado da morte por pouco:

> Às três horas da tarde chegou um pelotão de homens da SS, aqueles cães do comando de extermínio, vestidos de preto e armados até os dentes. Eles entraram nos blocos e forçaram todos para fora com coronhadas de seus rifles. O pobre velho do Zlobinsky ainda está com a cabeça quebrada por causa disso. Mesmo os mais gravemente doentes ficaram do lado de fora, apoiados pelos *Pfleger* e pelos outros doentes que ainda podiam caminhar. Então, eles nos disseram para voltar para dentro. Eles iriam buscar carros para nos levar ao trem, e, quando nos chamassem de novo, teríamos de entrar em formação imediatamente. Eles foram, então, para Birkenau e fizeram lá a mesma brincadeira. Lá, muitos não conseguiram sair das camas. Com cerca de mil doentes de Birkenau, eles marcharam na direção de Auschwitz. Quando estavam a algumas centenas de metros do campo, um carro chegou. Gritaram alguma coisa. Os homens da SS pularam no carro e não foram vistos desde então.[217]

Os prisioneiros escaparam por um triz, porque o avanço do Exército Vermelho ameaçava bloquear a retirada alemã, e os homens da SS de repente ficaram com pressa.

No dia seguinte, em 27 de janeiro de 1945, Auschwitz foi liberto pelo Exército Vermelho. Após ferozes batalhas aéreas e tentativas frenéticas da Wehrmacht de deter os soldados russos no rio Sola, o sexagésimo Exército da Primeira Frente Ucraniana alcançou o portão de Auschwitz, onde encontrou os 8 mil retardatários gravemente debilitados. *"Ruski"*, escreveu Otto Frank em seu caderno depois nessa data.[218] Mais tarde, ele lembraria muito pouco sobre a chegada dos soldados russos. Estava então fraco demais para se levantar e mais tarde só conseguiria se lembrar de seus casacos de camuflagem "brancos como a neve" e de seu imenso alívio por finalmente ser liberto. Na época, não importava para ele que fossem soldados da União

Soviética em quem ele não confiava. "Eles eram boas pessoas. Não nos importávamos se eram comunistas ou não. Não estávamos interessados em política, estávamos interessados na libertação."[219]

Soldados russos conversam com um grupo de crianças logo após a libertação de Auschwitz, janeiro de 1945.

O cinegrafista russo Aleksandr Vorontsov, que fazia parte de uma equipe de filmagem do Exército Vermelho encarregada de documentar o que havia acontecido no campo, escreveu mais tarde sobre o que encontrou:

> As mulheres choravam e, não se pode negar, os homens também choravam. Por todo o campo havia montes empilhados. Algumas eram feitas de roupas coletadas, outras de potes, outras de mandíbulas humanas. Acredito que mesmo os comandantes do nosso exército não tinham ideia da magnitude dos crimes cometidos nesse que era o maior de todos os campos. Essa memória ficou comigo por toda a minha vida. Essa foi a coisa mais pungente e terrível que vi e filmei durante a guerra. O tempo

> não afetou essas memórias, ele não conseguiu tirar da minha mente as coisas abomináveis que vi e filmei.[220]

Otto Frank foi prisioneiro em Auschwitz por vinte semanas e quatro dias. Na época de sua libertação, ele pesava apenas 52 quilos.[221] Em 2 de fevereiro de 1945, ele se mudou para a enfermaria do bloco 18, onde foi tratado pelo médico da Cruz Vermelha polonesa Józef Bellert, que tomou os prisioneiros aos seus cuidados. Embora praticamente não houvesse remédios e equipamentos médicos no campo, Bellert e os outros médicos tentaram cuidar dos prisioneiros da melhor maneira que podiam.[222] Com o tempo, Otto Frank se recuperou. Foi o início de um longo processo de recuperação e repatriação e o começo de uma busca por informações sobre sua esposa, suas filhas e os outros clandestinos.[223]

4
“Você não precisava lhe despertar algum ânimo, pois ânimo já não havia”

Edith, Anne e Margot Frank e Auguste van Pels em Auschwitz-Birkenau

A vida no campo: fome, frio e seleções

Assim como os homens, as mulheres do transporte de 3 de setembro de 1944 primeiramente permaneceram em quarentena após o registro em Auschwitz-Birkenau. É difícil determinar exatamente o que Auguste van Pels e Edith Frank e suas filhas vivenciaram em Birkenau e quando elas estiveram em certos lugares dentro desse campo, em particular porque houve constantes deslocamentos internos ao longo dos últimos meses de 1944.[1] Anita Mayer-Roos, que esteve presa em Auschwitz-Birkenau durante o mesmo período, afirmou que teve de se mudar nada menos do que seis vezes dentro do campo das mulheres em Birkenau antes de ser deportada para o subcampo de Libau, em 26 de outubro de 1944.[2]

Os poucos documentos que restaram da administração do campo fornecem algumas informações sobre a quarentena em Birkenau. Por exemplo, o suprimento de alimentos parece ter melhorado um pouco em setembro de 1944. Em 10 de setembro de 1944, para fortalecer os trabalhadores no campo, um *Lagerarzt* solicitou por escrito que fossem fornecidos duas vezes por semana salsichas e pães extras às 1.122 mulheres que naquele momento permaneciam de quarentena na parte BIIa do campo.[3] Para as mulheres que estavam nos pavilhões 5 e 6, ele também pediu mil sabonetes.[4] Não há decisões conhecidas em resposta a esses pedidos, mas eles esclarecem aspectos organizacionais.

Bloeme Emden, que estava presa nesse campo ao mesmo tempo que a família Frank, lembra o "amplo circuito" que as recém-chegadas tiveram de percorrer depois que os homens foram separados das mulheres:

> Fomos levadas por um longo trecho. No seu final, havia um homem que dizia: "Por aqui ou por ali". Uma das pessoas com quem eu havia conversado antes perguntou a ele: "Minha sobrinha e a filha, que estavam aqui ainda agora, onde estão?". Era um daqueles ternos listrados que tinha nos espancado, que resultou ser um holandês que também era prisioneiro, mas ainda não sabíamos disso... ele respondeu, então, a ela: "Ah, elas já estão mortas". Então... Eu estava no canto, tinha acabado de fazer dezoito anos, e entramos em uma sala onde nossos cabelos foram raspados, e todos os pelos também, e um número foi tatuado em nossos braços. E, então, tivemos de nos despir, e todas aquelas roupas foram jogadas em uma pilha, e os sapatos também, e então tomamos um banho. [...] Bem, quando saímos do banho, nunca mais achamos nossas roupas, então tínhamos de pegar algumas da pilha e encontrar um par de sapatos. E, então, fomos empurradas. Não andávamos. Éramos levadas em frente, para o pavilhão onde fomos alojadas. Três andares, que podiam acomodar dez mulheres. Trinta mulheres por unidade, portanto. Se faltava espaço, era preciso caber mais. A perplexidade que invade a gente... Aquele grupo de amigas da prisão, que agora estavam na cama juntas. E acabamos formando um grupo de treze mulheres, das quais eu era a mais nova, e as duas mais velhas tinham vinte anos a mais do que eu. Cinco delas morreram em Auschwitz.[5]

Edith, Margot, Anne e Auguste foram parar no pavilhão de quarentena 29 com as outras mulheres do transporte de 3 de setembro de 1944.[6] Foi lá que começou o período de quarentena para elas, que durou cerca de oito semanas até começarem as seleções para Libau, Kratzau e Bergen-Belsen no fim de outubro de 1944.[7] Os pavilhões de quarentena onde

Edith, Margot e Anne passaram as primeiras semanas em Birkenau foram construídos em 1941 por prisioneiros de guerra russos. Eles não tinham fundações. O chão era feito de terra, uma fina camada de cimento ou pedras soltas.[8] Os pavilhões mediam 36 por 11 metros e eram divididos por paredes de pedra em aproximadamente sessenta nichos de dois por dois metros, com três estrados sobrepostos para se dormir.[9] Sobre as tábuas, havia palha e cobertores para cavalos.

As sobreviventes enfatizam a falta de espaço no pavilhão. Não havia onde se sentar, e às vezes dez a doze mulheres tinham de dormir alternadamente em uma gaiola.[10] Uma menina anônima que foi entrevistada pela Cruz Vermelha logo após a libertação testemunhou sobre o pavilhão de quarentena: "Havia gaiolas lá dentro. Duas, uma em cima da outra, a primeira muito escura. Nos deram dois sacos de palha e cinco lençóis finos por gaiola. A intenção era que cinco pessoas dormissem em cada gaiola, mas havia muitas pessoas, então dez de nós dormíamos em cada gaiola".[11]

Essa imagem é confirmada por Frieda Brommet e Ronnie van Cleef, que chegaram ao pavilhão 29 ao mesmo tempo em que Edith, Anne e Margot. Elas dormiam lado a lado e lembram que Anne, Margot e Edith ficavam deitadas na gaiola superlotada logo acima delas. Frieda descreve a cena assim: "Éramos oito e mais uma ao pé da cama, e nos deitávamos como colheres. E, se uma se virasse, todas tinham de se virar. Quem levava a pior era quem ficava embaixo junto aos pés, porque os pés de todas ficavam na direção dela. E as Franks dormiam acima de nós: Edith, Margot e Anne". Ronnie e Frieda ainda não tinham contato com as Franks naquela época. "A gente quase não falava com ninguém", disse Frieda Brommet em uma entrevista para a Casa de Anne Frank. Só mais tarde, quando estivessem juntas no *Krätzeblock* — a enfermaria onde ficavam as prisioneiras com sarna (*Krätze*) —, é que elas interagiriam mais umas com as outras.[12]

Os testemunhos mostram que o grupo de prisioneiras holandesas permaneceu em grande parte junto após o período de quarentena.[13] Ronnie van Cleef o chamava de "pavilhão holandês". Rosa de Winter-Levy, por outro lado, que também foi parar no pavilhão 29, ressalta que não havia só holandesas lá e que por volta de quinhentas francesas, húngaras e polonesas já estavam alojadas no pavilhão quando as cerca de duas centenas de mulheres holandesas chegaram.[14]

As mulheres logo tomaram conhecimento do severo regime do campo. Algumas testemunhas afirmam que durante os primeiros dias de quarentena não recebiam nada para comer ou beber.[15] Além disso, havia ainda o trabalho.[16] Isso não era só extraordinariamente difícil, mas também totalmente inútil. O dia todo elas tinham de espetar e empilhar tapetes de grama e carregar areia e pedras sem nenhum propósito. Lenie de Jong-van Naarden se lembra de que em Aûschwitz ela sempre teve de trabalhar, "sempre carregando pedras de um lado para o outro, e uma outra equipe precisava pegá-las de volta".[17] Elas carregavam as pedras no colo do vestido ou, como punição, com os braços estendidos.[18] Em melhor situação estavam as mulheres que tinham *Stubendienst* [serviço de pavilhão] e ficavam no pavilhão durante o dia para limpar ou buscar comida, mas, assim como em Westerbork, essas funções mais cobiçadas só podiam ser obtidas com sorte e bons contatos.[19]

Edith, Margot, Anne e Auguste sobreviveram ao período de quarentena. Como a maioria das mulheres, elas tiveram de fazer trabalhos pesados. Rosa de Winter-Levy também descreve que as mulheres tinham de arrastar tijolos e tapetes de grama pesados. Duas vezes ao dia, as mulheres atendiam à chamada para serem contadas, o que era um tormento.[20] A chamada da manhã começava às quatro horas, e a chamada da noite muitas vezes durava até tarde da noite. Durante esses exercícios intermináveis, muitas mulheres entravam em colapso. Grupos de prisioneiros especialmente treinados tinham de passar, então, entre as fileiras para arrastar os corpos sem vida para longe.

As mulheres judias viviam com um medo constante das seleções. Em Birkenau, essas ocorriam principalmente durante as chamadas e durante o retorno dos comandos de trabalho, mas as seleções também eram realizadas nas enfermarias e nos banheiros.[21] Uma sobrevivente holandesa ainda se lembra de que todo mês, mas às vezes a cada duas semanas, ou mesmo a cada dois dias, eram realizadas seleções.[22] Quando questionada sobre o estado de espírito delas, Bloeme Emden disse: "Frequentemente estávamos sujeitas a ter sentimentos muito sombrios, medos. Mas o medo da morte é algo a que a gente se acostuma. Sim, o medo da morte é algo a que a gente se acostuma. Você não pode ficar apavorada dia após dia. Eu chamava isso de resignação. Mas talvez a gente se torne indiferente".[23]

A comida consistia em "água de café", uma sopa rala de batatas ou vegetais estragados, pão, às vezes um pedaço de salsicha, queijo ou margarina. Como os judeus não tinham permissão para receber cestas básicas, eram eles os primeiros a sucumbir às doenças causadas pela fome. Assim como em outras rotinas do campo, a distribuição de comida era acompanhada por um comportamento intimidador, como espancamento. As prisioneiras designadas como *kapos* pela administração do campo (principalmente como *Blockältesten* e *Stubenältesten*) muitas vezes guardavam para si a comida das outras prisioneiras.[24]

De vez em quando, as mulheres tinham de ir à *Zentralsauna* para o despiolhamento, quando suas roupas e seus cobertores eram desinfetados e elas recebiam outras roupas aleatoriamente.[25] Uma das mulheres do transporte de 3 de setembro de 1944, durante um procedimento de despiolhamento na *Zentralsauna*, perdeu o seu vestido de lã, que tinha acabado de comprar por três porções de pão e duas porções de margarina.[26] Bloeme Emden também disse em uma entrevista que havia no campo "uma troca animada de pão por roupa".[27]

Vigilância e violência no campo das mulheres

Em Auschwitz-Birkenau, as prisioneiras também tinham de lidar com guardas do sexo masculino, mas na vida cotidiana eram principalmente as mulheres que assumiam a guarda. Por muito tempo, essas mulheres receberam relativamente pouca atenção na historiografia. É verdade que os julgamentos pós-guerra de notórias guardas de campo, como Ilse Koch e Irma Grese, causaram comoção, mas apenas recentemente foi feita uma análise estrutural de seu papel no sistema dos campos de concentração. Pesquisadoras como Elissa Mailänder, Kathrin Kompisch e Wendy Lower mostram que as mulheres desempenharam um papel muito mais importante na violência nacional-socialista do que muitas vezes se supõe.[28] Em parte, como resultado de suas pesquisas, o retrato estereotipado do papel subordinado e passivo das mulheres no Terceiro Reich foi amplamente desmascarado. Elas também mostram que, embora as mulheres nunca tenham tido as mesmas oportunidades de carreira que os homens, ainda assim mantiveram muito espaço para a iniciativa e a ação independente.[29] E em alguns campos, como Ravensbrück e Auschwitz, as mulheres obtinham novas oportunidades de carreira dentro da burocracia dos campos de concentração, o que lhes dava acesso a cargos de liderança.[30]

Isso era especialmente verdadeiro no grande campo de mulheres em Auschwitz-Birkenau. À frente dos guardas do campo das mulheres em Birkenau estava a austríaca *Oberaufseherin* [superintendente] Maria Mandel. Mandel ganhou experiência nos campos de concentração de Lichtenburg e Ravensbrück e foi para Auschwitz-Birkenau em outubro de 1942, onde sucedeu a Johanna Langefeld, que enfrentou oposição do comandante do campo Rudolf Höss desde sua chegada a Auschwitz e foi retratada como insuficientemente enérgica.[31] Mas as tentativas de Höss de assumir o comando do campo feminino encontraram pouca ressonância com Heinrich Himmler, que acreditava que "um campo feminino deveria ser também liderado por uma mulher".[32]

Com sua experiência em campos anteriores, Mandel trouxe a dureza e a impiedade que se coadunavam com as opiniões do comandante do campo Rudolf Höss. No entanto, ele não ficou realmente impressionado com o talento organizacional dessa mulher e, portanto, estabeleceu uma estrutura de autoridade paralela a partir de agosto de 1943, na qual, além das *Aufseherinnen*, um *Schutzhaftlagerführer* [líder do acampamento de custódia] masculino, Franz Hössler, foi responsabilizado pela rotina diária no campo feminino.[33]

Maria Mandel, 1945.

Mas, apesar da luta pelo poder com Höss, a posição de Mandel permaneceu amplamente autônoma. Höss deu-lhe carta branca para a execução de seleções e punições, e como superintendente da SS, ela era também formalmente encarregada do campo das mulheres. Mandel era conhecida por sua crueldade e foi apelidada em Auschwitz como *A Besta*. Ela liderou cerca de 170 mulheres *Aufseherinnen*, que por sua vez eram assistidas por *kapos* e *Blockältesten*.[34] Como poucas guardas mulheres foram julgadas e as prisioneiras muitas vezes não sabiam os nomes das *Aufseherinnen*, é difícil obter uma imagem precisa de quem eram essas mulheres que vigiavam Anne, Margot e Edith em Auschwitz. Além de Mandel, só conhecemos algumas outras guardas notórias. Em Auschwitz-Birkenau, por exemplo, Elisabeth Volkenrath auxiliou as seleções da câmara de gás e era responsável pela distribuição do pão.[35] Outra guarda notória foi Irma Grese, que, apelidada de *O Anjo Loiro da Morte*, era conhecida por suas atrocidades contra prisioneiras e pela sua assistência ao médico do campo Mengele.

É claro, no entanto, que as prisioneiras em Auschwitz-Birkenau tinham de lidar com humilhação e violência contínuas. Rosa de Winter-Levy descreve como as mulheres tinham de se despir, raspar a cabeça na chegada e eram espionadas descaradamente pelos guardas:

> Depois de dar nossos nomes, tínhamos de nos despir completamente na presença dos SS, ficar nuas e depois ir para uma fila para sermos totalmente depiladas por mulheres polacas, designadas para isso. Entrementes, os comandantes SS caminhavam entre nós com um grande buldogue; nós tremíamos de medo, fadiga e vergonha. Éramos ridicularizadas por horas. Um desses animais, é só assim que posso chamá-los, arrancou as roupas de uma garota que estava ao meu lado. Eu sinalizei para ela ficar atrás de mim. Dessa forma, ela pôde se esconder tanto quanto possível dos olhares espiões dos vândalos da SS.[36]

As guardas femininas e as *Funktionshäftlinge*, assim como os homens, frequentemente se tornavam violentas. Rosa de Winter-Levy lembra que, na primeira manhã em Birkenau, a *Blockälteste* substituta escorraçou as prisioneiras para fora de suas camas a golpes de porrete para conduzi-las à chamada da manhã, na qual as prisioneiras tiveram de ficar juntas por horas para serem "contadas". No dia seguinte, Rosa viu outra prisioneira, que, como ela, não conhecia exatamente as regras, caminhando pela estrada que cortava o campo, que era proibida para as prisioneiras. De repente, uma guarda do campo surgiu diante dela, com um chicote nas mãos, e gritou com ela em alemão. Como a holandesa, que não entendeu o que ela disse, não respondeu imediatamente, a *Aufseherin* ficou furiosa. Ela ordenou que a prisioneira se ajoelhasse, bateu nela implacavelmente com o chicote e a chutou de tal maneira, que ela ficou coberta de sangue. Mais tarde, tivemos de carregá-la para a Ambulância [outro termo para a enfermaria], onde ela morreu devido aos ferimentos.[37]

Rosa também seria golpeada. Depois de um tempo no campo, as mulheres foram mais uma vez despiolhadas em um banheiro e, depois de quase um dia nuas, receberam roupas novamente. Rosa e sua filha, que andavam com febre e diarreia, mal conseguiam se cobrir com elas. Rosa não tinha recebido nada além de um vestido rasgado. Além disso, elas também receberam uma punição coletiva dos guardas, porque várias mulheres haviam tentado evitar o despiolhamento. Todas tiveram de se ajoelhar e segurar um tijolo com as mãos para cima. Rosa não aguentou mais e pediu ao *Blockführer* masculino uma camisa:

> Eu me ajoelho na frente dele com meu vestido rasgado, ele vê minha barriga nua. Peço uma camisa. Ele me chicoteia e diz com desdém: "*Scheiss egal, nackter Bauch, kannst verrecken*". [Não dou a mínima, barriga nua, por mim você pode morrer.] Então, ele fica na nossa frente com um revólver apontado para nós: "*Ich hab Lust zum Schiessen*". [Estou com vontade de atirar.] Até altas horas da noite tivemos de ficar assim. Foi horrível.[38]

Lenie de Jong-van Naarden e Bloeme Emden, que passaram muito tempo juntas em Auschwitz e faziam parte de um grupo de mulheres holandesas, recordam-se, além das chamadas exaustivas, da fome, do frio e da falta de higiene no campo, mas sobretudo da violência. De acordo com Bloeme Emden, reinava por lá "uma pancadaria solta". Ela mesma uma vez foi espancada com extrema violência por uma das guardas, provavelmente uma *kapo*. "Ela me bateu com tanta força, que meu tímpano se rompeu. Isso me deixou com uma orelha supurada por muitos anos."[39]

Embora ela não se lembre de ter visto Anne e Margot sendo espancadas, esse tipo de violência estava na ordem do dia. Por exemplo, Bloeme conta que uma amiga dela, Anita, foi espancada uma vez e ficou tão furiosa, que quase atacou o homem da SS que a maltratou com a pá que ela tinha nas mãos. "Isso teria custado a vida dela, com certeza, se Lenie não a tivesse agarrado pelo braço e a forçado para baixo. Outra vida salva. São circunstâncias que você nem consegue descrever." Lenie de Jong-van Naarden lembra que seu grupo geralmente evitava maus-tratos mantendo-se unido e protegendo umas às outras tanto quanto possível dos problemas. Pouco depois de sua chegada, entretanto, ela recebeu um duro golpe na cabeça ao rir enquanto sua cabeça era raspada. "Eu tinha o cabelo muito comprido, ele estava todo enrolado com grampos, e o cabelo da que estava sentada ao meu lado — Annie — [40] era a mesma coisa, e nós duas caímos na gargalhada. E então fui golpeada, foi a primeira vez que fui golpeada na cabeça por rir."[41]

E, embora ela ainda enfatize que, graças à proteção que seu grupo ofereceu, ela "não se deu muito conta" da violência, também transparece de sua entrevista que o perigo de uma punição extrema estava constantemente presente. "Você tinha de decidir: se você tinha que andar para a esquerda, você *tinha* de andar para a esquerda, e não ir para a direita. Pessoas foram baleadas e mortas por causa disso, desde o início. Elas simplesmente fizeram algo de errado, sei lá."[42]

Os prisioneiros eram constantemente confrontados com a morte. Rosa de Winter-Levy observa em seu relatório que as mulheres que tentaram fugir do campo foram e seus uma forca com o objetivo de assustar as outras prisioneiras. "Era uma visão terrível. Tínhamos de passar por elas e olhar para elas." Nos depoimentos de mulheres que estiveram em Birkenau na mesma época que Auguste, Edith, Anne e Margot, a chegada de um grande grupo de crianças húngaras, que foram assassinadas nas câmaras de gás imediatamente após a chegada, deixou uma impressão indelével. Rosa de Winter-Levy se lembra de voltar a Birkenau depois de um dia de trabalho e ver "todo um transporte de criancinhas húngaras". "Mas, oh, terror, elas tiveram de se despir e ficar nuas na chuva até que fossem levadas para dentro. Essas pobres crianças pensam que vão para um banheiro, mas vão ser gaseadas e incineradas."[43] Só então ela se deu conta de que cadáveres estavam sendo incinerados em massa nos crematórios. Ela também contou a Ernst Schnabel que Anne também tinha visto as crianças húngaras. "[Anne] também chorou enquanto passávamos marchando pelas crianças húngaras, que ficaram nuas na chuva por metade do dia, esperando em frente à câmara de gás, porque ainda não era a vez delas. E Anne me cutucou e disse: 'Olha esses olhos!'."[44] E Lenie de Jong-van Naarden testemunhou ainda a chegada das crianças húngaras: "E quando você vê um número tão grande de crianças andando de mãos dadas... Não era realmente possível não olhar as crianças entrando na câmara de gás".[45]

No "pavilhão holandês": Edith, Anne e Margot Frank e Auguste van Pels

Foi nesse mundo de fome, doença, violência e morte que Edith, Anne e Margot e Auguste tiveram que sobreviver. Por meio dos vários testemunhos, podemos formar uma imagem do que elas vivenciaram. Assim como ocorreu com as outras mulheres, sua existência no campo começou com o registro e a aplicação de uma tatuagem. Os números que Edith Frank e suas duas filhas tiveram tatuados no antebraço esquerdo quando se registraram estão entre A 25.109 e A 25.116.[46] Depois disso, elas foram colocadas em quarentena no bloco 29 do campo feminino.[47]

Várias mulheres nesse campo ainda mantinham um contato regular com Edith, Anne e Margot. I. Salomon declarou em um relatório à Cruz Vermelha que ficou no bloco 29, onde teve de dormir em tábuas de madeira com palha. Em seu relatório, ela também menciona que a sra. Frank e suas filhas dormiam acima dela.[48] Outras também têm memórias de Edith, Margot e Anne Frank nesse pavilhão.[49] Bloeme Emden e Lenie de Jong-van Naarden, junto com outras dez mulheres holandesas, formavam um grupo muito unido em Birkenau. Bloeme e Lenie também tiveram contato com

Anne, Margot e Edith, embora na realidade elas não fizessem parte do grupo de mulheres holandesas. De acordo com Bloeme, Anne, Margot e Edith constituíam uma "trindade inseparável".[50]

"Outras testemunhas descrevem como Anne e Margot foram parar no *Krätzeblock* — o pavilhão para as pessoas com sarna. Logo após sua chegada, eclodiu uma epidemia de escarlatina. Ronnie van Cleef e, pouco tempo depois também, Frieda Brommet tiveram de ir para a enfermaria. Depois de algumas semanas, elas também se mudaram para o *Krätzeblock*, onde encontraram Margot e Anne Frank. Lenie lembra que, na verdade, foi Margot quem teve de ser internada e que Anne queria ficar com sua irmã e, portanto, foi junto com ela.[51]

Esse pavilhão de madeira, onde os pacientes ficavam deitados dois a dois em beliches, era cercado por um muro alto e largo de pedra. Os enfermos, que eram deixados por conta própria, dependiam de seus companheiros de prisão. Mirjam Blitz enfatiza o quão isolado o *Krätzeblock* era:

> O *Krätzeblock* era um horror, tão sujo e imundo, que fiquei enojada quando entrei ali clandestinamente. Havia sempre mulheres holandesas por lá, e, como no *Krätzeblock* se ficava isolado de tudo e as pessoas precisavam do apoio moral de fora, às vezes eu ia lá com algumas meninas.[52]

Enquanto suas filhas estavam no pavilhão da sarna, Edith precisava inventar algo para ajudá-las. Junto com a mãe de Frieda Brommet e auxiliada por Lenie de Jong-van Naarden, Edith cavou um buraco ao lado do pavilhão para poder dar comida às filhas.[53] Frieda se lembra de como elas recebiam comida extra pelo buraco:

> E, durante aquele período em que a Ronnie e eu estivemos juntas, minha mãe e a sra. Frank, Edith, meio que formavam uma dupla. Porque juntas elas roubaram coisas. Elas cavaram um buraco juntas. Aqueles pavilhões não tinham fundações, eram feitos de madeira e ficavam sobre a areia, então você podia cavar um buraco por baixo deles. E foi isso que minha mãe realmente fez. Ela cavou um buraco, e um dia minha mãe veio e ela também podia falar por aquele buraco, e ela disse, ela gritou: "Frieda!

> Frieda!" [...]. E informou: "A sra. Frank e eu somos as únicas aqui no campo agora. Nós nos escondemos porque o grupo foi embora no transporte. Mas queríamos ficar com vocês. E roubamos um pouco de pão, e eu vou mandar agora pelo buraco, e vocês vão ter que dividir entre vocês quatro". E nós éramos quatro, pois estávamos com a Margot e a Anne. [...] Eu não pude ir até aquele buraco porque eu estava muito doente para isso, porque eu tinha febre tifoide também. E foi, então, a Ronnie que o pegou e o dividiu entre nós quatro.[54]

Lenie de Jong-van Naarden também descreve como era desesperadora a situação de Edith, Margot e Anne em Auschwitz. Especialmente a dor de Edith por suas filhas doentes e famintas, pelas quais ela nada podia fazer, permanecia fortemente com ela: "E quando você olha para isso, as palavras... não servem para nada. [...] Você não precisava lhe despertar algum ânimo, porque ânimo já não havia".[55]

Ronnie van Cleef afirmou que se sentia de certa forma "segura" no *Krätzeblock* porque uma seleção tinha acontecido antes de ela e Frieda Brommet chegarem. Não está claro se Margot e Anne estiveram nessa seleção, porque sua estadia no *Krätzeblock* não pode ser datada com certeza. Quando Ronnie van Cleef e Frieda Brommet chegaram lá, elas viram Anne e Margot deitadas juntas em uma cama. Após a recuperação, Ronnie van Cleef foi colocada de volta no "pavilhão holandês".[56] Isso foi pouco antes da partida das prisioneiras com o transporte para Libau e Kratzau em 26 de outubro de 1944.[57] Portanto, não está claro quanto tempo Anne e Margot tiveram de ficar no pavilhão da sarna. Frieda Brommet só sabe que ela era a mais alta de todas as quatro garotas que ficaram no pavilhão. "Olha, em algum momento Ronnie e talvez Anne e Margot tiveram de sair também. Só que eu estava tão doente, que tive de ficar sozinha."[58]

Outra testemunha do destino de Edith, Anne e Margot é Rosa de Winter-Levy. Ela se lembra de que Anne sentia compaixão por suas companheiras de prisão e muitas vezes chorava pelo que via:

> Era ela, também, quem observava até o fim o que estava acontecendo ao seu redor. Nós já não fazíamos isso havia muito tempo [...]. Mas Anne

> não tinha proteção contra isso, até o fim [...]. Ela chorava. E você não pode imaginar a rapidez com que a maioria de nós parou de chorar.[59]

Quase não existem testemunhos sobre a quarta clandestina que foi parar em Auschwitz-Birkenau, Auguste van Pels. O que sabemos de seu destino só pode ser inferido amplamente a partir dos poucos registros administrativos que sobreviveram. O número de prisioneiro de Auguste van Pels em Auschwitz deve estar entre A 25.195 e A 25.203. As mulheres do transporte de 3 de setembro de 1944 foram parar no pavilhão 29 e permaneceram juntas a maior parte do tempo até as seleções para Kratzau, Libau e Bergen-Belsen. Auguste van Pels é apenas mencionada por Anita Mayer-Roos como estando presente nesse pavilhão.[60] Rosa de Winter-Levy afirmou mais tarde que não viu Auguste van Pels depois da chegada, nem no campo, nem no pavilhão 29.[61] Pela lista de números de prisioneiros de Bergen-Belsen, parece que Auguste van Pels foi deportada de Auschwitz para lá no mesmo transporte que Anne e Margot Frank.[62]

Mais uma despedida: a partida de Anne, Margot e Auguste

Em 26 de outubro de 1944, houve uma seleção de aproximadamente cem mulheres. Mais tarde, verificou-se que cinquenta delas foram para Libau (Silésia) e cinquenta, para Kratzau (República Tcheca) para trabalhar na indústria bélica.[63] Entre elas, estavam Ronnie van Cleef, Bloeme Emden e Rose de Liema-van Gelder. Quase todas as mulheres do transporte de 3 de setembro de 1944 que ainda estavam vivas foram deportadas para Libau e Kratzau. Judik, filha de Rosa de Winter-Levy, também teve de ir para Kratzau.[64] A própria Rosa não foi selecionada e teve de providenciar para que sua filha fosse levada embora. Não se sabe se Edith, Anne e Margot Frank participaram dessa seleção de 26 de outubro de 1944. Elas podem não ter sido selecionadas por causa de sua saúde debilitada, ou talvez Anne e Margot ainda estivessem no *Krätzeblock*, que foi excluído de antemão da seleção.[65] Embora Bloeme Emden acredite que elas realmente ainda estavam no *Krätzeblock*, Frieda Brommet lembra que Anne e Margot haviam sido liberadas da enfermaria na mesma época em que Ronnie van Cleef, pouco antes da seleção.

Quatro dias depois, em 30 de outubro de 1944, após a chamada da noite, outra seleção foi feita entre as demais mulheres. Isso aconteceu no prédio da *Zentralsauna*. Centenas de mulheres, que haviam chegado no dia anterior em um transporte de Theresienstadt, já estavam esperando lá. As mulheres tiveram de esperar nuas por horas para serem avaliadas pelo médico do campo. Mulheres que estavam de fato doentes, mas eram consideradas potencialmente aptas para a função, também foram selecionadas para serem temporariamente removidas para Bergen-Belsen.[66] Nessa seleção, a distinção que foi feita entre diferentes categorias de prisioneiros durante o transporte de Westerbork tornou-se irrelevante. Apesar de seu status de *Schutzhäftlinge*, Rachel Frankfoorder e as irmãs Brilleslijper também tiveram de ir trabalhar sob as mesmas condições. Várias delas mais tarde também foram empregadas em comandos externos nos campos de Buchenwald e Flossenbürg.[67]

Rosa de Winter-Levy escreveu em seu livro *Escapei da câmara de gás!* que Anne e Margot fizeram parte dessa seleção de 30 de outubro de 1944, e que sua mãe Edith Frank foi deixada sozinha.[68] A dor compartilhada por suas filhas aproximou Rosa e Edith. "Nós nos consolamos e nos tornamos amigas."[69] Quando Rosa de Winter-Levy escreveu suas experiências no campo, o diário de Anne Frank ainda não havia sido descoberto e ela ainda não havia mencionado "as filhas de Edith" pelo nome. Em uma entrevista posterior com Ernst Schnabel, ela explica ainda mais sua lembrança da seleção de Anne e Margot:

> *Blocksperre* de novo, mas dessa vez tivemos de esperar nuas no local das chamadas, e demorou muito. E, então, tivemos de caminhar em fila indiana até o pavilhão. Holofotes foram colocados lá dentro, e lá estava o médico e tivemos de entrar sob a luz. Dessa vez, porém, vimos que ele estava selecionando muitas pessoas que não estavam muito doentes ou velhas e, então, sabíamos que elas iriam embora e os velhos e doentes

seriam gaseados. Na nossa frente estava uma mulher de sessenta anos, mas ela disse que tinha quarenta e que foi autorizada a ir para Belsen. Aí eu fui e também me tornei dez anos mais jovem e gritei para o médico: "Tenho vinte e nove! E eu nunca tive diarreia". Mas ele acenou com o polegar e me mandou para junto dos velhos e enfermos. Então, a sra. Frank chegou e ela também veio diretamente até nós. E, então, foi a vez das duas meninas: Anne e Margot. E Anne ainda ficou com o rosto sob os holofotes e cutucou Margot. E Margot aprumou-se sob a luz, e elas pararam por um momento. Nuas e carecas. E Anne olhou para nós com seu rosto claro, endireitando-se, e elas foram embora. O que acontecia atrás do holofote não era mais visível. E a sra. Frank gritou: "As crianças! Ai, meu Deus!".[70]

As mais de mil mulheres selecionadas ficaram trancadas em um pavilhão até a saída do transporte no dia seguinte, 1º de novembro de 1944.[71]

Acima: Janny Brilleslijper com seu marido, Bob Brandes.

Ao lado: Lientje Brilleslijper antes da guerra.

“Edith ficou doente”. O falecimento de Edith Frank

Rosa de Winter-Levy descreve como ela e Edith escaparam por pouco do gaseamento. As duas seleções sucessivas para Kratzau e Bergen-Belsen, nas quais primeiro a filha de Rosa, Judik, e depois Anne e Margot foram separadas de suas mães, visavam mais uma vez separar a força de trabalho ainda capacitada daqueles que já eram muito fracos. As mulheres não selecionadas, como Rosa de Winter-Levy e Edith Frank, foram trancadas em um pavilhão no BIIb — o B-*Lager* — e foram transferidas dois dias depois para o BIIa, o A-*Lager* — a parte onde ficavam localizadas as enfermarias —, obviamente para serem assassinadas em breve. “Nós, as cinquenta que ficaram para trás, sabemos o que vai acontecer com a gente, vamos entrar pelo cano. Reina um humor horrível, mulheres chorando, se lamentando, terrivelmente! Estou como que petrificada.”[72]

Um membro da SS que veio buscar o grupo, entretanto, disse que várias prisioneiras seriam levadas para a Alemanha para trabalhos leves, com o que Rosa recuperou alguma esperança. Naquela tarde, elas receberam uma “boa sopa com carne” e, dois dias depois, deixaram o campo BIIb com algumas centenas de mulheres, esperando que também fossem levadas de trem para um outro campo de trabalhos forçados. Depois de alguns quilômetros de caminhada, contudo, não havia nenhum trem pronto para partir, e elas chegaram à *Zentralsauna*, onde centenas de mulheres vindas de Theresienstadt já estavam esperando. Lá, elas também viram prisioneiros do sexo masculino, que tiveram que ficar nus do lado de fora no frio congelante. “Na manhã seguinte, muitos deles já estavam meio ou totalmente congelados no chão. Foram jogados em vagões pelos bandidos da SS e levados aos crematórios, dos quais havia vários, para serem incinerados.”[73]

No prédio da *Zentralsauna*, as mulheres tiveram de tirar a roupa novamente, e outra seleção se seguiu. Mais uma vez, Edith e Rosa não conseguiram passar. “Então, de repente, fico diante de um homem da SS. Ele me olha de maneira penetrante sob a lâmpada de luz forte, dá uma pancada na minha cabeça, sou colocada de lado de novo. Uma procissão de mulheres continua a passar. Agora pertenço à escória. 'Será que já estou tão emagrecida?', passa pela minha cabeça."[74]

O grupo selecionado de mulheres agora tinha de se levantar separadamente e era vigiado por homens da SS enquanto seus números eram anotados. Duas mulheres do grupo de Edith e Rosa não conseguiram mais lidar com a tensão naquele momento. Elas pularam da janela do prédio da *Zentralsauna* e se chocaram contra a cerca elétrica. Naquela noite, Rosa, Edith e as outras mulheres selecionadas foram transferidas para o pavilhão da sarna. "Não há luz, então temos de encontrar um lugar para dormir no escuro. Edith e eu nos abraçamos e rastejamos para baixo do cobertor junto com uma mulher em algum lugar. Estamos com frio e morrendo de cansaço. Ratos e camundongos andam por cima de nós, as mulheres gritam e choram, é quase insuportável. Não se trata de dormir, todas temos o mesmo pensamento: amanhã soará a nossa última hora."[75]

Contudo, veio então uma última salvação. Na manhã seguinte, o *Blockälteste* — o prisioneiro encarregado do bloco — entrou no pavilhão "apressado e nervoso" e chamou vários números, entre eles os de Rosa e Edith. "Rápido, fora daqui, para o bloco 4a, temos de estar lá na chamada. Não sabemos o que significa." Isso logo ficou claro, porém, quando, dez minutos depois de sua partida, elas viram um caminhão parar em frente ao bloco do qual tinham acabado de sair. "[E] para nosso grande horror, aquelas que tinham ficado lá são colocadas no carro e levadas ao crematório. Portanto, nós, 150 mulheres, fomos salvas de maneira provisória e, provavelmente, devemos agradecer ao *Blockälteste*."[76]

Três outras mulheres holandesas que foram escolhidas para a câmara de gás na mesma seleção, Sientje de Zwarte, Dina Malka Wajnsztok e Klara Kneiberg, também escaparam de maneira semelhante. Sientje e Klara pertenciam ao grupo de Edith e Rosa que foi parar no *Schonungsblock* no último momento. Dina Malka Wajnsztok foi levada para ser gaseada, mas enquanto marchava para a câmara de gás, em um momento de descuido dos guardas, se jogou em um buraco fundo e esperou até escurecer. Quando a escuridão caiu, ela entrou em um pavilhão, onde foi tacitamente aceita.[77]

Edith Frank e Rosa de Winter-Levy se tornaram grandes amigas devido a todas as experiências compartilhadas e ficaram juntas o tempo todo. Rosa descreve como as duas tentaram sobreviver no *Schonungsblock*, o que se tornou cada vez mais difícil devido à falta de água potável, à falta de higiene e às pragas. "As semanas vão se passando, me sinto péssima, ainda tenho diarreia. Agora temos pão suficiente, mas mal podemos comer, pois estamos com sede e não há água. Nós nos lavamos na neve pela manhã. As pragas, especialmente os piolhos corporais, nos atormentam terrivelmente."

As descrições detalhadas de Rosa de Winter-Levy mostram o que Edith Frank deve ter sentido e visto nas últimas semanas de sua vida: intenso desespero e humilhações constantes por parte dos guardas. Por exemplo, Rosa descreve como um dia ela roubou um balde e o levou à lavanderia para pegar água potável. Na lavanderia, ela viu uma polonesa comendo um sanduíche bem recheado com margarina e carne. "Eu fico olhando para aquilo de boca aberta e sinto meus olhos se arregalarem. De repente, a mulher se vira e grita: '*Was willst Du, Schmuckstück*' [O que você quer, preciosa?]. Eu gaguejo: '*Wasser holen*' [Buscar água]. '*Ist kein Wasser*' [Não há água], ela ruge para mim, me joga no chão, e o balde em seguida. Eu saio chorando, Edith espera por mim. 'O que foi?' Eu soluço: 'Eu vi um sanduíche de carne! Você pode imaginar o que isso significa'."[78]

Ao redor delas morriam constantemente pessoas que estavam doentes demais para seguir em frente. Rosa descreve como uma jovem doente, tão febril, que fazia suas necessidades ao lado do balde de urina e fezes, foi espancada até a morte por um guarda do campo diante de seus olhos. E não demorou muito para Edith ficar tão doente, que teve de ser internada na enfermaria. "Edith ficou doente, está com febre alta. Eu quero que ela vá para a Ambulância. Mas o medo de ser gaseada é grande, porque toda semana o dr. Mengele vem à enfermaria para selecionar as mulheres que, a seus olhos, são magras demais para continuarem vivendo. Apesar de tudo, vou levar Edith para lá. Ela tem 41 °C de febre e é imediatamente internada no *Revier* [hospital]. Eu também estou ficando mais fraca, embora ainda me arraste em frente."[79]

Rosa, entretanto, mudou-se para outra parte do campo, onde novamente participou de uma série de seleções e foi mais uma vez rotulada como *Arbeitsunfähig* [incapacitada para o trabalho]. Nesse ínterim, ela também começou a sofrer de diarreia. "Isso me deixa tonta e eu mal consigo ficar de pé com minhas pernas. É com dificuldade que me deito." No dia 1º de dezembro, a própria Rosa foi parar na enfermaria com febre de 40 °C e foi transferida para o bloco 18 — o pavilhão para pacientes com diarreia. Um prisioneiro polonês que servia como médico fez o diagnóstico: "Totalmente debilitada, pés congelados e diarreia". No pavilhão, Rosa conheceu uma holandesa com quem fez amizade e que a assistiu nas difíceis circunstâncias de sua doença. Além disso, era tudo "miséria em torno de mim", descreve ela em seu livro. "Muitas mulheres e meninas morriam ao nosso redor; geralmente morriam com muita calma, totalmente exaustas." E, enquanto ela mesma fazia o possível para se recuperar e ao mesmo tempo tentava ficar no *Durchfallblock* [bloco da diarreia] para não ter de voltar ao campo de trabalho gelado, um dia ela viu sua amiga Edith Frank sendo conduzida para seu pavilhão. "Certa manhã, chegaram novos pacientes. De repente reconheço Edith, vem de outra enfermaria. Ela é apenas um fantasma. Poucos dias depois, ela morre, totalmente exausta."[80]

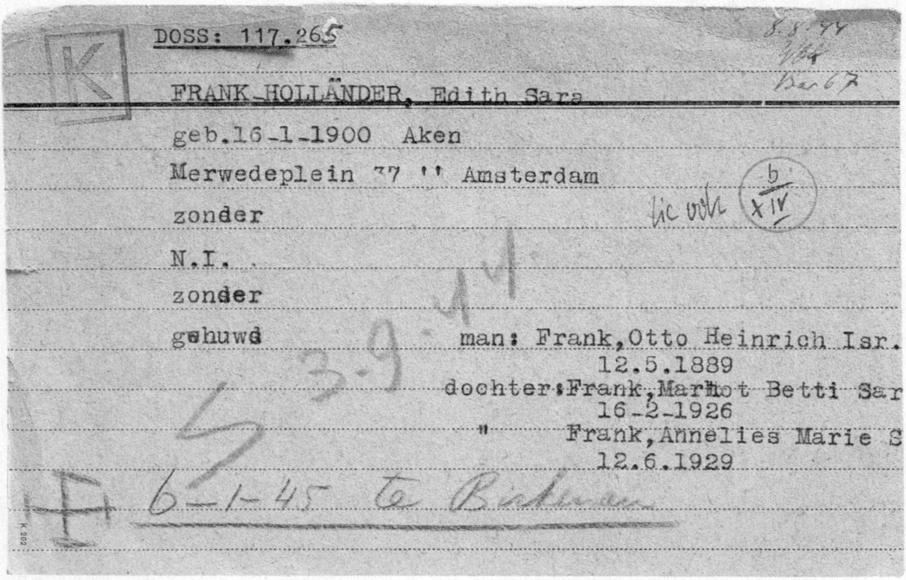
DOSS: 117.265
FRANK-HOLLÄNDER, Edith Sara
geb.16-1-1900 Aken
Merwedeplein 37 '' Amsterdam
zonder
N.I.
zonder
gehuwd man: Frank,Otto Heinrich Isr.
12.5.1889
dochter: Frank,Margot Betti Sar
16-2-1926
" Frank,Annelies Marie S
12.6.1929
6-1-45

O cartão de registro de Edith Frank da administração do Conselho Judaico.

Rosa de Winter-Levy sobreviveria por pouco a Auschwitz. Em 22 de março de 1945, ela se encontrou com Otto Frank em Katowice, onde ambos esperavam por sua repatriação para a Holanda, e foi a primeira a dizer a ele que Edith havia falecido em 6 de janeiro de 1945 — dez dias antes de seu 45º aniversário. Otto escreveu uma pequena nota em seu caderno afirmando que Edith morreu de fome e exaustão em 6 de janeiro de 1945. Rosa também disse a ele que suas filhas foram deportadas de Auschwitz para outro campo.[81] Outra companheira de campo, Betje Jakobs, também estava lá quando Edith morreu. Em 2 de agosto de 1945, ela declarou aos funcionários da Cruz Vermelha Holandesa que "tinha visto morrer [lá], próximo de mim: a sra. Frank, de Amsterdã, onde seu marido era dono da sociedade Opekta".[82]

Betje Jakobs, cerca de 1940.

5
"Acredito que não a vi ficar de pé"
Anne e Margot Frank e Auguste van Pels em Bergen-Belsen

De Auschwitz para Bergen-Belsen

Na madrugada de quarta-feira, 1º de novembro de 1944, cerca de mil mulheres deixaram a rampa de Auschwitz-Birkenau em um longo trem. Havia em torno de setenta prisioneiras espremidas em cada vagão de carga.[1] A maioria delas vinha da Hungria e da Polônia, mas também havia francesas, belgas e holandesas, incluindo Anne e Margot Frank e Auguste van Pels. Elas tinham recebido pão, um pedaço de salsicha ou queijo e um pouco de margarina para o percurso.[2] Uma única testemunha menciona uma panela ou balde de água, portas que se abriam ocasionalmente e água que era reposta.[3] As mulheres não sabiam qual era o seu destino.[4] Para algumas, deixar Auschwitz foi um alívio e uma esperança de algo melhor. Janny Brilleslijper afirmou sobre isso mais tarde: "A nosso ver, não poderia ficar pior. Nada poderia ser pior do que Auschwitz".[5] Pela primeira vez desde a deportação, Margot e Anne Frank estavam sem sua mãe, Edith, que teve de ficar em Auschwitz-Birkenau.[6]

Como revela o testemunho de Rosa de Winter-Levy, as prisioneiras selecionadas presumiam que as mulheres mais velhas e mais fracas deixadas para trás seriam todas gaseadas. Que Edith Frank tivesse escapado disso — assim como Rosa de Winter-Levy —, as irmãs não tinham como saber.

Em Bergen-Belsen, elas ficaram com Auguste van Pels. É provável que também estivessem com Auguste durante a deportação.

A viagem nos vagões de carga durava três dias e duas noites.[7] O trem parava regularmente por horas quando uma sirene de ataque aéreo anunciava os bombardeios dos aviões aliados. A imagem geral é a de que as mulheres nos vagões ficavam totalmente à mercê de si mesmas. "Para elas, tudo era apenas: fazer suas necessidades, fedor, mal poder dormir, gritaria, choro e brigas."[8] Rachel Frankfoorder, que estava no mesmo transporte, no entanto, recorda-se de que ela tinha "um naco de pão, um pouco de margarina e um pedaço de queijo de cabra".[9] Na quarta-feira, 3 de novembro de 1944, na chegada à *Rampe*, uma doca de carga perto de Bergen, as portas se abriram. As pessoas "caíram", por assim dizer, do trem para a plataforma.[10] Os mortos foram abandonados nos vagões. As mulheres estavam com fome e sede. Elas estavam malvestidas e fazia frio; a temperatura estava em torno de 7 °C.[11]

Elas tiveram de se alinhar em blocos de cinco por cinco. Escoltadas por soldados com armas e cães, caminharam em coluna por cerca de sete quilômetros até o campo de Bergen-Belsen. A caminhada passou pela floresta e ao longo de campos. Apesar do frio, da fome e da sede, algumas mulheres se surpreenderam com os belos arredores.[12] Agora que sabiam que seu destino era Bergen-Belsen, algumas também tinham esperança, porque Bergen-Belsen era conhecido como um campo "bom", um *Vorzugslager* e um *Erholungslager* [campo preferido e campo de lazer].[13] "Bergen-Belsen parecia muito bom", lembra Rachel Frankfoorder. "A natureza era linda lá, especialmente depois de todo aquele cinza de Auschwitz."[14] Mas, como as outras mulheres de Auschwitz, Rachel Frankfoorder logo notaria que o período "mais miserável" ainda estava por vir.[15]

Bergen-Belsen: campo de prisioneiros de guerra, campo de troca de prisioneiros e campo de concentração

Bergen-Belsen ocupou um lugar especial no sistema alemão de campos de concentração. Inicialmente, não era um campo de trabalho ou extermínio. Não havia câmaras de gás. Assim como em Auschwitz e nos outros campos da SS, o campo ficou sob a responsabilidade da Wirtschafts-Verwaltungshauptamt (WVHA). Em seu estudo sobre Bergen-Belsen, a historiadora Alexandra-Eileen Wenck distingue uma série de funções sucessivas do campo no decorrer da guerra. Serviu como campo de prisioneiros de guerra e "campo de troca" e, com o tempo, tornou-se um campo de reunião e trânsito de trabalhadores escravos e um local para onde os nazistas levavam judeus para deixá-los morrer devido aos efeitos da superlotação, a instalações inadequadas, fome e doenças.[16]

Bergen-Belsen foi originalmente o local de um grande campo de treinamento para as tropas blindadas da Wehrmacht e um complexo de pavilhões perto das cidades de Bergen e Belsen no Lüneburger Heide. Os cerca de trinta pavilhões do local foram construídos por e para os operários que ergueram o complexo de pavilhões na segunda metade da década de 1930. Esses pavilhões foram utilizados pela Wehrmacht em junho de 1940 para abrigar aproximadamente seiscentos prisioneiros de guerra franceses e belgas. Durante toda a guerra, uma parte do campo serviu como campo de prisioneiros e outra parte continuou sendo utilizada pela Wehrmacht. Em junho de 1941, a área do campo foi ampliada com uma grande área aberta, onde mais de 21 mil prisioneiros de guerra russos foram alojados em julho de 1941.[17] Nesse *Russenlager* [campo russo], os prisioneiros de guerra viviam em condições deploráveis, ao ar livre e em cavernas no solo. A taxa de mortalidade no campo era enorme. Em um ano, cerca de 14 mil prisioneiros de guerra russos morreram em consequência de fome, frio e doenças infecciosas, como disenteria e tifo.[18]

Em abril de 1943, a SS assumiu uma grande área do campo de prisioneiros de guerra da Wehrmacht para o estabelecimento do *Aufenthaltslager* Bergen-Belsen, um campo de residência para onde prisioneiros judeus eram levados para serem trocados por cidadãos e prisioneiros de guerra alemães, divisas ou mercadorias. A liderança caiu nas mãos do SS-*Obersturmbannführer* [tenente-coronel da SS] Adolf Haas, que já havia liderado o campo de concentração Niederhagen-Wewelsburg. Sob a liderança de Haas, Bergen-Belsen foi ampliado com pavilhões, instalações sanitárias e um crematório, construído por um comando de construção com cerca de quinhentos prisioneiros de Buchenwald, Natzweiler e de outros campos. A maioria deles morreu durante as obras.

Os primeiros prisioneiros judeus chegaram a Bergen-Belsen em julho de 1943.[19] O campo de troca consistia em diferentes partes separadas umas das outras por altas cercas de arame farpado para evitar qualquer contato entre os vários prisioneiros.[20] No fim, de todos esses prisioneiros de troca provenientes de toda a Europa, foi realmente trocado apenas um grupo relativamente pequeno de cerca de 2.500 prisioneiros. Nesse assim chamado *Sternlager*, havia cerca de duzentos judeus holandeses.[21]

O *Sternlager* fazia parte do *Austauschlager* e consistia em cerca de dezoito pavilhões. O nome *Sternlager* era uma referência ao regime do campo, que permitia que os prisioneiros usassem suas próprias roupas com uma estrela [*Stern*] de davi costurada. Havia muitos prisioneiros judeus da Holanda que, em sua maioria, tinham chegado de Westerbork em oito transportes de deportação diferentes entre janeiro e setembro de 1944.[22]

O *Sternlager* de Bergen-Belsen após a libertação.

As famílias permaneciam juntas no *Sternlager*. Assim como em Westerbork, homens e mulheres eram mantidos em barracas separadas, mas o contato mútuo era possível durante o dia. Os prisioneiros do *Sternlager* podiam receber correspondências ou pacotes esporadicamente. Adultos e crianças a partir dos dezesseis anos costumavam trabalhar no comando dos calçados (reciclando o couro de sapatos velhos)[23] ou no comando das batatas (descascando batatas). Outros ainda faziam parte de um comando que precisava cortar tocos de árvores ou fazer outros trabalhos pesados no local. A situação alimentar era ruim em todo o campo, mas inicialmente um pouco melhor do que em outros campos. Uma única vez foram entregues pacotes de comida pela Cruz Vermelha. Como Bergen-Belsen funcionava como um campo de troca, no início as condições nele eram melhores do que nos outros campos de concentração. Muitos prisioneiros chegaram de Westerbork em um trem regular com suas bagagens e, às vezes, eram autorizados a manter consigo alguns pertences pessoais. Por exemplo, alguns conseguiam manter um diário.[24] Nos diários deixados por Abel Herzberg e Renata Laqueur, pode-se ler como as trocas mantiveram a esperança viva, mas também levaram ao desespero.[25] A maioria dos depoimentos holandeses sobre Bergen-Belsen vem de sobreviventes do *Sternlager*. Após o verão de 1944, as condições no *Sternlager* também se deterioraram.

Bergen-Belsen mudou sua estrutura a partir da primavera de 1944, com a reversão das chances alemãs na guerra.[26] Em grandes números, prisioneiros judeus foram levados para a Alemanha para o trabalho escravo na indústria de guerra, e uma grande parte deles foi parar em Bergen-Belsen.[27] A partir da primavera de 1944, parte do campo também foi destinada à admissão de prisioneiros doentes de vários outros campos de concentração. Em março de 1944, milhares de homens enfraquecidos de outros campos chegaram ao recém-equipado campo de prisioneiros masculino, que recebeu o cínico nome de *Erholungslager* (campo de recuperação). Após a "recuperação", os prisioneiros ainda poderiam ser alocados como trabalhadores. No entanto, o atendimento médico era completamente inadequado, e as taxas de mortalidade eram altas.[28]

No verão de 1944, ele também se tornou um *Durchgangslager* (campo de trânsito) para milhares de mulheres que foram deportadas das partes ocupadas da Europa Oriental para os subcampos alemães. No início de agosto de 1944, um campo com aproximadamente dezoito grandes tendas foi montado em uma planície aberta no canto sudoeste As tendas destinavam-se a acomodar as principais deportações que chegariam em meados de agosto de 1944. Eram mulheres polonesas e húngaras, principalmente de Auschwitz-Birkenau, que mais tarde seriam encaminhadas para trabalhar em outros campos. A chegada de ainda mais transportes tornou-se evidente quando, em setembro, foram construídos pavilhões no local de chamada do *Sternlager*.[29]

De meados de agosto ao início de novembro de 1944, cerca de 8 mil mulheres foram de Auschwitz para Bergen-Belsen, 3 mil das quais nos primeiros dias de novembro.[30] As prisioneiras permaneceram por algumas semanas, por vários dias ou foram deportadas ainda no mesmo dia para empresas alemãs ou comandos externos de outros campos que forneciam produção para a indústria alemã. Nas tendas, as mulheres dormiam sobre uma palha imunda e "piolhenta". Não havia luz e, muitas vezes, não havia água. A latrina era um buraco perigoso no solo, com apenas uma barra para se segurar.[31] O campo de tendas ficava próximo aos campos de tiro da Wehrmacht; disparos podiam ser ouvidos o tempo todo. A construção do campo de tendas e a chegada dos transportes eram observadas do *Sternlager*, situado mais ao longe.[32] Renata Laqueur, uma prisioneira no *Sternlager* desde março de 1943, escreveu em seu diário na segunda-feira, 28 de agosto de 1944:

> Na semana passada, mil mulheres vieram de Auschwitz. A estrada estava completamente fechada, e não podíamos ver nada do transporte que chegava. Mas nós as vimos de qualquer maneira. De cabeça parcialmente raspada, descalças, em uma espécie de vestido-uniforme de algodão de diferentes cores. Dizem que são judias, "*Flintenweiber*" [prisioneiras russas, *partisans*], prisioneiras políticas, polonesas e similares. Ninguém sabe.[33]

As mulheres levadas de Auschwitz-Birkenau para Bergen-Belsen no transporte de 1º de novembro, incluindo Anne e Margot, foram inicialmente alojadas nas tendas do *Durchgangslager*. Pouco depois de sua chegada, em 7 de novembro, uma tempestade devastou o campo de tendas. Como resultado, as mulheres foram alojadas em um pavilhão ao lado do *Sternlager*.[34] Com o avanço do exército russo, Bergen-Belsen ficou cada vez mais superlotado.

Com o passar do tempo, as condições em Bergen-Belsen pioraram. Sob o comando de Josef Kramer, que havia sido transferido de Auschwitz para Bergen-Belsen em 2 de dezembro de 1944 para substituir Haas, acusado de corrupção, o regime estrito endureceu ainda mais. Kramer, então com 39 anos, já tinha um longo histórico na SS dos campos. Antes de ir para Auschwitz em 1942, ele já havia trabalhado em seis campos de concentração distintos desde 1934.[35] Kramer levou alguns guardas masculinos e femininos de Auschwitz para Bergen-Belsen, o que contribuiu para um aumento dos maus-tratos. Duas vezes por dia, os prisioneiros se perfilavam na chamada para serem contados. Essas chamadas eram terríveis e podiam durar horas. Se alguém desmaiava e, com isso, o número não estava mais correto, a contagem tinha de recomeçar.[36]

Todos os sobreviventes desse período em Bergen-Belsen enfatizam o terrível frio que ali fazia. Durante todo o mês de janeiro de 1945, houve nevascas e geou forte.[37] Outros fatores também contribuíram para que as condições se agravassem. Quando Bergen-Belsen ficou superlotado, os prisioneiros chegaram a dormir no *Sternlager*, onde a situação tinha estado relativamente boa por muito tempo, com dois prisioneiros dormindo na mesma cama.[38] As rações também ficavam cada vez menores. Suze Polak mencionou que a ração consistia em um oitavo de um pão e meio litro de sopa aguada por dia. No fim, eles recebiam apenas um pedaço de pão uma vez a cada três dias.[39] Doenças contagiosas, como o tifo, eclodiram. Como a SS se retirava cada vez mais, os prisioneiros ficavam à mercê dos *kapos* e dos guardas. Milhares de pessoas morreram nas últimas semanas de doença, hipotermia, fome e exaustão.[40]

Uma guarda infame que frequentemente aparece nos depoimentos dos sobreviventes foi a já mencionada Irma Grese, o Anjo Louro da Morte. Ela mantinha os prisioneiros de pé ou de joelhos por horas segurando pedras nas mãos. Também os espancava descontroladamente.[41] Não apenas no campo das mulheres, onde Margot, Anne e Auguste van Pels estavam alojadas, mas também no *Sternlager*, os prisioneiros tinham de se apresentar para a chamada todos os dias.

Freda Silberberg, que estava no campo feminino no mesmo período em que Anne e Margot, tem lembranças terríveis de uma chamada que durou a noite inteira na véspera de Ano-novo de 1944. Ela enfatiza que a contagem inútil dos prisioneiros tinha como objetivo, na verdade, exauri-los e, assim, fazer com que o maior número possível deles morresse:

> Em Bergen-Belsen, na véspera de Ano-novo de 44–45, todo o campo teve de ficar na chamada. A noite toda. No frio e nevando ainda mais. E a gente tinha de ficar lá. Eles até retiraram pessoas do hospital, o *Revier*, que também tiveram de ficar na chamada. Então você pode imaginar quantas pessoas morreram naquela noite, naquele frio glacial. Foi o que eles fizeram em Bergen-Belsen. Era assim que tentavam se livrar de nós. Não sei como sobrevivemos nem como sobrevivi. Você pode imaginar? A noite toda![42]

O tratamento posterior dado pelos guardas em Bergen-Belsen também foi bárbaro e visava desumanizar completamente os prisioneiros. Freda Silberberg se recorda:

> Os guardas [...] eram frios, frios! Eles nos espancavam. Queriam que entrássemos e, quando saíamos, nos espancavam. Eram todos o mesmo povo bárbaro e cruel. Não sei de onde os tiravam. Aprenderam que éramos *Untermenschen*, que não tínhamos o direito de viver e que, portanto, eles podiam fazer conosco o que quisessem. Não nos trataram como seres humanos. Éramos apenas um objeto para ser destruído, sabe? Era isso o que era. Você não era mais uma pessoa, não existia mais como pessoa.[43]

Abel Herzberg, que esteve no *Sternlager* em Bergen-Belsen desde janeiro de 1943, faz uma tentativa em seus ensaios do pós-guerra de compreender melhor a crueldade dos guardas masculinos e femininos. "É de extrema importância saber que tipo de homem era aquele Joseph Kramer, ou o *Scharführer* Heinz e Fritz e Rau e Lübbe ou o *Sturmführer* X ou N."[44]

Herzberg buscou a explicação não na maldade intrínseca ou nas crenças ideológicas, mas, sim, no comportamento humano "comum" e no niilismo dele decorrente. "O *Scharführer* X é... nada. Ele está vazio. Foi atribuído idealismo a ele. Ele não possui isso. Opiniões foram atribuídas a ele. Ele sente falta delas. Tentaram descobrir nele pelo menos um patriotismo ou um entusiasmo nacionalista. Ele não faz ideia do que seja isso."[45] Esse "homem comum" não era mau nem bom, de acordo com Herzberg, era apenas movido pela necessidade trivial de ter uma vida boa, impelido por seus medos e por sua má consciência. Os guardas, segundo ele, não eram tão inescrupulosos assim, eram pessoas que tentavam suprimir sua falta de convicção e sua má consciência com "falsas certezas", que precisavam ser ratificadas com dinamismo e brutalidade:

> E assim, após a primeira gota de sangue, surge uma crueldade após a outra, cada vez maior, cada vez mais feroz. Já foi dito que o *Scharführer* X era inescrupuloso. Se isso fosse verdade, ele não teria se tornado tão cruel. Tudo surgiu do nada. Pois no início não havia convicção, mas, sim, falta de convicção, e essa falta alimentou uma incerteza sempre crescente, que então sempre teve de ser coberta por uma falsa certeza cada vez mais forte. A infecção havia começado. [...] E foi assim que o *Sturmführer* N ou o *Scharführer* X, que quando criança demorou tanto para controlar a incontinência, que quando menino era tão ansioso, que quando colegial era tão medíocre e como homem, tão "comum", gradualmente e antes que ele soubesse como, tornou-se um genocida.[46]

Herzberg também submete as guardas femininas de Bergen-Belsen a uma análise. Em sua história, "*De Griet*" [A rapariga], ele faz isso com a ajuda de uma guarda, a quem ele dá o apelido de "a loira Irmy". Herzberg havia visto essa mulher, que "não deve ser confundida com Irma Grese" e que nunca teve de comparecer ao tribunal, em ação e se maravilhou com sua imprevisibilidade. Herzberg escreve como essa "loira Irmy" ficou encantada quando um bebê nasceu no campo feminino e prometeu à mãe que salvaria a criança "quando todos fossem gaseados ou fuzilados".[47]

Ela também costumava ter conversas quase amigáveis com os prisioneiros. "Sobre remendos e algodão, botões e laços, sobre crianças e sobre coisas que só são ditas em termos velados, ou nas quais se pensa quando aparentemente se fala de outra coisa." Mas de um momento para o outro ela podia novamente se comportar de maneira bastante cruel e abominável:

> Quando a loira Irmy já tinha conversado o suficiente, ela se interrompeu: "*So, jetzt geh' ich mal ein bisschen prügleh im Frauenlager*". [Então, agora vou espancar um pouco no campo feminino.] Ela disse e fez. Ao lado do nosso, havia um campo de mulheres polonesas e mulheres deportadas dos campos de concentração poloneses. Havia, também, holandesas entre elas, que em alguns momentos nos gritavam algo através do arame farpado para que soubéssemos que o inferno delas tinha camadas ainda mais profundas que o nosso. Irmy desceu até lá e, quando subiu de novo e reapareceu em nossos pavilhões, pôde então reclamar amargamente que seu braço estava doendo muito de tanto surrar.[48]

Margot e Anne Frank e Auguste van Pels em Bergen-Belsen

Com o "inferno mais profundo", Herzberg se referia ao campo feminino, onde Auguste van Pels e Margot e Anne Frank foram parar ao chegar de Auschwitz, em 3 de novembro de 1944. Em uma longa fila indiana, junto com cerca de outras mil mulheres do transporte, elas passaram pelos campos de tiro da Wehrmacht e entraram no campo pelo Sudoeste, bem perto da planície aberta onde ficavam as tendas.[49] O tiroteio contínuo era aterrorizante. Anita Lassker se lembra de ter visto uma placa dizendo "*Zu dem Schießstand*" (Para os estandes de tiro) e tinha medo de que fossem baleadas.[50] Ao chegar ao campo, as mulheres foram contadas e registradas. Cada campo tinha seu próprio sistema de registro, e em Bergen-Belsen os prisioneiros recebiam novos números. Nenhum dado de registro de Bergen-Belsen resistiu, mas a NRK concluiu, a partir de listas de transporte que foram mantidas de outros campos, que os prisioneiros desse transporte receberam números entre 7.270 e 7.360.[51] Também sabemos a partir dessa reconstrução que Auguste van Pels recebeu o número 7.306, e Rachel Frankfoorder, que foi para Bergen-Belsen no mesmo transporte que Anne e Margot Frank, e também foi parar com elas no mesmo pavilhão, recebeu o número 7.356.[52]

Na chegada ao campo, as prisioneiras receberam um cobertor para cavalo e uma gamela ou panelinha.[53] Estava chovendo e fazia muito frio. Enroladas nos cobertores, as mulheres esperaram por horas. Janny Brilleslijper se lembra de ter visto Anne e Margot, envoltas em dois cobertores, pela primeira vez desde Westerbork. Pouco depois, ela também encontrou duas outras meninas que conhecia de Westerbork, as irmãs Annelore e Ellen Daniel. "Talvez seja um complexo de irmãs que nos chamava a atenção naquelas meninas Frank e também nas irmãs Daniel. Duplas de irmãs ou mães e irmãs que tentavam ficar juntas. O sentimento da fraternidade, naquele momento de 'ah, vocês têm aí essas duas filhas também'. Tínhamos um sentimento quase maternal por elas, porque elas eram dez anos mais novas que nós."[54]

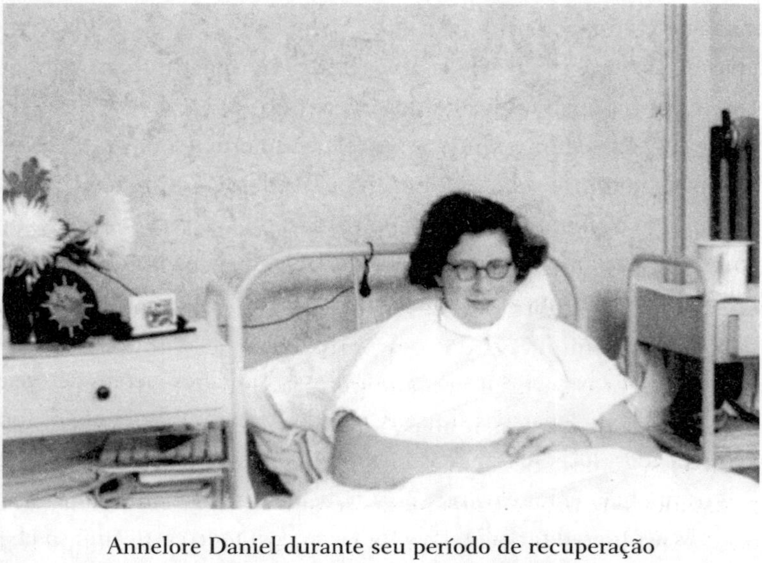

Annelore Daniel durante seu período de recuperação no sanatório em Santpoort, 1945-1948.

Quase todas as mulheres estavam doentes, e as emoções e o cansaço da viagem pioravam o seu estado. Quando começou a escurecer, lhes foi servida uma espécie de sopa. Em seguida, elas foram enviadas para as tendas em grupos de quatrocentas a quinhentas mulheres. Foi caótico. Havia empurrões e puxões na entrada das tendas gotejantes, onde havia muito pouco espaço. Todas jaziam juntas, atravessadas umas sobre as outras, na palha suja. Muitas mulheres tinham disenteria. À noite, era quase impossível atravessar a multidão até a saída da tenda para se chegar à latrina. Na manhã seguinte, elas deveriam estar na chamada às seis horas.

Na quarta noite após a chegada de Anne, Margot e Auguste, em 7 de novembro de 1944, caiu uma violenta tempestade de outono, e as tendas lotadas desabaram. Não sabemos como Anne e Margot vivenciaram esse evento, mas vários são os testemunhos que dão uma ideia do que aconteceu naquela noite. Renata Laqueur, por exemplo, escreveu em seu diário: "Na semana passada, devido a uma violenta tempestade de outono, várias tendas foram derrubadas pelo vento, e as mulheres, quase sem roupa ou abrigo, deitaram-se desprotegidas no frio".[55] Ruth Wiener, que com sua mãe e suas irmãs vivia em *Sternlager* desde janeiro de 1944, escreveu em 7 de novembro de 1944 em um diário que ela levara de casa: "Tempestade. Tendas são derrubadas pelo vento".[56]

Em 8 de novembro de 1944, Abel Herzberg, que também publicou um diário escrito durante sua prisão em Bergen-Belsen, escreveu extensivamente sobre a chegada de um grande grupo de mulheres vindas de Auschwitz e a terrível noite de tempestade. Com a chegada desse grupo, ele se deu conta de que o que havia acontecido naquele campo na Polônia ocupada superava os horrores do *Austauschlager* em Bergen-Belsen. Mesmo assim, Herzberg achava difícil acreditar nas histórias sobre seleções e gaseamentos:

> Pelo que chegamos a saber, todas essas mulheres vieram de Auschwitz. Elas foram separadas de seus maridos. Seus filhos também foram arrancados delas. Correm as histórias mais horríveis. As crianças e todos os que não eram elegíveis para trabalhar foram mortos com gás. Não é possível acreditar em tal abominação. Em todo caso, aqui só chegaram mulheres e trabalhadoras aproveitáveis [...]. Tudo foi tirado delas.

> Literalmente, tudo. Elas não possuem nada, exceto as roupas que vestem. Elas moram aqui em tendas, dormem no chão sobre palha. As tempestades de outono vieram trazendo chuva, granizo, neve e um frio penetrante. O temporal despedaçou as tendas ontem à tarde, deixando as mulheres expostas a uma chuva torrencial e sem qualquer abrigo. A toda a pressa, foi reservado para elas o galpão onde fica a equipe de calçados e uma grande tenda de cozinha. No entanto, o fundo dessa tenda está inundado. São dez centímetros de água. Não se pode imaginar que efeito essa estação de chuvas terá aqui.[57]

Após a tempestade devastadora, uma série de grandes realocações ocorreu dentro do campo. Um grupo de mulheres do *Sternlager* foi parar em um novo pavilhão, e as mulheres das tendas acabaram no pavilhão do antigo *Sternlager*.[58] Anne e Margot foram para o chamado *Kleine Frauenlager* [pequeno campo das mulheres], situado no local que antes pertencia ao *Sternlager*. À medida que mais transportes chegavam, a divisão desse campo feminino era cada vez mais alterada à custa do *Sternlager*. Em 20 de dezembro de 1944, Ruth Wiener anotou em seu diário: "Anne e Margot Frank no outro campo!".[59] Esse é o único documento da época que atesta a presença de Anne e Margot Frank em Bergen-Belsen. Ruth Wiener as conhecia da Comunidade Judaica Liberal e do Liceu Judaico de Amsterdã. Ela não falou com elas em Bergen-Belsen, apenas as viu. Ruth Wiener conta que os transportes que chegavam eram sempre acompanhados de muita comoção: "Quem estava lá? Holandeses?". Ela sempre ia olhar. Encontros na cerca eram proibidos, mas ocorriam regularmente.[60]

No "pequeno campo das mulheres", Anne, Margot e Auguste van Pels foram parar em um pavilhão superlotado. Rachel Frankfoorder se lembra de ter visto Anne e Margot, que ela conheceu em Westerbork, novamente em Bergen-Belsen, desta vez sem o pai e a mãe:

> Seus pais não estavam lá. Não se perguntava sobre isso, porque era algo que se sabia. Dada sua própria experiência com pais, irmãos e assim por diante, sim, a gente tinha um palpite, só isso. As meninas Frank estavam quase irreconhecíveis porque seus cabelos tinham sido cortados, elas

estavam muito mais carecas do que nós, não sei como isso é possível. E passavam frio, assim como todas nós. Era inverno, e a gente não tinha roupas. Portanto, todos os fatores para a doença estavam presentes. E elas, particularmente, estavam em péssimo estado.[61]

Annelore e Ellen Daniel, que também chegaram de Auschwitz-Birkenau no transporte de 1º de novembro de 1944, estavam lá. Ellen Daniel se lembra de como ela e sua irmã Annelore foram parar em um pavilhão com um grupo de holandeses. Sob condições adversas, elas procuraram maneiras de combater a fome, o frio e a indolência:

> Ficamos juntas em um grande pavilhão com vários holandeses. E não tínhamos nada para fazer. Ficávamos sentadas em nossa cama o dia todo ou apenas andávamos um pouco para lá e para cá. Claro, tínhamos pouca roupa e um lenço (isso era novidade, antes a gente assoava o nariz no forro do paletó). [...] Nem sei mais exatamente como a gente dormia. Eu e minha irmã em uma cama e, em outra cama, outra dupla de irmãs, e, sei lá, tinha alguém que eu conhecia bem, que conheci lá, porque dormíamos juntas e tínhamos um cobertor extra. E aquele cobertor extra nós começamos a desmanchar. Aí, com isso, tínhamos fios e [...] alguém tinha uma faca e começamos a fazer agulhas de tricô com a madeira de uma tábua de cama, e eu tricotava meias com elas. Então, em Bergen-Belsen eu ficava em minha cama tricotando meias.[62]

A partir da primavera de 1944, Bergen-Belsen tornou-se cada vez mais um campo para o qual os nazistas mandavam prisioneiros doentes para morrer, e, no início de 1945, as condições se deterioraram ainda mais com um aumento maciço nas deportações de outros campos. Nunca, na história dos campos de concentração, escreve Nikolaus Wachsmann, tantos prisioneiros foram "dizimados por doenças, fome e exaustão como em Bergen-Belsen em março de 1945". Dos 45.500 prisioneiros que havia no local naquele mês, mais de 18 mil foram mortos.[63]

Quase todos os que sobreviveram enfatizam que os prisioneiros em Bergen-Belsen estavam completamente à sua própria mercê. "Não havia regularidade", conta Annelore Daniel. "E a gente [vivia como] uma espécie de escravo: quando tinha de fazer uma necessidade, ia fazer do lado de fora. Tínhamos muito pouca comida, e comecei também a ter disenteria. Eu tinha uma úlcera terrível no braço, e tudo ia de mal a pior. Depois, voltamos a ficar em pé para as chamadas e retornávamos para o pavilhão com as companheiras. Mas era uma vida muito monótona."[64] Cato Polak, que, como Annelore Daniel, estava no campo feminino de Bergen-Belsen durante o mesmo período que Anne e Margot, confirma a total falta de organização no campo.[65] Segundo ela, as prisioneiras não trabalhavam, só ficavam por ali à toa; fazia frio e, em certos dias, não havia nenhuma comida.

Ellen Daniel explica que muitos prisioneiros em Bergen-Belsen desistiram de continuar por causa da lamentável combinação de tédio, caos, fome, doença e frio. É essencialmente o mesmo processo que já foi descrito no capítulo sobre Auschwitz e passou a ser conhecido na variante masculina como "*Muselmann*".[66] A própria Ellen Daniel tentou a todo custo evitar que chegasse a esse estado, procurando sempre maneiras de se manter ocupada, juntamente à sua irmã Annelore, e buscando comida extra e proteção contra o frio:

> Em retrospecto, pode-se ver que, as pessoas que não sobreviveram, foi por uma espécie de resignação que tiveram. Não estou dizendo que sou uma lutadora por natureza, definitivamente não, mas, de alguma forma, a gente tem de ter vontade de viver. E é claro que tivemos sorte de sermos apenas nós duas, e o que uma não fazia, a outra fazia. Eu ficava tricotando, minha irmã tentava conseguir um pedaço de couve-rábano em algum lugar.[67]

Mas, com as então muito enfraquecidas Anne e Margot Frank, Ellen Daniel viu a força para continuar lutando lentamente desaparecer. Em uma entrevista de 1995, ela reflete com certa amargura sobre o contraste entre a percepção pública de Anne Frank e sua própria lembrança da garota completamente enfraquecida e desesperada que ela vira em Bergen-Belsen. "Bem, e a famosa Anne Frank também estava conosco no pavilhão, ela estava deitada em outro lugar, na cama junto com sua irmã. E tudo de que me lembro sobre ela é que chorava o dia inteiro, que não queria nada e que não podia fazer nada, mas você não pode dizer isso sobre Anne Frank."[68]

A irmã mais nova de Ellen, Annelore, lembra-se de que, nesse pavilhão, Margot e Anne Frank eram inseparáveis de Auguste van Pels. Annelore inicialmente pensou que Auguste van Pels fosse a mãe das meninas. Além do fato de que Auguste e as irmãs Frank sempre estavam juntas, ela se lembra principalmente de seu estado apático e desesperado. De acordo com as irmãs Daniel, as três mal reagiam aos outros prisioneiros. "Não tivemos nenhum contato com ela, porque [...] ela estava constantemente com a sra. Van Pels [...], aquilo era uma unidade, elas não falavam com ninguém."[69]

Os testemunhos de Rachel Frankfoorder e das irmãs Janny e Lientje Brilleslijper divergem ligeiramente dessa imagem. Frankfoorder se recorda de que as meninas em Bergen-Belsen ficaram visivelmente mais fracas, mas não desistiram da luta. "No entanto, todos os dias elas iam ao portão do chamado campo livre na esperança de conseguir alguma coisa. Elas eram muito determinadas. Acho que quase certamente encontraram alguém que conheciam." Essa suposição, que será discutida mais tarde, acabou se mostrando correta, porque Anne havia descoberto que sua amiga de escola Hanneli Goslar estava no *Sternlager*.[70]

As irmãs Brilleslijper também tiveram contato com Anne e Margot. Elas próprias conseguiram uma função — ali também muito cobiçada — no hospital em Bergen-Belsen. Quando uma SS-*Aufseherin* entrou em seu pavilhão e perguntou se havia enfermeiras entre as prisioneiras, Janny e Lientje se apresentaram, embora sua experiência consistisse em não mais do que um breve curso de primeiros socorros.[71] Nessa posição, elas tentaram o tanto quanto possível dar apoio a seus conhecidos e amigos. Isso incluía Anne e Margot Frank. Nas lembranças das irmãs Brilleslijper, Anne e Margot aparecem menos passivas do que na imagem esboçada pelas irmãs Daniel.[72] Lientje Brilleslijper se recordou, em 1951:

> De novembro de 1944 a março de 1945, nós nos vimos muito. Claro que Anne e Margot tinham pequenas brigas uma com a outra, como todas as outras irmãs. Um dia, Anne veio até nós animada e sussurrou: "Ali no pequeno bloco tem uma sopa doce. Nós vamos organizar alguma coisa".

> Margot ficou zangada por Anne ter contado esse segredinho. Mas era assim que a Anne era: afável, muito espontânea, impulsiva, hipersensível e de coração aberto. Ela sempre dizia o que pensava.[73]

Janny Brilleslijper se lembra de que, nos dias após a tempestade caótica, elas foram procurar conhecidos no campo de tendas. Finalmente elas encontraram Anne e Margot em um dos pavilhões. A declaração de Janny Brilleslijper difere da de Annelore Daniel, que enfatiza que as irmãs Frank e Auguste van Pels se isolaram das outras em Bergen-Belsen e que quase não falavam com as demais prisioneiras. Janny Brilleslijper, por outro lado, conta que ela e Lientje colocaram as irmãs Frank sob a sua proteção e formaram um grupo muito unido com algumas outras prisioneiras holandesas, inclusive Auguste van Pels e as irmãs Daniel, que conviviam e cuidavam umas das outras.

Em dezembro, elas até organizaram uma "festa" conjunta em seus beliches, durante a qual celebraram o Chanucá, o dia de São Nicolau, o Natal e o Ano-novo ao mesmo tempo. Todas "economizaram" um pouco de pão para isso e deram uma pequena contribuição. "Naquela noite, todas nós nos sentamos nas camas de um pavilhão de pedra e cantamos juntas."[74] A irmã de Janny, Lientje, também se lembra daquele momento. "Essa 'festa' nos fez esquecer, por alguns instantes, da indescritível miséria da nossa condição. Éramos Anne, Margot, as irmãs Daniel, minha irmã e eu."[75]

Janny Brilleslijper se lembra de que as prisioneiras holandesas foram atacadas um dia depois por um guarda bêbado, um SS-*Rottenführer* conhecido como "o Müller vermelho". É um dos poucos testemunhos que menciona um confronto direto entre as irmãs Frank e os guardas da SS:

> Estupidamente bêbado, ele tentou nos derrubar de nossos beliches de cima. De chicote na mão, ele ficava sacudindo as laterais das camas, tentando nos arrancar dali. Lutamos com unhas e dentes, nos agarramos contra as camas, e ele não conseguiu nos pegar. Nós nos defendemos o quanto foi necessário! Estavam conosco, então, as meninas Frank e as meninas Daniel e Sonja Lopes Cardoso; estávamos de cócoras em nosso beliche de cima, e acima dele havia um telhado inclinado. Nós vivenciamos aquilo muito profundamente. É uma experiência que a gente não vai esquecer.[76]

Esse incidente, referido por Janny Brilleslijper, repete-se de forma ligeiramente diferente nas lembranças de sua irmã, mas está ausente dos depoimentos das irmãs Daniel.[77] Isso vale, também, para uma outra recordação de Brilleslijper, a de que Anne e Margot ajudaram as irmãs Brilleslijper a cuidarem de um grupo de crianças holandesas menores, que mais tarde foram transferidas do *Sternlager* para o campo das mulheres. De acordo com Janny, Margot e Anne visitaram essas crianças várias vezes para cantar com elas e levar-lhes "um pouquinho de cultura".[78]

Pouco depois, o contato entre Janny e Lientje Brilleslijper e as irmãs Frank esfriou. Como eram "enfermeiras", elas estavam ocupadas cuidando dos doentes, o que faziam principalmente em seu próprio bloco, onde eram regularmente visitadas por conhecidos. "As meninas Frank, aquelas duas fedorentas ensimesmadas, não vinham nos ver muito regularmente. Quando quisemos visitá-las, naquele caos total de Bergen-Belsen, não as encontramos, porque então o bloco havia sido transferido outra vez. Era um caos em que ninguém sabia mais onde alguém estava." Nesse ínterim, Janny havia confirmado que Anne e Margot estavam gravemente doentes.[79] Rachel Frankfoorder, também nesse pavilhão, lembra que as irmãs Frank estavam em um local desfavorável: perto da porta, que era aberta a toda hora, onde era frio e com correntes de ar. "Dava para ouvi-las gritando o tempo todo: 'Feche a porta, feche a porta', e aquele som ficava um pouco mais fraco a cada dia."[80]

Nanette Blitz no Liceu Judaico, dezembro de 1941.

Nanette Blitz, colega de classe de Anne Frank no Liceu Judaico, também chegou a essa conclusão quando conheceu Anne em Bergen-Belsen. Com seus pais e irmão, ela estava na "Lista da Palestina" e foi parar no *Sternlager* para possivelmente ser trocada por prisioneiros de guerra alemães e viajar para a Palestina. Devido à morte de seu pai em 14 de novembro de 1944, a família perdeu esse status. Sua mãe e seu irmão foram posteriormente deportados; a própria

Nanette foi parar no *Kleine Frauenlager* em 5 de dezembro de 1944, onde logo conheceu Anne.[81] Para Otto Frank, que depois da guerra estava procurando alguém que pudesse lhe dizer algo sobre suas filhas, Nanette escreveu em 31 de outubro de 1945 que ela havia visitado Anne e Margot em janeiro em uma enfermaria e, em fevereiro, ainda tinha ouvido falar delas. Mais tarde, ela conta que Anne já estava muito doente naquela época e claramente apresentava sinais de febre tifoide. Anne andava "nua e esquelética, vestida apenas com um cobertor". Margot estava "doente demais para ficar de pé".[82]

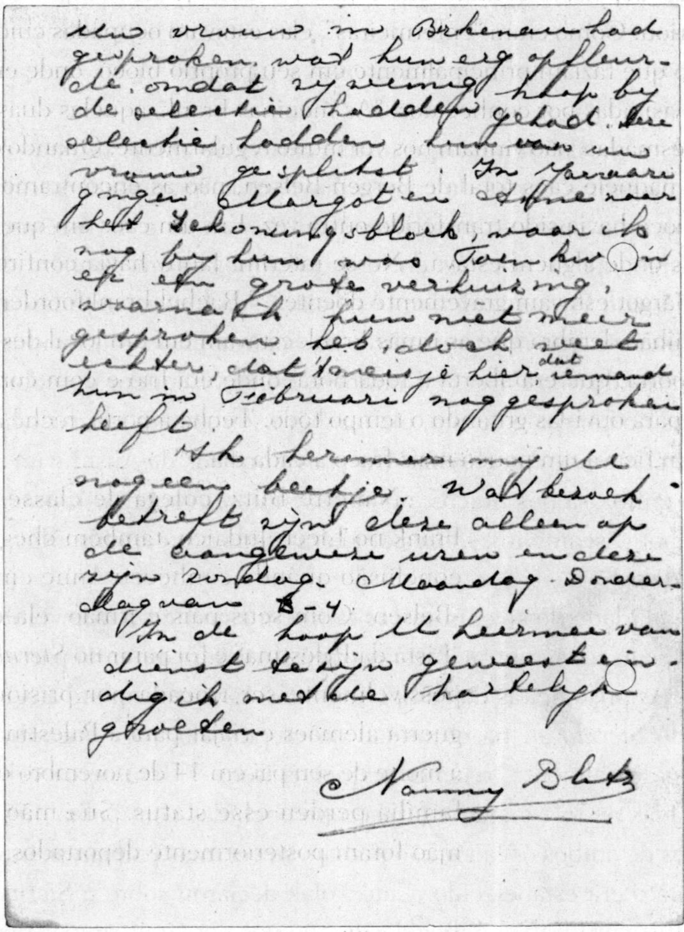
[illegible] vrouw in Birkenau had
gesproken, wat hun erg opfleur-
de, omdat zij weinig hoop bij
de selectie hadden gehad. [illegible]
selectie hadden hun van [illegible]
vrouwen gesplitst. In Januari
gingen Margot en Anne naar
het [illegible]block, waar ik
nog bij hun was. Toen kwam
ik in een grote verhuizing,
waarna ik hun niet meer
gesproken heb, doch weet
echter, dat 't meisje hier dat iemand
hun in Februari nog gesproken
heeft.
Ik herinner mij U
nog een beetje. Wat bezoek
betreft zijn deze alleen op
de aangewezen uren en deze
zijn Zondag, Maandag, Donder-
dag van 3-4.
In de hoop U hiermee van
dienst te zijn geweest, [illegible]
dig ik met U hartelijk
groeten
Nanny Blitz

Carta (verso) de Nanette Blitz a Otto Frank, 31 de outubro de 1945.

Em janeiro, Margot Rosenthal foi de Auschwitz para Bergen-Belsen. Ela conhecia Anne e Margot Frank de Westerbork e poderia contar a elas que sua mãe, Edith, não havia sido gaseada após a seleção para Bergen-Belsen.[83] Pouco antes de Margot ter morrido, Margot Rosenthal encontrou Anne novamente.[84] Sophie Huisman também se lembra de ter visto Anne em uma grande chamada. Mais tarde, só conseguia se lembrar do rosto de Anne e que ela estava muito fraca.[85]

Encontros na cerca

Vários diários mostram que, apesar das cercas de arame farpado que separavam as diferentes partes do campo, havia uma quantidade surpreendente de comunicação entre os prisioneiros do *Sternlager* e os recém-chegados. A troca constante de notícias entre os prisioneiros era também conhecida como JPA (*Jewish Press Association* [Associação da Imprensa Judaica]).[86] Ruth Wiener observou que nos transportes da Polônia havia conhecidos e parentes de pessoas do *Sternlager*.[87] E também Renata Laqueur descobriu muitos conhecidos no campo e, assim, ela também soube algo sobre os "mistérios" do infame campo de Auschwitz. "Eu vi os números de Auschwitz marcados com ferro em brasa nos braços, ouvi eles contarem sobre o *Vernichtung* [extermínio] por gaseamento, sobre como era a vida nos campos. Nós todos não sabíamos disso!"[88]

A capacidade de se comunicar também significava que velhos conhecidos poderiam se encontrar, mesmo que estivessem em uma parte diferente do campo. As prisioneiras do campo feminino às vezes iam até a cerca que as separava do *Sternlager*, na escuridão do crepúsculo, para encontrar conhecidos e, ocasionalmente, receber pequenos itens.[89] Essa cerca consistia em duas camadas de tela e arame farpado preenchidas com palha ou junco. Os prisioneiros de ambos os lados não podiam se ver, mas podiam se ouvir, e com isso o contato era estabelecido. Cato Polak declarou sobre o *Sternlager*: "Fie [Sophie Huisman] tinha conhecidos lá que nos deram as roupas necessárias. Eles eram autorizados a manter suas próprias roupas e usavam uma estrela."[90]

Durante o dia, fazer contato no portão era muito perigoso, e as chamadas não podiam ser perdidas. No período em que as irmãs Frank permaneceram no campo feminino de Bergen-Belsen, já escurecia por volta das cinco horas da tarde. Rachel Frankfoorder conta que Anne e Margot costumavam ir até a cerca que separava o *Frauenlager* do *Sternlager*.[91] Hanneli Goslar, vizinha e amiga de Anne em Amsterdã desde o jardim de infância, estava no *Sternlager* com seu pai, sua avó e sua irmã desde janeiro de 1944.[92] Em janeiro ou início de fevereiro de 1945, alguém foi chamá-la, porque do outro lado da cerca sua amiga Anne foi vista no campo.[93]

> Eu fiquei louca porque pensei: Anne Frank está na Suíça comendo chocolate com a avó. Como ela chegou aqui? Portanto, não tive escolha a não ser chegar o mais perto possível do arame farpado à noite. E comecei a chamar alguém do outro lado [...]. E, quando eu estava lá no arame farpado chamando "Alô, alô", a mulher que me respondeu era a mãe do Peter, a sra. Van Pels. E ela estava lá escondida com a Anne — mas eu não sabia disso, naturalmente. Porém, nós nos conhecíamos, morávamos no mesmo bairro, Zuider Amstellaan, e eles eram amigos dos Frank, e nós também éramos amigos deles. Não éramos amigos de Van Pels, mas nos conhecíamos. E ela sabia que eu era amiga da Anne, e a primeira coisa que ela disse foi: "Ah, você quer falar com a Anne". Eu disse: "Sim, claro". Conversamos por meio minuto, era muito perigoso. E aí ela só disse ainda: "Não posso trazer a Margot, ela não pode mais vir até este arame farpado, mas vou trazer a Anne". E eu fiquei lá esperando. E, realmente, depois de cinco minutos ou mais, ouvi uma vozinha muito fraca, e era a Anne. Primeiro nós duas começamos a chorar, e então eu perguntei: "Como você chegou aqui? Eu esperava que você estivesse na Suíça com sua avó". E Anne disse: "Nós nunca tentamos fazer isso, estávamos escondidos no escritório do meu pai e fomos traídos".[94]

Na noite seguinte, Hanneli Goslar voltou com um pacotinho contendo comida de um pacote da Cruz Vermelha. Em uma entrevista à Casa de Anne Frank, Hanneli Goslar, agora conhecida como Hannah Pick-Goslar, disse o seguinte:

> Então, ouvi a Anne falar do outro lado. E pensei em levar um pacote, como uma bola de futebol, e todo mundo tinha me dado alguma coisa, uma meia ou uma luva e algumas ameixas secas do pacote, ou aquele pão sueco crocante, *knäckebrod*, que dá para guardar por muito tempo. E eu disse: "Anne, *Vorsicht* [cuidado], vou jogá-lo por cima do arame farpado". E então ouço a Anne chorando, gritando e com raiva. O que aconteceu? Eu não podia vê-la, e aquele arame farpado era alto e a noite estava escura e eu tinha que jogar o pacote no lugar onde eu a ouvia. Mas havia centenas de outras mulheres famintas, e outra mulher pegou o pacote, fugiu e não deu nada a ela. Bem, eu tive de acalmá-la primeiro e prometi: "Vamos fazer isso outra vez". E fizemos tudo de novo, encontrei-me três vezes ao todo com ela, e, dessa vez, ela recebeu o pacote. Eu sei disso com certeza. Também tenho uma amiga aqui no país que estava com ela no campo e ela se lembra de que Anne havia recebido um pacote. E essa foi a última vez que a encontrei. Nunca a vi, só falei com ela três vezes. Mas então meu pai faleceu, e não saí por alguns dias. E, quando fui procurar a Anne novamente, não havia ninguém lá.[95]

Havia constantemente grandes deslocamentos dentro do campo. A partir de 20 de janeiro de 1945, muitas prisioneiras do *Kleine Frauenlager* foram transferidas para o pavilhão do antigo campo de prisioneiros de guerra do outro lado da *Lagerstraße* [rua do campo]: o *Große Frauenlager* [grande campo das mulheres].[96] Houve, também, seleções regulares, após as quais as prisioneiras eram enviadas para um pavilhão de doentes.[97] Talvez Anne e Margot tenham se mudado, e essa seria a razão pela qual Hanneli Goslar não as viu novamente, mas nenhuma fonte foi encontrada sobre isso.[98]

Com base em outros dados, podemos concluir que o primeiro encontro entre Anne e Hanneli Goslar, quando o pacote foi roubado, provavelmente deve ter ocorrido entre 23 de janeiro e 7 de fevereiro. Em qualquer caso, deve ter sido antes de 7 de fevereiro, porque Auguste van Pels partiu para Raguhn naquele dia.[99] Também sabemos, por uma lista preservada, que a avó de Hanneli Goslar recebeu um pacote em 23 de janeiro de 1945 por meio da Cruz Vermelha Suíça.[100]

A história de Hanneli Goslar é confirmada por várias testemunhas que estavam com ela no *Sternlager*.[101] Irene Hasenberg se lembra de que estava presente em uma reunião e que nessa ocasião Hanneli jogou um pacote por cima da cerca para a Anne, que foi arrancado dela e levado embora:

> Só consigo me lembrar de que tinham chegado mulheres de Auschwitz e que Hanneli descobriu que Anne Frank estava no campo ao lado do nosso. Mas aquele campo estava separado do nosso por arame farpado e nenhuma comunicação era permitida. Mas ela tinha ouvido isso e perguntou se alguém poderia enviar uma mensagem a Anne Frank para encontrá-la no portão naquela noite. Isso só poderia acontecer à noite, porque as sentinelas atirariam se vissem alguém conversando. Então fizemos isso depois que escureceu. Hanneli, então, a viu sozinha: ela estava muito magra e sem roupas.[102] Ela estava com frio e tinha apenas se enrolado em um cobertor. E ela perguntou a Hanneli se poderia encontrar algumas roupas para ela. Pouco depois, Hanneli me falou sobre isso e voltamos juntas com algumas roupas, que jogamos por cima da cerca na noite seguinte. Em seguida, encontramos Anne novamente e jogamos o pacote, mas no escuro ela não conseguiu encontrá-lo, e outra pessoa o agarrou e saiu correndo com ele. Foi um dia antes de eu deixar Bergen-Belsen com minha família para a troca, e apenas muitos anos depois ouvi de Hanneli que ela havia conseguido jogar outro pacote por cima da cerca na noite seguinte e que Anne o recebera.[103]

Martha van Collem, que estava com a mãe e a irmã no *Sternlager*, também compareceu a essas reuniões uma ou duas vezes. A família Van Collem conhecia os Franks da Comunidade Judaica Liberal de Amsterdã. Quando Hanneli disse a Martha em Bergen-Belsen que ela tinha ouvido falar que Anne Frank também estava lá, Martha reagiu com descrença:

> Anne... uma história e tanto, essa... não lembro exatamente se recebemos um cartão postal [da família Frank], ou de outra pessoa, mas me lembro de que meu pai disse à minha mãe a certa altura [...]: "Eles sumiram, eles fugiram, eles se foram". [...] E então, quando eu estava em Bergen-Belsen,

a Hanneli me perguntou se eu queria ir com ela até a cerca porque ela iria se encontrar com a Anne, e eu respondi: "De onde você tirou isso, menina? Anne e a família fugiram. Recebemos um cartão deles dizendo que estavam na Bélgica". "Sim", confirmou ela, "isso mesmo, só que eles não fugiram. Eles estavam na Holanda." Eu disse: "Nunca ouvi nada parecido". E então ela falou: "Venha comigo, ela própria vai te contar". E, então, de fato Anne me contou.[104]

Martha van Collem, 1943.

Finalmente, há outro testemunho, mais difícil de verificar, de uma prisioneira de *Sternlager* sobre outro pacote que Anne Frank teria recebido. Trata-se de uma declaração de uma mulher referida por Ernst Schnabel como "sra. L." — presumivelmente Eva Lek-van Leeuwen —, que se lembrava de ter reconhecido Anne em Bergen-Belsen. Ela descreve que conseguiu ver Anne através da cerca — algo improvável, dadas as descrições que os outros fizeram dessa cerca — e, quando a reconheceu com um pacote de roupas e comida, ela quis ajudar:

> Sim, eu vi a Anne em Belsen. Ela tinha chegado de Auschwitz em um transporte e elas foram primeiro alojadas em tendas, porque não havia mais espaço no pavilhão. Mas, quando o tempo mudou e chegou o outono em Heide, uma noite aquelas tendas foram destruídas e derrubadas por uma tempestade. Em seguida, elas foram todas distribuídas em blocos diferentes, e Margot e Anne estavam no bloco bem ao nosso lado. E eu vi Anne atrás da cerca de arame farpado, do outro lado da rua. Era ainda pior daquele lado do que do nosso, porque de vez em quando ainda recebíamos um pacote, e eu gritava: "Não vá embora, Anne, espere!". E eu corri para o pavilhão e rapidamente embalei o que pude encontrar em um pacote e caminhei de volta para o portão. Mas era longe e nós, mulheres, éramos muito fracas. E, enquanto ainda estávamos discutindo como jogar o pacote por cima da cerca, o sr. Bril apareceu.[105] Ele era muito alto, e eu disse: "Eu tenho aqui no pacote um vestido velho, um sabonete e um pedaço de pão; por favor, sr. Bril, você poderia jogá-lo por cima da cerca? Tem uma criança ali!". O sr. Bril hesitou sem saber se ousaria, pois as sentinelas podiam nos ver. Mas ele aceitou quando viu a criança. [...] E ele pegou o pacote e o atirou bem alto sobre a cerca para o outro lado.[106]

O falecimento de Margot e Anne Frank

Não sabemos exatamente quando Anne e Margot faleceram. Depois da guerra, em julho de 1945, Otto Frank soube primeiramente pelas irmãs Brilleslijper da morte de suas filhas em Bergen-Belsen. Elas lhe contaram que tinham visto as meninas de perto em Bergen-Belsen e sabiam, devido ao seu papel de "enfermeiras", que Anne e Margot estavam doentes. Elas não estiveram presentes na ocasião das mortes, mas contaram a ele quando Anne e Margot faleceram aproximadamente.[107] Lientje Brilleslijper declarou que havia conhecido Anne e Margot no campo e que ambas faleceram no fim de fevereiro ou início de março.[108] Quando Otto Frank precisou de uma declaração do falecimento de suas filhas para o registro municipal da população de Amsterdã, ele pediu às irmãs que confirmassem os óbitos.[109] Em 11 de novembro de 1945, Lientje Brilleslijper declarou por escrito: "Declaro pela presente que Margot e Anne Frank faleceram no *Schonungsblock* nº 19 do *Häftlingenlager* de Bergen-Belsen por volta do fim de fevereiro ou início de março [1945]. Eu mesma também estive presa no mesmo campo no bloco nº 1 e era amiga das meninas acima mencionadas".[110]

Em 1954, Otto Frank precisava de uma declaração de óbito oficial de seus filhos para redigir uma declaração de sucessão.[111] Depois da guerra, a Cruz Vermelha Holandesa recebeu a tarefa legal de determinar o local e a data da morte das pessoas desaparecidas. Para que isso fosse estabelecido para Anne e Margot, Lientje Brilleslijper apresentou uma declaração oficial em 22 de janeiro de 1951, na qual ela então se lembrava de que Anne e Margot Frank haviam falecido "por volta de março de 1945" em Bergen-Belsen.[112]

A Comissão para a Declaração de Óbito do Departamento de Justiça estabelecia datas de falecimento desconhecidas no último dia do mês, por padrão, se isso pudesse vincular o destino de uma pessoa a um evento ou a uma declaração de testemunha. Assim, quando Lientje Brilleslijper declarou que Anne e Margot haviam falecido por volta de março de 1945, a NRK concluiu que elas "faleceram em Bergen-Belsen não antes de 1/3/45 e no máximo em 31/3/45". A data da morte foi estabelecida, de acordo com o método padrão, em 31 de março de 1945.[113] Em 29 de outubro de 1954, após transcorrido o prazo legal de três meses, a data do óbito foi anunciada no Diário Oficial e oficialmente inscrita no Registro Civil.[114]

Como milhares de outros prisioneiros, Anne e Margot foram infectadas com a bactéria *Rickettsia*, ou tifo exantemático epidêmico, uma doença transmitida por piolhos corporais infectados em vestimentas e roupas de cama e que causou enormes taxas de mortalidade entre os prisioneiros de Bergen-Belsen e de muitos outros campos.[115] Embora Anne e Margot tivessem sido vacinadas contra a febre tifoide comum como parte de seu pedido de visto para os Estados Unidos, elas não estavam protegidas contra essa variante transmitida por piolhos.[116] A taxa de mortalidade — a porcentagem de pessoas infectadas que morrem em consequência da doença — pode ser de até 50%. Além disso, o tifo exantemático epidêmico tem um curso de doença muito claro. Após um período de incubação de cerca de uma semana, aparecem os primeiros sintomas: fortes dores de cabeça, calafrios, febre e dores musculares. Depois de cerca de cinco dias, podem ocorrer alucinações, meningite e sintomas de coma. Quando se alcança esse estágio, quase todos os pacientes morrem em duas semanas.[117]

Com base no que sabemos sobre a progressão da doença e pelos testemunhos disponíveis, é possível, portanto, chegar a uma estimativa ainda mais precisa da data provável da morte de Anne e Margot. Para formarmos nossa imagem das últimas semanas em que Anne e Margot ainda estavam vivas, temos de confiar nos escassos testemunhos de outros prisioneiros. Por exemplo, Rachel Frankfoorder e Nanette Blitz viram, em janeiro de 1945, que Anne e Margot estavam muito doentes. "A gente realmente via que elas estavam morrendo, as duas", lembrou Rachel Frankfoorder em uma entrevista com Willy Lindwer. Ela conta como via os sintomas típicos do tifo progredindo cada vez mais claramente nas duas meninas. Exibiam "uma apatia alternada com crises, até que ficaram tão doentes, que já não havia mais esperança".[118] Pouco tempo depois, ela reparou que havia perdido Anne e Margot de vista e presumiu que tivessem falecido. Nanette Blitz se lembra mais ou menos do mesmo período:

> Acho que não vi a Margot de pé. Ela estava deitada lá. A Anne, eu cheguei a abraçar, mas não me lembro da Margot de pé, ela já estava completamente debilitada. E tudo se atrofiava, *né*, tudo, cérebro, estômago, tudo, *né*, ela ficou completamente... e eu quase nunca falei com ela. Ela já estava meio perdida, completamente debilitada... Mas a Anne, eu falei com ela várias vezes lá e creio que, cada vez que ela vinha, Margot ficava lá no pavilhão, ela já não estava mais tão bem.[119]

Ela também diz que viu Anne e Margot ainda em vida:

C. R. Rebling Brilleslijper
Prinsengracht 579
Tel 34019

Amsterdam 11 Nov 1945

Verklaring

Hiermede verklaar ik dat Margot en Anne Frank in het schonung: block nr. 19 in Bergen-Belsen Häftlingen lager. Omstreeks, eind Februari begin Maart (1945) zijn overleden. Ik was zelf ook gevangen in hetzelfde kamp in Block no 1 en was met bovengenoemde meisjes bevriend.

C. R. Rebling Brilleslijper

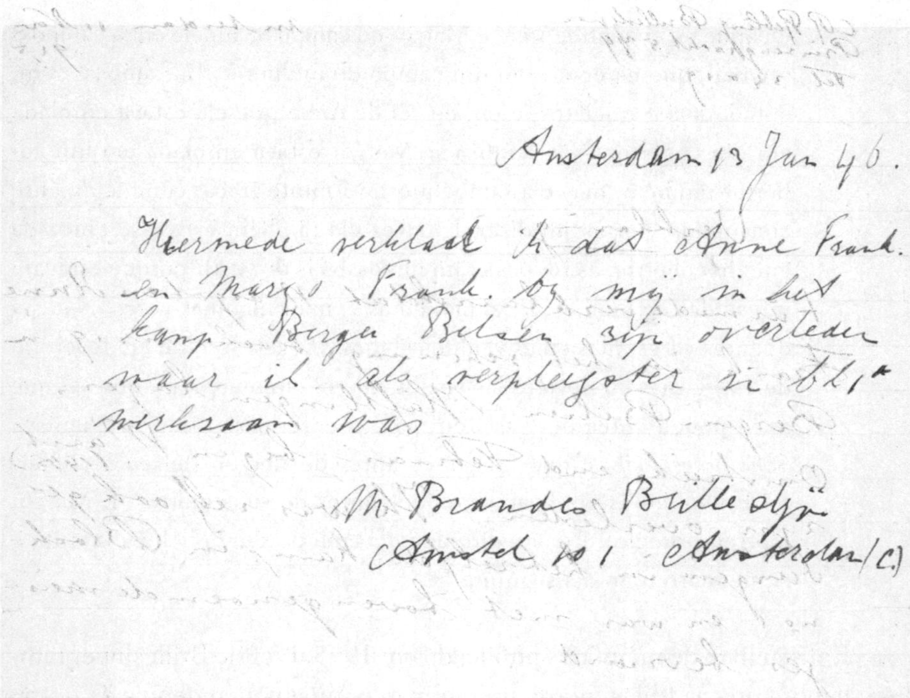

Amsterdam 13 Jan 46.

Hiermede verklaar ik dat Anne Frank en Margot Frank bij mij in het kamp Bergen Belsen zijn overleden waar ik als verpleegster in Bl[illegible] werkzaam was

M. Brandes Brilleslijper
Amstel 101 Amsterdam (C.)

Declarações de Rebekka "Lientje" Rebling-Brilleslijper, em 11 de novembro de 1945, e de Janny Brandes-Brilleslijper, em janeiro de 1946. A pedido de Otto Frank, elas confirmaram que Anne e Margot faleceram em Bergen-Belsen.

> Quando eu encontrei Anne e Margot no campo 8, aquele era o campo 8 original, que na época era um campo de mulheres, [...] ambas eram, então, dois esqueletos, e eu, eu sei de Anne que ela estava enrolada em um cobertor. Não lembro se Margot estava enrolada em um cobertor também, mas ela também estava muito fraca, completamente consumida, por assim dizer. E talvez ela também estivesse enrolada em um cobertor, as roupas eram impossíveis de vestir porque estavam infestadas de piolhos. E, então, eu as vi mais algumas vezes. Não sei quantas vezes, mas eu as vi ainda algumas vezes. Isso foi em fevereiro de 1945, mas eu devo tê-las visto também em março, porque sei que as vi pouco antes de elas irem para a enfermaria, que se chamava *Schonungsblock*, e que foi pouco antes de Bergen-Belsen ser liberto. Então, eu as vi, digamos, pouco antes de suas mortes. E Margot morreu primeiro. Eu acredito que ela caiu de seu beliche, ela caiu, e Anne morreu no dia seguinte.[120]

Em seu livro de memórias publicado em 1995, Lientje Brilleslijper também lembra que as irmãs morreram em março, uma pouco depois da outra. "O fim veio em março de 1945. Margot, a mais velha e mais serena, morreu [...] de tifo e exaustão total. 'Agora eu também não preciso mais voltar', disse Anne tristemente. Ela havia desistido da luta após a morte de Margot. A luta contra se conformar com o terrível destino. E, assim que a força de vontade foi quebrada, o fim não demorou a chegar. Poucos dias depois, Anne adormeceu para sempre, calma e em paz."[121]

Há indícios de que Anne e Margot provavelmente tenham morrido antes da data de óbito escolhida pela Cruz Vermelha, 31 de março de 1945. Até mesmo antes do fim de fevereiro e do início de março, conforme declarado por Lientje Brilleslijper e Nanette Blitz. Os encontros com Hanneli Goslar e Martha van Collem no portão ocorreram poucos dias depois de a família Goslar ter recebido um pacote. A avó de Hanneli Goslar recebeu seu pacote da Cruz Vermelha por volta de 23 de janeiro de 1945. Isso coloca a reunião no portão o mais tardar no início de fevereiro de 1945. Anne e Margot ainda estavam vivas na época, mas Margot estava em péssima condição. Annelore Daniel, Rachel Frankfoorder e

Sophie Huisman, assim como Auguste van Pels, foram selecionadas no início de fevereiro para o transporte de 7 de fevereiro de 1945 do campo feminino para Raguhn.[122]

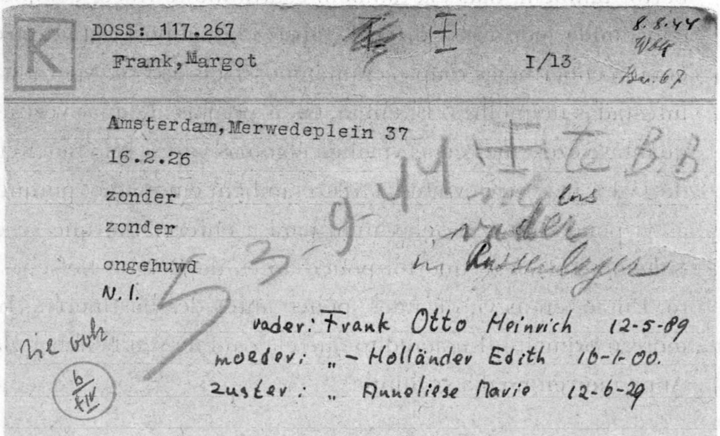

K

DOSS: 117.267

Frank,Margot

I/13

8.8.44

Amsterdam,Merwedeplein 37

16.2.26

zonder

zonder

ongehuwd

N.I.

vader: Frank Otto Heinrich 12-5-89

moeder: „ - Holländer Edith 16-1-00.

zuster: „ Annaliese Marie 12-6-29

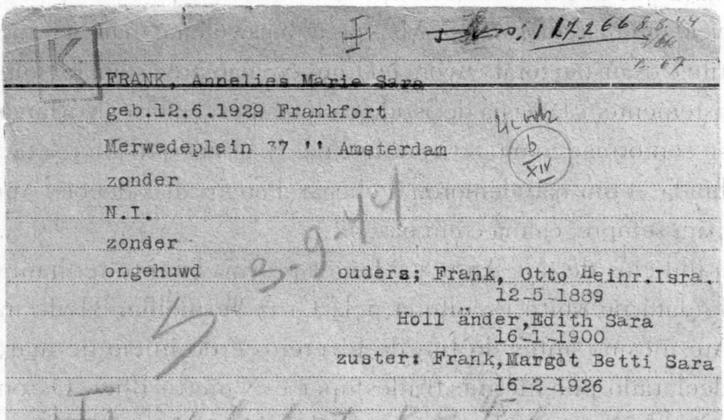

K

FRANK, Annelies Marie Sara

geb.12.6.1929 Frankfort

Merwedeplein 37 '' Amsterdam

zonder

N.I.

zonder

ongehuwd

ouders; Frank, Otto Heinr.Isra.
12-5-1889
Holländer,Edith Sara
16-1-1900

zuster: Frank,Margot Betti Sara
16-2-1926

Os cartões de registro de Margot Frank (em cima) e de Anne Frank (embaixo) da administração do Conselho Judaico.

A constatação feita por elas de que Anne e Margot estavam muito doentes e tinham febre tifoide data, portanto, de antes disso. Rachel Frankfoorder até testemunhou que Anne e Margot haviam falecido antes, porque ela, de repente, não conseguia mais vê-las no pavilhão e concluiu que estivessem mortas. Na época, havia cadáveres espalhados por todo o campo, e talvez, pensou, pudesse até ter pisado nelas ao sair do pavilhão. Também é possível que não as tivesse mais visto porque elas estavam em uma enfermaria. Janny Brilleslijper, que trabalhava como enfermeira no campo, reconheceu claramente os sintomas do tifo exantemático epidêmico em Anne e Margot Frank e disse que as irmãs também estiveram em uma enfermaria.[123] Mas, em todo caso, Anne e Margot, na primeira semana de fevereiro, já estavam à beira da morte.

Com base nesses dados e no conhecimento sobre a evolução do tifo exantemático epidêmico, em que quase todos os pacientes morrem de duas a três semanas após os primeiros sintomas, é possível se chegar a uma nova — e ainda mais precisa — estimativa de data de falecimento de Anne e Margot Frank. Quando, no primeiro encontro entre Anne Frank e Hanneli Goslar, que foi arranjado por Auguste van Pels alguns dias antes de 7 de fevereiro de 1945 (o que também é confirmado pelas declarações de Nanette Blitz), Margot não se aguentava mais em pé e, portanto, estava presumivelmente na fase em que os primeiros sintomas graves, como fortes dores musculares, aparecem, então há pouca chance de que ela tenha sobrevivido por mais tempo do que até meados de fevereiro de 1945. Margot, provavelmente, não chegou ao seu décimo nono aniversário, em 16 de fevereiro de 1945. E o mesmo se aplica a Anne Frank, que — de acordo com as testemunhas que a viram pouco antes de sua morte — também estava em um estágio avançado de febre tifoide durante o mesmo período e faleceu poucos dias depois de Margot. Portanto, faleceram mais de um mês antes do que sempre se supôs.

6
"Me lembro de Gusta van Pels — de origem alemã"
Auguste van Pels em Raguhn

"Graças a Deus, um campo pequeno"

Pouco antes do falecimento das irmãs Frank, Auguste van Pels foi novamente deportada. Bergen-Belsen ainda tinha a função de *Durchgangslager*, e as seleções ocorriam com certa regularidade, por meio das quais grupos de mulheres eram transferidos para campos de trabalho forçado em outras partes do Reich alemão.[1] Em algum momento da primeira semana de fevereiro, por orientação do comandante do campo e na presença de alguns oficiais em trajes civis, quinhentas mulheres de diferentes nacionalidades foram selecionadas para o SS-*Kommando Heerbrandtwerke* AG em Raguhn, cuja administração recaiu sob a responsabilidade do campo de concentração de Buchenwald.[2] Auguste van Pels foi selecionada junto com outras 28 mulheres holandesas que, tanto quanto pode ser apurado, foram todas transportadas de Auschwitz para Bergen-Belsen em 1º de novembro de 1944. Oito delas também estiveram no transporte de 3 de setembro de 1944 de Westerbork para Auschwitz.[3]

Anne e Margot Frank não foram escolhidas para Raguhn porque estavam muito doentes em fevereiro. Mas Auguste também já estava muito enfraquecida naquele momento. Annelore Daniel, por exemplo, ficou surpresa por Auguste não ter sido deixada para trás em Bergen-Belsen, porque se lembra de como ela estava mal.[4] Cato Polak se recorda de como as mulheres selecionadas foram reunidas em um pavilhão separado e todas tiveram de dormir no chão. "A gente tinha de sair pelo menos dez vezes por noite, e era tremendamente difícil encontrar de novo seu lugar no escuro. Estávamos todas muito magras, e, se a gente apenas se tocasse, isso era extremamente doloroso, e, portanto, a gritaria era interminável."[5]

As quinhentas mulheres selecionadas tiveram novamente de caminhar quatro quilômetros e meio de volta para a *Rampe*, onde os vagões de carga estavam esperando para levá-las a Raguhn. No caminho, elas viram novos transportes de prisioneiros indo na direção oposta, para Bergen-Belsen.[6]

Depois de três dias, as prisioneiras chegaram a Raguhn, em 10 de fevereiro de 1945.[7] Para a maioria das testemunhas, essa foi mais uma deportação, e seus depoimentos dificilmente entram em detalhes sobre esse transporte.[8] Freda Silberberg, no entanto, lembra-se de que as mulheres, quando tiveram de caminhar do campo de Bergen-Belsen para a estação de trem, foram abusadas verbalmente e cuspidas pelo caminho por alemães que viviam em vilas próximas ao campo:

> Bem, tivemos de caminhar até a estação de trem. E as pessoas não foram exatamente encantadoras conosco. Eles cuspiam em nós, os alemães, sim. Porque às vezes a gente caminhava através de uma aldeia, entende? E, então, embarcamos outra vez em um trem e não nos arrependemos de deixar Bergen-Belsen, porque sentíamos que as coisas estavam piorando por lá. E, quando chegamos a Raguhn, dissemos: "Graças a Deus, é um campo pequeno. Graças a Deus que é um campo pequeno!".[9]

O trabalho na fábrica de aviões

Raguhn era, de fato, muito menor do que Bergen-Belsen. Ele estava localizado na extremidade oeste da cidade de Raguhn, em Sachsen-Anhalt, perto de Halle an der Saale, onde em fevereiro de 1945 foi instalado um dos últimos subcampos do campo de concentração de Buchenwald.[10] O campo principal de Buchenwald já existia desde 1937 e foi um dos primeiros e maiores campos de concentração em solo alemão. Entre 1938 e 1945, aproximadamente 240 mil pessoas estiveram presas nele. Um grupo diversificado de prisioneiros de guerra, opositores políticos, testemunhas de Jeová, homossexuais, ciganos roma e sinti e judeus. Como muitos outros campos de concentração, Buchenwald também tinha numerosas subseções, que eram chamadas de subcampos ou comandos (externos). O SS-*Kommando Heerbrandtwerke* AG em Raguhn foi liderado pelo SS-*Hauptscharführer* Herbert Dieckmann e pelo SS-*Obersturmführer* Hermann Grossmann. Cerca de 45 guardas masculinos e femininos trabalhavam lá. O campo foi inaugurado em 7 de fevereiro de 1945 como um campo de trabalho para um grupo de mulheres de Bergen-Belsen, que ficavam alojadas perto da cidade de Raguhn. Embora administrativamente o subcampo de Raguhn fizesse parte do campo de Buchenwald, ele ficava em torno de 170 quilômetros mais a nordeste.

Hermann Grossmann, 1947.

As prisioneiras eram, com duas exceções, judias, mas de origens geográficas diversas. Além da Holanda, elas vinham da França, da Bélgica, da Polônia, da Itália, da Hungria e da Alemanha, e até mesmo algumas da América e da Turquia. Antes de sua chegada a Raguhn, a maioria, como Auguste van Pels, havia passado algum tempo em Bergen-Belsen. Outro grupo havia chegado a Raguhn via Theresienstadt e Auschwitz. No subcampo, havia entre quinhentas e setecentas mulheres que trabalhavam em uma fábrica de peças para aeronaves da Junkers Flugzeug- und Motorenwerke AG, localizada quinze quilômetros ao norte, em Dessau. A Junkers era originalmente uma empresa privada que caiu nas mãos do Ministério da Aviação da Alemanha em 1936. Mostrou-se importante para a indústria de guerra alemã porque foi nela que se construíram diferentes tipos de aeronaves e motores de aeronaves.

Depois de chegar a Raguhn, registraram-se de novo as mulheres. Como o subcomando Raguhn fazia parte do campo de concentração de Buchenwald, foram incluídas na administração desse campo e receberam "números de Buchenwald". Em ordem alfabética do sobrenome, as mulheres foram numeradas nas séries de 67.001 a 67.505.[11] Auguste van Pels recebeu o número 67.357.[12]

As mulheres usavam roupas listradas de prisioneiras para que fossem claramente reconhecíveis. Isso era importante tanto na fábrica Junkers, na qual também trabalhavam não prisioneiros, como durante sua jornada diária pela cidade de Raguhn até a fábrica sob a supervisão de *kapos* e guardas da SS.[13] Na fábrica, elas tinham de montar peças de aeronaves sob a vigilância de supervisores em trajes civis. Ellen Daniel se recorda de conversar ocasionalmente com os supervisores durante o trabalho. As mulheres desempenhavam várias atividades na fábrica.[14] Cato Polak, por exemplo, trabalhava em um torno, e Freda Silberberg precisava soldar, ao passo que Annelore Daniel precisava "bater em algo das placas". Com isso, ela presumivelmente se refere ao processamento das folhas de metal perfuradas que eram produzidas nessa fábrica. Sua irmã mais velha, Ellen, lembra-se de ter trabalhado em uma grande furadeira.[15]

Todas as semanas os turnos se alternavam entre o trabalho diurno e o noturno. O trabalho era pesado e ineficiente. Devido ao caos da fase final da guerra, a fábrica enfrentava uma constante escassez de materiais, o que fazia com que não houvesse trabalho suficiente para todas as mulheres do campo. Segundo a historiadora Irmgard Seidel, as mulheres trabalhavam em turnos. Metade teve de ir para a fábrica alternadamente, e a outra metade ficou para trás no campo.[16]

As mulheres em Raguhn não dormiam em pavilhões padrão, mas em uma série de antigas oficinas e instalações sanitárias.[17] Os prisioneiros viam isso como uma melhoria em relação às condições que conheciam em Bergen-Belsen. Rachel Frankfoorder, que foi para Raguhn com Auguste van Pels, recorda-se das condições relativamente boas no campo, mas também enfatiza a importância de um trabalho que desse acesso a comida extra:

> Era muito melhor do que qualquer outro campo. Tínhamos pavilhões limpos, um lugar para nos lavarmos, recebemos um cobertor. Mas seria isso um novo truque, ou era tudo realmente tão bonito quanto parecia? Era de fato tão bonito quanto parecia, contanto que você pudesse descascar batatas, contanto que você trabalhasse e comesse aquela boa sopa de batata, e não era proibido comer uma batatinha de vez em quando. Então, voltamos a ficar novamente em muito boa forma.[18]

Resta ver se isso também se aplicava aos outros prisioneiros. Rachel Frankfoorder teve de descascar batatas em um porão com oito mulheres polonesas e, ocasionalmente, podia levar uma batata para as outras.[19] As condições eram piores para quem não tinha acesso a comida extra. Ellen Daniel, ao contrário de Rachel Frankfoorder, lembra que as condições em Raguhn "além disso [eram] tão ruins quanto em outros lugares, e a comida também não era melhor".[20]

Freda Silberberg também se lembra de como um guarda sádico tentou piorar a fome. Vendo que Freda e um outro prisioneiro quase desmaiaram de fome durante o trabalho na oficina mecânica, ele prometeu levar um pouco de comida extra no dia seguinte para, então, voltar naquele dia com algumas cascas de batata:

> Eu estava, então, em Raguhn, onde tínhamos de trabalhar em uma fábrica e não recebíamos comida por doze horas seguidas. Dá para imaginar a gente trabalhando atrás de uma máquina, depois de tudo pelo que passamos? Tínhamos de fazer peças de máquinas com uma máquina que funcionava muito rápido. [...] Tinha um alemão gordo que sussurrou para mim: "Amanhã vou trazer uma coisa gostosa para você". E então Jeanine e eu mal podíamos esperar o dia seguinte de tanta curiosidade sobre o

que ele traria para nós. Mas ele nos trouxe cascas de batata! E as colocou em uma gaveta para nós. E sabíamos que, se as comêssemos, só teríamos uma diarreia pior. Tão generoso que ele era. Simplesmente não dá para imaginar como nos tratavam.[21]

As prisioneiras estavam morrendo de fome, e cerca de 10% das mulheres estavam doentes demais para trabalhar. Muitas já haviam chegado doentes de Bergen-Belsen com suas roupas "piolhentas" e sofriam de disenteria. Com o tempo, o tifo exantemático também eclodiu no comando exterior de Raguhn. Morreram mulheres no campo de várias enfermidades: pneumonia, insuficiência cardíaca, meningite e doenças intestinais. Durante o trabalho, as prisioneiras também tiveram de buscar refúgio regularmente em abrigos antiaéreos devido aos bombardeios dos Aliados.[22]

Sabemos muito pouco sobre o que Auguste van Pels vivenciou durante as oito semanas em que esteve em Raguhn. Quantas vezes ela teve de trabalhar na fábrica, o que fazia lá e se ela, como Rachel Frankfoorder, ocasionalmente recebia comida extra e quando ficou doente são fatos que permanecem desconhecidos. As mulheres holandesas que foram parar em Raguhn têm apenas vagas lembranças sobre ela. Na verdade, só sabemos que ela foi uma das cerca de sessenta mulheres que não sobreviveriam ao último transporte das prisioneiras de Raguhn.

No início de abril de 1945, as tropas norte-americanas se aproximavam do campo de Buchenwald, e a ss decidiu evacuar o comando exterior de Raguhn. Em 9 de abril de 1945, os guardas novamente carregaram as mulheres de Raguhn em vagões de carga, dessa vez para Theresienstadt.[23] Ellen Daniel se recorda: "E, a partir de meados de abril, bem, então você ouvia aquele tiroteio cada vez mais próximo, e então a gente foi novamente colocada em um trem. Mas tivemos sorte. Eram caminhões de gado fechados. E viajamos em círculos nesses vagões por semanas e, então, chegamos em Theresienstadt".[24]

Foi uma viagem caótica. Ao longo do caminho, eles encontraram muitos outros transportes. Todo mundo parecia estar fugindo. O trem costumava ficar parado por muito tempo, e, nesses momentos, as mulheres às vezes podiam até deixar os vagões. Algumas mulheres tentavam escapar durante um daqueles momentos em que o trem estava parado. Outras ficavam com medo de não poderem voltar ao trem a tempo após um atraso. As condições ao longo do caminho eram terríveis, especialmente porque já quase não restava comida. Ellen Daniel lembra que as mulheres usavam essas paradas para retirar os cadáveres e ainda encontrar algo para comer e beber:

> Às vezes ficávamos em uma estação e às vezes em um pátio externo, onde podíamos sair do carro por um tempo e descarregar os mortos — porque ocasionalmente algumas pessoas morriam no caminho — e, então, a gente podia fazer nossas necessidades entre os trilhos.[25]

Em 16 de abril de 1945, as sobreviventes do transporte chegaram a Theresienstadt. Lá, elas foram libertas pelos russos em 8 de maio de 1945.

Mais de sessenta mulheres morreram de fome, hipotermia e exaustão no caminho, e outras quinze morreram ao chegar em Theresienstadt, a maioria delas devido à epidemia de tifo exantemático que eclodiu entre as prisioneiras. Uma delas foi Auguste van Pels. Os depoimentos diferem ligeiramente sobre as circunstâncias exatas de sua morte. Bertha Kaas-Hekster disse após a libertação: "[...] morreu lá de tifo ou durante o transporte para Theresienstadt, lembro-me [...] de Gusta van Pels — alemã de origem, mas deportada de Amsterdã".[26] E Rachel Frankfoorder afirmou para a NRK em 28 de setembro de 1945: "Durante a viagem de Raguhn a Theresienstadt, os alemães jogaram sob o trem e mataram a sra. Gusti van Pels-Röttgen, de cerca de 42 anos".[27]

No entanto, não há outras testemunhas que confirmem essa versão de Rachel Frankfoorder, e Annelore Daniel e Bertha Kaas-Hekster explicitamente contradizem que Auguste van Pels tenha sido jogada sob um trem em movimento por soldados alemães. Annelore Daniel, que conhecia Auguste van Pels do pavilhão em Bergen-Belsen, declarou que Auguste tinha febre tifoide e morreu ao lado dela durante o transporte de Raguhn para Theresienstadt. Com a ajuda de outra pessoa, ela a retirou do trem e a colocou na beira da ferrovia, ao lado dos trilhos. Annelore Daniel já havia contado essa história a Otto Frank em 1945 quando ele visitou Nanette Blitz no sanatório de

Santpoort para lhe fazer perguntas sobre os últimos dias de suas duas filhas. Annelore Daniel estava deitada na cama ao lado de Nanette Blitz em Santpoort e acrescentou detalhes à história de Blitz sobre os últimos encontros com Anne, Margot e Auguste.[28]

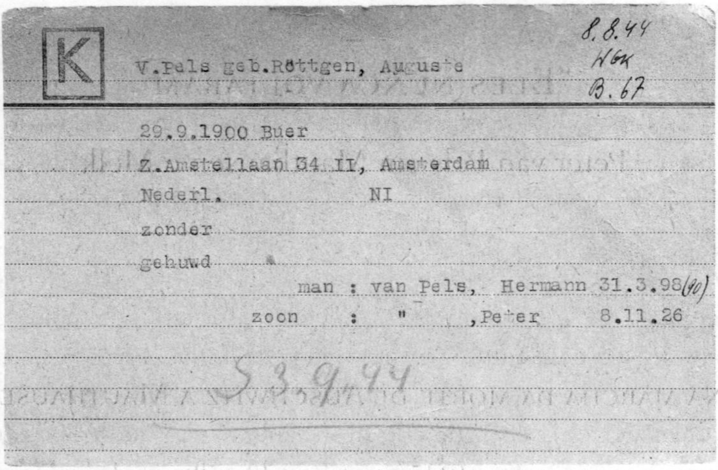

K

V.Pels geb.Röttgen, Auguste — 8.8.44 — B.67

29.9.1900 Buer

Z.Amstellaan 34 II, Amsterdam

Nederl. NI

zonder

gehuwd

man : van Pels, Hermann 31.3.98(90)

zoon : " ,Peter 8.11.26

3.9.44

O cartão de registro de Auguste van Pels da administração do Conselho Judaico.

7
"Eles nunca voltaram"

Peter van Pels em Mauthausen e Melk

Na marcha da morte de Auschwitz a Mauthausen

Em meados de janeiro de 1945, centenas de milhares de pessoas da área de Auschwitz estavam a caminho para deixar a região: 58 mil prisioneiros do campo, milhares de prisioneiros de guerra ingleses e russos, enormes colunas de veículos militares, retirada das tropas da Wehrmacht e da SS e civis alemães que fugiam do exército russo.[1] As rotas de evacuação planejadas pela SS muitas vezes não podiam ser seguidas porque as estradas estavam superlotadas e haviam ficado dentro do alcance do exército soviético. Em longas colunas, os prisioneiros de Auschwitz tiveram de caminhar 55 quilômetros até Gleiwitz (Gliwice) ou 63 quilômetros até Loslau (atual Wodzislaw Slaski, na fronteira tcheco-polonesa). De lá, eles tiveram de continuar em vagões de carga abertos para outros campos, como Mauthausen, Groß-Rosen, Buchenwald, Bergen-Belsen, Flossenbürg, Mittelbau-Dora, Ravensbrück, Sachsenhausen e Dachau. De 9 a 15 mil pessoas morreram durante essas chamadas "marchas da morte".[2]

Da meia-noite até a tarde de 18 de janeiro de 1945, grandes colunas de prisioneiros partiram do campo.[3] Para Peter van Pels e cerca de 5.700 outros, o destino era o campo de Mauthausen, na Áustria. Entre eles, estavam o mencionado Max Rodrigues Garcia e, como fica evidente na biografia de Marcel Haenen, também o futuro advogado Max Moszkowicz.[4] Como Peter, Moszkowicz conseguira sobreviver até então adquirindo uma posição relativamente privilegiada em Auschwitz.

Os prisioneiros são forçados a fazer uma "marcha da morte" quando o campo de Dachau é evacuado, janeiro de 1945.

Max Moszkowicz, 1941.

Leen Sanders, em torno de 1938.

Ele havia feito isso participando de lutas de boxe, organizadas para divertir os guardas da ss. O boxeador profissional Leen Sanders regularmente recebia alimentos adicionais dos seguranças, alguns dos quais ele repassava para outros boxeadores, como Moszkowicz. Não sabemos se Peter van Pels e Max Moszkowicz, que tinham mais ou menos a mesma idade, se conheciam. Mas eles fariam a mesma marcha da morte e parariam, em grande parte, nos mesmos lugares.[5]

Os primeiros mais de sessenta quilômetros rumo ao Oeste foram cobertos a pé.[6] Foi uma jornada horrível. Muitos dos prisioneiros já estavam gravemente debilitados antes da marcha pesada, e os guardas da ss atiravam e matavam sem perdão qualquer um que não conseguisse acompanhar o ritmo ou tentasse fugir. Coen Schimmer também seguiu a mesma rota de Peter van Pels. Em seu relatório do pós-guerra, ele descreve como em menos de uma hora após a partida os primeiros mortos já caíam e como ele via na beira da estrada os cadáveres de prisioneiros que os haviam precedido — no início, eram principalmente muitas mulheres e, às vezes, até uma criança — e que tinham levado um tiro na cabeça. Tiveram de caminhar o dia todo no frio e na neve. À noite, dormiam em um palheiro, sob algumas tábuas ou do lado de fora, na neve, bem próximos uns dos outros.[7]

Depois de cinco dias, em 22 de janeiro de 1945, eles chegaram a Loslau.[8] Lá, foram carregados em grupos de cem prisioneiros em vagões de carvão ou de carga cobertos de neve e gelo.[9] O trem só partiu na manhã seguinte. Fazia - 20°C. Os prisioneiros não receberam comida ou bebida. Max Rodrigues Garcia afirma que só sobreviveu a essa jornada graças às reservas físicas que acumulou no *Paketstelle* em Auschwitz.[10] E Samuel Kropveld também descreve a crueldade com que foi tratado pelos guardas durante a viagem de trem para Mauthausen:

> Que sujeitos eram aqueles chucrutes! Aqueles vagões de gado abertos, nos quais percorremos a última parte da viagem, paravam de vez em quando, e aproveitávamos para fazer nossas necessidades. Isso era permitido. Uma vez, quando eu tentava subir de volta, fiquei pendurado no topo do vagão, mas estava tão mal posicionado, que não consegui entrar imediatamente. Vendo isso, um homem da SS veio até mim e começou a me espancar com seu rifle. Qual a necessidade disso? Eu estava fazendo algo que era explicável e permitido e não havia nenhuma pressa. Ele só fez isso porque achava legal poder bater em um cara. Que surra eu levei! Ele me atingiu em todas as partes, e, se os outros não tivessem me ajudado, certamente teria me espancado até a morte.[11]

Muitos morreram de exaustão e hipotermia durante a viagem, e, quando o trem parava, os cadáveres eram jogados para fora. Kropveld diz que alguns cadáveres ficavam congelados no fundo dos vagões e também que muitos prisioneiros com fome, e principalmente com sede, desenvolviam psicoses. "À noite, um grande número dessas pessoas delirava completamente, elas não tinham nenhuma noção de espaço e, se não estivesse escuro, teriam me nocauteado."[12] Depois de três dias, eles chegaram à estação de Mauthausen. De lá, os prisioneiros marcharam por seis quilômetros em direção ao Noroeste, em uma longa coluna, ao longo da estrada que serpenteava da pequena cidade até o campo de concentração.

Em agosto de 1938, cinco meses após a *Anschluss* [anexação] da Áustria ao Império Alemão, Mauthausen foi constituído como um campo de concentração para prisioneiros do sexo masculino. O local em Mauthausen foi escolhido porque a área era rica em granito, e muitas pedreiras estavam localizadas lá desde tempos imemoriais. O granito e a produção de materiais de construção eram essenciais para os grandes projetos de construção do Reich alemão sob a direção do arquiteto de Hitler, Albert Speer. Além disso, o Danúbio oferecia boas opções de carga e descarga.

A Deutsche Erd- und Steinwerke GmbH (DEST), fundada em abril de 1938 em Berlim pela SS e liderada pelo já mencionado oficial da SS Oswald Pohl, adquiriu várias pedreiras perto de Mauthausen.[13] A cerca de oito quilômetros de Mauthausen, surgiu em maio de 1940 o subcampo de Gusen depois que a DEST adquiriu também as pedreiras de lá. O primeiro grupo de prisioneiros saiu de Dachau em 1938 e consistia principalmente em criminosos e *Asoziale* [associais]. A partir de maio de 1939, ele foi utilizado principalmente para prisioneiros políticos, prisioneiros de guerra de diferentes nacionalidades e todos os tipos de outros grupos que os nazistas consideravam seus inimigos, inclusive muitos judeus holandeses e húngaros.[14] Os 427 homens judeus que foram presos na batida policial no bairro judeu de Amsterdã, em 22 e 23 de fevereiro de 1941, foram todos deportados para Mauthausen. Quase nenhum deles sobreviveu.[15] Além disso, os judeus eram uma minoria em Mauthausen. Eles ocupavam o lugar mais baixo na hierarquia dos prisioneiros.[16]

Mauthausen era um campo da categoria mais pesada.[17] Os prisioneiros trabalhavam como trabalhadores forçados nas pedreiras de Mauthausen e Gusen. Devido ao regime severo e ao trabalho pesado nas pedreiras, as taxas de mortalidade eram extremamente altas. Era uma combinação de trabalho e extermínio. Os prisioneiros, literalmente, trabalhavam até a morte. A dieta era projetada para uma expectativa de vida de três a quatro meses.[18] Na infame pedreira de Mauthausen, os homens do comando de punição carregavam blocos de granito nas costas, subindo as escadas íngremes com um cesto de madeira. Faltava atendimento médico. Até 1944, era quase um padrão que os prisioneiros judeus fossem parar nesse esquadrão de punição como carregadores de pedra. No campo, os prisioneiros permaneciam horas em pé nas chamadas.

O campo era liderado pelo comandante do campo e SS-*Standartenführer* [coronel da SS] Franz Ziereis, que liderava os cerca de seiscentos membros do pessoal, principalmente membros da Waffen-SS, complementados por vários soldados navais, policiais e 65 mulheres guardas da SS.[19] Ziereis comandava um regime impiedoso. Maus-tratos e execuções estavam na ordem do dia. Em setembro de 1941, depois de assistir a uma demonstração de uma máquina de disparos no pescoço em Sachsenhausen, ele construiu uma estrutura semelhante para execuções em massa em Mauthausen a fim

Os prisioneiros trabalham na pedreira no campo de concentração de Mauthausen.

de executar prisioneiros de guerra russos da forma mais eficiente possível.[20] De 1941 em diante, os prisioneiros eram levados por transporte especial para o vizinho Castelo de Hartheim — um dos locais do programa secreto de eutanásia T4 —, onde eram assassinados na câmara de gás ali construída. Além disso, desde o outono de 1941, a SS utilizou uma instalação móvel de gás. E, na primavera de 1942, uma câmara de gás camuflada como um banheiro também foi colocada em atividade no campo de Mauthausen, na qual de trinta a oitenta pessoas eram assassinadas simultaneamente com o gás Zyklon B. Havia também um crematório no qual os corpos eram incinerados.[21]

Franz Ziereis.

Quando as perspectivas de guerra alemãs se deterioraram a partir de 1943 e os prisioneiros passaram a ser cada vez mais utilizados como trabalhadores escravos na indústria bélica, Mauthausen passou a gerir um total de 46, assim chamados, subcampos e comandos exteriores espalhados por toda a Áustria. Devido ao aumento dos ataques aéreos aliados ao final de 1943, as fábricas de aeronaves e armas foram transferidas para locais subterrâneos secretos para que a produção de guerra pudesse continuar. Os prisioneiros trabalharam em condições terríveis na instalação dessas fábricas subterrâneas.

O campo principal de Mauthausen se tornou cada vez mais um centro administrativo a partir do qual os prisioneiros, depois do registro e do período de quarentena, eram distribuídos como trabalhadores forçados por uma extensa rede de subcampos. Ao mesmo tempo, Mauthausen também se tornou um chamado *Sterbelager* [campo da morte], para o qual eram enviados de volta os prisioneiros que estavam muito doentes ou muito fracos para realizar trabalhos forçados. Aproximadamente 190 mil pessoas foram deportadas para Mauthausen, das quais mais de 90 mil morreram.[22]

Um marceneiro de rosto oval

Peter van Pels chegou ao campo de concentração de Mauthausen em 25 de janeiro de 1945, aos dezoito anos. Seu nome consta na lista de 5.714 prisioneiros que chegaram de Auschwitz na mesma data.[23] O procedimento de registro após a chegada demorou muito.[24] Em vista do tamanho do transporte, essa operação pode ter demorado a noite inteira e mais o dia seguinte.

Ao chegar ao campo, os prisioneiros tinham de se despir. Era inverno e fazia muito frio. Eles tinham de ir para o banheiro em grupos. Lá, eram desinfetados e barbeados. Em seguida, eles tinham de esperar do lado de fora, nus ou de cueca ou camisa, para o registro. O ex-prisioneiro Coen Schimmer lembra que o banho e a desinfecção eram "realmente primitivos" e que quase não havia roupas para vestir.[25]

Os prisioneiros desse transporte foram numerados na série de 116.501 a 122.225. Pela numeração dos prisioneiros na lista, pode-se deduzir que o registro ocorreu em cinco grupos de mil ou mais prisioneiros e em ordem alfabética.[26] Peter van Pels pertencia ao terceiro grupo. Os prisioneiros tinham seus números estampados em uma plaquinha de ferro, que deveriam usar em volta dos pulsos, presa com arame. Em uma cópia carbono do registro de Peter van Pels em Mauthausen, sua história de deportação é anotada: "Judeu holandês, foi para Auschwitz em 3 de setembro de 1944, chegou a Mauthausen em 25 de janeiro de 1945, prisioneiro número 119.162". Seu cartão também afirma que ele esteve em quarentena em Mauthausen até 29 de janeiro de 1945. Consta, também, que ele era um *Tischler* (marceneiro), tinha 1,73 metro de altura e uma constituição esguia. Seu rosto era oval, tinha olhos verdes, orelhas caídas, nariz reto, boca carnuda, dentes bons e cabelos pretos. De acordo com o cartão, ele falava holandês, inglês e alemão. Como "característica especial", seu cartão também menciona que ele tinha uma tatuagem: seu número de Auschwitz.[27]

A entrada principal de Mauthausen logo após a libertação, em maio de 1945.

Prisioneiros em um pavilhão em Mauthausen um dia após a libertação, 6 de maio de 1945.

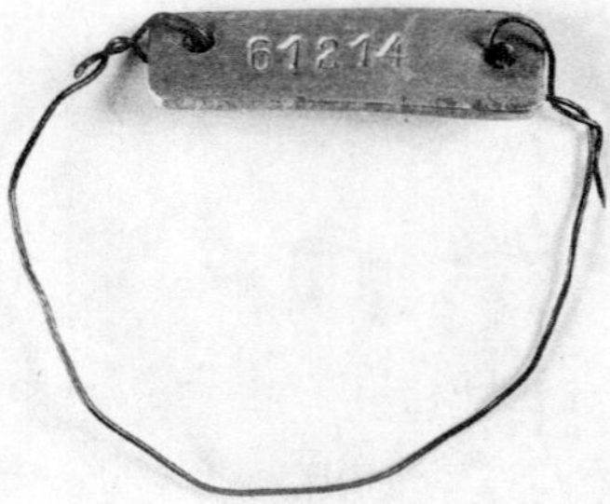

Placa de identidade de Mauthausen.

Depois do registro, os prisioneiros foram amontoados em massa no quartel de quarentena. Não havia camas, e eles se deitavam lado a lado no chão.[28] Eles passaram vários dias, com pouca roupa e com pouco ou nada para comer, nos pavilhões de quarentena. Em seguida, receberam roupas de prisioneiro velhas e usadas: paletó, calça, boné e sapatos ou tamancos de madeira. Os prisioneiros do sexo masculino tinham de costurar seu número em suas jaquetas na altura do peito e na costura da perna direita das calças. Cada categoria de prisioneiros tinha suas próprias características. Os prisioneiros judeus eram identificados por um triângulo equilátero vermelho apontando para baixo e uma barra amarela acima dele. Esse símbolo ficava ao lado de seu número.[29] Havia regras rígidas sobre como usar e remover o boné. A falta do boné durante a chamada era motivo suficiente para os guardas atirarem para matar.[30]

Após quatro dias de quarentena, a maioria dos prisioneiros que havia chegado em 25 de janeiro de 1945 foi novamente deportada para os subcampos de Mauthausen: Ebensee, Gusen e Melk.[31] Em alguns casos, parece que os prisioneiros eram selecionados com base na sua profissão. O sobrevivente Coen Schimmer declarou que os metalúrgicos de "seu" grupo de holandeses foram selecionados para o campo de Gusen. Peter, que ainda estava listado como metalúrgico na lista de transporte de Westerbork para Auschwitz, não pertencia a esse grupo. Como já foi mencionado, em seu cartão nos registros do campo de Mauthausen constava que ele era marceneiro.[32]

Mas a maioria dos cerca de 2 mil homens no total foi transferida — sem que sua profissão parecesse ter desempenhado um papel decisivo nisso — para o subcampo de Melk.[33] Em 21 de abril de 1944, Melk foi estabelecido como um campo de concentração para prisioneiros do sexo masculino, que tiveram de trabalhar como trabalhadores forçados em um projeto de codinome Quarz: a construção de uma fábrica subterrânea em uma montanha

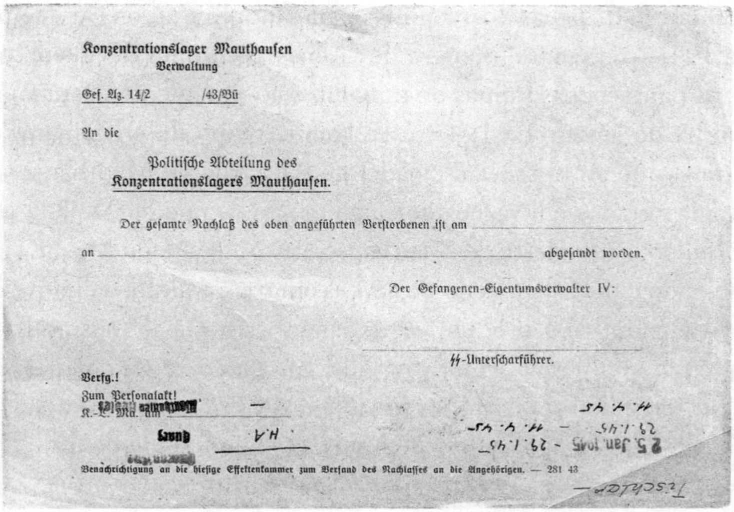
Konzentrationslager Mauthausen
Verwaltung

Gef. Az. 14/2 /43/Bü

An die

Politische Abteilung des
Konzentrationslagers Mauthausen.

Der gesamte Nachlaß des oben angeführten Verstorbenen ist am ______

an ______ abgesandt worden.

Der Gefangenen-Eigentumsverwalter IV:

SS-Unterscharführer.

Verfg.!
Zum Personalakt!
K.-L. Mü. am

25. Jan 1945 – 29.1.45

Benachrichtigung an die hiesige Effektenkammer zum Versand des Nachlasses an die Angehörigen. — 281 43

Tischler

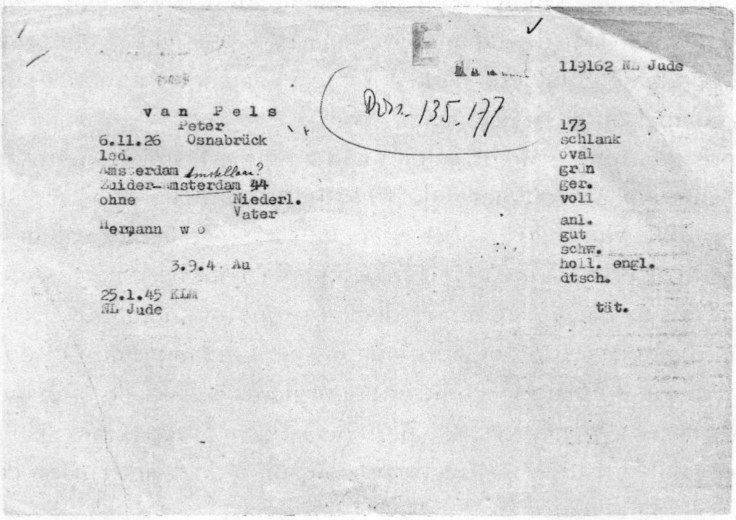
Dos. 135.177

119162 NL Jude

van Pels
Peter
6.11.26 Osnabrück
led.
Amsterdam
Zuider-Amsterdam 44
ohne Niederl.
Vater
Hermann w o

3.9.4. Au

25.1.45 KLM
NL Jude

173
schlank
oval
grün
ger.
voll
anl.
gut
schw.
holl. engl.
dtsch.

tät.

O cartão de Peter van Pels da administração do campo de concentração de Mauthausen. Na frente, estão os seus dados pessoais; no verso, a sua profissão: "*Tischer*" (marceneiro); e consta também onde ele esteve preso.

para a produção de peças de máquinas para tanques e aeronaves.[34] Até 15 de abril de 1945, um grande número de vítimas sucumbiu devido ao trabalho pesado, às condições extremas de trabalho e ao tratamento desumano.[35]

Em 29 de janeiro de 1945, esse grande grupo de prisioneiros desceu pela estrada que atravessava a cidade até a estação de Mauthausen.[36] Eles foram transportados em vagões de carga para o campo de Melk, a cerca de setenta quilômetros a leste de Mauthausen. O grego-judeu Moshe Ha-Elion havia chegado em 21 de janeiro de 1945 com uma marcha da morte de Auschwitz para Mauthausen e, em 29 de janeiro, estava no mesmo trem para Melk que também levava Peter van Pels. Ele descreve que, depois de uma viagem de cerca de sete horas, os prisioneiros tiveram de caminhar da estação de trem até o campo através de uma forte tempestade de neve.[37]

Prisioneiros em formação na chamada no campo de Melk.

Melk estava situado em uma antiga caserna, no alto do extremo sudoeste da pequena cidade de Melk, nas margens do Danúbio. O comandante do campo era Julius Ludolph.[38] Uma média de 7 mil prisioneiros de diferentes nacionalidades estavam no campo.[39] As condições em que Peter van Pels foi parar lá eram terríveis. Com a chegada do transporte de Mauthausen em 29 de janeiro de 1945, Melk ficou com 10.314 prisioneiros. Entre janeiro e abril de 1945, 3.106 pessoas morreram como resultado de doenças, acidentes ou maus-tratos ou foram mortas a tiros.[40] Em um ano, morreram aproximadamente 5 mil dos cerca de 15 mil prisioneiros no campo de Melk.[41]

Moshe Ha-Elion pinta um quadro aviltante da abominável higiene no campo. Havia uma tremenda imundície, e em pouco tempo todos os prisioneiros ficaram cobertos de piolhos. "Os banheiros estavam todos cobertos de sujeira, assim como os poucos chuveiros que havia. Na verdade, tudo estava coberto de sujeira, e não demorou muito para que ficássemos cobertos de piolhos."[42] No campo, no antigo terreno da caserna, os prisioneiros ficavam em primitivos pavilhões de madeira. Eles dormiam em beliches de três andares e quatro dividiam uma cama. Não tinham roupas de inverno, apenas uma calça fina, um casaco e um boné. Muitos prisioneiros não tinham roupas de baixo e, às vezes, nem sapatos. Ha-Elion lembra que, embora as condições fossem particularmente ruins, a comida era "surpreendentemente boa". Tanto a qualidade como a quantidade, segundo ele, eram melhores do que em Auschwitz e Mauthausen, sobretudo porque os prisioneiros recebiam um quarto de pão duas vezes por dia. A ração consistia em meio litro de "café" pela manhã, um litro de sopa aguada de repolho à tarde e pão, um pedaço de margarina ou uma salsicha à noite. Um ex-prisioneiro holandês, H. L. Bastiaans, no entanto, enfatiza que, nos últimos meses de existência do campo de Melk, os prisioneiros passaram fome. Não houve pão durante semanas, por exemplo.[43]

Foi sobretudo devido ao trabalho duro que muitos prisioneiros sucumbiram. Os prisioneiros iam todos os dias para as chamadas antes de marcharem para a parte de baixo do campo em blocos de cinco por cinco sob a guarda de membros da SS. Os prisioneiros eram forçados a ficar em filas para evitar que alguém fugisse. Quando um deles tentava escapar, a fila inteira era morta a tiros.[44] No inverno, o chão era perigosamente escorregadio.

Embaixo, os cerca de 2 mil prisioneiros caminhavam nos turnos da manhã, da tarde ou da noite, até uma plataforma de emergência, onde tinham de esperar o trem. Os trabalhadores civis e os membros da SS eram transportados em carros de passageiros. Os prisioneiros eram levados em vagões de carga abertos com 160 homens por carro para a cidade de Roggendorf, a cerca de vinte minutos.[45] Lá, eles tinham de caminhar novamente por meia hora e, então, eram divididos entre os vários comandos de trabalho.

Em três turnos, os prisioneiros trabalhavam dia e noite perfurando, escavando e apoiando os túneis, removendo areia (de quartzo), fabricando as vigas necessárias para sustentar os túneis, carregando e descarregando materiais de construção e exercendo outras atividades no gigantesco complexo fabril. O trabalho era particularmente pesado e difícil, enfatiza Moshe Ha-Elion. "Logo ficou claro para mim o quão monstruosamente pesado era esse trabalho. Era realmente um trabalho muito difícil, e eu nunca havia experimentado nada parecido desde meus dias no Comando de Punição de Auschwitz."[46]

Em Melk, havia um número impressionante de jovens judeus com menos de vinte anos.[47] Um grupo de cerca de cem prisioneiros do transporte de 29 de janeiro tinha ainda menos de quinze anos. As crianças nos campos geralmente faziam o mesmo trabalho que os adultos, conquanto estivessem em condições para isso. O grupo de crianças em Melk foi designado para o comando da cozinha; eles tinham de descascar batatas.[48] Peter van Pels tinha apenas dezoito anos quando chegou a Melk. Dada a sua idade, ele deve ter sido designado para um comando de trabalho e deve ter atuado em circunstâncias comparáveis às de seu companheiro grego de prisão Ha-Elion.[49]

Os prisioneiros trabalhavam sob a supervisão de membros da SS, *kapos* e trabalhadores civis. Eles estavam malvestidos, enfraquecidos, doentes e eram maltratados durante o trabalho. Schimmer lembra que vigoravam "leis particularmente severas", e os membros da SS "nos espancavam com volúpia e descontrole".[50] O ex-prisioneiro judeu tchecoslovaco Miksa Mechlowitz também se recorda da violência excessiva. "Fui espancado uma vez por adormecer no trabalho. Levei 25 porretadas por isso. E éramos espancados o tempo todo, sem motivo aparente. Simples assim."[51] Além disso, o trabalho em si também era muito perigoso. Não havia medidas de segurança durante o trabalho pesado nas minas, e cotidianamente ocorriam acidentes graves, muitas vezes fatais. As minas ficavam regularmente submersas. No inverno, muitos prisioneiros sofriam com as pernas congeladas.[52] Durante os frequentes ataques aéreos dos Aliados na área, os prisioneiros se abrigavam nos túneis. Para substituir os mortos, "novos" prisioneiros eram regularmente trazidos de Mauthausen. Os grandes transportes de evacuação resultaram em um fluxo constante de trabalhadores forçados, e, sobretudo, os prisioneiros judeus eram usados para isso.[53]

Embora a data exata seja desconhecida, Peter van Pels sucumbiu em algum momento devido ao trabalho pesado e às duras condições de vida. Sabemos que ele trabalhou por mais de dez semanas no campo de Melk, na fábrica subterrânea de rolamentos de esferas, e que acabou adoecendo e foi parar na enfermaria de Mauthausen. Miksa Mechlowitz ficou em Melk por cerca de um ano e se lembra de que muitas pessoas adoeceram no trabalho e tiveram de ser carregadas de volta pelas demais. Todas as semanas, um transporte de doentes retornava para as enfermarias em Mauthausen. "Eles nunca mais voltavam", disse Mechlowitz.[54]

Não havia atendimento médico em Melk. Isso significa que os prisioneiros doentes eram deixados à própria sorte e, em alguns casos, eram gaseados ou fuzilados.[55] Os prisioneiros deitavam-se nus em catres de madeira sem sacos de palha. Coen Schimmer, que estava no quartel do hospital por volta do mesmo período, chama a situação de "indescritível". Às vezes, quatro doentes eram colocados em uma única cama. Schimmer descreve como todas as manhãs um membro da SS vinha verificar quem deveria ser considerado "curado" e voltar ao trabalho. A partir de novembro de 1944, os cadáveres passaram a ser incinerados no crematório do campo de Melk; antes disso, os mortos eram levados para Mauthausen para lá serem incinerados.[56]

Quando no início de abril de 1945 o exército soviético se aproximou e estava prestes a tomar Viena, o campo de Melk foi evacuado às pressas. Em 11 de abril de 1945, os enfermos do *Revier* e os homens jovens do campo (um total de 1.500) foram enviados por trem de volta para Mauthausen.[57] Todos no *Revier* que ainda conseguiam ficar de pé tiveram de ir.[58] Depois de chegar a Mauthausen, alguns deles foram gaseados.[59] Os outros foram parar no *Sanitätslager* em Mauthausen. Os outros 6 mil prisioneiros do campo de Melk foram transportados em 13 e 15 de abril de 1945 para o *Außenlager* Ebensee.[60]

Peter van Pels voltou a Mauthausen em 11 de abril de 1945. Ele não foi um dos prisioneiros que foram imediatamente gaseados, mas foi parar no *Sanitätslager*.[61] Esses eram pavilhões de madeira que ficavam fora dos muros do campo de Mauthausen e costumavam abrigar os prisioneiros de guerra russos. Assim como em Bergen-Belsen, *Russenlager* era outro nome para o *Sanitätslager*. As condições ali eram abomináveis. Os pavilhões estavam superlotados. Era um lugar onde os prisioneiros eram deixados sem nenhum cuidado médico, muitas vezes nus e sem comida.[62] Eles ficavam deitados no chão ou com quatro a seis pessoas em beliches de madeira de dois ou três andares. Na verdade, era só um lugar para morrer. Os prisioneiros gravemente doentes e debilitados, em geral, não sobreviviam muito tempo.[63] Há testemunhos sobre a ocorrência de canibalismo no *Sanitätslager* em Mauthausen.[64]

Em 5 de maio de 1945, uma unidade de reconhecimento do Terceiro Exército dos Estados Unidos entrou no campo de Mauthausen e saiu rapidamente. Com isso, Mauthausen foi liberto.[65] No dia seguinte, 6 de maio de 1945, o próprio Terceiro Exército chegou ao campo e começou a cuidar dos enfermos. No registro de óbitos do hospital de Mauthausen, que foi conservado após a saída da liderança e dos guardas do campo, consta que Peter van Pels faleceu em 10 de maio de 1945.[66] Essa data também consta em uma lista do exército norte-americano, com toda probabilidade compilada com base nesse registro de óbitos.[67] Isso significa que, apesar das terríveis condições no *Sanitätslager*, Peter van Pels ainda sobreviveu por quatro semanas em Mauthausen. Ele faleceu, portanto, de maneira bastante irônica, após a libertação. Foi um destino que coube a milhares de outros prisioneiros libertos, que, como Peter, estavam tão debilitados pela doença e pela desnutrição, que não puderam mais ser salvos pelos médicos que os trataram após a libertação dos campos.[68]

Por muito tempo após a guerra, havia incertezas sobre a data da morte de Peter van Pels. Devido ao enorme número de pessoas desaparecidas e ao grande caos administrativo, a Cruz Vermelha Holandesa não foi capaz de conduzir uma extensa investigação sobre as datas e as circunstâncias precisas das mortes das vítimas. Para os desaparecidos, a data da libertação do campo era, às vezes, considerada como a data da morte. No caso de Mauthausen, isso foi em 5 de maio de 1945. A Comissão para a Declaração de Óbito de Pessoas Desaparecidas designou essa data, e o dia de 5 de maio de 1945 foi registrado na certidão de óbito de Peter van Pels.[69] Quando, posteriormente, com auxílio dos dados do registro de óbitos do hospital de Mauthausen e da lista do Exército dos Estados Unidos a Cruz Vermelha tomou conhecimento da data de 10 de maio de 1945, a data oficial já estava estabelecida. Até onde se sabe, nenhuma tentativa foi feita para se alterar essa data.

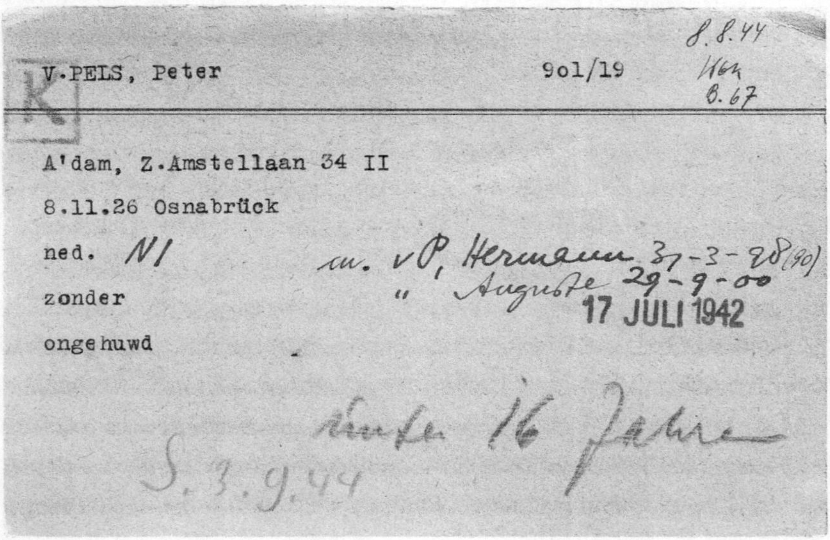

8.8.44

V.PELS, Peter 901/19

A'dam, Z.Amstellaan 34 II

8.11.26 Osnabrück

ned. N1

zonder

ongehuwd

17 JULI 1942

S.3.9.44

O cartão de registro de Peter van Pels da administração do Conselho Judaico.

8
"Dos holandeses, a maioria morreu"
Fritz Pfeffer em Neuengamme

Neuengamme

Com base em dados sumários, podemos supor que Fritz Pfeffer tenha sido levado a pé de Auschwitz I para Birkenau entre outubro e novembro de 1944. Ele teria, em seguida, ido para Neuengamme no chamado "transporte médico". Diversas testemunhas mencionam um transporte de médicos e dentistas que teria partido de Birkenau em outubro ou novembro de 1944. Otto Frank também conta, em uma entrevista ao jornalista norte-americano Arthur Unger, que Fritz Pfeffer, em determinada manhã, teve de formar fila para um transporte com inúmeros outros dentistas.[1] Charlotte Kaletta, a companheira de vida de Fritz Pfeffer, escreveu em uma carta à Cruz Vermelha Holandesa, em agosto de 1945, que Fritz Pfeffer, em 1º de outubro de 1944, foi transportado de Auschwitz para Neuengamme em um transporte médico.[2]

No entanto, o transporte não ocorreu no dia 1º de outubro, mas apenas em novembro. É plausível, entretanto, que se tratasse de um transporte específico para médicos e dentistas.[3] Ocorria frequentemente que prisioneiros do mesmo grupo profissional, como tipógrafos e desenhistas, e médicos, dentistas e enfermeiros, viajassem juntos. Janny Hamburger-Bolle, por exemplo, foi enviada de Auschwitz para o campo de Groß-Rosen com um grupo de dezesseis enfermeiras.[4] E, em 24 de janeiro de 1944, um transporte partiu de Auschwitz para Sachsenhausen contendo principalmente tipógrafos e desenhistas.[5] Outro exemplo é um transporte em 15 de maio de 1944 de Auschwitz para um comando externo de Groß-Rosen que consistia apenas em médicos, enfermeiros e enfermeiras.[6] Além disso, pode-se inferir dos números e cartões de registro dos prisioneiros que, entre 10 e 18 de novembro, inúmeros médicos e dentistas realmente entraram em Neuengamme com Fritz Pfeffer.[7]

Não sabemos ao certo de quem Charlotte Kaletta ouviu que seu amado fora enviado em um chamado transporte médico. É possível que Kaletta tivesse essa informação de Otto Frank, que, com Fritz Pfeffer, foi parar no bloco 8 de quarentena em Auschwitz. Kaletta teve muito contato com Otto a partir de junho de 1945, após o seu retorno à Holanda. Outra possibilidade é que ela tenha ouvido isso de outros companheiros de prisão de Pfeffer, Barend Konijn ou Fritz Simon. O sobrevivente de Auschwitz Barend Konijn, em sua declaração à Cruz Vermelha, mencionou um transporte em novembro de 1944 "de alguns dentistas para outro lugar".[8] Embora não tenham sido estabelecidas quais profissões exerciam todas as pessoas nesse transporte, pode-se dizer com certeza que oito homens na lista eram médicos ou dentistas. Portanto, pode-se presumir que era um transporte de âmbito profissional.[9]

O destino era Neuengamme, uma vila localizada a cerca de vinte quilômetros a sudeste de Hamburgo, onde desde 1938 se situava um subcampo de Sachsenhausen. Os primeiros cerca de cem prisioneiros e os guardas da ss vieram de Sachsenhausen.[10] Pouco depois da deflagração da Segunda Guerra Mundial, em junho de 1940, Neuengamme foi ampliado e organizado como um campo de concentração independente. No decorrer da guerra, Neuengamme obteve um grande número de subcampos, os chamados *Außenlager* ou *Außenkommandos* [campos externos ou comandos externos], espalhados pelo norte da Alemanha. Como quase todos os campos de concentração, Neuengamme também era comandado pela ss.[11]

Os prisioneiros no campo de concentração de Neuengamme
realizavam trabalhos forçados pesados.

O comandante do campo de Neuengamme era o SS-*Sturmbannführer* [major da SS] Max Pauly desde 1942. Pauly era conhecido como um *alter Kämpfer* [velho guerreiro], alguém que se juntou ao NSDAP, à SA ou à SS desde o início. Mesmo antes da tomada do poder por Hitler, ele recebeu um cargo de oficial de alto escalão na SS e, durante o ataque alemão à Polônia em 1939, estava encarregado de todos os campos de internamento no território ocupado. Pouco depois, ele foi nomeado comandante do campo de concentração de Stutthof. Após sua transferência para Neuengamme, foi responsável por um grande número de execuções em massa e outros crimes.[12]

Max Pauly.

Pauly comandou um total de 2.600 homens da SS para proteger Neuengamme e os subcampos e supervisionar o trabalho forçado. Até 1945, mais de 100 mil pessoas estavam presas em Neuengamme e nos subcampos, das quais quase a metade, pelo menos 42.900, não sobreviveria.[13] Elas morreram devido ao trabalho pesado, às más condições de vida e aos maus-tratos. Mas muitas também foram mortas diretamente, por execução ou na câmara de gás que foi instalada em um dos *bunkers* em outubro de 1942.[14] Naquele ano, a SS em Neuengamme assassinaria 251 prisioneiros de guerra russos com o gás venenoso Zyklon B.[15]

O campo de concentração visava à internação de opositores políticos e outros "inimigos" do regime nazista, como judeus, ciganos roma e sinti, testemunhas de Jeová e homossexuais. Havia, também, prisioneiros de guerra russos e evasores do trabalho das áreas ocupadas pela Alemanha. No início, havia muitos prisioneiros de guerra poloneses, tchecos e russos. Durante a guerra, milhares de prisioneiros de todos os países ocupados da Europa chegaram a Neuengamme.[16] A partir do verão de 1944, grandes grupos de prisioneiros judeus chegaram a Neuengamme diretamente da Hungria e com os transportes de evacuação de Auschwitz.[17]

Ao final de 1944, na época em que Fritz Pfeffer estava em Neuengamme, havia 12 mil prisioneiros no campo principal e 37 mil nos subcampos associados. Exceto pelas mulheres de Ravensbrück, que eram forçadas à prostituição no bordel de Neuengamme, havia apenas homens no campo principal de Neuengamme. Aproximadamente 10 mil mulheres estavam presas nos subcampos e comandos exteriores.[18]

Os prisioneiros de Neuengamme vinham de toda a Europa, no total de cerca de 28 países. Além de russos, poloneses, belgas e franceses, havia por volta de 5.500 holandeses em Neuengamme, incluindo Fritz Pfeffer.[19] Entre os prisioneiros holandeses que foram parar no campo de Neuengamme, estavam policiais antialemães, judeus, testemunhas de Jeová e todos os tipos de membros da resistência, como o lutador pela liberdade surinamesa Anton de Kom, o prefeito Inus van Haersma Buma e o poeta e jornalista Jan Campert.[20]

Em outubro de 1944, um grupo de mais de seiscentos homens de Putten chegou a Neuengamme. Eles foram presos pelos alemães em 2 de outubro de 1944 em retaliação a um ataque de um grupo da Resistência e foram levados para o campo de Amersfoort.[21] Em 11 de outubro de 1944, tiveram de ser transportados para Neuengamme, aonde chegaram na noite de 14 de outubro de 1944. Wim Alosery, um holandês não judeu que foi parar em Neuengamme como um evasor do trabalho mais ou menos no mesmo período em que Pfeffer, enfatizou, em entrevistas no pós-guerra, o esforço que lhe custou colocar em palavras suas experiências no campo de Neuengamme. "Posso resumir minha própria história em poucas linhas, mas não posso transmitir o que senti ali. O medo, o frio, a fome, o sadismo, é indescritível."[22]

As experiências dos reféns de Putten e dos evasores do trabalho, como Alosery, dão uma impressão das condições em Neuengamme, mas é importante entender que Pfeffer, como prisioneiro judeu, deve ter passado por um período ainda mais difícil. Nesse campo, também, os judeus estavam na base da hierarquia. Os prisioneiros tinham de realizar trabalhos forçados em condições difíceis. A citada construtora DEST, que também utilizava o campo de Mauthausen, adquiriu um terreno com uma fábrica de tijolos desativada e reativou suas operações com a ajuda dos trabalhos forçados de prisioneiros do KZ. Os prisioneiros trabalhavam na drenagem do local e construíam pavilhões, torres de vigilância e cercas.

Como em Mauthausen e em vários outros campos de concentração, a DEST em Neuengamme utilizou trabalho forçado para produzir materiais de construção para os principais projetos de construção do Reich alemão. Na área argilosa em torno de Neuengamme, era feita a produção de clínquer e tijolos para a construção de edifícios monumentais nas margens do Elba, em Hamburgo.[23]

Os prisioneiros construíram uma nova fábrica de tijolos no extenso terreno do campo e trabalharam na pedreira de argila. Eles também foram utilizados em outros grandes projetos de construção. Tiveram de construir uma conexão ferroviária e fizeram trabalhos de escavação no rio Elba, onde tiveram de tornar navegável um braço fluvial lateral e escavar um canal lateral e uma bacia portuária. Tudo era focado na infraestrutura para o transporte dos produtos da fábrica de tijolos para Hamburgo e para a obtenção das matérias-primas necessárias, como cimento, para Neuengamme.[24] Os prisioneiros em Neuengamme também trabalharam em vários ramos da indústria bélica, como na fabricação de detonadores para granadas e peças de armas. Eles igualmente tiveram de remover escombros em Hamburgo, desarmar bombas não detonadas, cavar valas antitanque e realizar outros trabalhos pesados, alguns dos quais muito perigosos.[25]

Fritz Pfeffer em Neuengamme

Um dos 42 mil homens que não sobreviveram a Neuengamme foi Fritz Pfeffer.[26] Em algum momento entre 10 e 18 de novembro de 1944, ele chegou ao campo; a data exata é desconhecida. Como mencionado, ele deve ter ido diretamente de Auschwitz para Neuengamme com um transporte de prisioneiros selecionados, todos com formação médica.[27]

A julgar pelo relato dos sobreviventes, a chegada de Pfeffer em Neuengamme foi mais ou menos assim: primeiro, ele teve de ir com os outros novos prisioneiros para uma sala onde tiveram de entregar todos os seus pertences e se despir.[28] Embora Fritz Pfeffer estivesse vindo de Auschwitz e, portanto, não teria mais nada consigo que pudesse entregar, ele teve de seguir o mesmo procedimento. Após a entrega dos pertences, seguiu-se novamente à raspagem de todos os pelos do corpo. Cor Bos, um policial holandês que havia sido preso por sabotagem antialemã e que chegou a Neuengamme em 13 de outubro de 1944 com um grupo de outros policiais, lembra: "Isso não transcorreu de uma maneira muito amável, porque recebi um grande corte na virilha, que sangrava muito. E, então, apareceu na minha frente um grande balde, com uma coisa branca dentro e um pincel, e eu tinha de passar na ferida. Aquilo dava nos nervos, mas o sangramento parou".[29] Depois da raspagem, vieram o banho, a checagem de piolhos e a desinfecção.

Antes de tomar um banho, os prisioneiros recebiam uma placa de metal com um número que deveria ser usada ao redor do pescoço com um cordão ou uma corrente de aço. Os uniformes de prisioneiro que haviam sido distribuídos nos anos anteriores não estavam mais disponíveis. Pfeffer provavelmente também tinha outras roupas em Neuengamme: alguns trapos gastos e rasgados e nenhuma roupa de baixo. Também não havia meias, mas os prisioneiros recebiam remendos para os pés, sapatos ou chinelos de madeira e um boné. As roupas finas demais eram marcadas nas costas com uma cruz de tinta amarela para que os prisioneiros pudessem ser identificados claramente. Depois que recebiam as roupas, tinham de esperar a chamada, e eram designados os pavilhões. Em cada pavilhão de madeira, muitas vezes com as janelas quebradas, dormiam quatrocentos prisioneiros, três ou quatro por cama, em beliches de três andares. Maus-tratos também ocorriam com frequência.[30]

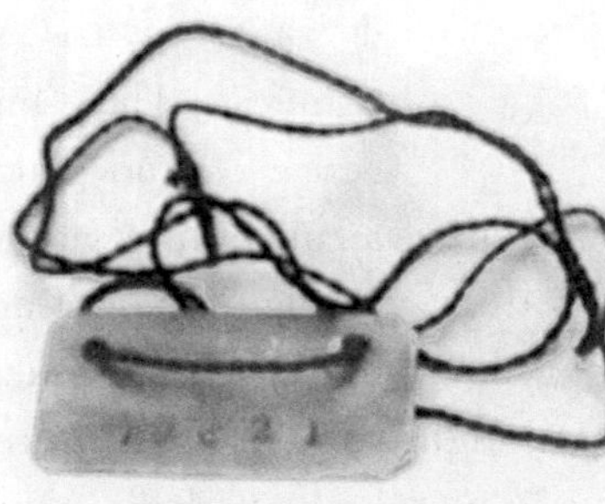

Placa de identidade de Neuengamme.

A jornada média de trabalho dos prisioneiros em Neuengamme começava às quatro e meia da manhã. O desjejum era uma fatia de pão e 250ml de café. Após a chamada da manhã, começava o trabalho. À tarde, havia uma sopa de repolho. Ao fim do expediente, era feita uma nova chamada. À noite, os prisioneiros recebiam duas fatias de pão com um pouco de margarina quatro vezes por semana e, às vezes, um pedaço de salsicha ou pasta de queijo ou uma batata cozida. Às nove horas, o dia havia acabado. Em caso de alarme aéreo devido aos bombardeios dos aviões aliados, os prisioneiros eram conduzidos ao abrigo subterrâneo.

Também em Neuengamme havia cada vez mais pessoas que não conseguiam mais lidar com a miséria e pareciam desistir de sua luta pela sobrevivência. Jaap van Wincoop, refém de Putten, conta quando os prisioneiros atingiram uma fase crítica: "A maioria das pessoas não pensava mais em se manter limpa. Imundas, elas circulavam com feridas nas mãos, na boca e nos pés".[31] O membro da resistência de Barneveld, Han Lokker, que, como Pfeffer, era dentista de profissão, foi parar em Neuengamme no início de fevereiro de 1945.[32] Lokker deu ao seu relatório sobre o campo o subtítulo "Só por sorte é que se sobrevive". Nele, descreve as duras circunstâncias que encontrou em Neuengamme:

> No começo, escrevi que só por sorte alguém poderia sobreviver ao campo. Isso é verdade. As pessoas que viviam nos blocos e exerciam atividades comuns precisavam ter uma constituição de ferro para suportar e uma boa dose de brutalidade. Os russos, em geral, tinham isso. Em termos percentuais, apenas alguns deles morreram. Eles não eram muito suscetíveis a infecções e comiam tudo o que encontravam. Talos de repolho crus, cascas de batata etc., e, além disso, eles entendiam a arte de se "organizar", o que significa sair do caminho normal para se conseguir algo extra. Dos holandeses, a maioria morreu. De uma aldeia na Holanda, 650 homens jovens foram levados para Neuengamme por causa de um ataque a dois sargentos alemães. [...] Desses 650, talvez 150 ainda estivessem vivos quando a guerra acabou. Muitos morreram simplesmente porque não conseguiam suportar a vida no campo e não tinham força de vontade suficiente para lutar por sua existência. O primeiro sintoma disso era que paravam de se

lavar pela manhã e, aos poucos, ficavam imundos. Depois, tornavam-se indolentes demais para prestar atenção ao pão ou à refeição do meio-dia, e então sempre havia outros que se aproveitavam disso. A lei da selva, o direito do mais forte, acabava com os fracos.[33]

Lokker, que também não era judeu e foi preso em Barneveld por esconder judeus clandestinos, enfatiza aqui não apenas o quão difícil era a vida no campo, mas também como eram estruturalmente desiguais as chances de sobrevivência dos diferentes grupos de prisioneiros. A ideologia nazista e a hierarquia entre os prisioneiros introduzida pela liderança desempenhavam um papel importante nisso, mas também o tipo de trabalho que um prisioneiro conseguia realizar.[34] Aqueles que tinham a sorte de conseguir uma função especial, segundo Lokker, tinham uma chance consideravelmente maior de se safar. Como cozinheiro, cabeleireiro, escritor, médico ou membro do *Stubendienst*, era possível conseguir algo extra. A "sorte" de Han Lokker consistia em ser dentista no *Revier* de Neuengamme. Ele tinha de tratar fraturas de mandíbula e escreveu que os guardas frequentemente arrancavam os dentes dos prisioneiros. Todas as semanas ele tinha de ir a Hamburgo para tratar dos prisioneiros na *Spaldingstraße*, um comando externo de Neuengamme, onde um chamado comando *Spreng*, de cerca de 2 mil homens, tinha de remover bombas não detonadas das ruas de Hamburgo.

Os reféns de Putten, que são descritos na citação de Lokker como prisioneiros com uma chance relativamente baixa de sobrevivência, só ficaram em Neuengamme por um curto período antes de serem enviados para os vários subcampos de Neuengamme. Jaap van Wincoop, de Putten, também concluiu: "O campo servia como um depósito de trabalhadores".[35] Sobretudo trabalhadores manuais, como artesãos, carpinteiros e pedreiros, permaneciam no campo. Mas a maioria ia de um campo para outro, fazendo trabalhos forçados em lugares sempre diferentes. Em Husum e Ladelund, por exemplo, os prisioneiros tinham de cavar fundações para muralhas antitanques. Quando estavam doentes demais para trabalhar — pés inflamados e congelados eram comuns por causa da escavação no solo pantanoso —, eles eram mandados de volta ao campo principal. Lá, iam parar na enfermaria e morriam ou eram enviados para outro comando externo também como trabalhadores forçados.

Enfermaria em Neuengamme.

Se Fritz Pfeffer, como Han Lokker, foi capaz de tirar proveito de sua profissão como dentista e, assim, adquirir uma posição relativamente privilegiada, é uma questão que permanece sem resposta devido à falta de fontes. Como prisioneiro judeu, de qualquer forma, teria sido muito mais difícil para ele escalar a hierarquia do campo do que para Lokker. Se Pfeffer permaneceu no campo principal o tempo todo, tampouco está claro. Não há depoimentos de pessoas que o conheceram em Neuengamme ou em qualquer um dos subcampos. Mas é bem possível que ele tenha sido enviado para um dos subcampos nesse período, como aconteceu com a maioria dos prisioneiros que chegaram a Neuengamme nessa época. Lá, também os médicos e os dentistas prisioneiros trabalharam, cuidando dos muitos trabalhadores forçados.[36] Portanto, só podemos confiar nas probabilidades e nas sumárias fontes administrativas. O que sabemos é que ele não morreu em um dos subcampos, mas no campo principal. No entanto, isso também pode significar que ele trabalhou temporariamente em outro local e foi devolvido ao campo principal em uma condição muito debilitada.

Em algum momento do inverno de 1944, Pfeffer adoeceu gravemente. No registro de óbitos de Neuengamme, consta que Fritz Pfeffer, de 55 anos, morreu às nove horas da manhã em 20 de dezembro de 1944 de enterocolite, uma inflamação da mucosa intestinal.[37] A enterocolite causa diarreia e, sem tratamento, leva à disenteria e, por fim, à morte.[38] Diarreia e disenteria eram as doenças mais comuns no *Revier* de Neuengamme, e a cura era teoricamente impossível. O dentista Han Lokker descreve como os doentes do *Revier* foram parar em camas com cobertores sujos pelas fezes de outros pacientes com disenteria.[39]

A causa declarada da morte e a hora indicada — assim como as dos outros prisioneiros falecidos cujos nomes constavam no registro de óbitos — dão a impressão de um diagnóstico cuidadoso e de um leito de enfermo observado. Na realidade, as causas de morte costumavam ser selecionadas aleatoriamente em uma lista.[40] As condições no *Revier* eram terríveis. Estava superlotado, quase não havia remédios e os prisioneiros jaziam nus, em número de três ou quatro em uma cama. Os prisioneiros que morriam à noite eram empurrados para fora da cama pelos outros para que eles tivessem mais espaço para si e não ficassem deitados ao lado de um cadáver. Pela manhã, os cadáveres eram transferidos para o necrotério, onde seus números eram registrados, e ali eram deixados até que houvesse uma quantidade suficiente (cerca de duzentos) para serem levados ao crematório e incinerados.[41]

Na certidão de óbito de Fritz Pfeffer, lavrada pelo *Standesamt* Hamburg-Neuengamme, o endereço do falecimento é indicado: Hausdeich 60, em Hamburg Neuengamme.[42]

Esse endereço se referia ao crematório de Neuengamme.[43] Portanto, é provável que Fritz Pfeffer tenha sido cremado. Em 23 de outubro de 1945, a Cruz Vermelha Holandesa enviou um comunicado formal de óbito a Charlotte Kaletta: "Em razão de uma mensagem recebida por nós de uma equipe de auxílio da Cruz Vermelha Holandesa na Alemanha, tenho o triste dever de informar que o sr. Fritz Pfeffer, nascido em 30 de abril de 1889 e residente pela última vez em Amsterdã, faleceu em 20 de dezembro de 1944 no campo de concentração de Neuengamme".[44]

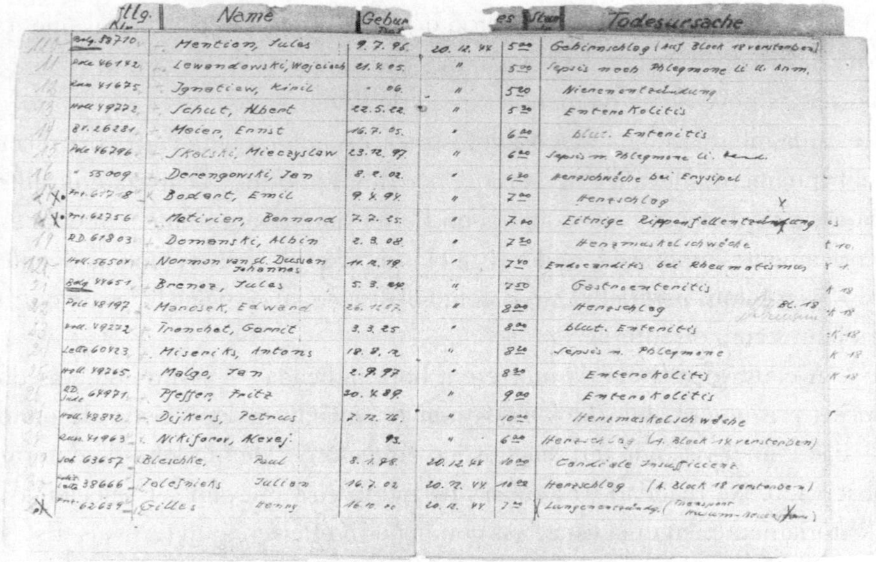

Da administração do campo de Neuengamme: um caderno com os nomes dos prisioneiros que faleceram entre 17 de dezembro de 1944 e 19 de janeiro de 1945. Fritz Pfeffer faleceu em 20 de dezembro de 1944.

Livro dos mortos de Neuengamme.

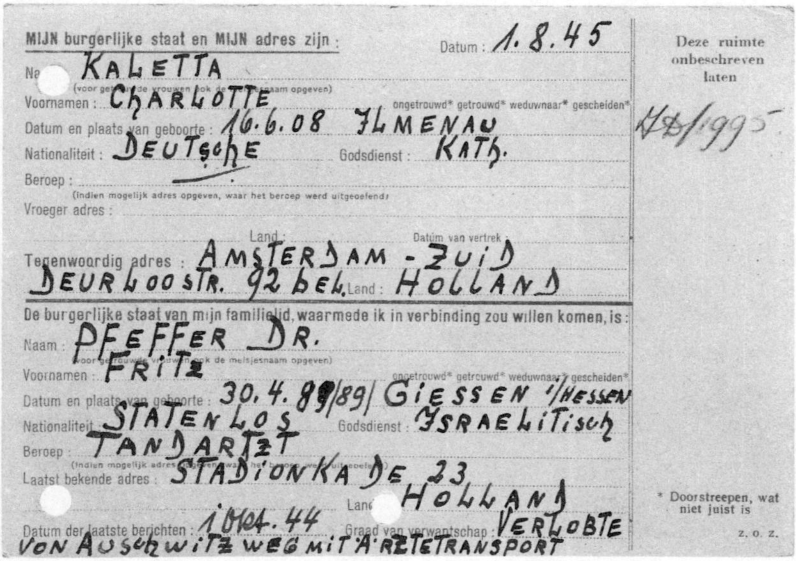

MIJN burgerlijke staat en MIJN adres zijn: Datum: 1.8.45

Naam: KALETTA

(voor getrouwde vrouwen ook de meisjesnaam opgeven)

Voornamen: CHARLOTTE ongetrouwd* getrouwd* weduwnaar* gescheiden*

Datum en plaats van geboorte: 16.6.08 ILMENAU

Nationaliteit: DEUTSCHE Godsdienst: KATH.

Beroep: —

(Indien mogelijk adres opgeven, waar het beroep werd uitgeoefend)

Vroeger adres:

Land: Datum van vertrek:

Tegenwoordig adres: AMSTERDAM-ZUID DEURLOOSTR. 92 bel. Land: HOLLAND

De burgerlijke staat van mijn familielid, waarmede ik in verbinding zou willen komen, is:

Naam: PFEFFER DR.

(voor getrouwde vrouwen ook de meisjesnaam opgeven)

Voornamen: FRITZ ongetrouwd* getrouwd* weduwnaar* gescheiden*

Datum en plaats van geboorte: 30.4.89/89/ GIESSEN a/HESSEN

Nationaliteit: STATENLOS Godsdienst: ISRAELITISCH

Beroep: TANDARTZT

(Indien mogelijk adres opgeven, waar het beroep werd uitgeoefend)

Laatst bekende adres: STADIONKADE 23

Land: HOLLAND

Datum der laatste berichten: 1 Okt. 44 Graad van verwantschap: VERLOBTE

VON AUSCHWITZ WEG MIT ÄRZTETRANSPORT

Deze ruimte onbeschreven laten

* Doorstreepen, wat niet juist is

z. o. z.

Com este cartão, Charlotte Kaletta tentou obter informações sobre Fritz Pfeffer na Cruz Vermelha.

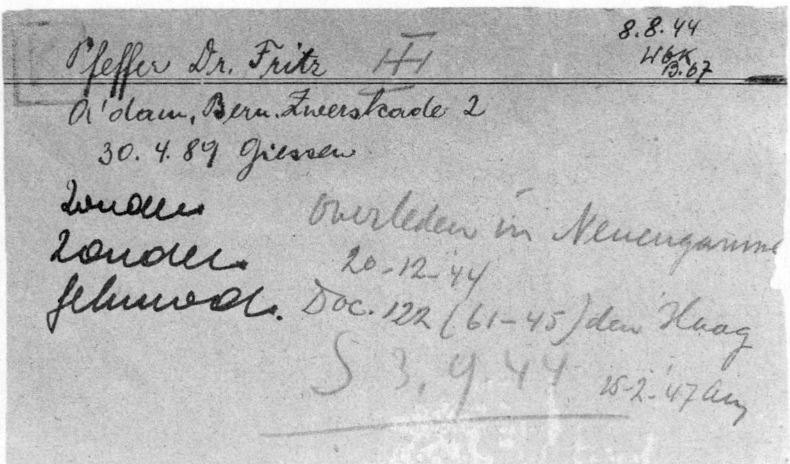

Pfeffer Dr. Fritz 8.8.44

A'dam, Bern. Zweerskade 2

30. 4. 89 Giessen

Overleden in Neuengamme 20-12-44

Doc. 122 (61-45) den Haag

O cartão de registro de Fritz Pfeffer da administração do Conselho Judaico.

9
"Onde as crianças estão, eu não sei"

A busca de Otto

De volta para casa

Otto Frank foi o único dos oito clandestinos do Anexo Secreto que sobreviveu aos campos. Após a libertação de Auschwitz em 27 de janeiro de 1945, começou para ele a longa jornada para casa. E foi quando também teve início a busca por uma resposta à pergunta sobre o que havia acontecido com sua esposa e suas filhas e o que teria ocorrido com seus amigos e os outros clandestinos. Pouco depois da chegada do Exército Vermelho a Auschwitz, ele ganhou um pequeno caderno, no qual anotava sucintamente eventos e nomes. Otto ainda não se encontrava em condições de fazer considerações mais extensas. Mesmo assim, anotou um grande número de nomes de outros prisioneiros que também estavam no transporte de 3 de setembro. Foi repatriado para a Holanda com alguns deles e com vários, incluindo Sal de Liema, sempre manteve contato.[1]

Também anotou os nomes de pessoas as quais naquele momento ele não sabia o que tinha acontecido.[2] Em frases telegráficas, escreveu em seu livreto, por exemplo: "Goudsmit, Relógios, Roterdã" e "Gerhard Salinger, editor".[3] Mais tarde, descobriu-se que ambos tinham sido deportados em 26 de outubro de 1944 para o campo de concentração de Stutthof e lá haviam falecido.[4]

Mas era principalmente a incerteza sobre o destino de Edith, Margot e Anne que o atormentava. Recuperando-se lentamente em uma enfermaria que os russos instalaram no campo liberto, ele perguntou a todas as mulheres que haviam estado em Birkenau e que entravam em seu pavilhão se poderiam lhe dizer algo sobre sua esposa e suas filhas. Por algum tempo, isso lhe foi de pouca ajuda. Em 23 de fevereiro, Otto escreveu uma primeira carta para sua mãe, Alice Frank, que vivia na neutra Suíça desde 1933:

> Espero que lhe cheguem estas linhas que levam a você e a todos os nossos entes queridos a mensagem de que fui resgatado pelos russos, estou saudável, de bom humor e bem cuidado em todos os sentidos. Não sei onde Edith e as meninas estão, estamos separados desde 5 de setembro de 1944. Soube apenas que elas foram transportadas para a Alemanha. Devemos esperar vê-las com saúde novamente. Por favor, informe meus cunhados e meus amigos na Holanda sobre meu resgate. Estou ansioso para ver todos vocês de novo e espero que isso seja possível em breve. Espero que todos estejam saudáveis também. Quando posso receber uma mensagem de vocês? Muito amor e as mais calorosas saudações e beijos. Seu filho Otto.[5]

Pouco depois, em 22 de março, ele soube que sua esposa Edith havia falecido em Auschwitz. Em Katowice, onde aguardava a continuação de seu repatriamento para a Holanda, ele encontrou Rosa de Winter-Levy, que conhecera em Westerbork e que permanecera próxima de Edith em Birkenau até o fim. Rosa contou a ele como ela foi parar em Birkenau com Edith, Margot e Anne e como, em outubro, Anne e Margot, como sua própria filha, Judik, alguns dias antes, foram transferidas para outro campo.[6] Ela disse, também, que Edith adoeceu gravemente logo depois de se despedir das filhas e faleceu em um pavilhão de enfermos em Birkenau devido aos efeitos da desnutrição e de uma infecção intestinal, "sem sofrimento", acrescentou ela, na tentativa de consolá-lo.[7] "O sr. Frank não se mexeu mais quando eu contei isso a ele", lembrou ela mais tarde. "Eu queria olhar para ele, mas ele se virou. E então fez um movimento. Não lembro mais exatamente o que era, mas acredito que ele tenha colocado a cabeça na mesa."[8]

Em 28 de março, ele escreveu para sua mãe informando que tinha ouvido dizer que Edith falecera de fraqueza e de uma desnutrição que resultou em um distúrbio intestinal, "na verdade, mais um assassinato dos alemães". Era uma mensagem que, como ele escreveu a Alice, "o havia atingido com muita força, pois já não sou exatamente o velho Otto".[9] Sua única esperança era que suas filhas tivessem sobrevivido. Em seu caderninho de anotações, ele escreveu que Rosa de Winter-Levy lhe contara que suas filhas haviam partido em outubro, acrescentando: "Muito corajosas, sobretudo a Anne, sinto falta sobretudo da Anne". No fim de março, Otto partiu de trem para Czernowitz (hoje Tsjernivtsi, na Ucrânia). No trem, encontrou novamente sua antiga vizinha Eva Geiringer, com quem já havia falado em Auschwitz logo após a libertação, na vã esperança de que ela pudesse lhe contar mais sobre sua esposa e suas filhas.

Eva Geiringer, 1945.

Eva tinha recentemente encontrado sua mãe, Fritzi Markovits, e, quando encontrou Otto Frank no trem, apresentou os dois um ao outro. Mais tarde, um novo amor floresceria entre Fritzi e Otto, e eles se casariam em 1953. Sobre o encontro no trem, Eva se recorda de que Otto e Fritzi trocaram algumas palavras, "mas havia pouco que pudesse consolá-lo, e ele não estava interessado em nada".[10] Em 24 de abril, os repatriados chegaram à cidade russa de Odessa, onde tiveram de esperar por um navio que os levaria para a França. Em 22 de maio, continuaram a sua jornada no navio neozelandês *Monowai* para Marselha. Depois de uma viagem de trem e de carro pela França, Bélgica e Holanda, Otto finalmente chegou a Amsterdã em 3 de junho de 1945. Ele bateu na porta de Miep e Jan Gies. Para seu grande alívio, soube que seus dois amigos não judeus Victor Kugler e Johannes Kleiman — de quem ele não tinha notícias desde agosto de 1944 e que foram presos com os clandestinos — haviam sobrevivido ilesos ao cativeiro. Ele também viu outra vez Charlotte Kaletta em Amsterdã. Naquele momento, ela ainda não tinha notícias do destino de Fritz Pfeffer, e o que havia acontecido com a família Van Pels tampouco estava totalmente claro.[11]

Em Amsterdã, Otto continuou a busca por Anne e Margot. Para seu grande alívio, sua mãe, seus irmãos e sua irmã com suas famílias haviam sobrevivido à guerra, mas ele não recebeu nenhuma notícia sobre o destino de suas filhas. "Estou escrevendo daqui do meu escritório e é tudo como um sonho ruim", escreveu ele à mãe em 8 de junho, "ainda não consigo compreender a realidade... Onde estão [as crianças], eu não sei, mas penso nelas o tempo todo".[12] Durante aqueles meses, Otto ia quase diariamente à Estação Central para esperar os trens com os sobreviventes que retornavam dos campos, onde caminhava com fotos de suas filhas em busca de alguém que lhe pudesse contar o que havia acontecido com elas. Ele também lia constantemente as listas de vítimas e sobreviventes que apareciam nos jornais e publicava anúncios solicitando informações sobre suas filhas.

Otto e Fritzi Frank, agosto de 1954.

O *Monowai*, o navio no qual Otto viajou de Odessa para Marselha.

Rudi Nussbaum, que sobreviveu à guerra na clandestinidade, mas cujos pais foram deportados, recorda:

> Minha mãe ainda estava viva quando os ingleses libertaram Bergen--Belsen e, para nossa alegria, ela figurava como sobrevivente em uma lista da Cruz Vermelha Internacional. Tínhamos muita esperança de que ela voltaria. [...] E Otto, por sua vez, esperava ver suas duas filhas novamente. E assim íamos à Estação Central quase todos os dias. Os trens ainda chegavam de forma completamente aleatória, mas sempre havia alguns passageiros nesses trens vindos da Alemanha que eram sobreviventes dos campos, e esperávamos poder encontrar alguém, andando por ali com aquelas fotos, e que esse alguém dissesse: "Sim, vi essa mulher ou essas duas meninas. E elas estão a caminho". Mas aconteceu o oposto, e Otto encontrou alguém que lhe disse: "As duas estão mortas". E eu encontrei alguém que me disse "Eu conhecia sua mãe, e ela não sobreviveu".[13]

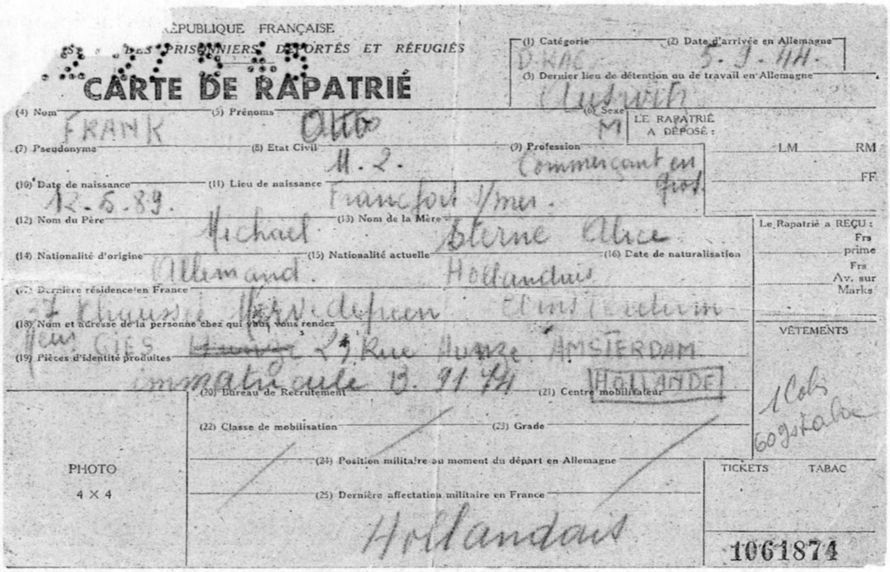

RÉPUBLIQUE FRANÇAISE

DES PRISONNIERS DÉPORTÉS ET RÉFUGIÉS

CARTE DE RAPATRIÉ

(1) Catégorie D. KAC (2) Date d'arrivée en Allemagne 5. 9. 44.

(3) Dernier lieu de détention ou de travail en Allemagne Auschwitz

(4) Nom FRANK (5) Prénoms Otto (6) Sexe M

LE RAPATRIÉ A DÉPOSÉ : LM RM FF

(7) Pseudonyme (8) Etat Civil M. 2. (9) Profession Commerçant en gros

(10) Date de naissance 12. 5. 89. (11) Lieu de naissance Francfort s/mer.

(12) Nom du Père Michael (13) Nom de la Mère Sterne Alice

Le Rapatrié a REÇU : Frs prime Frs Av. sur Marks

(14) Nationalité d'origine Allemand. (15) Nationalité actuelle Hollandais (16) Date de naturalisation

(17) Dernière résidence en France

(18) Nom et adresse de la personne chez qui vous vous rendez Mr. GIES 25, Rue Hunze AMSTERDAM

VÊTEMENTS

(19) Pièces d'identité produites Immatriculé 13. 91 74 HOLLANDE

(20) Bureau de Recrutement (21) Centre mobilisateur

1 Colis 60 gs Tabac

(22) Classe de mobilisation (23) Grade

PHOTO 4 × 4

(24) Position militaire au moment du départ en Allemagne

TICKETS TABAC

(25) Dernière affectation militaire en France

Hollandais

1061874

Otto recebeu esta *carte de rapatrié* (carteira de repatriação) após sua chegada à França. Ela servia como um documento provisório de identidade. Como endereço na Holanda, Otto deu o endereço de Jan e Miep Gies.

IRMA SPIELMANN, geb. 10-4-'94 Wenen, Tsj. Slow. nation. Weggevoerd Westerborg 23-3-'43. Wie weet iets van dit transport? Spielmann, Scheldestr. 181 III, Zuid.
MARGOT FRANK (19 j.) en **ANNA FRANK** (16 j.), in Jan. op transp. vanuit Bergen-Beizen. O. Frank, Prinsengracht 263, tel. 37059.
Mijn man **ALFRED v. GELDEREN**. (Oct. 1942 uit Westerb.) en kinderen **DORA ROSA** en **FREDERIK MARTHIJN** (24-7-1942 uit Westerb.) Marianne v. Gelderen—Engelander, Jozef Israëlkade 126 II.
FRANCISCUS JOHANNES MAAS geb. 19-10-'23, werkz. bij Machinefabriek Winger en Co. Walters-

Em agosto de 1945, Otto Frank publicou uma convocação no jornal *Het Vrije Volk*. Ele estava à procura de pessoas que lhe pudessem dizer algo sobre Margot e Anne.

A mãe de Nussbaum parece de fato ter vivenciado a libertação, mas faleceu logo depois de desnutrição e tratamento inadequado. E, em 18 de julho, Otto também sofreu seu segundo grande golpe. Ao examinar uma lista da Cruz Vermelha, ele viu os nomes de suas duas filhas precedidos por uma cruz, significando que elas haviam falecido. Otto descobriu por meio da Cruz Vermelha quem havia feito essas cruzes e, logo em seguida, marcou um encontro com Lientje Brilleslijper. Ela lhe contou que Anne e Margot faleceram em Bergen-Belsen, uma logo depois da outra, devido ao tifo. Lientje também lhe contou que ela e sua irmã Janny estiveram em contato com suas filhas até o fim e viram como faleceram. Pouco depois, Miep Gies lhe entregou em mãos o diário de sua filha, que ela guardara para Anne.

Nos meses que se seguiram, Otto Frank soube que os outros clandestinos, Auguste, Hermann e Peter van Pels, assim como Fritz Pfeffer, também haviam falecido nos campos. Embora, então, soubesse o que havia acontecido com eles, continuou a procurar pessoas que sua esposa e suas filhas haviam conhecido nos campos que pudessem lhe contar mais sobre elas. Conforme foi mencionado na introdução, muitas das testemunhas a quem foi dada a palavra neste livro contaram sua história pela primeira vez naqueles meses em 1945 e 1946, quando Otto tentou descobrir o máximo possível sobre o que sua mulher e suas filhas haviam vivenciado nos campos depois de terem sido separados uns dos outros.

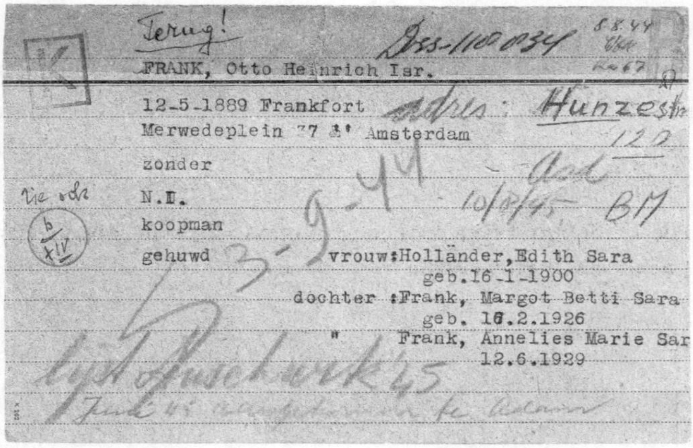
Terug!
FRANK, Otto Heinrich Isr.
12-5-1889 Frankfort
Merwedeplein 37 2' Amsterdam
zonder
N.I.
koopman
gehuwd vrouw: Holländer, Edith Sara
geb. 16-1-1900
dochter : Frank, Margot Betti Sara
geb. 16.2.1926
" Frank, Annelies Marie Sar
12.6.1929

O cartão de registro de Otto Frank da administração do Conselho Judaico.

Cada migalha

Em certo sentido, *Depois do diário* é uma continuação da busca que Otto Frank iniciou em janeiro de 1945. Este livro mostra como é difícil se obter uma imagem precisa das experiências de vítimas individuais nos campos, como Anne, Margot, Edith e os outros clandestinos. Embora saibamos relativamente bastante sobre suas vidas no período até agosto de 1944, em parte devido ao diário de Anne, a imagem no período posterior sempre permaneceu obscura e fragmentada.

Este livro tentou preencher essas lacunas da melhor forma possível e, por vezes, forneceu novas perspectivas. Agora sabemos que Anne e Margot Frank estavam tão doentes no início de fevereiro de 1945, que provavelmente faleceram naquele mês, e não em 31 de março de 1945, como se presumia. Pudemos fazer um esclarecimento semelhante no que diz respeito à data em que Anne e Margot foram deportadas para Bergen-Belsen e à data da chegada de Fritz Pfeffer a Neuengamme. Agora sabemos com certeza que ele deve ter chegado a Neuengamme entre 10 e 18 de novembro de 1944 e quase certamente em um assim chamado "transporte médico", durante o qual um grande grupo de dentistas e médicos foi levado de Auschwitz para Neuengamme. Mais também foi esclarecido sobre a morte de Hermann van Pels. Há muito se supunha que ele tivesse sido gaseado imediatamente após sua chegada a Auschwitz, ou que houvesse falecido em algum momento entre 1º de outubro de 1944 e 9 de maio de 1945 no campo de Stutthof. No entanto, nossa investigação mostrou que Van Pels não constava nas listas de transporte para esse campo e quase certamente foi assassinado em 3 de outubro de 1944 em uma das câmaras de gás de Auschwitz. Ele foi parar lá porque se feriu durante o trabalho forçado e, presumivelmente por esse motivo, foi classificado como incapacitado para o trabalho durante uma grande seleção em 2 de outubro de 1944.

Frequentemente, tivemos de nos contentar com detalhes sumários: momentos de chegada e partida, números de campo e alocações em pavilhões. Às vezes aprendíamos algo mais, por exemplo, sobre o tipo de trabalho que os oito clandestinos tinham de fazer nos campos de concentração, com quais outros prisioneiros eles dividiam um pavilhão e quando e em que circunstâncias eles foram selecionados para serem transferidos para outro campo. O trabalho de Peter van Pels no *Paketstelle* em Auschwitz, por exemplo, parece ter sido muito importante não apenas para melhorar as condições de seu próprio cativeiro, mas também para Otto Frank, que conseguiu, graças a isso, obter comida suficiente.

Mas pelo que exatamente esses oito indivíduos passaram e como eles vivenciaram as adversidades dos campos e tentaram sobreviver são questões muito mais difíceis de responder. As principais fontes que realmente dizem algo sobre isso permanecem sendo os testemunhos em primeira mão dos sobreviventes, embora, como fonte histórica, eles também sejam limitados em alguns aspectos e, às vezes, simplesmente ausentes. Testemunhas como Rosa de Winter-Levy, Nanette Blitz, as irmãs Brilleslijper e Hanneli Goslar nos dão uma ideia das circunstâncias em que Edith, Anne e Margot faleceram, mas não há nenhuma testemunha ocular que nos conte algo sobre as experiências de Fritz Pfeffer em Neuengamme ou sobre Auguste van Pels em Raguhn. Contudo, através dos olhos das testemunhas, pudemos obter uma imagem das condições em que os oito clandestinos viviam no pavilhão penal de Westerbork, de como foram separados uns dos outros em Auschwitz e de como era a vida diária dos homens e das mulheres nos campos. Temos de aceitar apenas que nunca saberemos: o que exatamente Anne e Margot vivenciaram nos últimos dias de suas vidas, como elas tentaram se apoiar mutuamente e quando enfim sucumbiram à doença e ao cansaço. Mas é possível saber mais sobre suas experiências no campo por vias indiretas e fazendo suposições razoáveis. Isso nos permitiu chegar a uma estimativa presumivelmente mais precisa das datas da morte de Anne e Margot com base no conhecimento científico sobre o desenvolvimento do tifo exantemático. Para os campos de Auschwitz e Bergen-Belsen em particular, o momento da chegada era crucial para determinar as condições de vida e possibilitar a sobrevivência dos prisioneiros. O fato de, em agosto de 1944, todos os oito clandestinos, inclusive Anne Frank, que tinha apenas quinze anos, e os cinquentenários Otto Frank e Fritz Pfeffer, terem passado na seleção na *Rampe* de Birkenau está relacionado ao aumento da pressão sobre a SS para que deixasse passar trabalhadores suficientes, selecionando os prisioneiros com menos rigor do que antes. No momento em que eles chegaram, a importância que o trabalho forçado tinha para Himmler em relação ao extermínio em massa havia aumentado, e comparativamente menos pessoas eram enviadas para a câmara de gás.

Além disso, há os testemunhos de outros prisioneiros que estiveram nos campos de concentração em circunstâncias semelhantes durante o mesmo período que os oito clandestinos, mas que sobreviveram. Eles oferecem um "horizonte" de experiências que fornecem vislumbres sobre o que os oito clandestinos do Anexo Secreto provavelmente ou com certeza vivenciaram. Através de seus olhos, é possível imaginar o que eles suportaram nos últimos meses nos campos.

Este é um livro sobre oito pessoas — Anne, Margot, Edith e Otto Frank, Hermann, Auguste e Peter van Pels e Fritz Pfeffer — que, por meio de uma combinação especial de circunstâncias, tornaram-se as protagonistas daquela que seja talvez a história de guerra mais famosa na história ocidental. Suas experiências no Anexo Secreto alcançaram milhões e milhões de pessoas em todo o mundo por meio da publicação e de adaptações para o cinema de *O diário de Anne Frank*. Nisso, foram excepcionais. Mas a história que o diário de Anne não conta e que se seguiu ao período na clandestinidade, todas aquelas humilhações desumanas, os maus-tratos, a fome, o frio, as doenças e todos os outros horrores que suportaram em Auschwitz, Bergen-Belsen, Mauthausen, Neuengamme e Raguhn, é uma história que ainda pode ser recontada milhões de vezes, com pequenas variações. O fato de que tão poucos detalhes sejam conhecidos sobre os eventos que ocorreram após sua prisão nos confronta com a dificuldade de distinguir os indivíduos da multidão. O genocídio de judeus europeus perpetrado pelos nazistas não só privou as pessoas de sua dignidade e de sua vida, mas foi também um esforço consciente para apagar todos os vestígios que pudessem dizer algo sobre seus destinos, suas experiências e suas memórias individuais. Isso significa, também, que cada migalha, por menor que seja, que aproxime essa experiência e forneça uma visão maior das vivências individuais e dos destinos das vítimas do Holocausto é de grande valor, não apenas histórico, como também moral e humano.

Bibliografia

Abadi, Odette. *Terre de détresse. Birkenau-Bergen-Belsen*. Paris, 2012.

Abuys, Guido; Mulder, Dirk. *Een gat in het prikkeldraad. Kamp Westerbork, ontsnappingen en verzet*. Hooghalen, 2003.

Alden Thwaits Garcia, Priscilla. *Auschwitz, Auschwitz... I Cannot Forget You. As Long As I Remain Alive:* The Story of Max Rodrigues Garcia As Told to Priscilla Alden Thwaits Garcia. San José, ca, 1979.

Arad, Yitzhak. *The Operation Reinhard Death Camps:* Belsec, Sobibor, Treblinka. Edição revisada, Indiana, 2018.

Barnouw, David; Mulder, Dirk; veenendaal, Guus. *De Nederlandse Spoorwegen in oorlogstijd 1939-1945. Rijden voor Vaderland en Vijand*. Zwolle, 2019.

Barnouw, David; Stroom; Gerrold van der. *Wie verraadde Anne Frank?* Amsterdã, 2003.

Benda-Beckmann, Bas von. *Het Oranjehotel. Een Duitse gevangenis in Scheveningen*. Amsterdã, 2019.

Benz, Wolfgang; Distel, Barbara (ed.). *Der Ort des Terrors. Geschichte der nationalsozialistische Konzentrationslager*. 9 vols., Munique, 2005-2009.

Beorn, Waitman. *Marching into Darkness:* The Wehrmacht and the Holocaust in Belarus. Londres, 2018.

Beorn, Waitman. *The Holocaust in Eastern Europe:* At the Epicenter of the Final Solution. Cambridge, ma, 2014.

Bergen, Lotte. *Albert Konrad Gemmeker. Commandant van Westerbork*. Soesterberg, 2013.

Berlin Museum (ed.). *Synagogen in Berlin. Zur Geschichte einer zerstörten Architektur*. Berlim, 1983.

Blatman, Daniel. *The Death Marches:* The Final Phase of Nazi Genocide. Cambridge, ma, 2011.

Blitz, Mirjam, *Auschwitz 13917. Hoe ik de Duitse concentratiekampen overleefde*. 2. ed. Nijmegen, 1961.

Bolle, Mirjam. *Ik zal je beschrijven hoe een dag er hier uitziet. Dagboekbrieven uit Amsterdam, Westerbork en Bergen-Belsen*. Amsterdã, 2003.

Boom, Bart van der. *'Wij weten niets van hun lot'. Gewone Nederlanders en de Holocaust*. Amsterdã, 2012.

Brandes, Janny. *Voltooid en onvoltooid verleden tijd*. Amsterdã, 1986.

Broek, Gertjan; Erbelding, Rebecca. *German Bombs and us Bureaucrats:* How Escape Lines from Europe Were Cut Off (publicação on-line) ushmm e Fundação Anne Frank, 2016. Disponível em: www.annefrank.org/en/downloads/filer_public/94/3e/943ed001-ba04-4e2a-9360e642d0d82006/ushmm_afh_july2018.pdf.

Browning, Christopher. *Initiating the Final Solution*: The Fateful Months of September-October 1941. Washington, dc, 2003.

Browning, Christopher. *Ordinary Men*: Reserve Police-Battalion 101 and the Final Solution in Poland. Nova York, 1992.

Browning, Christopher. *The Origins of the Final Solution*: The Evolution of Nazi Jewish Policy, September 1930-March 1942. Lincoln, 2004.

Buggeln, Marc. *Slave Labor in Nazi Concentration Camps*. Oxford, 2014.

Burschel, Peter et al. (ed.). *Das Quälen des Körpers. Eine historische Anthropologie der Folter*. Colônia, 2000.

Caplan, Jane; Wachsmann, Nikolaus (ed.). *Concentration Camps in Nazi Germany*: The New Histories. Londres, 2010.

Cohen, Elie. *Beelden uit de nacht. Kampherinneringen*. Baarn, 1992.

Czech, Danuta. *Kalendarium der Ereignisse im Konzentrationslager Auschwitz-Birkenau 1939-1945*. Reinbek, 1989.

Dauernheim, Jurgen. "Dr. Pfeffer aus Giessen – Anne Franks 'Dr. Dussel' (Eine Ergänzung)", *Mitteilungen des Oberhessischen Geschichtsverein Giessen* 97. Gießen, 2012, p. 221-227.

Dwork, Debórah; Pelt, Robert Jan van. *Auschwitz*. Edição revisada. Londres, 2008.

Dwork, Debórah; Pelt, Robert Jan van. *De Holocaust. Een geschiedenis*. Amsterdã, 2002.

Evers-Emden, Bloeme. *Als een pluisje in de wind*. Amsterdã, 2012.

Fast, Vera. *Kindertransporten 1938-1948. Hoe duizenden kinderen uit de klauwen van de nazi's werden gered*. Amersfoort, 2016.

Frank, Anne. *O diário de Anne Frank*. Rio de Janeiro: Record, 1995.

Frank, Anne. *Verhaaltjes, en gebeurtenissen uit het Achterhuis. Cady's leven*. Amsterdã, 2001.

Frankenhuis, M. *Westerbork en een vraaggesprek met zijn commandant Gemmecke in 1948*. Haia, 1948.

Friedländer, Saul. *Nazi-Duitsland en de Joden*. 2 vols. Amsterdã, 2007.

Frister, Roman. *The Cap, or the Price of a Life*. Nova York, 2000.

Fritzsche, Peter. *An Iron Wind*: Europe Under Hitler. Nova York, 2016.

Fritzsche, Peter. *Life and Death in the Third Reich*. Cambridge, ma, 2008.

Futselaar, Ralf. *Gevangenissen in oorlogstijd. 1940-1945*. Amsterdã, 2015.

Gerlach, Christian. *The Extermination of the European Jews*. Cambridge, ma, 2016.

Gies, Miep. *Herinneringen aan Anne Frank. Het verhaal van Miep Gies, de steun en toeverlaat van de familie Frank in het Achterhuis*. Amsterdã, 1987.

Gigliotti, Simone. *The Train Journey*: Transit, Captivity, and Witnessing in the Holocaust. Nova York, 2009.

Göbel, Esther. *Een hemel zonder vogels. Het aangrijpende leven van Janny Moffie-Bolle*. Amsterdã, 2010.

Göbel, Esther. "Judeus holandeses em trabalho forçado. Relatório sobre a pesquisa quantitativa, qualitativa e museológica sobre a implantação de trabalhadores forçados judeus da Holanda, em campos na Holanda e no exterior, durante a Shoa", relatório da pesquisa do Joods Cultureel Kwartier. Amsterdã, 2015.

GOTTLIEB, Ioan. *Euch werde ich's noch zeigen. Vom Ghetto Baia Mare durch Auschwitz, Mauthausen, Melk und zurück 1929-1945*. Constança, 2006.

GOTTWALDT, Alfred; KAMPE, Norbert; KLEIN, Peter (ed.). NS-*Gewaltherrschaft. Beiträge zurhistorischen Forschung und juristischen Aufarbeitung*. Berlim, 2005.

GRIFFIOEN, Pim; ZELLER, Ron. *Jodenvervolging in Nederland, Frankrijk en België 1940-1945. Overeenkomsten, verschillen, oorzaken*. Amsterdã, 2011.

GRUNBERG, Arnon (ed.). *Bij ons in Auschwitz. Getuigenissen*. Amsterdã, 2020.

GRUNBERG, Arnon. *Nee. 4 meivoordracht 2020*. Amsterdã, 2020.

GRUNER, Wolf. *Jewish Forced Labour under the Nazis:* Economic Needs and Racial Aims 1938-1944. Ed. revisada. Cambridge, MA, 2013.

GUTMAN, Yisrael; BERENBAUM, Michael (ed.). *Anatomy of the Auschwitz Death Camp*. Bloomington, 1998.

HA-ELION, Moshe. *The Straits of Hell:* The Chronicles of a Salonikan Jew in the Nazi Extermination Camps Auschwitz, Mauthausen, Melk, Ebensee. Mannheim, 2005.

HAENEN, Marcel. *De bokser. Het leven van Max Moszkowicz*. Amsterdã, 2018.

HAPPE, Katja. *Veel valse hoop. De Jodenvervolging in Nederland 1940-1945*. Amsterdã, 2018.

HEIM, Suzanne (ed.). *Deutsches Reich und Protektorat Böhmen und Mähren Oktober 1941-März 1943. Verfolgung und Ermordung der Europäischen Juden durch das nationalsozialistische Deutschland 1933-1945*. Oldenburg, 2019, vol. 6.

HENRY, Patrick (ed.). *Jewish Resistance against the Nazis*. Washington, DC, 2015.

HERBERT, Ulrich. "Forced Laborers in the Third Reich: An Overview", *International Labor and Working-Class History 1*. 2000, p. 192-218.

HERZBERG, Abel J. *Amor fati & Tweestromenland, Bergen-Belsen 1944-1945*. Amsterdã, 2016.

IPEREN, Roxanne van. *'t Hooge Nest*. Amsterdã, 2018.

JONG, Loe de. *Het Koninkrijk der Nederlanden in de Tweede Wereldoorlog*, 14 vols. Haia, 1969-1991.

JUNK, Peter; SELLMEYER, Martina. *Stationen auf dem Weg nach Auschwitz. Entrechtung, Vertreibung, Vernichtung Juden in Osnabrück 1900-1945. Ein Gedenkbuch*. Osnabrück, 1988.

KAIENBURG, Hermann. *Das Konzentrationslager Neuengamme, 1938-1945*. Bonn, 1997.

KAIENBURG, Hermann. *'Vernichtung durch Arbeit'. Der Fall Neuengamme*. Bonn, 1990.

KASSOW, Samuel D. *Who Will Write Our History:* Emanuel Ringelblum, the Warsaw ghetoo and the Oyneg Shabes Archive. Bloomington, 2007.

KLEIN, Bettina. *Spuren jüdischen Lebens in Aachen von 1850 bis 1938. Eine Anschauungsmappe*. Aachen, 1997.

KOLB, Eberhard. *Bergen-Belsen. Geschichte des Aufenthaltslager, 1943-1945*. Hannover, 1962.

KOMPISCH, Kathrin. *Täterinnen. Frauen im Nationalsozialismus*. Colônia, 2008.

KOSMALA, Beate. "Zwischen Ahnen und Wissen: Flucht vor der Deportation (1941-1943)". In: KUNDRUS, Birthe; MEYER, Beate (ed.). *Deportation der Juden aus Deutschland:* Pläne — Praxis — Reaktionen 1938-1945. Göttingen, 2012, p. 135-159.

LANDSBERGER, L.; HASS, A. de; SELOWSKY, K. (Cruz Vermelha Holandesa) (ed.). *Auschwitz*, 6 vols. Haia, 1947-1953.

— Parte 2: *De deportatietransporten van juli t/m augustus 1942*.

— Parte 5: *De deportatietransporten in 1944*.

— Parte 6: *De afvoertransporten uit Auschwitz en omgeving naar het noorden en het westen, en de grote evacuatietransporten*.

LANGBEIN, Hermann. *People in Auschwitz*. Chapel Hill, 2004.

LAQUEUR, Renata. *Dagboek uit Bergen-Belsen*. Amsterdã, 1979.

LARGE, David Clay. *Berlin*. Nova York, 2000.

LASIK, Aleksander et al. (ed.). *Auschwitz, 1940-1945*: Central Issues in the History of the Camp, 5 vols., The Auschwitz-Birkenau State Museum. Auschwitz, 2000.

LASSKER-WALLFISCH, Anita. *Inherit the Truth 1939-1945*. Londres, 1996.

LEE, Carol Ann. *Anne Frank 1929-1945. Pluk rozen op aarde en vergeet mij niet*. Amsterdã, 1996.

LEE, Carol Ann. *Het verborgen leven van Otto Frank. De biografie*. Amsterdã, 2002.

LEEUW, Daan de. *In the Name of Humanity*: Nazi Doctors and Human Experiments in German Concentration Camps, 1939-1945. Dissertação de mestrado em História, Universidade de Amsterdã, 2013.

LEPPER, Herbert. *Von der Emanzipation zum Holocaust. Die Israelitische Synagogengemeinde zu Aachen 1801-1942*. Aachen, 1994.

LEVI, Primo. *É isto um homem?* Rio de Janeiro: Rocco, 2013.

LEYDESDORFF, Selma. *De mensen en de woorden. Geschiedenis op basis van verhalen*. Amsterdã, 2004.

LIEMPT, Ad van. *Frieda. Verslag van een gelijmd leven. Herinneringen aan kamp Westerbork*. Hooghalen, 2007.

LIEMPT, Ad van. *Gemmeker. Comandant van Westerbork*. Amsterdã, 2019.

LIFTON, Robert Jay. *The Nazi Doctors:* Medical Killing and the Psychology of Genocide. Londres, 1986.

LINDWER, Willy. *Kamp van hoop en wanhoop. Getuigen van Westerbork, 1939-1945*. Amsterdã, 1990.

LINDWER, Willy. *Os sete últimos meses de Anne Frank*. São Paulo: Universo dos Livros, 2020.

LOWER, Wendy. *Hitlers furiën. Vrouwelijke beulen in de killing fields van de Holocaust*. Amsterdã, 2015.

LUDEWIG-KEDMI, Revital. *Opfer und Täter zugleich? Moraldilemmata jüdischer Funktionshäftlinge in der Shoah*. Giessen, 2001.

MAIER, Anita. *Als ik Hitler maar kan overleven*. Nieuwkoop, 1990.

MANDELL, Gerald L. et al. (ed.). *Bennett's Principles and practices of infectuaos diseases*. 7. ed. Filadélfia, 2010, vol. 2.

MARŠÁLEK, Hans. *Die Vergasungsaktionen im Konzentrationslager Mauthausen* — Gaskammer, Gaswagen, Vergasungsanstalt Hartheim, Tarnnamen Dokumentation. Viena, 1988.

MARŠÁLEK, Hans. *Die Geschichte des Konzentrationslager Mauthausen*. Viena, 1995.

MAZOWER, Mark. *Hitler's Empire:* Nazi Rule in Occupied Europe. Londres, 2008.

MECHANICUS, Filip. *In dépôt. Dagboek uit Westerbork*. Amsterdã, 1989.

MEERSHOEK, Guus. *Dienaren van het gezag. De Amsterdamse politie tijdens de bezetting*. Amsterdã, 1999.

MEGARGEE, Geoffrey P. (ed.). *Encyclopedia of Camps and Ghettos, 1933-1945*, 2 vols. Bloomington, 2009.

MASON, Menno. *Anne Frank. Dromen, denken, schrijven*. Amsterdã, 2016.

MEYER, Beate; SIMON, Hermann; SCHÜTZ, Chana (ed.). *Jews in Nazi Berlin:* From Kristallnacht to Liberation. Chicago, 2009.

MORAL, Eva. *Als ik morgen niet op transport ga... Kamp Westerbork in beleving en herinnering*. Amsterdã, 2014.

MORINA, Christina; THIJS, Krijn (ed.). *Probing the Limits of Categorization:* The Bystander in Holocaust History. Nova York, 2018.

MORSCH, Günther; PERZ, Bertrand. *Neue Studien zu nationalsozialistisches Massentötungen durch Giftgas*. Berlim, 2011.

MULLER, Melissa. *Anne Frank. De biografie*. Amsterdã, 1998.

NIEROP, Is. van; COSTER, Louis. *Westerbork. Het leven in het kamp*. Haia, 1945.

NIJHUIS, Ben. *Breekbaar maar niet gebroken*. Laren, 2008.

PAAPE, Harry; STROOM, Gerrold van der; BARNOUW, David (org.). *De Dagboeken van Anne Frank*. Edição ampliada. Amsterdã, 1990.

"PERSÖNLICHE Erinnerungen an Anne Frank". Entrevista com Hanna Elisabeth Pick, Jerusalém, *Mitteilungsblatt*, publicada por *Die Verband der Einwander deutsch-jud Herkunft*, n. 28, 12 jul. 1957.

PERZ, Bertrand. *Das Project "Quarz". Der Bau einer unterirdischer Fabrik durch Häftlinge des KZ Melk für die Steyr-Daimler-Puch AG 1944-1945*. Innsbruck, 2014.

PERZ, Bertrand. "Kinder and Jugendliche im Konzentrationslager Mauthausen und seine Außenlagern", *Dachauer Hefte 9*. 1993. p. 71-90.

PETRI, Victor. "The Secular Word 'Holocaust': Scholarly Myths, History, and Twentieth Century Meanings", *Journal of Genocide Research 2/1*. 2000. p. 31-63.

PIPER, Franciszek. "Gas Chambers and Crematoria". In: GUTMAN, Yisrael; BERENBAUM, Michael (ed.). *Anatomy of the Auschwitz Death Camp*. Bloomington, 1998. p. 157-182.

PIPER, Franciszek; SWIEBOCKA, Teresa; CZECH, Danuta (ed.). *Auschwitz:* Nazi Death Camp. The Auschwitz-Birkenau State Museum, Auschwitz, 2007.

POLAK, Fia. *Oorlogsverslag van een zestienjarig joods meisje*. Amsterdã, 1995.

PRESSER, Jacques. *Ondergang. De vervolging en verdelging van het Nederlandse Jodendom, 1940-1945*. Duas partes. Haia, 1965.

PRINS, Erika (Fundação Anne Frank). "Onderzoeksverslag naar het verblijf van de acht onderduikers in de kampen". Relatório de pesquisa da Fundação Anne Frank, Amsterdã, abr. 2016.

RAWSON, Andrew. *Auschwitz:* The Nazi Solution. Barnsley, 2015.

RENS, Herman van; WILMS, Annelies. *Tussenstation Cosel. Joodse mannen uit West-Europa naar dwangarbeiderskampen in Silezië, 1942-1945*. Hilversum, 2020.

RIET, Frank van. *De bewakers van Westerbork*. Amsterdã, 2016.

ROELOFS, Saar. *Nog altijd. Ronnie Goldstein-van Cleef over jeugd, verzet, concentratiekampen en het leven daarna*. Kampen, 2005.

ROMIJN, Peter. *Burgemeesters in oorlogstijd. Besturen tijdens de Duitse bezetting*. Amsterdã, 2006.

ROSENSAFT, Hadassah. *Yesterday My Story*. Washington, DC, 2004.

Roth, Nicolas. *Avoir 16 ans à Auschwitz. Mémoire d'un juif hongrois*. Collection témoignages de la Shoah. Paris, 2011.

Rozema, Wim A. H. "Treinen naar het eindstation van de beschaving... 'In het midden stond een vent..., die beschikte over je leven...'". Sociedade histórica Hoogezand-Sappemeer et al., 23 abr. 2015.

Samuel, R.; Thompson, P. (ed.). *The Myths We Live By*. Londres, 1990.

Schalkowsky, Samuel (ed.). *The Clandestine History of the Kovno Jewish Ghetto Police*. Bloomington, 2014.

Schloss, Eva. *Herinneringen van een Joods meisje, 1938-1945*. Breda, 2005.

Schnabel, Ernst. *Anne Frank, Spur eines Kindes. Ein Bericht*. Frankfurt/Main, 1958.

Schoeps, Julius H. *Neues Lexikon des Judentums*. Gütersloh, 2000.

Schütz, Raymund. "Vermoedelijk op transport. De Joodsche Raadcartotheek als informatiesysteem binnen sterk veranderende kaders: repressie, opsporing en herinnering. Een archiefwetenschappelijk onderzoek naar de herkomst, het gebruik en het beheer van een bijzondere historische bron". Dissertação de mestrado em Ciências Arquivísticas: Instituto de História da Universidade de Leiden, 2010.

Schuyf, Judith (ed.) *Nederlanders in Neuengamme. De ervaringen van ruim 5500 Nederlanders in een Duits concentratiekamp 1940-1945*. Zaltbommel, 2005.

Sluis, Wouter van der; Metselaar, Menno (ed.) *Anne Frank. Haar leven in brieven:* tentoongestelde brieven. Guia da exposição do Amsterdams Historisch Museum. Amsterdã, 2006.

Sofsky, Wolfgang. *The Order of Terror:* The Concentration Camp. Nova Jersey, 1997.

Spronz, Joseph. "Ich war ein Haeftling in Auschwitz". Trad. alemã de 1946 não publicada de: *Fogoly voltam Auschwitzban*. Budapeste, 1946.

Steen, Jürgen; Wolzogen, Wolf von (ed.). *Die Synagogen brennen. Die Zerstörung Frankfurts als jüdische Lebenswelt*. Frankfurt/Main, 1988.

Steinbacher, Sybille. *Auschwitz. Een geschiedenis*. Utrecht, 2005.

Strzelecka, Irena. "Women". In: Gutman, Yisrael; Berenbaum, Michael (ed.). *Anatomy of the Auschwitz Death Camp*. Bloomington, 1998.

Strzelecki, Andrzej. "The Plunder of Victims and Their Corpses". In: Gutman, Yisrael; Berenbaum, Michael. *Anatomy of the Auschwitz Death Camp*. Bloomington, 1998.

Szucs, Ladislaus. *Zählappell. Als Arzt im Konzentrationslager*. Frankfurt/Main, 1995.

Venezia, Shlomo. *Inside the Gas Chambers:* Eigth Months in the Sonderkommando of Auschwitz. Cambridge, ma, 2009.

Verhoeven, Rian. *Anne Frank was niet alleen. Het Merwedeplein 1933-1945*. Amsterdã, 2019.

Verolme, Hetty. *De kleine moeder van Bergen-Belsen. Hoe een veertienjarig meisje het concentratiekamp wist te overleven*. Utrecht, 2014.

Vogelaar, Jacq. *Over kampliteratuur*. Amsterdã, 2006.

Vuijsje, Ies. *Tegen beter weten in. Zelfbedrog en ontkenning in de Nederlandse geschiedschrijving over de Jodenvervolging*. Amsterdã, 2006.

Wachsmann, Nikolaus. "'Annihilation Through Labour': The Killing of State Prisoners in the Third Reich". *Journal of Modern History* 3. 1999. p. 624-659.

Wachsmann, Nikolaus. *KL* — A história dos campos de concentração nazis. Lisboa: Dom Quixote, 2015.

Welzer, Harald; Moller, Sabine; Tschuggnall, Karoline. "Opa war kein nazi". *Nationalsozialismus und Holocaust im Familiengedächtnis*. Frankfurt/Main, 2002.

Wenck, Alexandra-Eileen. *Zwischen Menschenhandel und "Endlösung". Das Konzentrationslager Bergen-Belsen*. Paderborn, 2000.

Wielek, H. *De oorlog die Hitler won*. Amsterdã, 1947.

Wind, Eddy de. *Última parada:* Auschwitz. Meu diário de sobrevivência. São Paulo: Planeta, 2020.

Winter-Levy, Rosa de. *Aan de gaskamer ontsnapt! Het Satanswerk van de* SS: relaas van het lijden en de bevrijding uit het concentratiekamp "Birkenau" bij Auschwitz. Doetinchem, 1945.

Som e imagem

* Jon Blair, *Anne Frank Remembered*, documentário de 1995.
* Willy Lindwer, *Os últimos sete meses de Anne Frank*, documentário de 1988.
* Birgit Kienzle (diretor), *Lasst mich so sein wie ich will. Anne Frank*, documentário para a televisão, Südwestfunk, 1979.
* Centro Memorial do Campo de Westerbork e NOS Actueel (composição), *Leven na de ondergang. Acht portretten van Holocaustoverlevenden*, documentário em DVD, 2007.
* USC Shoah-Foundation Visual History Archive (USC-SF, VHA).

Fontes na internet

* www.bergen-belsen.stiftung-ng.de
* www.coldcasediary.com
* www.drentheinoorlog.nl
* www.historische-vereniging-hs.nl
* www.joodsmonument.nl
* www.kampwesterbork.nl
* www.kz-gedenkstaette-neuengamme.de
* www.mauthausen-memorial.at
* www.menselijk-lichaam.com
* www.monument.vriendenkringneuengamme.nl
* www.newbooksnetwork.com
* www.oktober44.nl
* www.rivm.nl/infectieziekten
* www.yadvashem.org

Lista de arquivos consultados

Casa de Anne Frank (AFS), Amsterdã

* Coleção Anne Frank (AFC)
* Arquivo de Testemunhas (gravações e transcrições de vídeo)
* Coleção Maly
* Arquivo Otto Frank
* Coleção do museu
* Coleção Jon Blair, "Anne Frank Remembered", 1995 (transcrição do material bruto)

Fundo Anne Frank (AFF), Basel

* Arquivo familiar Frank-Elias

Arquivo Literário Alemão (DLA), Marbach am Neckar, Alemanha

* Coleção Ernst Schnabel

Arquivo do Estado de Berlim

* Comitê Principal das Vítimas do Fascismo

Arquivo do Estado da Renânia do Norte-Westfália (NRW)

* BR 235 nº 2150, Arquivo de compensação da empresa Holländer
* BR 3000 nº 1025, Arquivo de compensação de Julius Holländer
* Nds 110

Cruz Vermelha Holandesa (NRK), Haia

* 2.050, NRK-Coleção da Perseguição (campo de Westerbork) (primeiro denominada Coleção Westerbork e a Reconstrução dos Destinos após a Segunda Guerra Mundial, 1939-2007)
* Campos e prisões no pós-guerra

* Dossiês pessoais
* Cartoteca do Conselho Judaico

NIOD – Instituto para Estudos sobre a Guerra, o Holocausto e o Genocídio, Amsterdã

* 250d, Campos e prisões
* 250k, Campos de concentração fora da Holanda
* 250n, Pesquisa de H. G. Adler
* 804, Pesquisa sobre o campo de extermínio de Sobibor
* 182, Arquivo do Conselho Judaico

Centro Internacional de Arquivos Arolsen sobre a Perseguição Nazista, Bad Arolsen, Alemanha

* Arquivo 279

Memorial Bergen-Belsen, Lohheide, Alemanha

* Declarações e documentação de testemunhas

Museu da Casa dos Combatentes do Gueto (Lohamei HaGeta'ot), Israel

* Coleção de entrevistas

República da Áustria, Ministério Federal do Interior (BM.I), KZ-Memorial Mauthausen, Viena

* Declarações e documentação de testemunhas

Arquivo do Memorial Neuengamme, Neuengamme

Arquivos Nacionais (NL-HaNa), Haia

* 2.09.34.01: Arquivos da Comissão para Declaração de Óbito dos Desaparecidos (COAV)
* 2.09.09: Arquivo Central de Processos Especiais (CABR)

Centro Memorial de Westerbork (HCKW), Westerbork

* Declarações e documentação de testemunhas

Arquivo do Museu Estatal de Auschwitz-Birkenau, Auschwitz

* Declarações e documentação de testemunhas

Arquivo da Cidade de Amsterdã (SAA), Amsterdã

* 5009: Arquivo do Registro Civil
* Cartões de arquivo e índices do registro da população
* Coleção particular Juan Goudsmit

Biblioteca Wiener, Londres

* Coleção Ruth Wiener

Arquivos Nacionais (Kew/Londres)

* Home Office (HO)

Arquivos da Universidade de Colônia* 600, Registros de Exames da Faculdade de Economia e Ciências Sociais

YIVO Instituto de Pesquisa Judaica, Nova York

* Serviço Nacional de Refugiados Arquivo A-23007

Notas

1. "Você me perguntou se eu poderia lhe contar algo mais" – Uma busca pelos clandestinos do Anexo Secreto

1. Anne Frank Stichting (AFS) [Fundação Anne Frank], Anne Frank Collectie (AFC) [Coleção Anne Frank], Otto Frank Archief (OFA) [Arquivo Otto Frank], inv. nº 058, "Lebenslauf" Otto Frank. A *Frühjahrsoffensive* [ofensiva da primavera] de St. Quentin teve início em 21 de março 1918. Segundo a correspondência de 28 de março de 1918, na época Otto Frank ainda estava no *Lichtmesstrupp 13*. Ver também: Anne Frank Fonds (AFF) [Fundo Anne Frank], Familiearchief [Arquivo de Família] Frank-Elias, Robert Frank (ROF), corr. 01 e Otto Frank, AFF, Otto Frank (OTF), pdoc 14.

2. Citação original: "Ich erinnere mich schon 1932, daß SA-Gruppen vorbeigezogen sind und gesungen haben 'Wenn das Judenblut am Messer spritzt'. Also das war schon sehr deutlich sichtbar. Und ich habe gleich mit meiner Frau besprochen 'Wie können wir wegkommen?', aber es ist ja schließlich die Frage 'Wie kann man einen Lebensunterhalt verdienen, wenn man weggeht und alles mehr oder weniger aufgibt?'". Kienzle, Birgit (direção), *Lasst mich so sein wie ich will*. Anne Frank, documentário para a televisão, *Südwestfunk*, 1979. Ver também: Menno Metselaar, *Anne Frank. Dromen, denken, schrijven* (Amsterdã, 2016), p. 27 e Carol Ann Lee, *Het verborgen leven van Otto Frank. De biografie* (trad. holandesa: Amsterdã, 2002), p. 52.

3. Julius H. Schoeps, *Neues Lexikon des Judentums* (Munique, 2000), p. 261; *Jürgen Steen en Wolf von Wolzogen* (ed.), *Die Synagogen brennen. Die Zerstörung Frankfurts als jüdische Lebenswelt* (Frankfurt/Main, 1988), p. 2-4.

4. Citação original: "Frankfurt soll Deutsch werden. [...] Ihr Juden braucht nicht zu zittern. Wir bleiben legal. So legal, dass es euch vor so viel Legalität noch unbehaglich wird." Ibidem, p. 60.

5. Stadsarchief Amsterdam (SAA) [Arquivo Municipal de Amsterdã], número de acesso 30.238: cartões de arquivo de Otto, Edith, Anne e Margot Frank.

6. Sabemos com certeza que Anne e Margot permaneceram em Aachen entre agosto e dezembro de 1933 e, depois disso, a visitaram no verão de 1934 e no Natal de 1935, 1936 e 1937. Costumavam ficar juntas, mas às vezes Otto levava uma delas consigo para a Basileia, enquanto a outra ficava em Amsterdã ou em Aachen com a tia Holländer. Veja sobre isso, entre outros, em Carol Ann Lee, *Anne Frank 1929-1945. Pluk rozen op aarde en vergeet mij niet* (Amsterdã, 1996); idem, *Het verborgen leven*, p. 56-65, 110; Melissa Müller, *Anne Frank: de biografie* (Amsterdã, 1998), p. 75; Wouter van der Sluis e Menno Metselaar (ed.), *Anne Frank. Haar leven in brieven: tentoongestelde brieven*, guia da exposição do Amsterdam Historisch Museum [Museu Histórico de Amsterdã] (Amsterdã, 2006), de Otto Frank a Gertrud

Naumann, 4 de setembro de 1933; de Edith Frank a Gertrud Naumann, sem data (1934); AFS, Coleção Maly; de Edith Frank a Gertrud Naumann, 27 de dezembro de 1936; de Edith Frank a Gertrud Naumann, 18 de janeiro de 1938; de Edith a Hedda Eisenstedt, 24 dezembro de 1937 e AFS, AFX, OFA, inv. nº 1, agenda de Otto Frank, 1937.

7. Ver: Herbert Lepper, *Von der Emanzipation zum Holocaust. Die Israelitische Synagogengemeinde zu Aachen 1801-1942* (Aachen, 1994), p. 95; e diversas declarações sobre a família Holländer em *Landesarchiv* NRW BR *3000 nº 1.025, Entschädigungsakte Julius Holländer*. Por volta de 1930, moravam em Aachen cerca de 150 mil pessoas, na maioria católicos romanos. Lá viviam também cerca de 1.350 judeus, que constituíam mero 1% do número total de habitantes. *Bettina Klein, Spuren jüdischen Lebens in Aachen von 1850 bis 1938. Eine Anschauungsmappe* (Aachen, 1997), p. 7. Ver: *Landesarchiv* NRW BR *3000 nº 1.025, Entschädigungsakte Julius Holländer*.

8. Ver também: *Landesarchiv* NRW BR *3000 nº 1.025, Entschädigungsakte Julius Holländer*; declaração de Karl Löwenstein, 7 de julho de 1955, e Lepper, *Von der Emanzipation*, p. 95.

9. Lepper, *Von der Emanzipation*, p. 95.

10. *Landesarchiv* NRW BR *235 nº 2.150, Entschädigungsakte Firma Holländer*.

11. Ver, entre outros: www.welt.de/regionales/berlin/article2696028/Woherkommt-der-Begriff-Reichskristallnacht.html (acesso em 30 de julho de 2020); www.deutschlandfunk.de/nachgefragt-warum-ist-der-begriff-kristallnacht-verschwunden.2852.de.html?dram:article_id=432858 (acesso em 30 de julho de 2020). A literatura de língua inglesa utiliza em grande parte o termo "*Kristallnacht*", com ou sem aspas. Uma recente compilação congressual redigida por Steven Ross e Wolf Runer deu preferência à utilização do termo "*Kristallnacht*" a "*Novemberpogrom*" porque, segundo eles, o conceito de "*pogrom*" sugere uma explosão antijudaica espontânea e localmente enraizada, ao passo que em novembro de 1938 o que ocorreu foi uma ação de violência coordenada pelo Estado. Ver, entre outros: Steven Ross e Wolf Runer, *New Perspectives on Kristallnacht: After 80 Years the Nazi Pogrom in Global Perspective* (West Lafayette, 2019), e uma entrevista com os editores em: www.newbooksnetwork.com/steven-ross-and-wolf-gruner-new-perspectives-on-krystallnacht-purdue-up-2019/ (acesso em 6 de agosto de 2020).

12. Lepper, *Von der Emanzipation*, p. 128; Müller, *Anne Frank*, p. 120.

13. Anne Frank, *Diário* (A), 15 de junho de 1942. Na edição completa, lançada em 1986 pelo Rijksinstituut voor Oorlogsdocumentatie [Instituto Nacional de Documentação sobre a Guerra] (RIOD, o atual NIOD — Instituut voor Oorlogs —, Holocaust — en Genocidestudies [Instituto de Estudos sobre a Guerra, o Holocausto e o Genocídio]), é feita uma distinção entre três versões do diário de Anne Frank. A versão A é a versão original das anotações pessoais de Anne. A partir de 20 de maio de 1944, Anne começou a reescrever esse diário. A razão disso foi ela ter ouvido um discurso do ministro Gerrit Bolkestein na Rádio Oranje no qual ele convocava a população holandesa a guardar diários e outros documentos autobiográficos como documentação do período de ocupação. A parte revista e reescrita por Anne foi referida como versão B e foi mencionada por ela própria como sendo o romance que ela gostaria de publicar após a guerra com o título de "Het Achterhuis" [N. T.: "A casa dos fundos", que só mantém esse título na Holanda e foi publicada no resto do mundo como *O diário de Anne Frank*]. E, por último, há a versão C, o diário que foi publicado em 1947 por Otto Frank. Otto Frank baseou essa edição tanto na versão A como na versão B e efetuou várias adaptações no texto (ele censurou aqui e ali e alterou os nomes dos protagonistas. A família Van Pels passou a se chamar Van Daan, e Fritz Pfeffer se tornou Albert Dussel). As citações extraídas do diário de Anne utilizadas neste livro foram baseadas na edição ampliada de 1990 da edição científica publicada em 1986 pelo Instituto Nacional de Documentação sobre a Guerra: Harry Paape, Gerrold van der Stroom e David Barnouw (ed.), *Os diários de Anne Frank* (Amsterdã, 1990),

mas foram posteriormente referidos como: Anne Frank, *Diário* (A), (B) ou (C – *A casa dos fundos*).

14. Gertjan Broek e Rebecca Erbelding, "German Bombs and US Bureaucrats: How Escape Lines from Europe Were Cut Off" (USHMM e Fundação Anne Frank 2016), www.annefrank.org/en/downloads/filer_public/94/3e/943ed001-ba04-4e2a-9360-e642d0d82006/ushmm_afh_july2018.pdf (acesso em 18 de agosto de 2020), p. 4-6.

15. Citação original: "I am forced to look out for emigration and as far as I can see U. S. A. is the only country we could go to". YIVO — Institute for Jewish Research, Nova York, Three personal letters from Otto Frank as found in National Refugee Service Case File A-23007: Otto Frank a Charley Straus, 30 de abril de 1941.

16. A mãe de Edith, Rosa Holländer-Stern, naquela época ainda era incluída na família. Broek e Erbelding, "German bombs", p. 4-6.

17. Citação original: "Application for Cuban visas for Otto Frank has been cancelled. [...] In view of present international situation". YIVO, Otto Frank File: Telephone message for Miss Augusta Mayerson, 11 de dezembro de 1941.

18. Anne Frank, *Diário* (A), 8 de julho de 1942. No sábado, 4 de julho de 1942, o Zentralstelle für jüdische Auswanderung enviou tais convocações para milhares de judeus alemães, alguns dos quais muito jovens. Esses jovens deveriam partir sem os seus pais. Loe de Jong, *O Reino dos Países Baixos na Segunda Guerra Mundial*, 14 vol. (Haia, 1969-1991), vol. 6/1, p. 5. Segundo Eva Schloss, seu irmão Heinz Geiringer, assim como um certo Henk e um certo Marcel, recebeu uma tal convocação naquele dia. Eva Schloss, *Herinneringen van een Joods meisje. 1938-1945* (Breda, 2005), p. 33.

19. Ver também sobre isso: Müller, *Anne Frank*, p. 143-158; e Lee, *Het verborgen Leven*, p. 100-107.

20. Deutsches Literaturarchiv/Schiller-Nationalmuseum (DLA), coleção Ernst Schnabel. Kugler a Schnabel, 17 de setembro de 1957; Anne Frank, "A Liberdade no Anexo Secreto" (6 de agosto de 1943), em: *Anne Frank, Verhaaltjes, en gebeurtenissen uit het Achterhuis. Cady's leven* (Amsterdã, 2001), p. 36.

21. Anne Frank, *Diário* (C – *A casa dos fundos*), 8 de julho e 10 de julho de 1942; *Diário* (A), 14 de agosto e 30 de setembro de 1942.

22. Anne Frank, *Diário* (A), 8 de julho de 1942.

23. Standesamt Elberfeld (Wuppertal), Registro de Proclamas de Casamento nº 1.767, Escritura número 1.374: Translado (em 14 de fevereiro de 1996) da certidão de casamento de Hermann van Pels e Auguste Röttgen em 5 de dezembro de 1925.

24. Universitätsarchiv Köln, Zugang 600, *Prüfungsaktenbestand der Wirtschafts- und Sozialwissenschaftlichen Fakultät, inv. nº 64, Anmeldekarte Auguste Röttgen*, 28 april 1921. Mais detalhes sobre a carreira profissional de Auguste Rötggens na carta da advogada Elisabeth Späth ao Regierungspräsident Hannover, em 7 de abril de 1960 no *Landesarchiv* NRW – *Standort Hannover, Nds 110 W Akz 105/93 nº 959, Entschädigungsakte Auguste van Pels*. Archiv zur Geschichte Essener Juden; o arquivo do banco de dados menciona Auguste Röttgen em 1914 como aluna do Viktoria-Gymnasium.

25. Standesamt Elberfeld (Wuppertal), Registro de Proclamas de Casamento nº 1.767, Escritura número 1.374: Translado (em 14 de fevereiro de 1996) da certidão de casamento de Hermann van Pels e Auguste Röttgen em 5 de dezembro de 1925.

26. Fritz Löwenstein citado por Peter Junk e Martina Sellmeyer, *Stationen auf dem Weg nach Auschwitz. Entrechtung, Vertreibung, Vernichtung Juden in Osnabrück 1900-1945. Ein Gedenkbuch* (Osnabrück, 1988), p. 56.

27. Ver também: Miep Gies, *Herinneringen aan Anne Frank. Het verhaal van Miep Gies, de steun en toeverlaat van de familie Frank in het Achterhuis* (tradução holandesa: Amsterdã, 1987), p. 156, 166; AFS, AFC, Arquivo de Testemunhas, entrevista de Jan e Miep Gies, maio de 1992; DLA, Coleção Schnabel, Victor Kugler a Ernst Schnabel, 17 de setembro de 1957; e Eda Shapiro e Rick Kardonne, *Victor Kugler: The Man Who Hid Anne Frank* (Jerusalém, 2008). AFS, AFC, OFA, inv. nº 104, declaração de Bep Voskuijl para o juiz de instrução de Lübeck, prestada em Rheine, em 29 de setembro de 1959.

28. Anne Frank, *Diário* (A), 21 de setembro de 1942.

29. Anne Frank, *Diário* (A), 13 de novembro de 1942, e (B), 17 de novembro de 1942. Na versão B de seu *Diário*, Anne menciona 17 de novembro como o dia da chegada de Pfeffers no Anexo Secreto.

30. Eles tinham mais amigos em comum. Pfeffer, por exemplo, havia sido testemunha no casamento de Paul Wronker, um dos sublocadores que vivia com os Frank. AFS, coleção do museu, objeto nº A_OFrank_i_015, "*Erklärung*" Otto Frank, 4 de setembro de 1951.

31. Jürgen Dauernheim, "*Dr. Pfeffer aus Gießen – Anne Franks 'dr. Dussel' (Eine Ergänzung)*", *Mitteilungen des Oberhessischen Geschichtsverein Giessen* 97 (Gießen, 2012), p. 221-227, 223.

32. Devido a um tratado de 1902, os cidadãos alemães não podiam se casar na Holanda sem uma declaração de não objeção das autoridades germânicas. A partir da implantação das Leis de Nuremberg, em setembro de 1935, tais declarações não eram mais prestadas para casamentos entre um cônjuge judeu e um cônjuge não judeu. Ver também: "A proibição de casamento para um alemão ariano exclui os casamentos na Holanda", *Het Vaderland* [A Pátria], 17 de setembro de 1935 (edição vespertina).

33. Beate Meyer, Hermann Simon, Chana Schütz (red.), *Jews in Nazi Berlin: From Kristallnacht to Liberation* (Chicago, 2009), p. 17.

34. Ver também: *David Clay Large, Berlin* (Nova York, 2000), p. 255-317; Berlin Museum (red.), *Synagogen in Berlin. Zur Geschichte einer zerstörten Architektur* (Berlim, 1983), vol. 2, p. 29-31; *Tageszeitung (Taz)*, 9 de novembro de 1990. Ver também o mapa interativo do Pogrom de Novembro em Berlim de RBB-24. Nele se pode ver como muitos incidentes ocorreram nas diretas imediações da residência de Fritz Pfeffer. www.rbb24.de/politik/thema/2018/80-jahre-pogromnacht/beitraege/synagogen-berlin-brandenburg-novemberpogrome-1938-karte-.html.

35. Goebbels anotou isso em seu diário. Ver também: Meyer et al. (ed.), *Jews in Nazi Berlin*, p. 9.

36. *National Archives (Kew), Home Office, ho/396/67/439: Appeal decision*, 13 de outubro de 1943. Ver também: Vera Fast, *Kindertransporten 1938-1948. Hoe duizenden kinderen uit de klauwen van de nazi's werden gered* (tradução holandesa: Amersfoort, 2016).

37. *Landesarchiv Berlin C "Hauptausschuss Opfer des Faschismus" 118-01, inv. nº 23.059*, testemunhos de W. Ungar, V. Stolzmann e A. Casper.

38. Citação original: "Die Holländer konnten sich nicht vorstellen, dass die Deutschen so seien. [...] Sie haben die Geschichten nicht geglaubt, die die deutsche Migranten mitbrachten. [...] nicht einmal die Juden in Holland konnten es glauben". A primeira parte da citação com base nas anotações de Schnabel no arquivo, a segunda parte em: *Ernst Schnabel, Anne Frank, Spur eines Kindes. Ein Bericht* (Frankfurt/Main, 1958), p. 50. Katja Happe também mostra que na Holanda havia pouca consciência da gravidade das circunstâncias pelas quais os judeus alemães fugiam de seu país em novembro de 1938. Ver: Katja Happe, *Veel valse hoop. De Jodenvervolging in Nederland 1940-1945* (trad. holandesa: Amsterdã, 2018), p. 33-38.

39. Anne Frank, *Diário* (A), 16 de março de 1944.

40. Anne Frank, *Diário* (A), 28 de agosto-1º de setembro de 1942.

41. Schnabel, *Anne Frank*, p. 107.

42. O próprio Otto Frank declarou repetidamente que após a sua prisão eles foram levados pelo SD ao Aussenstelle — escritório regional — do Sicherheitsdienst na Euterpestraat. O Zentralstelle für jüdische Auswanderung, o serviço encarregado da procura e do interrogatório dos judeus clandestinos, encontrava-se, contudo, na praça Adama van Scheltemaplein 1, em frente ao Aussenstelle do Sicherheitsdienst na Euterpestraat em Amsterdã. O SS-*Oberscharführer* Karl Joseph Silberbauer, que liderou a equipe de detenção, declarou que havia levado os clandestinos ao seu escritório na praça Adama van Scheltemaplein 1. Arquivo Nacional, Haia (NL-HaNa), 2.09.09, Centraal Archief Bijzondere Rechtspleging [Arquivo Central de Processos Especiais] (CABR), inv. nº 23.892, dossiê W.G. van Maaren, auto de 3 de novembro de 1964: interrogatório de Otto Frank, 2 e 3 de dezembro de 1963, p. 3.

43. David Barnouw e Gerrold van der Stroom, *Wie verraadde Anne Frank?* (Amsterdã, 2003); Lee, *Anne Frank*; Lee, *Het verborgen leven*; Müller, *Anne Frank*, p. 8.

44. Gertjan Broek, "Verraad & arrestatie van de onderduikers in het Achterhuis", publicação on-line da Fundação Anne Frank em 2016, https://www.annefrank.org/nl/downloads/filer_public/99/b9/99b9c19f-182e-416d-baba-e0bb228994d9/nl_onderzoeksverslag_arrestatie.pdf (acesso em 18 de agosto de 2020).

45. Ver o site da equipe que realizou, sob a liderança de Vince Pankoke, investigador aposentado do FBI, uma averiguação de *cold case* sobre a prisão, www.coldcasediary.com/ (acesso em 6 de agosto de 2020).

46. O termo "Holocausto" vem do grego antigo *holocaustum*, que significa "sacrifício de fogo" e era utilizado pelos Pais da Igreja para se referir aos sacrifícios dos judeus. Já antes da Segunda Guerra Mundial, o conceito era às vezes utilizado para descrever a morte de um grande grupo de pessoas e, após a guerra, sobretudo a partir dos anos 1980, tornou-se a denominação do assassinato dos judeus europeus durante a Segunda Guerra Mundial. Além disso, o conceito de "Shoah" também é um sinônimo muito utilizado. Esse termo hebraico tem igualmente uma origem bíblica e pode significar "catástrofe", mas também "aniquilação" ou "o dia da retaliação". Devido a esse forte contexto religioso, ambos os termos têm óbvias limitações. Em sua introdução à recentemente publicada antologia *Bij ons in Auschwitz. Getuigenissen*, Arnon Grunberg afirma que o termo "Holocausto" sugere que se trata de uma oferenda a Deus, ao passo que "Shoah" implica uma punição divina. Neste livro, optou-se pelo conceito mais corrente de "Holocausto". Para uma discussão a respeito, ver, entre outros: Victor Petri, "The Secular Word 'Holocaust': Scholarly Myths, History, and Twentieth Century Meanings", *Journal of Genocide Research 2/1* (2000), p. 3.163; e Arnon Grunberg (ed.), *Bij ons in Auschwitz. Getuigenissen* (Amsterdã, 2020), p. 9-10.

47. Optou-se, no texto, por chamar as mulheres, que no período de 1940 a 1945 ainda não estavam casadas e, portanto, ainda não tinham um duplo sobrenome, o tanto quanto possível pelos seus nomes de solteiras e as mulheres casadas por seus dois nomes. Visando à legibilidade, optou-se, no caso das irmãs Brilleslijper (das quais Janny, nessa época, já estava casada, e Lientje, ainda não), por chamar ambas pelos seus nomes de solteiras. Pela mesma razão, Edith Holländer-Frank foi sempre referida como "Edith Frank". Nas notas em que é feita referência a entrevistas do pós-guerra, são mencionados os sobrenomes completos.

48. Willy Lindwer, *Os últimos sete meses de Anne Frank*, documentário de 1988; e o livro que o acompanha, Willy Lindwer, *Os últimos sete meses. Mulheres na pista de Anne Frank* (Hilversum, 1988); Schnabel, *Anne Frank*; Lee, *Anne Frank*; Lee, *Het verborgen leven*; Müller, *Anne Frank*.

49. Erika Prins, "Relatório da pesquisa sobre a permanência dois oito clandestinos nos campos", Amsterdã, abril de 2016.

50. Nikolaus Wachsmann, *KL — A história dos campos de concentração nazis*. Lisboa: Dom Quixote, 2015.

51. Neste livro, foi feita uma escolha consciente pelo termo "trabalho/trabalhadores escravo(s)". Apesar de na literatura de língua holandesa frequentemente se falar em trabalho forçado, para se referir tanto aos operários civis holandeses no *Arbeitseinsatz* como aos prisioneiros judeus que tinham de trabalhar em campos como o de Auschwitz, esta obra segue a literatura de língua inglesa, na qual é enfatizada uma distinção entre essas duas formas de trabalho forçado e se fala, por um lado, de trabalho forçado e, por outro, de trabalho/trabalhadores escravo(s) no que se refere aos judeus. A vantagem disso é que assim fica enfatizada mais claramente a diferença de posição entre os judeus e os outros prisioneiros. Os judeus ficavam, sobretudo, na parte inferior da hierarquia dos campos e podiam a qualquer momento ser executados ou literalmente forçados a se matar de trabalho. As circunstâncias nas quais os prisioneiros alemães ou os operários civis e prisioneiros de guerra ocidentais tinham de trabalhar eram, na maioria dos casos, fundamentalmente diferentes. Alguns cientistas têm dificuldade com a utilização do termo "trabalho escravo" porque eles argumentam que os proprietários de escravos tinham interesse na sobrevivência de seus escravizados, o que não era o caso no tratamento dos prisioneiros judeus. No entanto, Nikolaus Wachsmann observa, com razão, que uma ampla definição do termo "escravidão" como sendo "um sistema de dominação com base na violência e no terror que tem como objetivo o lucro econômico pela subjugação de párias" era devidamente aplicável aos prisioneiros judeus nos campos de concentração. Wachsmann, KL, p. 574-575. Ver também um panorama geral das diversas categorias de trabalho forçado no Terceiro Reich: Ulrich Herbert, "Forced Laborers in the Third Reich: An Overview", *International Labor and Working-Class History 1* (2000), p. 192-218.

52. As supracitadas biografias de Schnabel, Lee e Müller e a literatura científica sobre a perseguição aos judeus e a Segunda Guerra Mundial. Para a perspectiva holandesa, são elas as obras referenciais de Loe de Jong e Jacques Presser, e uma série de estudos recentes sobre assuntos específicos da história da Holanda na Segunda Guerra Mundial, tais como o estudo de Eva Moraals sobre o campo de Westerbork e as mais importantes pesquisas sobre a perseguição aos judeus na Holanda de Bob Moore, Katja Happel, Pim Griffioen e Ron Zeller: Jacques Presser, *Ondergang. De vervolging en verdelging van het Nederlandse Jodendom, 1940-1945*, 2 vol. (Haia, 1965), parte 2, p. 295; Raymund Schütz, "Presumivelmente em transporte. A Cartoteca do Conselho Judeu como sistema de informação em contextos fortemente mutáveis: repressão, procura e recordação: uma pesquisa científica de arquivo sobre a origem, a utilização e a gestão de uma fonte histórica especial", dissertação de mestrado de Ciências Arquivistas, Universidade de Leiden, Instituto de História, 2010; Griffioen e Zeller, *Jodenvervolging*; Moraal, *Als ik morgen niet*; Happe, *Veel valse hoop*. Sobre o contexto internacional da perseguição aos judeus e o Holocausto, recorremos aos estudos de Nikolaus Wachsmann, Robert Jan van Pelt e Debórah Dwork e às mais importantes monografias sobre os campos individuais: Debórah Dwork e Robert Jan van Pelt, *Auschwitz* (edição revista, Londres, 2008); Wachsmann, KL. A descrição do complexo de Auschwitz foi baseada, entre outras, nas publicações de diversos pesquisadores vinculados ao Museu Polonês Estatal de Auschwitz-Birkenau. Sobre Bergen-Belsen, o estudo de Alexandra-Wileen Wenck revelou-se extremamente valioso, e sobre os campos secundários menores, como Melk e Raguhn, recorreu-se à extensa obra enciclopédica de Wolfgang Benz e o *United States Holocaust Memorial Museum* (USHMM): Aleksander Lasiz et al., *Auschwitz, 1940-1945: Central Issues in the History of the Camp*, 5 vol. (Oświęcim, 2000); Franciszek Piper, Teresa Swiebocka e Danuta Czech (ed.), *Auschwitz: Nazi Death Camp* (Oświęcim, 2007); Alexandra-Eileen Wenck, *Zwischen Menschenhandel und "End lösung". Das Konzen-*

trationslager Bergen-Belsen (Paderborn, 2000); Wolfgang Benz e Barbara Distel (ed.), *Der Ort des Terrors. Geschichte der nationalsozialistische Konzentrationslager*, 8 vol. (Munique, 2005-2009); Geoffrey P. Megargee (ed.), *Encyclopedia of Camps and Ghettos, 1933-1945*, 2 vol. (Bloomington, 2009).

53. Uma parte dos arquivos de diversos campos de concentração foi reunida nos anos do pós-guerra pelo então Instituto Nacional de Documentação sobre a Guerra (RIOD), Instituto de Estudos sobre a Guerra, o Holocausto e o Genocídio (NIOD), acesso 250d, campos e prisões; e idem, p. 804, Pesquisa sobre o campo de extermínio de Sobibor. O NIOD tem também uma coleção razoavelmente abrangente sobre Theresienstadt (250k e 250n). Além disso, foram pesquisados os arquivos da Cruz Vermelha Holandesa (NRK), que após a guerra recebeu a tarefa de estabelecer o destino das muitas pessoas desaparecidas, e os Arquivos Bad Arolsen (anteriormente: International Tracing Service, ITS). Ambas as instâncias coligiram, após a guerra, todos os tipos de fontes administrativas sobre a deportação e o falecimento de prisioneiros. A Cruz Vermelha Holandesa (NRK), Haia: 2050, Coleção NRK sobre a Perseguição (campo de Westerbork); campos e prisões no acompanhamento após a guerra; Dossiês pessoais; Cartoteca do Conselho Judaico; Arquivos Arolsen-International Center on Nazi Persecution Bad Arolsen Duitsland (anteriormente: International Tracing Service). Além disso, foram pesquisados os arquivos dos centros de memória e museus em Bergen-Belsen, Neuengamme, Mauthausen, Westerbork e Auschwitz-Birkenau. No Arquivo Nacional (NL-HaNa) em Haia, os arquivos da Comissão para a Declaração de Óbito de Desaparecidos (COAV) e o Arquivo Central de Processos Especiais (CABR).

54. Wachsmann, KL, p. 36. Em 1993, uma delegação do NIOD pesquisou os arquivos russos em Moscou em busca de material de arquivo confiscado pelas forças de ocupação russas sobre a ocupação alemã da Holanda e a perseguição aos holandeses nos campos de concentração. Cópias desse material estão no arquivo NIOD. No entanto, ele se refere principalmente ao período 1938-1942 e não forneceu informações adicionais para este estudo. NIOD, p. 206, coleção Moscou.

55. AFS, AFC, inv. nº A_OFrank_I_011, *"Raucherkarte"* 1944-1945. *Häftlingkantine 1. Auschwitz Haftl. Nr. B9174 Block 5A*. Também foram entregues documentos das administrações do campo que dizem algo sobre o período em que os oito clandestinos lá permaneceram: *Lagerbefehle* (ordens do campo), documentos sobre a força do campo etc.

56. Os arquivos mencionados aqui nos vários *Gedenkstätten* e centros de memória, NRK e NIOD também fornecem acesso aos testemunhos. Tanto a NRK como a então RIOD ouviram e coletaram inúmeros depoimentos. Por fim, foram utilizados vários acervos pessoais, em primeiro lugar o Arquivo Otto Frank e, adicionalmente, os acervos de Juan Goudsmit, o Arquivo da Família Frank-Elias e a coleção de Ruth Wiener.

57. Arnon Grunberg, "Não", palestra de 4 de maio de 2020 (Comitê Nacional, edição 4 e 5 de maio, Amsterdã, 2020), p. 10.

58. Como será discutido mais adiante, são conhecidos dois testemunhos contemporâneos, registrados em papel, que confirmam a permanência dos clandestinos no campo. Ambos vêm de crianças que frequentaram o Liceu Judaico com Anne e Margot; a saber, uma carta de Bram Asscher de Westerbork (agosto de 1942) e uma nota no diário de Ruth Wiener de Bergen-Belsen (dezembro de 1944).

59. Rosa de Winter-Levy, *Aan de gaskamer ontsnapt! Het Satanswerk van de SS. Relaas van het lijden en de bevrijding uit het concentratiekamp "Birkenau" bij Auschwitz* (Doetinchem, 1945). Veja também: Is. van Nierop e Louis Coster, *Westerbork. Het leven en werken in het kamp* (Haia, 1945); M. Frankenhuis, *Westerbork en een vraaggesprek met zijn commandant Gemmecke in 1948* (Haia, 1948). Outro exemplo são as cartas do diário de Mirjam Bolle, escritas em Westerbork e Bergen-Belsen, publicadas em livro em 2003. Mirjam

Bolle, *Ik zal je beschrijven hoe een dag er hier uitziet. Dagboekbrieven uit Amsterdam, Westerbork en Bergen-Belsen* (Amsterdã, 2003).

60. AFS, AFC, OFA, inv. nº 40, caderno de notas de Otto Frank, p. 194, e correspondência familiar em: OFA, inv. nº 68-74 e AFF_AIF_corr_10.

61. AFS, AFC, OFA, inv. nº 70, Otto Frank, "Bitte schreiben Sie".

62. Rosa de Winter-Levy fazia parte do transporte de 3 de setembro de 1944 e estava em Auschwitz com Edith, Anne e Margot Frank. Ela descreveu suas experiências em Auschwitz em agosto de 1945: De Winter-Levy, *Aan de gaskamer ontsnapt!*; AFS, AFC, inv. nº 01.204: R. Rebling-Brilleslijper, 11 de novembro de 1945.

63. AFS, AFC, Arquivo de Testemunhas, Blitz, Nanette: carta de Nanette Blitz para Otto Frank, 31 de outubro de 1945 (cópia digital, original no Anne Frank Fonds, AFF, Basileia).

64. AFS, AFC, Arquivo de Testemunhas. Além das entrevistas mencionadas, outros projetos de história oral também foram utilizados, com destaque para o extenso acervo do Arquivo de História Visual da USC Shoah-Foundation (USC-SF, VHA) e do Centro de Memória do Campo de Westerbork (HCKW).

65. R. Samuel e P. Thompson, "Introduction", em: R. Samuel e P. Thompson (ed.), *The Myths We Live By* (Londres, 1990), p. 8-10.

66. Selma Leydesdorff, *De mensen en de woorden. Geschiedenis op basis van verhalen* (Amsterdã, 2004), p. 113-114.

67. Primo Levi em: Grunberg, *Bij ons in Auschwitz*, p. 14-15.

68. Sobre a influência de filmes, romances e outras mídias nas memórias individuais do Holocausto, ver também: Harald Welzer, Sabine Moller e Karoline Tschuggnall, *"Opa war kein Nazi". Nationalsozialismus und Holocaust im Familiengedächtnis* (Frankfurt/Main, 2002), p. 105-133.

69. Ver, por exemplo: AFS, AFC, Arquivo de Testemunhas, entrevista com Bloeme Evers-Emden, 11 de março de 2010, e entrevista com Albert Gomes de Mesquita, 1º de abril de 2009.

70. Citação original: "I found in the work that we do as survivors, going to the schools, the fact that these children have read Anne Frank's diary, helps us a lot. [...] Every story is unique, but it gives us a chance to tell our story. [...] So, it's important for us if they have read Anne Frank. And if they have digested the story, you know, if they have learned something from it. Then when we come in they also listen to our story, you know. That's a different story, but it's a story about our Holocaust". AFS, AFC, Arquivo de Testemunhas, entrevista com Freda Wineman-Silberberg, 24 de agosto de 2015. Também Hanneli Goslar, amiga de escola de Anne, que pouco antes de sua morte no campo de Bergen-Belsen tinha se encontrado uma única vez com ela, enfatiza a importância da história de Anne: "Agora as pessoas me veem sentada aqui como uma bisavó mais ou menos feliz, e Anne não pôde viver até os dezesseis anos. Apenas por um único motivo: porque ela nasceu judia. E é por isso que me sinto obrigada a contar o máximo possível sobre ela. Todo mundo já sabe muito sobre isso, mas, ainda assim, sempre há um pouco mais para contar, e acho importante que toda essa história nunca seja esquecida". AFS, AFC, Arquivo de Testemunhas, entrevista com Hanneli Goslar, 6 a 7 de maio de 2009.

71. "The moral witness plays a special role in uncovering the evil he or she encounters. Evil regimes try hard to cover up the enormity of their crimes, and the moral witness tries to expose it." Avishai Margalit, *The Ethics of Memory* (Cambridge MA, 2003), p. 165. Ver também a introdução em: Arnon Grunberg, *Bij ons in Auschwitz*, p. 26-27.

72. Leydesdorff, *De mensen en de woorden*, p. 47.

73. Cerca de quinhentos testemunhos foram examinados para esta pesquisa: NRK, 2.050, NRK-Coleção Perseguição (campo de Westerbork), inv. nºs 1.237-1.309; NIOD, 250d, Depoi-

mentos de ex-prisioneiros sobre suas experiências, inv. nos 90-1.219 (seleção); depoimentos de testemunhas no Centro Memorial de Westerbork, *Gedenkstätte* Bergen-Belsen, Mauthausen e Neuengamme.

2. "Mamãe, você sabia que a Margot está aqui?" A Casa de Detenção e o campo de Westerbork

1. Presser, *Ondergang* 2, p. 249-251. A extensão desse grupo não é totalmente clara; são mencionados os números de 375 a 800.

2. Anne Frank, *Diário* (A), 8 de julho de 1942.

3. De acordo com Pim Griffioen e Ron Zeller, 42 transportes partiram de Westerbork para Auschwitz em 1942; em 1943, partiram 36 transportes, dos quais quinze para Auschwitz, dezenove para Sobibor e dois para Theresienstadt; em 1944, partiram vinte transportes, dos quais sete para Auschwitz, oito para Bergen-Belsen e cinco para Theresienstadt. Pim Griffioen e Ron Zeller, *Jodenvervolging in Nederland, Frankrijk en België 1940-1945. Overeenkomsten, verschillen, oorzaken* (Amsterdã, 2011), p. 893-895. No entanto, uma nova pesquisa aponta para um total de 101 transportes de Westerbork, dois de Vught e ainda nove de outros lugares. Veja: David Barnouw, Dirk Mulder e Guus Veenendaal, *De Nederlandse Spoorwegen in oorlogstijd 1939-1945. Rijden voor Vaderland en Vijand* (Zwolle, 2019), p. 116-118.

4. Em 1942, ocorreram também os assim chamados "transportes Cosel", nos quais homens entre quinze e 55 a 60 anos eram retirados do trem em Cosel, a cerca de 80 km de distância, para a Organização Schmelt. Veja sobre isso: Herman van Rens e Annelies Wilms, *Estação Intermediária Cosel. Homens judeus da Europa Ocidental para campos de trabalhos forçados na Silésia, 1942-1945* (Hilversum, 2020).

5. Danuta Czech, "Origins of the Camp, Its Construction and Expansion", em: Piper et al., *Auschwitz*, p. 21-42, 36-38.

6. Griffioen e Zeller, *Jodenvervolging*, p. 893-895: visão geral das deportações com o número de sobreviventes em maio de 1945.

7. Dezenove sobreviventes de um total de dezenove transportes (34.293 pessoas). Griffin e Zeller, *Jodenvervolging*, p. 894.

8. Griffin e Zeller, *Jodenvervolging*, p. 899-900.

9. Números baseados em Griffioen e Zeller, *Jodenvervolging*, p. 561-563 (figura 16): visão geral de quando e como os judeus chegaram às mãos dos alemães.

10. Em 29 de setembro de 1943, a liderança do Conselho Judaico, com família e colaboradores, teve de ser transportada para o campo de Westerbork e, com isso, foi dissolvida. Schütz, *Vermoedelijk op transport*, p. 14.

11. NRK 2.050, inv. nº 191.

12. Não se sabe se Pfeffer e Van Pels também foram interrogados.

13. NL-HaNa, CABR, inv. nº 23.892, dossiê W.G. van Maaren, auto de 3 de novembro de 1964: interrogatório de Otto Frank, 2-3 de dezembro de 1963, p. 3.

14. HCKW, Diário de Jacob Swart, p. 9.

15. HCKW, entrevista com Ronnie Goldstein-van Cleef, 11 de março de 2002; HCKW, entrevista de Frieda Menco-Brommet por Eva Moraal, 27 de fevereiro de 2008; HCKW, entrevista de B. de Brave-Schelvis por Guido Abuys, 26 de julho de 2006; HCKW, entrevista com Leny Boeken-Velleman, 12 de dezembro de 2000; HCKW, Diário de Jacob Swart, p. 11-15, 20-23.

16. HCKW, Diário de Jacob Swart, p. 9.

17. HCKW, entrevista com Ronnie Goldstein-van Cleef, 11 de março de 2002. Ver também: Ralf Futselaar, *Gevangenissen in oorlogstijd*. 1940-1945 (Amsterdã, 2015).

18. Com base em depoimentos de transportes anteriores e posteriores, concluiu-se que os prisioneiros foram para a Estação Central de bonde. HCKW, entrevista com Ronnie Goldstein--van Cleef e Frieda Menco-Brommet (ambos em 1º de julho de 1944 de bonde para a Estação Central), B. de Brave-Schelvis e Sonja Wagenaar-van Dam (de Weteringschans de bonde para a Estação Central), Leny Boeken-Velleman (cerca de 14 de agosto de 1944 de Weteringschans de bonde para a Estação Central). Ver também: Schloss, *Herinneringen*, p. 58.

19. Cf. Lee, *Anne Frank*, p. 182; Janny Brilleslijper não está na lista de transporte de 8 de agosto de 1944 e, de acordo com a administração do campo, chegou a Westerbork em 20 de julho de 1944: NRK, dossiê 190.262, Rebling-Brilleslijper, Rebekka.

20. AFS, AFC, OFA, inv. nº 70, Otto Frank, "Bitte schreiben Sie"; Schnabel, *Anne Frank*, p. 119-120.

21. DLA, Coleção Schnabel, notas digitadas, p. 147. Os transportes anteriores e posteriores também são feitos com um trem de passageiros comum. HCKW, entrevista com Sonja Wagenaar-van Dam e Frieda Menco-Brommet; AFS, AFC, Arquivo de Testemunhas, entrevista com Eva Schloss-Geiringer, 12 e 13 de novembro de 2008.

22. Projects.knmi.nl/klimatologie/daginformatie/index.cgi (acesso em outubro de 2015).

23. AFS, AFC, OFA, inv. nº 70, Otto Frank, "Bitte schreiben Sie".

24. Eva Moraal, *Als ik morgen niet op transport ga... Kamp Westerbork in beleving en herinnering* (Amsterdã, 2014), p. 112-113; Mirjam Bolle, *Dagboekbrieven*, p. 133-135. Um cronograma ferroviário de 4 de junho de 1943 mostra que, a uma velocidade média de 60 quilômetros por hora, o trem leva mais de quatro horas para ir de Amsterdã ao campo de Westerbork. *Cronograma Ferroviário* — NV *Nederlandsche Spoorwegen* [Linhas de Trem Holandesas], Utrecht, 4 de junho de 1943; HCKW, Diário de Jacob Swart, p. 23.

25. Ver também: Barnouw et al., *De Nederlandse Spoorwegen*, p. 62-75. Também partiam trens para Westerbork das estações Amsterdam Muiderpoort e Amstel. Carta de Jos Zijlstra (curador do Museu Ferroviário de Utrecht) para Erika Prins, em 26 de outubro de 2015. De acordo com Zijlstra, a rota permaneceu a mesma para transportes maiores desde novembro de 1942. No caso dos transportes menores, o trem ia para Assen e era necessário caminhar até o campo ou ter um ou mais caminhões prontos.

26. Frank van Riet, *De bewakers van Westerbork* (Amsterdã, 2016), p. 27-62; Presser, *Ondergang 2*, p. 295-296.

27. Essa unidade separada dentro da polícia holandesa, fundada em maio de 1941 pelo ocupante alemão, baseada nos moldes militares alemães, foi frequentemente usada na perseguição aos judeus. O batalhão de treinamento estava localizado em Schalkhaar. Veja também a respeito: Guus Meershoek, *Dienaren van het gezag. De Amsterdamse politie tijdens de bezetting* (Amsterdã, 1999).

28. Presser, *Ondergang 2*, p. 287.

29. O procedimento de registro foi reconstruído com base em: Bolle, *Dagboekbrieven*, p. 145-148; Schütz, *Vermoedelijk op transport*, p. 21-27; Presser, *Ondergang 2*, p. 355; NRK 2.050, inv. nº 192.

30. Lindwer, *De laatste zeven maanden*, 118. Ver também: Van Riet, *Bewakers*, p. 117-125; e Moraal, *Als ik morgen niet*, p. 240-264.

31. Van Riet, *Bewakers*, p. 118-121.

32. Para a descrição da organização do campo, é feita referência aqui a Van Riet, *Bewakers*, p. 306-327, 332-364; e Schütz, *Vermoedelijk op transport*, p. 19-21.

33. Ver, entre outros: Lotte Bergen, *Albert Konrad Gemmeker. Commandant van Westerbork* (Soesterberg, 2013); e Ad van Liempt, *Gemmeker. Commandant van Westerbork* (Amsterdã, 2019).

34. Presser, *Ondergang* 2, p. 307.

35. O filme foi feito pelo prisioneiro do campo Rudolf Breslauer, e as filmagens começaram em 5 de março de 1944. O filme está guardado no arquivo da Beeld en Geluid e pode ser visto em: http://in.beeldenschijn.nl/kanaal/4142-westerbork (acesso em 2 de setembro de 2020). Veja também: Presser, *Ondergang* 2, p. 290.

36. Presser, *Ondergang* 2, p. 324-325.

37. No pátio de sucata aeronáutica, eram desmontadas peças de aeronaves acidentadas que haviam sido trazidas do canal Oranje para o campo por vagões de carga sobre uma ferrovia de bitola estreita. Presser, *Ondergang* 2, p. 324-325.

38. O comandante do campo de Westerbork fazia comunicados sobre as obrigações, normas e mudanças no regime diário do campo por meio de um grande número de ordens do campo (numeradas sequencialmente). A *Lagerbefehl* 86, de 3 de agosto de 1944, refere-se a um "aumento da força de trabalho e aumento do desempenho no trabalho". HCKW, *Lagerbefehl* 86, 3 de agosto de 1944.

39. Os prisioneiros na "seção do campo livre" eram judeus que estavam em Westerbork havia muito tempo ou que haviam sido convocados relativamente tarde e acabaram isentos de deportação por algum tempo com a ajuda de um *Sperre*.

40. Van Riet, *Bewakers*, p. 117-125; HCKW, *Lagerbefehl* 87, 10 de agosto de 1944.

41. Van Riet, *Bewakers*, p. 65-67, 89-98; e Moraal, *Als ik morgen niet*, p. 165. A partir de julho de 1942, no entanto, o SS-*Wachbataillon Nordwest*, composto por aproximadamente oitenta homens, esteve localizado nas proximidades do SS-*Lager Hooghalen* (a um quilômetro de Westerbork) por vários meses a partir de julho de 1942. Esses homens eram encarregados da segurança externa de Westerbork e não foram autorizados a interferir na segurança interna. Em março de 1943, sua tarefa foi assumida pela gendarmeria holandesa.

42. Van Riet, *Bewakers*, p. 27-50.

43. Van Riet, *Bewakers*, p. 152-157. Nessa ocasião, o OD teve de levar 1.200 pacientes judeus em caminhões para a estação de Apeldoorn e carregá-los lá em um trem de carga, que ia diretamente para Auschwitz. Os ocupantes foram assassinados imediatamente após a chegada.

44. Philip Mechanicus, *In dépôt. Dagboek uit Westerbork* (Amsterdã, 1989), p. 179 (30 de agosto de 1943).

45. Mechanicus, *In dépôt*, p. 337 (12 de fevereiro de 1944).

46. Vera Cohn, "The Day I Met Anne Frank", *Anti-Defamation League Bulletin* 13/6 (junho de 1956), p. 7-8.

47. Sobre o funcionamento desse sistema em Westerbork, veja também: Moraal, *Als ik morgen niet*, p. 264-269.

48. Ver também a respeito Revital Ludewig-Kedmi, *Opfer und Täter zugleich? Moraldilemmata jüdischer Funktionshäftlinge in der Shoah* (Giessen, 2001), p. 3.840; Moraal, *Als ik morgen niet*, p. 264-274; Wachsmann, KL, p. 712-730; Samuel Schalkowsky (ed.), *The Clandestine History of the Kovno Jewish Ghetto Police* (Bloomington, 2014).

49. Van Riet, *Bewakers*, p. 125-126.

50. Van Riet, *Bewakers*, p. 278-279. De acordo com Van Riet, não está claro por que esses 32 oficiais do OD não foram deportados.

51. Cfr. Bolle, Cartas do Diário, p. 145-146; Moraal, *Als ik morgen niet*, p. 112-113; HCKW, Diário de Jacob Swart, p. 20.

52. Esclarecimento escrito por Guido Abuys, curador do Centro Memorial do Campo de Westerbork.

53. Schütz, *Vermoedelijk op transport*, p. 33.

54. Schütz, *Vermoedelijk op transport*, p. 22.

55. NRK 2.050, inv. nº 650, lista de transporte de 3 de setembro de 1944. Os cartões do *Zentralkartei* não foram preservados. Apenas os cartões das aproximadamente oitocentas pessoas que ainda estavam no campo durante a libertação sobreviveram; Schütz, *Vermoedelijk op transport*, p. 25.

56. Para Ottenstein, ver também: Moraal, *Als ik morgen niet*, p. 106-107, p. 177-200; Schütz, *Vermoedelijk op transport*, p. 20.

57. Dez por cento dos cerca de 100 mil prisioneiros eram casos penais no período de julho de 1942 a maio de 1945. Desses 10 mil, 1.740 prisioneiros perderam o status de caso penal. Presser, *Ondergang* 2, p. 315.

58. Schütz, *Vermoedelijk op transport*, p. 24.

59. NRK, Cartões do Conselho Judaico de Otto Frank (dossiê nº 118.834), Edith Frank-Holländer (117.265), Margot Frank (117.267), Anne Frank (117.266), Auguste van Pels-Röttgen e Hermann van Pels (103.586), Peter van Pels (135.177) e Fritz Pfeffer (7.500).

60. Van Nierop e Coster, *Westerbork*, p. 8. HCKW, Documento coletivo sobre o pavilhão penal, Testemunha 195: Weinberg.

61. Há vários testemunhos que confirmam que os prisioneiros do sexo masculino tiveram a cabeça raspada. HCKW, Hans Goudsmit, *Vijf clandestiene brieven uit Westerbork van Hans Goudsmit aan zijn vrouw Gerry*, carta de 13 de julho de 1944; Willem Willing e Edgar Weinberg (transporte de 4 de setembro), em: Moraal, *Als ik morgen niet*, p. 108-109; Rosa de Winter-Levy, em: Schnabel, *Anne Frank*, p. 129; Van Nierop e Coster, *Westerbork*, p. 8.

62. Embora Hans Ottenstein declarasse mais tarde que as mulheres em Westerbork tinham seus cabelos cortados curtos, isso é explicitamente contradito por várias testemunhas. NIOD, 250d, Campos e prisões fora da Holanda, p. 731, Ottenstein. Compare com HCKW, 1.850, entrevista com Lies van der Kolk-Cohen feita por Guido Abuys, em 2 de novembro de 1999; HCKW, entrevistas com Henriëtte van Bekkum-Sachs, Sonja Wagenaar-van Dam, Ronnie Goldstein-van Cleef e B. de Brave-Schelvis; Edgar Weinberg, em: Moraal, *Als ik morgen niet*, p. 54-57. Panos embebidos em gasolina já eram anteriormente usados para combater os piolhos.

63. HCKW, Diário de Jacob Swart, p. 24; em outras fontes, outros horários são mencionados (variando das nove horas às dez e meia).

64. Anita Mayer, *Als ik Hitler maar kan overleven* (Nieuwkoop, 1990), p. 71.

65. Schnabel, *Anne Frank*, p. 109-110. Anne também escreve que preparou uma bolsa de fuga para o caso de ter de fugir repentinamente.

66. HCKW, RA 2.022, carta de 9 de julho de 1944 de Greet Schoemaker-Lisser para a família R. van Sitteren. Greet escreve do pavilhão penal e pede cobertor, roupa de baixo, colher, garfo, faca e toalha de mão, pois foi parar no campo sem pertences. Ela foi com o transporte em 3 de setembro de 1944 e faleceria em 17 de março de 1945 no campo de Flossenbürg. www.joodsmonument.nl/nl/page/32046/margaretha-schoemaker-lisser (acesso em 31 de julho de 2020). Ver também: HCKW, Diário van Jacob Swart, p. 24.

67. Moraal, *Als ik morgen niet*, p. 233-240.

68. Moraal, *Als ik morgen niet*, p. 394, 414.

69. Ver também: Van Riet, *Bewakers*, p. 124.

70. Van Riet, *Bewakers*, p. 117-125. O transporte para Theresienstadt continha muitos refugiados judeus alemães e judeus privilegiados.

71. Moraal, *Als ik morgen niet*, p. 83-85.

72. Presser, *Ondergang* 2, p. 324-325.

73. Moraal, *Als ik morgen niet*, p. 127-131.

74. Lindwer, *De laatste zeven maanden*, p. 76, p. 144; Schnabel, *Anne Frank*, p. 129.

75. Lindwer, *De laatste zeven maanden*, p. 76.

76. Lindwer, *De laatste zeven maanden*, p. 106-107.

77. AFS, AFC, Arquivo de Testemunhas, entrevista com Rose de Liema-van Gelder feita por David de Jongh em 11 de junho de 2009.

78. AFS, AFC, OFA, inv. nº 70, Otto Frank, "Bitte schreiben Sie", p. 4.

79. HCKW, entrevista com H.J. van Collem feita por Guido Abuys, Schoonhoven, 5 de julho de 2000.

80. Ben Nijhuis, *Breekbaar maar niet gebroken*, Laren 2008, p. 68.

81. Ad van Liempt, *Frieda. Verslag van een gelijmd leven. Herinneringen aan kamp Westerbork* (Hooghalen, 2007), p. 46.

82. AFS, AFC, OFA, inv. nº 70, Otto Frank, "Bitte schreiben Sie", p. 4.

83. HCKW, RA 1.090, de Bram Asscher para a família D. L. Tollenaar, 24 de agosto de 1944; Moraal, *Als ik morgen niet*, p. 363.

84. AFS, AFC, Arquivo de Testemunhas, entrevista com Bloeme Evers-Emden, 13 de novembro de 2010.

85. Lee, *Anne Frank*, p. 185; Cohn, "The Day I Met Anne Frank", p. 7-8.

86. HCKW, entrevista com Ronnie Goldstein-van Cleef, 11 de março de 2002; e RA 1.821, Ronnie Goldstein-van Cleef, *Werkelijkheid en Mythe*, p. 2003.

87. Citação original: "Auch Margot war schweigsam, aber Edith Frank war wie stumm. Sie sagte nichts bei der Arbeit, und abends wusch sie immer Wäsche, in schmutzigem Wasser und ohne Seife, aber immer musste sie waschen. Annes Vater war ja auch still, aber das war eine beruhigende Stille [...]." Schnabel, *Anne Frank*, p. 130.

88. Citação original: "Ich habe Anne Frank e Peter van Daan jeden Tag in Westerbork gesehen. Sie were immer beisammen, und ich sagte oft zu meinem Manne: Schau 'dir diese beiden schönen jungen Menschen an... Anne war schön in Westerbork, so strahlend, dass es sogar auf Peter überging. Sie war sehr blass in der ersten Zeit, aber von ihrer Zartheit und ihrem ausdrucksvollen Gesicht ging eine Anziehungskraft aus, so gross dass sich Judy zuerst gar nicht an sie heranwagte. Vielleicht darf ich es nicht sagen, dass Annes Augen strahlten. Aber sie hatten einen Schein, verstehen sie mich? Und sie war so frei in ihren Bewegungen und Blicken, dass ich mich oft fragte: ist Sie glücklich? Sie war glücklich in Westerbork, wenn es auch kaum zu begreifen ist, denn wir hatten es ja nicht gut im Lager". Schnabel, *Anne Frank*, p. 129; Cohn, "The Day I Met Anne Frank", p. 7-8.

89. Ver também os capítulos 1 e 3.

90. AFS, AFC, OFA, inv. nº 70, Otto Frank, "Bitte schreiben Sie", p. 4.

91. AFS, AFC, A_OFrank_iv_011, documentário da Radio Canada, 1970. É possível que ele se refira a Lientje Brilleslijper, que era uma cantora, e ela mesma afirmou que cantava canções

iídiches em Westerbork com acompanhamento. Veja também: HCKW, entrevista com H. J. de Collem. Nessa entrevista, ele diz que cantou em um coro masculino e escreveu as peças musicais de memória.

92. AFS, AFC, Arquivo de Testemunhas, entrevista com Rose de Liema-van Gelder, 11 de junho de 2009.

93. HCKW, entrevista com Frieda Menco-Brommet.

94. Retrato da libertação de Benny Behr, bevrijdingsportretten.nl/portret/benny-behr/. Veja também: HCKW, entrevista com H. J. de Collem.

95. Ver também o comentário de Eva Moraal de que esse grupo de prisioneiros reagia muito menos às tensões mútuas existentes entre os diferentes grupos de prisioneiros. Moraal, *Als ik morgen niet*, p. 230-333.

96. Schelvis citado em: www.tracesofwar.nl/articles/1427/Kamp-Westerbork.htm?c=gw.

97. AFS, AFC, Arquivo de Testemunhas, entrevista com Rose de Liema-van Gelder, 11 de junho de 2009.

98. AFS, AFC, OFA, inv. nº 70, Otto Frank, "Bitte schreiben Sie", p. 4.

99. Presser, *Ondergang 2*, p. 304; HCKW, entrevista com H.J. de Collem; HCKW, entrevista com A. Lobsteyn feita por Guido Abuys, Leeuwarden, 24 de janeiro de 1995; Schnabel, *Anne Frank*, p. 131; NRK 2.050, NRK-Coleção Perseguição (campo de Westerbork), inv. nº 309, Meldezettel nº 550, 1º de setembro de 1944.

100. Em 3 de junho de 1944, um transporte partiu de Vught para Auschwitz-Birkenau com 496 pessoas, todas integrantes do *Philips-Kommando*. Contudo, em 31 de julho de 1944 partiram transportes de Westerbork para Bergen-Belsen e Theresienstadt: NRK 2.050, inventário, p. 55; em junho de 1944, os pavilhões penais estavam quase vazios: HCKW, entrevista com Henriëtte van Bekkum-Sachs, 28 de setembro de 2004.

101. Presser, *Ondergang* 2, p. 305; HCKW, entrevista com Ronnie Goldstein-van Cleef, 11 de março de 2002; De Winter-Levy, *Aan de gaskamer ontsnapt!*, p. 10.

102. Presser, *Ondergang* 2, p. 304; Lindwer, *Kamp van hoop en wanhoop. Getuigen van Westerbork, 1939-1945* (Amsterdã, 1990), p. 44; De Winter-Levy, *Aan de gaskamer ontsnapt!*, p. 11.

103. L. Landsberger, A. de Haas, K. Selowsky (NRK) (ed.), Auschwitz, 6 vols. (Haia, 1947-1953), parte 6: *De afvoertransporten uit Auschwitz en omgeving naar het noorden en het westen, en de grote evacuatietransporten*, p. 3; Wenck, *Zwischen Menschenhandel*, p. 338.

104. Cerca de sessenta presos foram libertos do pavilhão penal pouco antes de 3 de setembro: HCKW, entrevista de Guido Abuys com A. Lobsteyn.

105. Presser, *Ondergang* 2, p. 304; Lindwer, *Kamp van hoop en wanhoop. Getuigen van Westerbork*, 1939-1945, 1990, p. 44; De Winter-Levy, *Aan de gaskamer ontsnapt!*, p. 11.

106. NRK 2.050, inv. nº 650, lista de transporte de 3 de setembro de 1944.

107. NRK 2.050, inv. nº 650, lista de transporte de 3 de setembro de 1944. E: Landsberger et al. (ed.), *Auschwitz 6*, p. 15. Os prisioneiros eram divididos em prisioneiros "normais", *Häftlinge* (casos penais) e *Schutzhäftlinge*.

108. Nunca foi estabelecido com precisão como os prisioneiros eram distribuídos entre os vagões. Como os *Schutzhäftlinge* tinham seus nomes lidos posteriormente em uma lista separada na chegada a Auschwitz — passavam por um procedimento de registro diferente lá —, é provável que estivessem em vagões separados quando deixavam Westerbork. Parece quase impossível selecionar aproximadamente 195 *Schutzhäftlinge* entre mais de mil pessoas em Auschwitz, no escuro. Também pode ser deduzido da maioria dos depoimentos de teste-

munhas que as diferentes categorias de prisioneiros ficavam em vagões separados. Rosa de Winter-Levy, Lenie de Jong-van Naarden e Anita Mayer-Roos declararam que estavam em um vagão com os Franks. Anita Mayer também menciona a família Van Pels. Rosa de Winter-Levy menciona a família Van Pels e também Fritz Pfeffer. Henriëtte van Bekkum-Sachs conta que o vagão foi designado para ela. HCKW, entrevista com Henriëtte van Bekkum-Sachs, 28 de setembro de 2004; HCKW, carta de Hans Goudsmit para sua esposa em 30 de julho de 1944 e 2 de setembro de 1944. Janny Brilleslijper fez uma declaração semelhante, mas, como ela era cônjuge em um casamento misto e registrada como *Schutzhäftling* e os Franks eram presos judeus, é improvável que tivessem ficado no mesmo vagão. Ela também se lembra de que, como *Schutzhäftling*, ficou separada dos pais e do irmão e menciona a chamada dos nomes para que não fosse possível entrar em outro vagão. Lindwer, *De laatste zeven maanden*, p. 78. Ver também: NRK 2.050, inv. nº 650, lista de transporte de 3 de setembro de 1944.

109. HCKW, Hans Goudsmit, carta, 2 de setembro de 1944.

110. HCKW, entrevista com Henriëtte van Bekkum-Sachs, 28 de setembro de 2004.

111. www.drentheeindeoorlog.nl/?pid=47&Jodenvervolging; Schnabel, *Anne Frank*, p. 131; AFS, AFC, Arquivo de Testemunhas, Histórias de Testemunhas, Testemunhas da história de Anne Frank, p. 17, entrevista com Lenie de Jong-van Naarden, 22 de março de 2010; Lenie de Jong-van Naarden em: Lindwer, *De laatste zeven maanden*, p. 171; Mayer, *Als ik Hitler maar kan overleven*, p. 23.

112. NRK 2.050, inv. nº 675, composição de trens e divisão de funções.

113. Bolle, *Dagboekbrieven*, p. 149; HCKW, entrevista com Sonja Wagenaar-van Dam, 19 de fevereiro de 2010.

114. Barnouw *et al.*, *De Nederlandse Spoorwegen*, p. 94.

115. NRK 2.050, inv. nº 675, composição de trens e divisão de funções.

116. NRK 2.050, inv. nº 309. Um deles era Samuel Kropveld, que mais tarde garantiu que Otto Frank fosse internado na enfermaria em Auschwitz.

Veja também: NIOD, 250d, inv. nº 646, declaração de S.M. Kropveld.

117. Janny Bolle foi casada com Meijer Hamburger entre 1943 e 1973, casou-se novamente em 1979 e, desde a ocasião, seu sobrenome é Moffie-Bolle.

118. NRK 2.050, inv. nº 1.091, declaração de Janny Hamburger-Bolle, 29 de março de 1951 (transporte de 2 de fevereiro de 1944).

119. Os transportes para Bergen-Belsen e Theresienstadt continuaram a consistir na maioria dos casos em vagões de passageiros, mesmo depois de março de 1943. Barnouw et al., *De Nederlandse Spoorwegen*, p. 90-94, p. 123-124 (para o número de pessoas por vagão). Ver também: Lindwer, *De laatste zeven maanden*, p. 157-158; Saar Roelofs, *Nog altijd. Ronnie Goldstein-van Cleef over jeugd, verzet, concentratiekampen em het leven daarna* (Kampen, 2005), p. 61. Presser escreve que, de acordo com a ata do Conselho Judaico de 4 de junho de 1943, em junho de 1943 "foram transportados 3,6 judeus por m^2". Presser, *Ondergang* 2, p. 372.

120. Lindwer, *De laatste zeven maanden*, p. 145, Rose de Liema-van Gelder em: Coleção Jon Blair, "Anne Frank Remembered", 1995 (transcrição do material bruto), tab. Westerbork 2; Van Liempt, *Frieda*, p. 55.

121. Após a partida, o trem primeiro seguiu o ramal ferroviário do campo de Westerbork para a estação de Hooghalen. O ramal ferroviário da estação de Hooghalen ao campo de Westerbork, a cinco quilômetros de distância, havia sido concluído em 2 de novembro de 1942. Antes disso, os presos tinham de percorrer essa distância. O trem seguiu por Assen, Onnen e Waterhuizen antes de se conectar à rota Groningen-Nieuweschans. Barnouw et al., *De Ne-*

derlandse Spoorwegen, p. 100-103. Ver também: www.historische-vereniging-hs.nl/docs/doc/inleiding/20jodentransporten.pdf, p. 109 (acesso em 18 de junho de 2020).

122. Wim A. H. Rozema, "'Treinen naar het eindstation van de beschaving... 'In het midden stond een vent..., die beschikte over je leven...'", leitor da Associação Histórica Hoogezand-Sappemeer et al., 23 de abril de 2015, Museu de Trens e Bondes do Norte da Holanda, Zuidbroek, entrevista com Henriëtte van Bekkum-Sachs, 28 de setembro de 2004, p. 10.

123. O trem inicialmente não parou no próprio campo, mas a uma curta distância antes dele, em uma plataforma separada da estação de carga perto da cidade de Oświęcim (Auschwitz em alemão), que ficava a um quilômetro de Birkenau. Essa plataforma é hoje designada por "*die alte Rampe*" ou "*Judenrampe*". A partir de maio de 1944, os trens continuaram diretamente para a nova plataforma em Birkenau; esses eram os transportes de 19 de maio, 3 de junho e 3 de setembro de 1944. De Jong, *Het Koninkrijk* 8/2, p. 763; Herman van Rens, *Vervolging in Limburg. Joden en Sinti in Nederlands-Limburg tijdens de Tweede Wereldoorlog* (Hilversum, 2013), p. 150. Ver também: Barnouw et al., *De Nederlandse Spoorwegen*, p. 104; AFS, pesquisa da coleção, carta de Jos Zijlstra, curador do Railway Museum Utrecht, para Erika Prins, em 26 de outubro de 2015.

124. Rachel van Amerongen-Frankfoorder em Lindwer, *De laatste zeven maanden*, p. 118-119. Ronnie Goldstein-van Cleef também diz que eles só sabiam que estavam indo para Auschwitz quando passaram por Katowice, Ronnie Goldstein-van Cleef em Lindwer, *De laatste zeven maanden*, p. 205.

125. AFS, AFC, pesquisa da coleção, Jos Zijlstra para Erika Prins, 26 de outubro de 2015.

126. Lindwer, *De laatste zeven maanden*, p. 72; Bloeme Evers-Emden, *Als een pluisje in de wind* (Amsterdã, 2012), p. 98; Roelofs, *Nog altijd*, p. 64; Van Liempt, *Frieda*, p. 55; Henriëtte Sachs, nascida em 1922 em Vlagtwedde, ver: Rozema, *Treinen*, p. 18.

127. Rozema, *Treinen*, p. 18.

128. Lenie de Jong-van Naarden, em: Lindwer, *De laatste zeven maanden*, p. 171.

129. De Winter-Levy, *Aan de gaskamer ontsnapt!*, p. 11; HCKW entrevista com Leny Boeken-Velleman, B. de Brave-Schelvis, Lies van der Kolk-Cohen e Frieda Menco-Brommet; Presser, *Ondergang* 2, p. 409; Piper et al., *Auschwitz: Nazi Death Camp*, p. 59, Lenie de Jong-van Naarden em: Lindwer, *De laatste zeven maanden*, p. 174.

130. Ver também: Barnouw et al., *De Nederlandse Spoorwegen*, p. 97-111; Simone Gigliotti, *The Train Journey: Transit, Captivity, and Witnessing in the Holocaust* (Nova York, 2009), mostrando que os deportados de fato recebiam comida, que foi arranjada pelo Conselho Judaico. Lenie de Jongvan Naarden em: Lindwer, *De laatste zeven maanden*, p. 172; HCKW, entrevistas com Lies van der Kolk-Cohen e Ronnie Goldstein-van Cleef; Rozema, *Treinen*, p. 18 (entrevista com Henriëtte van Bekkum-Sachs, 28 de setembro de 2004).

131. De Winter-Levy, *Aan de gaskamer ontsnapt!*, p. 11. Sara Boektje também menciona um barrilzinho de geleia: NIOD, 250d, inv. nº 439.

132. HCKW, entrevistas com Henriëtte van Bekkum-Sachs em 28 de setembro de 2004, Lies van der Kolk-Cohen e B. de Brave-Schelvis.

133. NIOD, 250d, inv. nº 583, I. Salomon; De Winter-Levy, *Aan de gaskamer ontsnapt!*, p. 11; HCKW, entrevistas com Leny Boeken-Velleman e Ronnie Goldstein-van Cleef; De Jong, *Het Koninkrijk* 8/2, p. 748-749.

134. Durante a ocupação, entre 230 e 300 prisioneiros, muitas vezes com a ajuda de organizações de resistência, fugiram do campo de Westerbork. O número de prisioneiros que conseguiram escapar dos trens de deportação é desconhecido, mas provavelmente é muito menor. Veja também: Guido Abuys e Dirk Mulder, *Een gat in het prikkeldraad. Kamp Wes-*

terbork, ontsnappingen en verzet (Hooghalen, 2003), p. 37-58, 65-68, e Van Riet, *Bewakers*, p. 126-134.

135. Carry van Lakerveld e Victor Levie, "Ze doen ons niets". *Vervolging em deportatie van de Joden in Nederland 1940-1945* (Amsterdã, 2016), p. 186; NRK, Cartão do Conselho Judaico de Isidor Stoppelman; Leny Boeken-Velleman, *Breekbaar*, p. 78-82; "Vermetele ontsnapping uit Westerbork", *De Waarheid*, 4 de maio de 1966.

136. NRK 2.050, inv. nº 1.291, Rica Rozenthal, transporte em 3 de setembro de 1944. Salomon Tas não foi encontrado na lista de nomes dos líderes de vagões, mas na lista de transporte. NRK 2.050, inv. nº 675; Otto Frank anotou Tas em endereços importantes em seu diário de 1946: "Tass [Otto Frank escreve 'Tas' com s duplo] Staringlaan 19, 0295-5545", AFS, AFC, OFA, inv. nº 3, diário de Otto Frank, 1946.

137. NIOD, 250d, inv. nº 475, E. A. Cohen.

138. Presser, *Ondergang* 2, p. 373; NRK 2.050, inv. nº 1.012, E. de Wind, transporte, 14 de setembro de 1943.

139. NRK 2.050, inv. nº 675, composição do trem e visão geral das funções, 3 de setembro de 1944. Kropveld, que descreve suas experiências posteriores em detalhes, é muito breve sobre esse transporte. Consulte: NIOD, 250d, inv. nº 646, declaração de S. M. Kropveld.

140. Eddy de Wind, *Eindstation Auschwitz. Mijn verhaal vanuit het kamp (1943-1945)* (edição revisada, Amsterdã, 2020), p. 14. Essa é uma versão editada da história de De Wind com o mesmo nome, publicada em 1946. Veja também: www.joodsmonument.nl/nl/page/225527/joel-vander-kous (acesso em 15 de abril de 2019).

141. NIOD, 250d, inv. nº 700, D. Moffie.

142. NRK 2.050, inv. nº 1.284, Leo Maurits Muller, transporte de 3 de setembro de 1944. Leo Muller era o líder de vagão do *Krankenwaggon C*. Havia um total de cinco vagões-enfermaria, ver: NRK 2.050, inv. nº 675.

143. Janny Moffie-Bolle foi deportada para Auschwitz-Birkenau em 10 de fevereiro de 1944. Esther Göbel, *Een hemel zonder vogels. Het aangrijpende levensverhaal van Janny Moffie-Bolle* (Amsterdã, 2010), p. 68.

144. Sobre uma tentativa, veja Simone Gigliotti, *The Train Journey: Transit, Captivity, and Witnessing in the Holocaust* (Nova York, 2009).

145. AFS, AFC, Arquivo de Testemunhas, entrevista com Lenie de Jong-van Naarden, 22 de março de 2010.

146. AFS, AFC, Arquivo de Testemunhas, entrevista com Lenie de Jong-van Naarden, 22 de março de 2010.

147. Moraal, *Als ik morgen niet*, p. 167-173; Lindwer, *De laatste zeven maanden*, p. 168, 204 e 145; HCKW, inv. nº RA 1.534, transcrição da entrevista com Henriëtte van Bekkum-Sachs feita por Guido Abuys em 28 de setembro de 2004.

148. AFS, AFC, OFA, inv. nº 70, Otto Frank, "Bitte schreiben Sie", p. 4.

149. Lindwer, *De laatste zeven maanden*, p. 70, 134; USC-SF, VHA, entrevista com Sera Wagenaar (Sonja Wagenaar-van Dam), 10 de junho de 1996.

150. Lindwer, *De laatste zeven maanden*, p. 70.

151. USC-SF, VHA, inv. nº, entrevista com Sera Wagenaar (Sonja Wagenaar-van Dam), 10 de junho de 1996; Hannah van den Ende, *"Vergeet niet dat je arts bent". Nederlandse artsen in Nederland 1940-1945* (Amsterdã, 2014), p. 322-323; NRK, JR, cartão de Isidor van der Hal; NRK, relatório do depoimento da testemunha R. Corper-Blik, 24 de abril de 1947, p. 7. Ver também: Lindwer, *De laatste zeven maanden*, p. 134-135.

152. Bart van der Boom, "Wij weten niets van hun lot". *Gewone Nederlanders en de Holocaust* (Amsterdã, 2012), p. 313-416.

153. Ver também: Evelien Gans e Remco Ensel, "Nivellering in de geschiedenis. 'Wij weten iets van hun lot'", *De Groene Amsterdammer*, 12 de dezembro de 2012, www.groene.nl/artikel/wij-weten-iets-van-hun-lot (acesso em 17 de junho de 2020); e idem, "Commentaar op 'Wij weten iets van hun lot'", *De Groene Amsterdammer*, 6 de fevereiro de 2013, www.groene.nl/artikel/over-wij-weten-iets-van-hun-lot (acesso em 17 de junho de 2020); Jaap Cohen, "Hoe cruciaal is onwetendheid", NRC *Handelsblad*, 9 de abril de 2013, www.nrc.nl/nieuws/2013/04/09/hoe-cruciaal-is-onwetendheid-1226995-a520763.

154. Gans e Ensel, "Nivellering" e "Commentaar"; Guus Meershoek, "Een aangekondigde massamoord", *De Groene Amsterdammer*, 30 de janeiro de 2013, www.groene.nl/artikel/een-aangekondigde-massamoord.

155. Sobre a disseminação do conhecimento sobre o Holocausto na Europa ocupada, ver: Peter Fritzsche, *An Iron Wind: Europe under Hitler* (Nova York, 2016), p. 159-202; sobre a Polônia, ver, por exemplo: Samuel D. Kassow, *Who Will Write Our History: Emanuel Ringelblum, the Warsaw ghetto and the Oyneg Shabes Archive* (Bloomington, 2007).

156. Ver, por exemplo: Wachsmann, KL, p. 686-690; Peter Fritzsche, *Life and Death in the Third Reich*, p. 235-252; Beate Kosmala, "Zwischen Ahnen und Wissen: Flucht vor der Deportation (1941-1943)", em: Birthe Kundrus e Beate Meyer (ed.), *Deportation der Juden aus Deutschland: Pläne — Praxis — Reaktionen 1938-1945* (Göttingen, 2012), p. 135-159.

157. Ainda há muito debate sobre até que ponto os holandeses tinham conhecimento concreto do que aconteceu nos campos de extermínio alemães na Polônia. Veja, por exemplo: Ies Vuijsje, *Tegen beter weten in. Zelfbedrog en ontkenning in de Nederlandse geschiedschrijving over de Jodenvervolging* (Amsterdã, 2006) e o artigo anteriormente mencionado de Gans e Ensel, "Nivellering". Cf. também Van der Boom, *"Wij weten niets van hun lot"*, em que o autor se posiciona contra Vuijsje, e uma coleção dos documentos de discussão mais importantes e a resposta de Van der Boom a eles: wijwetennietsvanhunlot.blogspot.com/ (acesso em 30 de agosto de 2019). Ver também: Christina Morina e Krijn Thijs (ed.), *Probing the Limits of Categorization: The Bystander in Holocaust History* (Nova York, 2018).

158. Anne Frank, *Diário* (A), 3 de fevereiro de 1944.

159. Anne Frank, *Diário* (B), 9 de outubro de 1942.

160. Junk e Sellmeyer, *Stationen*, p. 160.

161. Ver também o capítulo 1, p. 40-41.

162. De Jong, *Het Koninkrijk*, p. 4, 739, 929, 934; Peter Romijn, *Burgemeesters in oorlogstijd. Besturen tijdens de Duitse bezetting* (Amsterdã, 2006), p. 250-263.

163. Ver, entre outros: De Jong, *Het Koninkrijk*, p. 4, 548-550. Sobre o impacto da invasão nos residentes da praça Merwedeplein: Rian Verhoeven, *Anne Frank was niet alleen. Het Merwedeplein 1933-1945* (Amsterdã, 2019), p. 145-172; e www.annefrank.org/nl/anne-frank/vloer/de-tweede-razzia-amsterdam/#source-396717.

164. Verhoeven, *Anne Frank was niet alleen*, p. 158-161; e www.annefrank.org/nl/anne-frank/floor/the-second-razzia-amsterdam/#source-396717.

165. NIOD, Arquivos do Conselho Judaico (acesso 182), inv. nº 263, lista de homens judeus presos em 11 de junho de 1941; após a guerra, Otto Frank enviou uma cópia de *O diário de Anne Frank* ao pai de Lewkowitz. AFS, AFC, OFA, inv. nº 100, lista de nomes e endereços.

166. Kienzle, *Lasst mich so sein.*

167. Suzanne Heim (ed.), *Deutsches Reich und Protektorat Böhmen und Mähren, Oktober*

1941-März 1943. Verfolgung und Ermordung der Europäischen Juden durch das nationalsozialistische Deutschland 1933-1945, vol. 6 (Oldenburg, 2019), p. 199-204.

168. Mark Mazower, *Hitlers Empire: Nazi Rule in Occupied Europe* (Londres, 2008), p. 175.

169. Citação original: "Die Juden waren um diese Zeit ziemlich weich, da der Zug unbeheizt liegengeblieben war und vor allem seit Einfahrt ins russische Gebiet keine Möglichkeit mehr gegeben war, Wasser zu fassen, weil dort das Wasser nur gekocht verwendet werden darf, ich anderseits aber keine Abkochmöglichkeit fur fast 1000 Personen hatte und nicht bereits wahrend der Fahrt schon Ruhr- oder Typhusanfälle im Zuge haben wollte". "Vertraulicher Bericht des Hauptmanns der Schutzpolizei Wilhelm Meurin betr. Evakuierung von Juden nach Minsk", 22 de novembro de 1941, em: Heim (ed.), *Deutsches Reich* 6, p. 199-204.

170. Citação original: "[...] die ein entsprechend deutliches tempobeschleunigend Verhalten an den Tag legte". "Evakuierung von Juden nach Minsk", 22 de novembro de 1941, em: Heim (ed.), *Deutsches Reich* 6, p. 199-204.

171. Heim (ed.), *Deutsches Reich* 6, p. 199-204.

172. Essa expressão é baseada em: Barnouw et al., *De Nederlandse Spoorwegen*, p. 108, em que os autores observam que "ser jogado entre a esperança e o desespero" é um tema recorrente nos diários e nas cartas preservados.

3. "A vida era um inferno"
Auschwitz

1. Supondo a partida em 3 de setembro por volta do meio-dia e a chegada à meia-noite na noite de 5 a 6 de setembro, ou seja, sessenta horas.

2. A partir de maio de 1944, os trens seguiam diretamente para essa nova plataforma; foram eles os transportes de 19 de maio, 3 de junho e 3 de setembro de 1944. Antes disso, os transportes paravam em uma plataforma separada da estação de carga perto da cidade de Oświęcim, que ficava a um quilômetro de Birkenau. Essa plataforma é hoje designada por "*die alte Rampe*" ou "*Judenrampe*". De Jong, *Het Koninkrijk* 8/2, p. 763; Van Rens, *Vervolging in Limburg*, p. 150.

3. Ver também: Esther Göbel, "Nederlandse Joden in dwangarbeid. Rapport over het kwantitatieve, kwalitatieve en museale onderzoek naar de inzet van Joodse dwangarbeiders uit Nederland, in kampen in Nederland en daarbuiten, tijdens de Sjoa", JCK, 2015, digital, inv. nº 20.170.344.

4. Benz e Thistle, *Der Ort des Terrors* 5, p. 175-236.

5. A maioria desses campos de trabalho surgiu em meados de 1944. Na primavera de 1944, Auschwitz III ainda consistia em quatorze subcampos. Wachsmann, KL, p. 403, 477, 482-485.

6. Sobre o WVHA, ver: Wachsmann, KL, p. 405.

7. As deportações da Hungria exigiram um especialista em Auschwitz, e Liebehenschel caiu em desgraça por causa de um assunto privado com sua noiva. Wachsmann, KL, p. 640-642.

8. Ver Robert Jay Lifton, *The Nazi Doctors: A Study in the Psychology of Evil* (Londres, 1986), p. 271-278; Daan de Leeuw, "In the Name of Humanity. Nazi Doctors and Human Experiments in German Concentration Camps, 1939-1945", dissertação de mestrado em História, Universidade de Amsterdã (2013), p. 83-87.

9. A frase tinha sido usada pelos nazistas desde 1933 e também foi colocada em outros campos de concentração, como Oranienburg, Dachau, Groß-Rosen e Theresienstadt.

10. Van Pelt e Dwork mostram que a construção de um campo de concentração na Alta Silésia estava relacionada ao status especial dessa área altamente industrializada na política populacional nazista. Embora a população polonesa em outras partes do Governo Geral passasse por um reassentamento forçado, essa política não se encaixava nos planos de Himmler para a Silésia, que era o lar de um número relativamente alto de alemães poloneses e muitos trabalhadores indispensáveis para a indústria de guerra alemã. A fim de combater eficazmente a resistência polonesa nessa região, o *Höhere* SS-*Führer* para a Silésia Erich von dem Bach-Zelewski insistiu em que um campo de concentração fosse construído perto de Katowice. Dwork e Van Pelt, *Auschwitz*, p. 166.

11. Sybille Steinbacher, *Auschwitz. Een geschiedenis* (Utrecht, 2005), p. 27-29; Dwork e Van Pelt, *Auschwitz*, p. 168-171.

12. www.Auschwitz.org/en/history/prisoner-classification/marking-of-jewish-prisoners (acesso em 4 de setembro de 2020).

13. Wachsmann, KL, p. 359-360; Christopher Browning, *The Origins of the Final Solution: The Evolution of Nazi Jewish Policy, September 1939-March 1942* (Lincoln, 2004); Waitman Beorn, *Marching into Darkness: The Wehrmacht and the Holocaust in Belarus* (Londres, 2018); e idem, *The Holocaust in Eastern Europe: At the Epicentre of the Final Solution* (Cambridge, MA, 2014).

14. Steinbacher, *Auschwitz*, p. 71; Mazower, *Hitler's Empire*, p. 176.

15. Wachsmann, KL, p. 371-373, p. 421; Steinbacher, *Auschwitz*, p. 2.005, 7.677. Christopher Browning também argumenta que foi apenas em setembro e outubro de 1941 que foram tomadas as decisões definitivas que levaram ao estabelecimento de Auschwitz como um campo cujo objetivo principal era assassinar um grande número de pessoas. Browning, *The Origins*, p. 352-373.

16. Franciszek Piper, "Gas Chambers and Crematoria", em: Yisrael Gutman e Michael Berenbaum (ed.), *Anatomy of the Auschwitz Death Camp* (Bloomington, 1998), p. 157-182, 157-160.

17. Esse programa visava assassinar prisioneiros enfermos e fracos que não podiam mais trabalhar utilizando métodos previamente desenvolvidos em 1939 na *Aktion T4*, um programa de eutanásia secreto para assassinar deficientes mentais e outros. A *Aktion T4* despertou muita resistência na sociedade alemã e foi oficialmente descontinuada em 1939, mas continuaria como *Aktion 14f13* nos campos de concentração.

18. Wachsmann, KL, p. 372, 402.

19. Yitzhak Arad, *The Operation Reinhard Death Camps: Belsec, Sobibor, Treblinka* (edição revista, Indiana, 2018), p. 32-33; Mazower, *Hitler's Empire*, p. 368-383.

20. Ver também: Arad, *The Operation Reinhard Death Camps*, p. 32-33; Browning, *The Origins*, p. 277-308; Christian Gerlach, *The Extermination of the European Jews* (Cambridge, 2016), p. 66-88; Wachsmann, KL, p. 407-408; Saul Friedländer, *Nazi-Duitsland en de Joden*, parte 1: *De jaren van vervolging 1933-1939*; parte 2: *De jaren van vernietiging 1939-1945*, p. 245, 292-293; Steinbacher, *Auschwitz*, p. 70; Browning, *Initiating the Final Solution*, p. 7.

21. Mark Roseman, *The Wannsee Conference and the Final Solution: A Reconsideration* (Nova York, 2002), p. 109-113; Wachsmann, KL, p. 411-418; Shmuel Krakowski, "The Satellite Camps", em: Gutman e Berenbaum (ed.), *Anatomy of the Auschwitz Death Camp*, p. 50-51. O conceito de "*Vernichtung durch Arbeit*" gerou alguma discussão entre os historiadores após a guerra. Embora a "destruição pelo trabalho" seja frequentemente referida como uma política específica para assassinar judeus por meio de trabalho escravo, os historiadores recentemente deram nuances a esse quadro. Afinal, o trabalho forçado fazia parte do sistema dos campos de concentração desde o início e assim permaneceu quando a perseguição aos judeus

se transformou em genocídio. Uma pesquisa recente considera que a liderança nazista nunca seguiu oficialmente uma política inequívoca de "extermínio pelo trabalho" contra os judeus, embora na prática tenha se resumido a isso. A premissa do trabalho escravo nos campos da SS não era tanto fazer os judeus matarem os judeus, mas usar seu trabalho pelo tempo que fosse necessário. Se a Alemanha ganhasse a guerra e o trabalho escravo judeu não fosse mais necessário, os judeus que ainda estariam vivos seriam assassinados. Ao mesmo tempo, a destruição da nação judaica permaneceu mais importante nas políticas de Hitler e Himmler do que a utilização de seu trabalho. Isso contribuiu para que as condições nos campos fossem tão ruins, que um grande número de prisioneiros morresse durante o trabalho escravo. O Holocausto e o "*Vernichtung durch Arbeit*" permaneceram sendo, portanto, as duas faces da mesma moeda. Ver: Wolf Gruner, *Jewish Forced Labor under the Nazis: Economic Needs and Racial Aims 1938-1944* (Cambridge, MA, 2006), p. 289-293; N. Wachsmann, "'Annihilation Through Labour': The Killing of State Prisoners in the Third Reich", *Journal of Modern History* 3 (1999), p. 624-659; Jens Christian Wagner, "Work and Extermination in the Concentration Camps", em: Jane Caplan e Nikolaus Wachsmann (ed.), *Concentration Camps in Nazi Germany: The New Histories* (Londres, 2010), p. 127-148, 140; Dieter Pohl, "The Holocaust and the Concentration Camps", em: Jane Caplan e Nikolaus Wachsmann (ed.), *Concentration Camps in Nazi Germany: The New Histories* (Londres, 2010), p. 149-166, 151, 161.

22. Arad, *The Operation Reinhard Death Camps*, p. 7-33.

23. O nome *Aktion T4* (também chamada de *Operation T4*) remete ao endereço Tiergartenstrasse 4 em Berlim, a sede do programa de eugenia criado pelo médico pessoal de Hitler, Karl Brandt, pelo qual muitos pacientes psiquiátricos foram assassinados desde outubro de 1939. Veja também: Wachsmann, KL, p. 336-338.

24. Arad, *The Operation Reinhard Death Camps*, p. 421-433.

25. Wachsmann, KL, p. 396-403.

26. Steinbacher, *Auschwitz*, p. 77-78.

27. Relatório Kinna citado em: Wachsmann, KL, p. 485. Ver também: Relatório da Cruz Vermelha sobre os transportes para Auschwitz II, p. 4-8.

28. Landsberger et al. (ed.), *Auschwitz* 5, p. 20-23.

29. Wachsmann, KL, p. 415-425.

30. Relatório da Cruz Vermelha sobre os transportes para Auschwitz II, p. 3, 18.

31. Além disso, foram feitos preparativos para um grande transporte de mulheres judias com a ideia de usá-las como escravas do trabalho. Wachsmann, KL, p. 400, 412-414.

32. Wachsmann, KL, p. 19; e Irena Strzelecka, "*Women*", em: Gutman e Berenbaum (ed.), *Anatomy of the Auschwitz Death Camp*, p. 395.

33. Wachsmann, KL, p. 413-417, Dwork e Van Pelt, *Auschwitz*, p. 304-305.

34. Wachsmann, KL, p. 421, 982, nota 57; Dwork e Van Pelt, *Auschwitz*, p. 304; Steinbacher, *Auschwitz*, p. 83.

35. Wachsmann, KL, p. 424, Dwork e Van Pelt, *Auschwitz*, p. 306.

36. As câmaras de gás dos crematórios II e III eram subterrâneas; as das Bunkers I e II e dos crematórios IV e V, acima do solo. Dwork e Van Pelt, *Auschwitz*, p. 307-348.

37. O campo BII também era composto por BIId, o campo dos homens; BIIe, o *Zigeunerlager*; BIIf, a enfermaria para os homens; e BIIg, onde ficavam os membros do *Kanada-Kommando*.

38. Wachsmann, KL, p. 413-414, 481; Strzelecka, "Women", p. 393-394.

39. Steinbacher, *Auschwitz*, p. 74; Strzelecka, "Women", p. 394.

40. Strzelecka, "Women", p. 394.

41. A construção dos crematórios II a V foi iniciada em 1942 e eles foram colocados em atividade entre março e junho de 1943. Treblinka e Sobibor ficavam fechados, respectivamente, no verão e no outono. Dwork e Van Pelt, *Auschwitz*, p. 321-325; Steinbacher, *Auschwitz*, p. 83, 85; Wachsmann, KL, p. 407, 402-423, 429.

42. Dwork e Van Pelt, *Auschwitz*, p. 348.

43. Wachsmann, KL, p. 418-420; Dwork e Van Pelt, *Auschwitz*, p. 304.

44. Wachsmann, KL, p. 403-406.

45. Wachsmann, KL, p. 581, 588, 590-593.

46. Wachsmann, KL, p. 590-593; Irena Strzelecka, "Hospitals", em: Gutman e Berenbaum (ed.), *Anatomy of the Auschwitz Death Camp*, p. 383, 386.

47. Strzelecka, "Women", p. 402.

48. Wachsmann, KL, p. 592; Strzelecka, "Hospitals", p. 386.

49. Wolf Gruner, *Jewish Forced Labor under the Nazis: Economic Needs and Racial Aims, 1938-1944* (Cambridge, MA/Nova York, 2006), p. 3.

50. Wachsmann, KL, p. 625, 631, 633-634, 488.

51. Isso também se aplicava a poloneses com uma sentença de três ou quatro anos e tchecos e alemães com sentenças de prisão perpétua ou morte. Ver: Shmuel Krakowski, "The Satellite Camps", p. 50-51; Yehuda Bauer, "Gypsies", em: Gutman e Berenbaum (ed.), *Anatomy of the Auschwitz Death Camp*, p. 441-455, 446; Wachsmann, KL, p. 586.

52. Bauer, "Gypsies", em: Gutman e Berenbaum (ed.), *Anatomy of the Auschwitz Death Camp*, p. 447-450; Nikolaus Wachsmann, KL, p. 643-646; Wichert ten Have et al., *De Holocaust en andere genociden*, 1933-1941-1945; https://www.niod.nl/sites/niod.nl/files/Holocaust%20en%20andere%20genociden.pdf (acesso em 4 de setembro de 2020).

53. www.kampwesterbork.nl/geschiedenis/tweede-wereldwereld/vervolging-sinti-en-roma (acesso em 13 de agosto de 2020). Ver também: Wachsmann, KL, p. 743-747.

54. Wachsmann, KL, p. 624, 631, 633-634, 636-638.

55. Landsberger et al. (ed.), *Auschwitz 6*, p. 3, 15; Wenck, *Zwischen Menschenhandel*, p. 339, 343; Andrzej Strzelecki, "Evacuation, Liquidation and Liberation of the Camp", em: Piper et al., *Auschwitz*, p. 269-292, 269-270.

56. Wenck, *Zwischen Menschenhandel*, p. 343, 346.

57. Marc Buggeln, *Slave Labor in Nazi Concentration Camps* (Oxford, 2014), p. 44-45.

58. Wenck, *Zwischen Menschenhandel*, p. 338; Gedenkstätte Bergen-Belsen, conversa de Erika Prins com Klaus Tätzler, novembro de 2013; Andrzej Strzelecki, "Evacuation, Liquidation and Liberation of the Camp", em: Piper et al., *Auschwitz*, p. 269-292, d.

59. Franciszek Piper, "The Mass Extermination of Jews in the Gas Chambers", em: Piper et al., *Auschwitz*, p. 165-173, 172.

60. Piper, "The Mass Extermination", p. 173.

61. Entre os prisioneiros enviados na marcha da morte, estava Peter van Pels. Veja também o capítulo 7.

62. Lindwer, *De laatste zeven maanden*, p. 85.

63. Wachsmann, KL, p. 710.

64. Wachsmann, KL, p. 118-135.

65. Ver: www.duden.de/rechtschreibung/Kapo_Haeftling_Arbeiter (acesso em 4 de setembro de 2020).

66. Wachsmann, KL, p. 118-135; Wolfgang Sofsky, *The Order of Terror: The Concentration Camp* (trad. para o inglês. Nova Jersey, 1997), p. 117, 121, 130.

67. Abel Herzberg, *Amor fati & Tweestromenland. Bergen-Belsen 1944-1945* (Amsterdã, 2016), p. 19-20.

68. Danuta Czech, "The Auschwitz Prisoner Administration," em: Gutman e Berenbaum (ed.), *Anatomy of the Auschwitz Death Camp*, p. 363.

69. De Wind, *Eindstation*, p. 54.

70. De Wind aparece em seu livro na terceira pessoa sob o nome de Hans.

71. De Wind, *Eindstation*, p. 20.

72. Wachsmann, KL, p. 436-441.

73. Esse problema reaparece no trabalho de Primo Levi, mas foi introduzido no debate acadêmico por Lawrence Langer em: "The Dilemma of Choice in the Deathcamps', *Centerpoint: A Journal of Interdisciplinary Studies 4:1* (outono de 1980), p. 53-58.

74. Wachsmann, KL, p. 735. René Kok e Erik Somers, *De Jodenvervolging in foto's. Nederland 1940-1945* (Zwolle, 2019), p. 268. Errera não sobreviveria à guerra; foi espancado até a morte.

75. Para inúmeros outros exemplos de resistência judaica em campos de concentração, ver, entre outros: Arad, *The Operation Reinhard Death Camps*, p. 289-417; Patrick Henry (ed.), *Jewish Resistance against the Nazis* (Washington, DC, 2015). Nessa literatura, a imagem de que os judeus se deixaram levar como "ovelhas para o matadouro" é clara e convincentemente refutada.

76. Wachsmann, KL, p. 489-494, 732-750. Veja também: Shlomo Venezia, *Inside the Gas Chambers: Eight Months in the Sonderkommando of Auschwitz* (Cambridge, MA 2009).

77. Wachsmann, KL, p. 596.

78. Desde o início de maio de 1944, os transportes chegavam a Auschwitz-Birkenau na plataforma de carga entre as partes do campo BI e BII. Antes disso (a partir de 1942), os trens chegavam na "*Judenrampe*" da estação de Oświęcim perto de Auschwitz-Birkenau. Tadeusz Iwaszko, "Reasons for Confinement in the Camp and Categories of Prisoners", em: Lasik et al. (ed.), *Auschwitz*, 1940-1945 2, p. 17. A chegada na noite de terça para quarta-feira é especificamente mencionada por I. Salomon, NIOD, 250d, inv. nº 538, I. Salomon; Presser, *Ondergang* 2, p. 407. Três dias em vagões fechados, ver: AFS, AFC, OFA, inv. nº 70, Otto Frank, "Bitte schreiben Sie"; De Winter-Levy, *Aan de gaskamer ontsnapt!*, p. 12.

79. Lindwer, *De laatste zeven maanden*, p. 160.

80. Por exemplo, NIOD, 250d, inv. nº 439, Sara Boektje; HCKW, entrevista com B. de Brave--Schelvis e Ronnie Goldstein-van Cleef.

81. Landsberger et al. (ed.), *Auschwitz* 2, p. 18; NRK 2.050, inv. nº 1.293.

82. AFS, AFC, OFA, inv. nº 070; por exemplo, Frieda Menco-Brommet, entrevista AFS, sobre não ser capaz de dizer adeus ao pai. A declaração de Rosa de Winter-Levy a Schnabel anos depois sobre como ela vê Otto Frank, Hermann e Peter van Pels e Fritz Pfeffer sendo guiados na direção "certa" não é crível dada à enorme escala do acontecimento. Ver também: Schnabel, *Anne Frank*, p. 133.

83. Landsberger et al. (ed.), *Auschwitz* 5, p. 20-23.

84. Ronnie Goldstein-van Cleef em: Lindwer, *De laatste zeven maanden*, p. 188.

85. Mengele é mencionado, entre outros, por Ronnie Goldstein-van Cleef em: Lindwer, *De laatste zeven maanden*, p. 206, Lenie de Jong-van Naarden, ibidem, p. 160; Rachel van Amerongen-Frankfoorder, ibidem, p. 119; HCKW, entrevista, Henriette van Bekkum-Sachs; NRK 2050, inv. nº 1.294, Sientje Spiekerman-de Zwarte.

86. Citação original: "More than once I heard survivors say that Mengele did this or that to them, even though Mengele had not yet arrived in Auschwitz at the time". Langbein, *People in Auschwitz*, p. 295. Ver também: Wachsmann, KL, p. 611-613.

87. Lifton, *The Nazi Doctors*, p. 173-175.

88. Lifton, *The Nazi Doctors*, p. 173-175.

89. Ver: De Jong, *Het Koninkrijk* 8, p. 708, 888; Jens-Christian Wagner, "Work and Extermination in the Concentration Camps", em: Jane Caplan e Nikolaus Wachsmann (ed.), *Concentration Camps in Nazi Germany: The New Histories* (Londres, 2010), p. 127-148, 154; Dwork e Van Pelt, *Auschwitz*, p. 347-348.

90. Landsberger et al. (ed.), *Auschwitz* 5, p. 3.

91. Um total de 477 pessoas do transporte *Normal* e *Häftlinge* (os prisioneiros comuns e os casos penais, incluindo os oito clandestinos do Anexo Secreto) não foi selecionado para a câmara de gás: 221 mulheres e 256 homens. O total de 195 *Schutzhäftlinge* (presos políticos, casamentos mistos e meio judeus: 144 homens e 51 mulheres) não foi submetido à seleção para a câmara de gás. NRK 2050, inv. nº 650, lista de transporte de 3 de setembro de 1944. A distinção entre casos penais, como os oito clandestinos, e os prisioneiros "comuns" (*Häftlinge* ou *Normaltransport*) não desempenhava mais nenhum papel após a chegada a Auschwitz. Os *Schutzhäftlinge*, por outro lado, recebiam tratamento, registro e numeração diferentes na chegada. Landsberger et al. (ed.), *Auschwitz* 5, p. 20-23. Esse folheto da Cruz Vermelha não pretende ser completo; não leva em consideração oito pessoas que escaparam durante o transporte e tampouco aqueles que morreram durante a viagem.

92. Herman Frijda (1887), Philip Grishaver (1886), Willem Swaap (1888) e até Joseph Matthijs Wolf (1878). NRK 2.050, inv. nº 650, lista de transporte de 3 de setembro de 1944.

93. Landsberger et al. (ed.), *Auschwitz* 2, p. 19; De Winter-Levy, *Aan de gaskamer ontsnapt!*, p. 12.

94. Roelofs, *Nog altijd*, p. 69; Fia Polak, *Oorlogsverslag van een zestienjarig joods Meisje* (Amsterdã, 1995), p. 62; Lindwer, *De laatste zeven maanden*, p. 73; Schloss, *Herinneringen*, p. 65.

95. Boeken-Velleman, *Breekbaar*, p. 89.

96. NRK 2.050, inv. nº 1.291, Rica Rozenthal, e inv. nº 1.301, sra. S. Weisz. Ambas dizem que iriam encontrar os homens novamente, mas a maioria não os verá mais após a seleção.

97. "Relato de testemunha ocular de uma jovem que retornou do campo de concentração de Auschwitz fornecido ao Escritório de Informações (da Cruz Vermelha)", coleção JHM, nº D001088.

98. Landsberger et al. (ed.), *Auschwitz* 2, p. 19-22; Tadeusz Iwaszko, "Deportation to the Camp and Registration of Prisoners", em: Piper et al., *Auschwitz*, p. 54-69, 59-62; AFS, AFC, Arquivo de Testemunhas, entrevista com Bloeme Evers-Emden, Ronnie Goldstein-van Cleef, Frieda Menco-Brommet, Lenie de Jong-van Naarden e B. de Brave-Schelvis. Essa ordem está também de acordo com a explicação durante a visita de Teresien da Silva, Gertjan Broek e Erika Prins a Auschwitz em 2009. As publicações próprias de Auschwitz, por outro lado, mencionam uma ordem diferente, mas fazem uma descrição geral do período inteiro, e não especificamente focada em setembro de 1944.

99. HCKW, entrevista com Ronnie Goldstein-van Cleef, 11 de março de 2002; Lindwer, *De laatste zeven maanden*, p. 175.

100. Lindwer, *De laatste zeven maanden*, p. 190-191. Ver também: Iwaszko, "Deportation", p. 60; e Landsberger et al. (ed.), *Auschwitz 2*, p. 21.

101. NIOD, 250d, inv. nº 439, Sara Boektje, e NRK 2.050, inv. nº 1.301, sra. S. Weisz.

102. Iwaszko, "Deportation", p. 59; AFS, AFC, OFA, inv. nº 85: Joseph Spronz, "Ich war ein Haeftling in Auschwitz" (tradução alemã de 1946 não publicada de: József Spronz, *Fogoly voltam Auschwitzban*, Budapeste, 1946), p. 4; Strzelecka, "Women", p. 399-400.

103. Lindwer, *De laatste zeven maanden*, p. 190-191.

104. NIOD, 804, pesquisa Sobibor: inv. nº 18, Cato Polak, declaração de 20 de outubro de 1947; NRK 2.050, inv. nº 1.301, sra. S. Weisz; Iwaszko, "Deportation", p. 58-60.

105. Strzelecka, "Women", p. 400; relato de testemunha ocular de uma jovem, JHM, nº D001088.

106. Boeken-Velleman, *Breekbaar*, p. 90.

107. Andrzej Strzelecki, "The Plunder of Victims and Their Corpses", em: Gutman e Berenbaum (ed.), *Anatomy of the Auschwitz Death Camp*, p. 253; Lindwer, *De laatste zeven maanden*, p. 74.

108. De acordo com a literatura, os homens eram registrados em Auschwitz I, mas Max Frankfort, entre outros, diz que ele foi para Auschwitz I após o registro. Rica Rozenthal e a sra. Weisz encontraram-se com os homens algumas vezes, durante todo o procedimento, na *Zentralsauna*.

109. AFS, Sal de Liema, Coleção Jon Blair, "Anne Frank Remembered", 1995 (transcrição do material bruto).

110. De Wind, *Eindstation*, p. 24.

111. NRK, inv. nº 3.281, Comité International de la Croix-Rouge, *Häftlings-Nummerzuteilung*, p. 26. Ver também: Piper et al., *Auschwitz*, p. 61.

112. Landsberger et al. (ed.), *Auschwitz 2*, p. 25-27.

113. AFS, pesquisa de coleção, declaração de Eva Schloss-Geiringer a Erika Prins, janeiro de 2016. Veja também: www.auschwitz.org/en/history/life-in-the-camp/ (acesso em 4 de setembro de 2020).

114. De Wind, *Eindstation*, p. 48-51; De Jong, *Het Koninkrijk 6*, p. 424, 436; NRK 2.050, inv. nº 1.274, Barend Konijn; NRK 2.050, inv. nº 1.264, declaração de Abraham Hakker; Odette Abadi, *Terre de détresse. Birkenau-Bergen-Belsen* (Paris, 2012), p. 41.

115. Tadeusz Iwaszko, "The Daily Life of Prisoners", em: Piper et al., *Auschwitz*, p. 70-87, 70; De Jong, *Het Koninkrijk 6*, p. 436.

116. De Jong, *Het Koninkrijk 6*, p. 436, 826; Landsberger et al. (ed.), *Auschwitz 2*, p. 25; Shmuel Krakowski, "The Satellite Camps", p. 52; Strzelecka, "Women", p. 400.

117. De Jong, *Het Koninkrijk 8*, p. 824-827.

118. NRK 2.050, declarações de Abraham Hakker (inv. nº 1.264), Philip Felix de Jong (inv. nº 1.268), Eliazer Kater (inv. nº 1.271), Elias Jacob Kleerekoper (inv. nº 1.272), Barend Konijn (inv. nº 1.274), Richard Felix Levee (inv. nº 1.276), Aron Leyden van Amstel (inv. nº 1.277).

119. De Wind, *Eindstation*, p. 154. Ver também o posfácio, p. 211-219.

120. NRK 2.050, inv. nº 1.284, Fritz Muller fala principalmente sobre Straßenbau e o trabalho de base na quarentena.

121. Citação original: "Da ich selbst einige Zeit in einem Kieskommando war, wusste ich über die dort verlangte schwere Arbeit gut Bescheid und die damit oft verbundenen Misshandlungen". AFS, AFC, OFA, inv. nº 85, declaração de Otto Frank ao seu companheiro de destino Joseph Spronz, 29 de julho de 1962.

122. De Wind, *Eindstation*, p. 54.

123. NRK, arquivo 103.586, Hermann van Pels, carta a Jansma, 20 de dezembro de 1951; Landsberger et al. (ed.), *Auschwitz* 5, p. 21; NRK 2.050, inv. nº 1.257: Max Frankfort; 1.268: Philip Felix de Jong; 1.293: Fritz Bernard Simon; 1.302: Jacob West: 1.249: Andries Max Cats.

124. Citação original: "Während meiner Zeit haben 2 Selektionen stattgefunden [...]. Bei der ersten Selektion wurden alle Menschen heraus geshucht, die Blockschonung hatten, d. h. die wegen irgend eines Leidens von der Arbeit für einige Tage dispensiert waren. [...] Diese so selektierten kamen in einen besonderen Block und wurden nach 2 Tagen offenbar zur Vergasung nach Birkenau verladen. Die 2 Tage were schrecklich für diese Menschen, da sie genau wussten [sic], was ihnen bevorstand. Auch hierbei wurden die Mischehen schließlich wieder herausgesucht, nachdem sie zunächst die Todesangst durchgemacht hatten. Die zweite Selektion fand in ähnlicher Art statt, nur wurde hierbei in erster Linie, das Krankenhaus leergemacht". NRK 2050, inv. nº 1.293, Fritz Simon.

125. De Wind, *Eindstation*, p. 156-161.

126. Jetteke Frijda sobreviveu à guerra escondida. Ela conta em uma entrevista que Otto e Herman Frijda não eram amigos íntimos, mas se conheciam por meio das filhas. Otto Frank também contou depois a Jetteke que havia se encontrado novamente com Herman nos campos. AFS, AFC, Arquivo de Testemunhas, entrevista com Jetteke Frijda, 9 de março de 2009.

127. De Wind, *Eindstation*, p. 156.

128. De Wind, *Eindstation*, p. 158; NRK, dossiê EU 85.297, Herman Frijda. Em seu cartão do Conselho Judaico, consta "gaseado em uma seleção em Auschwitz", NRK, Cartoteca do Conselho Judaico, cartão de H. Frijda. Existem, também, alguns outros sobreviventes do transporte de 3 de setembro que mencionam Frijda e as duas seleções para a câmara de gás do início de outubro de 1944. NRK 2.050, declarações de Leo Maurits Muller (inv. nº 1.284), Philip Felix de Jong (inv. nº 1.268), Andries Max Cats (inv. nº 1.249).

129. NRK, arquivo 103.586 de Hermann van Pels, *Bescheinigung* (declaração), fevereiro de 1961.

130. NRK, arquivo 103.586 de Hermann van Pels, carta a Jansma, 20 de dezembro de 1951.

131. Lista de transporte para Stutthof de 26 de outubro; essa lista só foi "descoberta" em 2005 por Juan Goudsmit em busca de seu pai Hans Goudsmit, que morreu em Stutthof.

132. NRK 2.050, inv. nº 1.293, Fritz Simon. Ele é mencionado no caderno de notas de Otto Frank e também é citado em relação a Fritz Pfeffer.

133. AFS, AFC, OFA, inv. nº 211, "How the End Came to Anne Frank" de William Banks, sem data; AFS, carta, Fritzi Frank a Vincent Frank-Steiner, 14 de dezembro de 1990; DLA, Coleção Schnabel, notas de Schnabel, p. 149; *Welt am Sonntag*, entrevista, 4 de fevereiro de 1979.

134. Danuta Czech, *Kalendarium der Ereignisse im Konzentrationslager Auschwitz-Birkenau 1939-1945* (Reinbek bei Hamburg, 1989), p. 892.

135. Por exemplo, Louis Salomon de Goede, mencionado por Jacob van West. NRK 2.050, inv. nº 1.302, Jacob van West.

136. Filip Müller, "Hoelang jij leeft en wanneer jij crepeert, dat beslissen wij", em: Arnon Grunberg (ed.), *Bij ons in Auschwitz*, p. 366-368.

137. DLA, Coleção Schnabel, notas de Schnabel, p. 151.

138. *Welt am Sonntag*, entrevista com Otto Frank, 4 de fevereiro de 1979.

139. Wachsmann, KL, p. 765-766.

140. Construção de estradas e terraplenagem e marcenaria (Georg Hirsch, NRK 2.050, inv. nº 1.265); Petersen e a HUTA (Philip Felix de Jong, inv. nº 1.268), canalização, *Schlachthofkommando* (Barend Konijn, inv. nº 1.274), terraplenagem e escavação no *Kommando Petersen* e no *Kartoffelschälkommando* (Max Canes, inv. nº 1.248); *Kommando Petersen* (terraplenagem) e HUTA, canalização para esgoto (Jacob van West, inv. nº 1.302); construção de estradas e terraplenagem (canalização) e terraplenagem para Straßenbau e HUTA (Fritz Bernard Simon, inv. nº 1.293), ver também EHRI.

141. NRK 3.281, Comité International de la Croux-Rouge Häftlings-nummerzuteilung; Landsberger et al. (ed.), *Auschwitz 2*, p. 26.

142. Landsberger et al. (ed.), *Auschwitz 5*, p. 21, transportes para Stutthof em 26 de outubro de 1944 e 29 de novembro de 1944. Pfeffer não está na lista de transporte para Stutthof em 26 de outubro. O transporte de 29 de novembro de 1944 foi desconsiderado porque Pfeffer foi transportado junto com Willem Swaap, que faleceu em 21 de novembro de 1944 em Neuengamme. NRK, dossiê 42.095 de Willem Swaap.

143. Lista de transporte de Auschwitz a Stutthof, coleção particular de Juan Goudsmit.

144. Braunschweig tornou-se um *Außenlager* de Neuengamme em 5 de novembro de 1944. Uma proporção significativa dos prisioneiros era polonesa. Eram judeus poloneses que sobreviveram ao gueto de Lodz e foram deportados para Auschwitz. Lá, eles foram selecionados para trabalhos forçados no *Außenlager* Braunschweig por representantes da empresa Büssing-NAG. A empresa estava em busca principalmente de operários metalúrgicos. Os prisioneiros chegaram em três transportes, entre setembro e novembro de 1944. Ver: Buggeln, *Slave Labor*, p. 128-131. O *Der Ort des Terrors* menciona um transporte em 9 de novembro de 1944 para Braunschweig. Ver: Benz e Distel, *Der Ort des Terrors 5*, p. 358.

145. Sabemos pelos prisioneiros que foram registrados em Neuengamme em 10 de novembro de 1944 que eles receberam números de campo acima de 64.230 e que o menor número de campo conhecido de um prisioneiro que chegou em 18 de novembro é 65.105. Pfeffer (64.976) foi, portanto, registrado não antes de 10 de novembro e não depois de 18 de novembro. Como não temos listas completas e não temos certeza se chegou ou não outro transporte entre 10 e 18 de novembro, Pfeffer poderia pertencer ao grupo de 10 de novembro, mas também é possível que ele tenha chegado em 18 de novembro ou em algum momento nos dias intermediários. Sobre a lista (incompleta) de prisioneiros e números de campo, consulte os e-mails de Alyn Beßmann, Archives Neuengamme Concentration Camp Memorial a Erika Prins e Gertjan Broek, de 5 de maio de 2017 a 6 de junho de 2017.

146. Stoppelman foi ajudado por Jan Gies em 1943 na busca por um esconderijo em Laren e, depois da traição, foi parar finalmente em Auschwitz.

147. AFS, AFC, Arquivo de Testemunhas, Stoppelman.

148. Stoppelman esteve em um dos transportes de evacuação em 17 de janeiro de 1945. Declaração escrita de Max Stoppelman, 9 de agosto de 1995. AFS, AFC, Arquivo de Testemunhas, documentação de Max Stoppelman. Veja também: Lee, *Het verborgen leven*, p. 138; e Müller, *Anne Frank*, p. 232-233.

149. Centro Memorial do Campo de Westerbork e NOS Actueel, *Leven na de ondergang. Acht portretten van Holocaustoverlevenden*, documentário em DVD, 2007. Julius Erich Anhalt (transporte em 25 de janeiro de 1944) afirma que, na chegada, os indivíduos eram questionados sobre sua idade e sua ocupação. Ele também teve de assistir a aulas em uma assim chamada *Nachschule* para dominar a profissão de metalúrgico e poder participar de um comando externo, NRK 2.015, inv. nº 1.168. As seleções nos campos de Cosel verificavam o

tamanho do corpo, a força física estimada e a ocupação. Veja: Göbel, "Nederlandse Joden in dwangarbeid", p. 20.

150. NRK, dossiê 135.177-3, cartão do campo de Mauthausen.

151. AFS, AFC, OFA, inv. nº 211, entrevista com Otto Frank feita por Arthur Unger, 6 de fevereiro de 1978. Ver também a citação em: Lee, *Het verborgen leven*, p. 138.

152. Citação original: "The packages for those who had died — those endless packages for the endless dead — were ours to dispose of, a circumstance that put anyone assigned to this Kommando in a position of power and wealth. [...] Every day we worked at sorting the contents of the packages of the dead, cakes went in one bin, salamis and margarine over there, schmaltz (chicken fat, or goose fat, usually from the Poles) and other perishables in jars were placed here. Cookies had yet another compartment. Many of the vegetables were taken to the kitchen once a day, some to be thrown into the daily soups for the camp. The more delectable items were always kept aside for the use of the *Kommando* workers, who, in turn, supplied the Nazi camp administrators as desired. My co-workers, I observed, walked frequently back and forth from the Paketstelle to their Block. It soon dawned on me that they were helping themselves to a cut of the spoils, and they did so openly, as if this practice were not only accepted but expected. [...] My body filled out rapidly. I felt well, fit, and strong. The scars of my pneumonia and abscessed appendicitis were healed and behind me. I was now well dressed by day, warm at night, I even had cigarettes". Priscilla Alden Thwaits Garcia, *Auschwitz, Auschwitz... I Cannot Forget You. As Long As I Remain Alive: The Story of Max Rodrigues Garcia As Told to Priscilla Alden Thwaits Garcia* (San José, CA, 1979), p. 109-123.

153. Alden Thwaits Garcia, *Auschwitz*, p. 109-123.

154. AFS, AFC, OFA, inv. nº 211, entrevista com Otto Frank feita por Arthur Unger, 6 de fevereiro de 1978. Ver também: Lee, *Het verborgen leven*, p. 138.

155. Alden Thwaits Garcia, *Auschwitz*, p. 109-123.

156. AFS, AFC, OFA, inv. nº 40, caderno de notas de Otto Frank, 1945.

157. AFS, AFC, OFA, inv. nº 40, caderno de notas de Otto Frank, 1945. Ver também: HCKW, Hans Goudsmit, Cinco cartas clandestinas de Westerbork de Hans Goudsmit para sua esposa Gerry, introdução. Hans Citroen para Juan Goudsmit, ver e-mail de Juan Goudsmit para Erika Prins, 16 de dezembro de 2015; coleção particular de Juan Goudsmit, cartão da Fundação 1940-1945, um escritório de ex-presos políticos, para a sra. Goudsmit-ter Heegde, declaração de P. F. de Jong, 10 de setembro de 1945.

158. Sal de Liema conta como ele e Otto Frank olham pela janela no primeiro andar. AFS, Coleção Jon Blair, "Anne Frank Remembered", 1995 (transcrição do material bruto); Iwaszko, "The Daily Life of Prisoners", p. 73.

159. AFS, AFC, coleção do museu inv. nº A_OFrank_i_015, declaração de Otto Frank sobre o relacionamento de Pfeffer, 4 de setembro de 1951.

160. AFS, Coleção Jon Blair, "Anne Frank Remembered", 1995 (transcrição do material bruto).

161. AFS, AFC, OFA, inv. nº 85; Spronz, "Ich war ein Haeftling". Otto Frank conhece o judeu húngaro Spronz durante sua internação no hospital. Os termos "hospital", "enfermaria", "bloco dos enfermos", "*Krankenbau*", "*Revier*" etc. são usados indistintamente.

162. DLA, Coleção Schnabel, notas de Schnabel, p. 150.

163. Max Canes (NRK 2050, inv. nº 1.248) foi parar no pavilhão 2 para trabalhar em escavações com o *Kommando Petersen*; depois disso, ele foi alojado no pavilhão 5 para o *Kartoffelschälerei*. Mais tarde, ele retornou ao pavilhão 2 para trabalhar na *Straßenbau* e, em seguida, voltou a escavar no *Kommando Petersen*.

164. DLA, Coleção Schnabel, notas de Schnabel, p. 150.

165. AFS, AFC, OFA, inv. nº 85; Spronz, "Ich war ein Haeftling", p. 16.

166. AFS, AFC, OFA, inv. nº 011, "Raucherkarte" 1944-1945.

167. O outro documento inicial, o caderno de notas vermelho de Otto, chegou às suas mãos logo após a libertação; não se sabe por quem. Em qualquer caso, isso data de depois de seu cativeiro.

168. Nicolas Roth, *Avoir 16 ans à Auschwitz. Mémoire d'un juif hongrois* (Paris, 2011), p. 297, 332, 343.

169. AFS, AFC, OFA, inv. nº 85, Spronz, "Ich war ein Haeftling", p. 16.

170. AFS, AFC, Arquivo de Testemunhas, entrevista (por telefone) com Hannah Pick-Goslar, 7 de novembro de 2019.

171. AFS, Sal de Liema, Coleção Jon Blair, "Anne Frank Remembered", 1995 (transcrição do material bruto), p. 10.

172. Citação original: "I tell you this, this camp Auschwitz [...] here, it was maybe the cleanest place in the world. You couldn't find a piece of paper on the ground, because if there was a piece of paper we would fight for it, just to wipe us, because we had nothing to wipe us". AFS, Sal de Liema, Coleção Jon Blair, "Anne Frank Remembered", 1995 (transcrição do material bruto), p. 3.

173. Citação original: "[T]he close relationship with Otto Frank happened after at least a week being here, really, and all people are talking about was of course the crematorias, no food, no clothes... But talking about it didn't help. It actually hurt much. And then Mr. Frank found me, and I found Mr. Frank and we said: We have to stop this, because we are killing our brain here, to talk about, all the time about food and clothes. [...] We cannot do anything [about] what will happen to our body, and we knew our body was going down every day, but let's try to save our brain". AFS, Sal de Liema, Coleção Jon Blair, "Anne Frank Remembered", 1995 (transcrição do material bruto), p. 3.3. Para obter mais detalhes, veja também USC-SF, VHA, entrevista com Sal de Liema, 25 de abril de 1995.

174. Citação original: "Let's say: do you remember the melody from... the 9th symphony of Beethoven and then we start singing to each other. Just to get away from this fear, just to get our brain thinking about other things. We talked about Van Gogh, Rembrandt, [...] did you ever go to the Rijksmuseum? [...] And it really helped I think". AFS, Sal de Liema, Coleção Jon Blair, "Anne Frank Remembered", 1995 (transcrição do material bruto), p. 24-25.

175. Levi, *Is dit een mens* (Amsterdã, 1987), p. 103.

176. Ver também a definição de *Muselmann* no site do Shoah Resource Center, The International School for Holocaust Studies de Yad Vashem, www.yadvashem.org/odot_pdf/Microsoft%20Word%20-%206474.pdf (acesso em 4 de setembro de 2020).

177. Wachsmann, KL, p. 292-293.

178. Miep Gies citada em: Lee, *Het verborgen leven*, p. 142.

179. AFS, Sal de Liema, Coleção Jon Blair, "Anne Frank Remembered", 1995 (transcrição do material bruto), p. 3.1-2.

180. Citação original: "[T]he water was so hot, it was unbelievable. In the first let's say 10-15 seconds, it didn't bother us much because we were all frozen. [...] But after maybe 10 seconds you want to get out because it was so hot. But there were two German soldiers with a whip and they were going like in a circus. [...] [A]pparently what happened to me, I blacked out. Later on they told me, I didn't know. It was only for a couple of minutes, but they felt it was a danger, a great danger to me, because if they found somebody on the floor they just throw 'em in

the fire". AFA, Sal de Liema, Coleção Jon Blair, "Anne Frank Remembered", 1995 (transcrição do material bruto), p. 3.

181. Citação original: "I was standing in the snow, naked, after we came back from our work. We stand appel here [...] and a German Soldier came and he had his fur coat on, and he looked at me and he said: *Kalt, huh?* It is cold. I didn't even answer. I just looked at him. And he said: You know, you won't survive this, you know that. But in case you will survive, he said — but I'll take care of it that it's not gonna happen —: nobody will believe you, what we did to you people. Nobody". AFA, Sal de Liema, Coleção Jon Blair, "Anne Frank Remembered", 1995 (transcrição do material bruto), p. 3.

182. AFS, Sal de Liema, Coleção Jon Blair, "Anne Frank Remembered", 1995 (transcrição do material bruto), p. 11.

183. DLA, Coleção Schnabel, notas de Schnabel, p. 150; Rosa de Winter-Levy, em Kienzle, *Lasst mich so sein*.

184. Citação original: "Ich war in Auschwitz eines Tages sehr down und konnte nicht mehr. Ich bin schlagen zijn und das hat mich sehr, sehr auch moralisch beeindruckt. Es war ein Sonntagmorgen und da habe ich gesagt 'Ich kann nicht aufstehen'. Und da haben meine Kameraden, alles Holländer natürlich, ich war ja schließlich doch Deutscher unter Holländern, aber ich bin volkommen aufgenommen worden von den anderen, gesagt 'Das geht nicht, Du mußt aufstehen, sonst bist du verloren!' Und dann sind sie zu einem holländischen Arzt gegangen, der mit dem Deutschen Arzt suzammen gearbeitet hat, und dieser holländische Arzt kam zu mir in die Baracke. Er hat gesagt 'Steh auf und komme morgenfrüh an die Krankenbaracke, sozusagen. Ich werde mit dem Deutschen Arzt sprechen, daß Du aufgenommen wirst.' Und so ist es gekommen und dadurch bin ich auch gerettet worden". Kienzle, *Lasst mich so sein*.

185. NIOD, 250d, inv. nº 646, S.M. Kropveld.

186. AFF_AIF_corr_10, carta de Otto Frank a Alice Frank-Stern, 8 de junho de 1945.

187. Frank fez declarações ligeiramente diferentes sobre isso. Ele disse a Ernst Schnabel em 1957 que foi hospitalizado em 19 de novembro de 1944, mas, em um pedido de pensão de subsídio de Spronz, escreve que foi hospitalizado "no início de novembro" de 1944. Cf. FLA, Coleção Schnabel, notas de Schnabel, p. 150. AFS, AFC, OFA, inv. nº 85; Spronz, "Ich war ein Haeftling"; declaração de Otto Frank, 29 de julho de 1962. Em uma lista elaborada pelo exército soviético após a libertação, na qual consta o nome de Otto Frank, a data parece ser 21 de novembro. Veja: NRK, campos e prisões, inv. nº 53, lista elaborada pelo dr. Józef Bellert, chefe do hospital do campo da Cruz Vermelha Polonesa.

188. Spronz, "Ich war ein Haeftling"; declaração de Otto Frank, 29 de julho de 1962. Elie Cohen faz uma descrição dos vários pavilhões de enfermos: o bloco 9 era oficialmente o *Schonungsblock*, o bloco 19 era destinado a casos de diarreia e doenças internas, o bloco 20 para doenças infecciosas e de pele, o bloco 21 para operações (com sala de cirurgia), e também continha o HKB-*Schreibstube*; o bloco 28 era o *Prominentenblock* e o bloco para internações, policlínica, laboratório, departamento de raios X, departamento de otorrinolaringologia e uma pequena sala cirúrgica. O bloco 9 foi descontinuado após a seleção em que o prof. Frijda foi selecionado para a câmara de gás. Ver: Elie Cohen, *Beelden uit de nacht. Kampherinneringen.* (Baarn, 1992), p. 64, 99. Spronz escreve que isso ocorreu em meados de novembro. Ver: AFS, AFC, OFA, inv. nº 85, Spronz, "Ich war ein Haeftling", p. 19. Tanto Elie Cohen como De Wind acreditam que isso foi antes. Veja também: De Wind, *Eindstation*, p. 154-161.

189. AFS, AFC, OFA, inv. nº 211, entrevista com Otto Frank feita por Arthur Unger, 6 de fevereiro de 1978.

190. AFS, Sal de Liema, Coleção Jon Blair "Anne Frank Remembered", 1995 (transcrição do material bruto), p. 3.16.

191. AFS, AFC, OFA, inv. nº 85, Otto Frank a Joseph Spronz, 26 de junho de 1945.

192. AFS, AFC, OFA, inv. nº 85, declaração de Otto Frank, 29 de julho de 1962.

193. Stanfield, 27 de julho de 1945; em AFS, AFC, OFA, inv. nº 71. Otto Frank a Milly Stanfield, 27 de julho de 1945. Três músicos são mencionados no caderno de notas de Otto Frank: Van Beem, Schraab e Bleekrode. AFS, AFC, OFA, inv. nº 40, caderno de notas de Otto Frank, 1945.

194. Carta sem data de Otto Frank, citada em: Lee, *Het verborgen leven*, p. 145.

195. AFS, AFC, OFA, inv. nº 211, entrevista com Otto Frank feita por Arthur Unger, 6 de fevereiro de 1978.

196. Landsberger et al. (ed.), *Auschwitz* 5, p. 25.

197. Em 22 de junho de 1944, teve início uma grande ofensiva e, em 13 de julho de 1944, o exército soviético atingiu o Vístula/Weichsel. Em 12 de janeiro de 1945, foi iniciada a Ofensiva Vístula/Weichsel-Oder, forçando o exército alemão a se retirar.

198. NIOD, 250d, inv. nº 827, C. Schimmer, p. 25.

199. Strzelecki, "Evacuation", p. 273.

200. NIOD, 250d, inv. nº 827, declaração de C. Schimmer, p. 25; Alden Thwaits Garcia, *Auschwitz*, p. 123.

201. Wachsmann afirma que a evacuação começou em 17 de janeiro; de acordo com Daniel Blatman, isso foi em 18 de janeiro. Cf. Wachsmann, KL, p. 768; Daniel Blatman, *The Death Marches*, p. 81. Cf. Landsberger et al. (ed.), *Auschwitz 6*, p. 15.

202. AFS, AFC, OFA, inv. nº 211, entrevista com Otto Frank feita por Arthur Unger, 6 de fevereiro de 1978; DLA, Coleção Schnabel, notas de Schnabel, p. 150. Ver também: Marcel Haenen, *De bokser. Biografie van Max Moszkowitz* (Amsterdã, 2018), p. 136-163.

203. Citação original: "The Germans had to leave Auschwitz and they evacuated all the prisoners. Luckily, I was in the hospital. In the so-called hospital. It was not treatment. It was really you weren't hitten and you had not to be outside. It was twenty below zero. And I did everything to stay in. And Peter came to me and said: we leave. And Peter was well fed and Peter had a good position. He was young. Peter said: 'all the people I am working with go, and I'll go, I'll make it'. I said: 'Peter, hide yourself. You can hide yourself here in the hospital upstairs or somewhere'. He did not want to and so he perished". AFS, AFC, OFA, inv. nº 211, entrevista com Otto Frank feita por Arthur Unger, 6 de fevereiro de 1978.

204. AFS, AFC, OFA, inv. nº 211, entrevista com Otto Frank feita por Arthur Unger, 6 de fevereiro de 1978. Citação original: "Peter was a very good boy, really a good hearted boy. But he wasn't very intelligent". Ver também: Lee, *Het verborgen leven*, p. 146.

205. NIOD, 250d, inv. nº 646, S.M. Kropveld.

206. KZ-*Gedenkstätte Mauthausen*, AMM OH/ZP1/299, entrevista com Jakob Maestro, 17 de junho de 2002, p. 49.

207. AFS, AFC, OFA, inv. nº 211, entrevista com Otto Frank feita por Arthur Unger, 6 de fevereiro de 1978. Citação original: "Well, after the Germans had left, we were alone. People from the hospital and quite a number. And we had to see there were so much food, there were cellars of food for the SS, but there was no water because everything was frozen and broken. And there were lakes in the neighborhood. So we went with things to break the ice and we made water from the lakes". Veja também: Lee, *Het verborgen leven*, p. 147.

208. Spronz citado em: Lee, *Het verborgen leven*, p. 147.

209. AFF_AIF_corr_10, carta de Otto Frank a Alice Frank-Stern, 18 de fevereiro de 1945.

210. NRK 2050, declarações, Georg Hirsch (inv. nº 1.265), Abraham Hakker (inv. nº 1.264), Philip Felix de Jong (inv. nº 1.268), Barend Konijn (inv. nº 1.274), Richard Felix Levee (inv. nº 1.276), Sally Bernard de Liema (inv. nº 1.278), Fritz Bernhard Simon (inv. nº 1.293).

211. Ver Elie Cohen, *Beelden uit de nacht*, p. 115-116. Elie Cohen foi deportado para Auschwitz no transporte de 13 de setembro de 1943. Veja também: De Wind, *Eindstation*, p. 173-176.

212. Strzelecki, "Evacuation", p. 273.

213. AFS, AFC, OFA, inv. nº 211, entrevista com Otto Frank feita por Arthur Unger, 6 de fevereiro de 1978; DLA, Coleção Schnabel, notas de Schnabel, p. 151, 214. AFF_AIF_corr_10, carta de Otto Frank a Alice Frank-Stern, 8 de junho de 1945.

214. AFF_AIF_corr_10, carta de Otto Frank a Alice Frank-Stern, 8 de junho de 1945.

215. AFS, AFC, OFA, inv. nº 40, caderno de notas de Otto Frank, 1945.

216. NIOD 205d, inv. nº 755, Justus Phillips; NRK 2.015, inv. nº 1.302, Jacob van West; Joseph Spronz, p. 23, AFS, AFC, OFA, inv. nº 85.

217. Eddy de Wind, *Eindstation*, p. 196.

218. AFS, AFC, OFA inv. nº 40, caderno de notas de Otto Frank, 1945.

219. Otto Frank, "Anne Frank would have been fifty this year", *Life*, março de 1979. Ver também: Lee, *Het verborgen leven*, p. 149.

220. Baseado na tradução inglesa do russo: "The women wept, and — this cannot be concealed — the men wept as well. You could say that there were pyramids on the grounds of the camp. Some were made up of accumulated clothing, others of pots, and others still of human jaws. I believe that not even the commanders of our army had any idea of the dimensions of the crime committed in this largest of camps. The memory has stayed with me my whole life long. All of this was the most moving and most terrible thing that I saw and filmed during the war. Time has no sway over these recollections. It has not squeezed all the horrible things I saw and filmed out of my mind". Roteiro do documentário *Die Befreiung von Auschwitz* de Irmgard von zur Mühlen (Chronos-Film GmbH, Alemanha Ocidental), encomendado em 1986 pelo United States Holocaust Memorial Council. APMAB, Scenario Fond, vol. 53, p. 23-26, 29, 40.

221. AFF_AIF_corr_10_0021: Otto Frank a Alice Frank-Stern, 18 de março de 1945. Ver também: Lee, *Het verborgen leven*, p. 158.

222. AFS, AFC, OFA inv. nº 40, caderno de notas de Otto Frank, 1945.

223. NRK 2.050, inv. nº 1.455, "Lijst van Nederlanders aanwezig op het ogenblik van de bevrijding door het Roode leger Oświęcim, Birkenau (Brzezinka), en Monowice (Dwory-Bunawerke), samengesteld door Dr. Bellert voor het Poolsche Roode Kruis, in Februari 1945". Ver também: Lee, *Het verborgen leven*, p. 150.

4. "Você não precisava lhe despertar algum ânimo, pois ânimo já não havia"

Edith, Anne e Margot Frank e Auguste van Pels em Auschwitz-Birkenau

1. Strzelecki, "Evacuation", p. 270-271.

2. Mayer, *Als ik Hitler maar kan overleven*, p. 47-52.

3. USHMM RG-04.078 2000.141, KL Auschwitz-Birkenau D-Au I-II-III-s Abteilung V-SS Standortarzt, microfilme 2252. Embora Edith, Margot, Anne e Auguste provavelmente não vivessem nessa parte do campo, dá uma impressão das condições que então prevaleciam no campo feminino de Birkenau.

4. USHMM RG-04.078 2000.141, KL Auschwitz-Birkenau D-Au I-II-III-s Abteilung V-SS Standortarzt, microfilme 2252.

5. AFS, AFC, Arquivo de Testemunhas, entrevista com Bloeme Evers-Emden, 11 de março de 2010.

6. No entanto, não está claro se isso foi no subcampo BIIa ou no BI.

7. Landsberger et al. (ed.), *Auschwitz* 5, p. 21-22; NRK 2.050, inv. nº 1.261, Bertha de Groot-Godfried lembra que a quarentena durou até o fim de outubro de 1944.

8. Landsberger et al. (ed.), *Auschwitz* 2, p. 54.

9. Dwork e Van Pelt, *Auschwitz*, p. 265-267; Strzelecka, "Women", p. 401.

10. www.auschwitz.nl/paviljoen/nederlanders-in-auschwitz/overlevenden/ronnie-goldstein/story (acessado em dezembro de 2015); Rosa de Winter-Levy, *Aan de gaskamer ontsnapt!*, p. 15; NIOD, 250d, inv. nº 583, I. Salomon; Landsberger et al. (ed.), *Auschwitz* 2, p. 46.

11. "Relato de testemunha ocular de uma jovem", coleção JHM, nº D001088.

12. AFS, AFC, Arquivo de Testemunhas, entrevista com Frieda Menco-Brommet, 12 de fevereiro de 2010.

13. Mayer, *Als ik Hitler maar kan overleven*, p. 30; Ronnie Goldstein-van Cleef, p. 84; Inge Kamp, p. 30.

14. De Winter-Levy, *Aan de gaskamer ontsnapt!*, p. 14.

15. NIOD, 250d, inv. nº 583, Inge Salomon; De Winter-Levy, *Aan de gaskamer ontsnapt!*, p. 15.

16. Também há ex-prisioneiras que declaram que não precisavam trabalhar, como Henriëtte van Bekkum-Sachs. Veja: Rozema, *Treinen*, p. 19.

17. AFS, AFC, Arquivo de Testemunhas, entrevista com Lenie de Jong-van Naarden, 22 de março de 2010.

18. Rosa de Winter-Levy em Schnabel, *Anne Frank*, p. 136; NRK 2.050, inv. nº 1.297, J. Verdoner-Cohen; *Boletim de Auschwitz*, jg. 49, número 1, janeiro de 2005. Número comemorativo das últimas testemunhas. Os poemas e desenhos redentores de Ronnie Goldstein-van Cleef, "Ik draag een hoed vol dode lijven", p. 17-22; NIOD, 250d, inv. nº 583, I. Salomon; NRK 2.015, inv. nº 1.301, sra. S. Weisz; NIOD, 250d, inv. nº 583.

19. Strzelecka, "Women", p. 407.

20. Landsberger et al. (ed.), *Auschwitz* 5, p. 22-23; Czech, *Kalendarium*, p. 90, 894, 904, 907. Em 3 de outubro, 989 mulheres vão para a câmara de gás; 3 mil mulheres do *Frauenlager* vão para a câmara de gás; em 14 de outubro, 477 judias do *Durchgangslager* vão para a câmara de gás; 3 mil do BIIC; 156 mulheres do *Frauenlager*. Ver também: NRK 2.050, Sientje Spiekerman-de Zwarte (inv. nº 1.294), sra. De Vries (inv. nº 1.298).

21. Strzelecka, "Women", p. 402-403.

22. Polak, *Oorlogsverslag*, p. 75.

23. AFS, AFC, Arquivo de Testemunhas, entrevista com Bloeme Evers-Emden, 11 de março de 2010.

24. Strzelecka, "Women", p. 402-403; Göbel, *Een hemel zonder vogels*, p. 76. Entrevista com Celine van de Hoek-de Vries, ver: "Auschwitz nº A-25236. Een van de verhalen uit enkele van de 55 miljoen", *De Anti Fascist*, novembro de 2004, p. 24-26, 24.

25. AFS, pesquisa de coleção, e-mail de Eva Schloss para Erika Prins, janeiro de 2016; NIOD, 250d, inv. nº 583, I. Salomon.

26. NIOD, 250d, inv. nº 439, Sara Boektje.

27. AFS, AFC, Arquivo de Testemunhas, entrevista com Bloeme Evers-Emden, 11 de março de 2010.

28. Kompisch, *Täterinnen*; Elissa Mailänder Koslov, *Gewalt im Dienstalltag. Die SS-Aufseherinnen des Konzentrations- und Vernichtungslager Majdanek* (Hamburgo, 2009), p. 482-491; Wendy Lower, *Hitlers furiën. Vrouwelijke beulen in de killing fields van de Holocaust* (trad. holandesa, Amsterdã, 2015).

29. Mailänder Koslov, *Gewalt im Dienstalltag*, p. 482-491.

30. As SS-*Aufseherinnen* não tinham postos equivalentes aos dos homens, mas tinham sua própria hierarquia: da *Aufseherin* à *Chef Oberaufseherin*. Para uma visão geral dos postos das *Aufseherinnen*, ver: Daniel Patrick Brown, *The Camp Women: The Female Auxillaries Who Assisted the SS in Running the Nazi Concentration Camp System* (Atglen, PA, 2002), p. 240-241.

31. Ver também: Lower, *Hitlers furiën*, p. 257-258.

32. Himmler citado em: Lower, *Hitlers furiën*, p. 259.

33. Strzelecka, "Women", p. 395-396; Monika Müller, "Die Oberaufseherin Maria Mandel. Werdegang, Dienstpraxis und Selbstdarstellung nach Kriegsende", em: Simone Erpel (ed.), *Im Gefolge der SS, Aufseherinnen des Frauen-KZ Ravensbrück. Begleitband zur Ausstellung* (Berlim, 2007).

34. Andrew Rawson, *Auschwitz: The Nazi Solution* (Barnsley, 2015), p. 57.

35. Alexandra-Eileen Wenck, "Selbstbild und Selbstdarstellung des SS-Personals aus dem Konzentrationslager Bergen-Belsen", em: Alfred Gottwaldt et al. (ed.), NS-*Gewaltherrschaft. Beiträge zurhistorischen Forschung und juristischen Aufarbeitung* (Berlim, 2005), p. 397.

36. De Winter-Levy, *Aan de gaskamer ontsnapt!*, p. 13.

37. De Winter-Levy, *Aan de gaskamer ontsnapt!*, p. 18.

38. De Winter-Levy, *Aan de gaskamer ontsnapt!*, p. 22.

39. AFS, AFC, Arquivo de Testemunhas, entrevista com Bloeme Evers-Emden, 11 de março de 2010.

40. Annie de Levie-Cohen. Ver também: AFS_Testemunhas pelo nome, Annie de Levie--Cohen, notas da conversa telefônica com Teresien da Silva, novembro de 2010.

41. AFS, AFC, Arquivo de Testemunhas, entrevista com Lenie de Jong-van Naarden, 22 de março de 2010.

42. AFS, AFC, Arquivo de Testemunhas, entrevista com Lenie de Jong-van Naarden, 22 de março de 2010.

43. De Winter-Levy, *Aan de gaskamer ontsnapt!*, p. 19.

44. Citação original: "Und sie weinte auch, als wir an den ungarischen Kindern vorbeimarschierten, die schon einen halben Tag nackt im Regen vor den Gaskammern warteten, weil sie noch nicht an die Reihe were. Und Anne stiess mich an und sagte: Sieh doch. Die Augen..." Schnabel, *Anne Frank*, p. 138.

45. AFS, AFC, Arquivo de Testemunhas, entrevista com Lenie de Jong-van Naarden, 22 de março de 2010.

46. Baseado no monumento digital do círculo de amigos de Neuengamme, www.monument.vriendenkringneuengamme.nl (acesso em 4 de setembro de 2020), e no *Totenbuch* on-line do *Gedenkstätte* KZ-*Neuengamme*, www.kz-gedenkstaette-neuengamme.de/geschichte/toten-

buch/die-toten-1940-1945/ (acesso em 4 de setembro de 2020), além de informações de Alyn Beßmann do *Gedenkstätte*.

47. Roelofs, *Nog altijd*, p. 74; Evers-Emden, *Als een pluisje*, p. 101; Steinbacher, *Auschwitz*, p. 74.

48. NIOD, 250d, campos e prisões, inv. nº 583, I. Salomon.

49. Referia-se a: Bloeme Evers-Emden, Ronnie Goldstein-van Cleef, Lenie de Jong-van Naarden, Frieda Menco-Brommet e Anita Mayer-Roos.

50. AFS, AFC, Arquivo de Testemunhas, entrevista com Bloeme Evers-Emden, 11 de março de 2010.

51. AFS, AFC, Arquivo de Testemunhas, entrevista com Lenie de Jong-van Naarden, 22 de março de 2010.

52. Mirjam Blitz, *Auschwitz 13917. Hoe ik de Duitse concentratiekampen overleefde* (2. ed., Nijmegen, 1961), p. 230; De Winter-Levy, *Aan de gaskamer ontsnapt!*, p. 25.

53. A mãe de Frieda, Rebecca Brommet-Ritmeester, também sobreviveu ao Holocausto. AFS, AFC, Arquivo de Testemunhas, entrevista com Frieda Menco-Brommet, 12 de fevereiro de 2010.

54. AFS, AFC, Arquivo de Testemunhas. Os testemunhos de Frieda Menco-Brommet, Ronnie Goldstein-van Cleef e Lenie de Jong-van Naarden têm todos o mesmo teor e diferem apenas em alguns pequenos detalhes.

55. AFS, AFC, Arquivo de Testemunhas, entrevista com Lenie de Jong-van Naarden, 22 de março de 2010.

56. HCKW, entrevista com Ronnie Goldstein-van Cleef e Frieda Menco-Brommet.

57. HCKW, entrevista com Ronnie Goldstein-van Cleef e Frieda Menco-Brommet.

58. AFS, AFC, Arquivo de Testemunhas, entrevista com Frieda Menco-Brommet, 12 de fevereiro de 2010.

59. Citação original: "Und sie war es auch, die bis zuletzt sah, was ringsum gewah. Wir sahen schon längst nichts mehr. [...] Aber Anne war ohne Schutz, bis zuletzt. [...] Sie weinte. Und Sie können nicht wissen, wie früh schon die meisten von uns mit ihren Tränen am Ende waren". Schabel, *Anne Frank*, p. 138.

60. Mayer, *Als ik Hitler maar kan overleven*, p. 30, 36.

61. Schnabel, *Anne Frank*, p. 134.

62. NRK 3281, Comité International de la Croix-Rouge, *Häftlings-nummerzuteilung*.

63. Landsberger et al. (ed.), *Auschwitz* 5, p. 21; NRK, vi, p. 15.

64. Schnabel, *Anne Frank*, p. 138.

65. Lindwer, *De laatste zeven maanden*, p. 154; AFS, AFC, Arquivo de Testemunhas, entrevista com Frieda Menco-Brommet, 12 de fevereiro de 2010.

66. Landsberger et al. (ed.), *Auschwitz 6*, p. 15: todas as categorias de prisioneiros foram selecionadas; em um *Erholungslager*, os prisioneiros doentes podiam se recuperar e voltar a trabalhar.

67. Landsberger et al. (ed.), *Auschwitz 6*, p. 15.

68. A francesa Odette Abadi também descreve a seleção e o transporte de Auschwitz para Bergen-Belsen com os quais Anne e Margot Frank e Auguste van Pels partiram. Abadi, *Terre de détresse*, p. 84-91.

69. De Winter-Levy, *Aan de gaskamer ontsnapt!*, p. 24.

70. Citação original: "Wieder Blocksperre, aber diesmal mussten wir nackt auf dem Apellplatz warten, und es dauerte sehrlange. Und dann mussten wir einzeln hintereinander in die Baracke gehen, und drinnen war ein Scheinwerfer aufgestellt, und da stand der Arzt, und wir mussten ins Licht treten. Aber diesmal sahen wir, er suchte sehr viele aus, alle die nicht ganz krank oder alt waren, und da wussten wir, sie kommen weg und die Alten und Kranken werden doch noch vergast. Vor uns stand eine Frau, die war sechzig, aber sie sagte, vierzig sei sie, und sie durfte mit nach Belsen fahren. Dann kam ich dran, und ich machte mich auch zehn Jahre jünger, und ich rief dem Arzt zu: Ich bin neunundzwanzig! Und ich habe noch nie Durchfall gehabt! Aber er winkte mit dem Daumen und schickte mich zu den Alten und Kranken. Dann kam Frau Frank — und sie kam auch gleich zu uns herüber. Und dann kamen die beiden Mädchen an die Reihe: Anne und Margot. Und Anne hatte ihr Gesicht, sogar unter dem Scheinwerfer noch, und sie stieß Margot an, und Margot ging aufrecht ins Licht, und da standen sie einen Augenblick, nackt und kahl, und Anne sah zu uns herüber, mit ihrem ungetrübten Gesicht und gerade, und dann gingen sie. Was hinter dem Scheinwerfer war, war nicht mehr zu sehen. Und Frau Frank schrie: Die Kinder! O Gott...", Schnabel, *Anne Frank*, p. 138-139.

71. Abadi, *Terre de détresse*, p. 84-91. Rebecca Brommet-Ritmeester, mãe de Frieda Menco-Brommet, retirou-se deliberadamente da seleção para Bergen-Belsen porque queria ficar com a filha, que estava no *Krätzeblock*. Van Liempt, *Frieda*, p. 63.

72. De Winter-Levy, *Aan de gaskamer ontsnapt!*, p. 22.

73. De Winter-Levy, *Aan de gaskamer ontsnapt!*, p. 23.

74. De Winter-Levy, *Aan de gaskamer ontsnapt!*, p. 24.

75. De Winter-Levy, *Aan de gaskamer ontsnapt!*, p. 24.

76. De Winter-Levy, *Aan de gaskamer ontsnapt!*, p. 24. De Winter-Levy provavelmente quis dizer também "para a câmara de gás", e não apenas "para o crematório".

77. NRK 2.015, Malka Mlynek-Wajnsztok (inv. nº 1.282) e Sientje Spiekerman-de Zwarte (inv. nº 1.295). Martha ficou para trás, USC-SF, VHA, entrevista com Claire Beim, 3 de março de 1996. Algumas mulheres do transporte de 3 de setembro de 1944 pertenciam ao grupo que foi gaseado. Dina Gabay-Smeer, NRK, arquivo 129.414; e ver: www.joodsmonument.nl/nl/page/134622/dina-gabay-smeer (acesso em 4 de setembro de 2020). Martha Culp, ver: www.joodsmonument.nl/nl/page/152758/marthaculp (acesso em 4 de setembro de 2020), Wilhelmina Haagens, Hilde Cauveren-Marx e Lieselotte Lebenberg, ver também: www.joodsmonument.nl (acesso em 4 de setembro de 2020) e cartões do Conselho Judaico, NRK, Cartoteca do Conselho Judaico.

78. De Winter-Levy, *Aan de gaskamer ontsnapt!*, p. 26-29.

79. De Winter-Levy, *Aan de gaskamer ontsnapt!*, p. 26-29.

80. De Winter-Levy, *Aan de gaskamer ontsnapt!*, p. 29.

81. AFS, AFC, OFA, inv. nº 40, caderno de notas de Otto Frank, 1945.

82. Betje Jakobs, NRK 2.050, inv. nº 1.267, 2 de agosto de 1945, testemunhou que Edith Frank morreu em janeiro. A sra. M. van Dam-Teeboom também afirmou isso.

5. "Acredito que não a vi ficar de pé"
Anne e Margot Frank e Auguste van Pels em Bergen-Belsen

1. Abadi, *Terre de détresse*, p. 86, 91. Os números de registro de Bergen-Belsen não resistiram. Segundo a reconstrução feita pela NRK, as prisioneiras que foram transportadas

de Auschwitz para Bergen-Belsen em 1º de novembro de 1944 receberam números entre 7.270 e 8.360 na chegada.

2. Abadi, *Terre de détresse*, p. 91; Rachel van Amerongen-Frankfoorder em: Lindwer, *De laatste zeven maanden*, p. 126.

3. Lindwer, *De laatste zeven maanden*, p. 90; Abadi, *Terre de détresse*, p. 92.

4. Anita Lassker-Wallfisch, *Inherit the Truth 1939-1945* (Londres, 1996), p. 87; Abadi, *Terre de détresse*, p. 84-86; AFS, AFC, Arquivo de Testemunhas, entrevista com Freda Wineman-Silberberg, 24 de agosto de 2015.

5. Janny Brilleslijper e Rachel van Amerongen-Frankfoorder em: Lindwer, *De laatste zeven maanden*, p. 89, 126.

6. NRK 2.050, inv. nº 1.282, declaração de Dina Wajnsztok; De Winter-Levy, *Aan de gaskamer ontsnapt!*, p. 24.

7. *Gedenkstätte Bergen-Belsen*, juntada de depoimentos de testemunhas, Simone Grzybowski--Hochberg; Abadi, *Terre de détresse*, p. 92-93. Permanece sendo difícil estabelecer a duração exata da viagem. Os depoimentos mostram que partiram na noite de 1º de novembro e chegaram no dia 3 de novembro; portanto: três dias e três noites.

8. Rachel van Amerongen-Frankfoorder em: Lindwer, *De laatste zeven maanden*, p. 126; Abadi, *Terre de détresse*, p. 91.

9. Rachel van Amerongen-Frankfoorder em: Lindwer, *De laatste zeven maanden*, p. 115.

10. Abadi, *Terre de détresse*, p. 93; Lassker-Wallfisch, *Inherit the Truth*, p. 88.

11. www.chroniknet.de/extra/historisches-wetter-nach-monat/?wetter-monat=november--1944&wetter-station=2014-hanover (acesso em 4 de setembro de 2020).

12. Rachel van Amerongen-Frankfoorder em: Lindwer, p. 126; Abadi, *Terre de détresse*, p. 93.

13. Um *Vorzugslager* é um campo em melhores circunstâncias ou com melhores condições, por exemplo, Theresienstadt e o campo de troca de prisioneiros de Bergen-Belsen; um *Erholungslager* é um campo para se recuperar.

14. Lindwer, *De laatste zeven maanden*, p. 116-117.

15. Lindwer, *De laatste zeven maanden*, p. 120.

16. Wenck, *Zwischen Menschenhandel*, p. 343.

17. Nome oficial *Stalag 311 XI C*, ver: Wenck, *Zwischen Menschenhandel*, p. 94.

18. Centenas de supervisores soviéticos, funcionários do partido etc. foram deportados e assassinados em Sachsenhausen. Wenck, *Zwischen Menschenhandel*, p. 97-98.

19. Entre julho de 1943 e o fim de 1944, chegaram pelo menos 14.600 prisioneiros judeus, incluindo 2.750 crianças. https://bergen-belsen.stiftung-ng.de/de/geschichte/ (acesso em 22 de outubro de 2020).

20. No *Ungarnlager*, havia judeus húngaros com certificados da Palestina; eles seriam "vendidos" por dinheiro aos aliados no exterior. A partir de agosto de 1943, judeus gregos de ascendência espanhola foram alojados no *Neutralenlager*. No *Sonderlager* ou no *Polenlager*, havia judeus poloneses com passes das Américas do Norte, Central ou do Sul e certificados da Palestina. Ver sobre isso: Wenck, *Zwischen Menschenhandel*, p. 14.

21. Conversa de Erika Prins com Klaus Tätzler, pesquisador do *Gedenkstätte Bergen-Belsen*, 4 de novembro de 2013. Um total de 2.560 pessoas foi enfim trocado; do *Sternlager*, onde estavam os judeus holandeses, apenas 222 judeus foram trocados para a Palestina, inclusive Mirjam Bolle, e em janeiro de 1945 trezentos judeus foram para os Estados Unidos via Suíça e Argélia, inclusive Ruth Wiener.

22. Ver, por exemplo: AFS, AFC, Arquivo de Testemunhas, entrevista com Hannah Pick-Goslar (6 de maio de 2009); Martha Dotan-van Collem (5 de maio de 2009), Nanette Blitz (17 de julho de 2012) e Mirjam Finkelstein-Wiener (3 de junho de 2013).

23. Renata Laqueur, *Dagboek uit Bergen-Belsen* (Amsterdã, 1979), p. 38.

24. Assim como Ruth Wiener, Renata Laqueur, Mirjam Bolle e Abel Herzberg.

25. Laqueur, *Dagboek*, p. 94; Herzberg, *Amor fati & Tweestromenland*, p. 183-184.

26. Wenck, *Zwischen Menschenhandel*, p. 338, 346.

27. Wenck, *Zwischen Menschenhandel*, p. 339.

28. Wenck, *Zwischen Menschenhandel*, p. 340-343.

29. Eberhard Kolb, *Bergen-Belsen, Geschichte des Aufenthaltslager, 1943-1945* (Hannover, 1962), p. 115; Wenck, *Zwischen Menschenhandel*, p. 339-346.

30. Klaus Tätzler menciona transportes em 3, 4 e 5 de novembro de 1944; Odette Abadi menciona um grupo de 3 mil mulheres em Auschwitz que foram trancadas em um pavilhão após a seleção; Herzberg, *Amor fati & Tweestromenland*, p. 255, menciona a chegada de 3 mil mulheres em Bergen-Belsen; a dra. Terezia Braun cita transportes de 3 mil mulheres; Landsberger et al. (ed.), p. 6, 34, mencionam 7.270-7.360 para o transporte com partida em 1º de novembro de 1944 de Auschwitz; idem Cato Polak, NRK 2.050, inv. nº 926.

31. *Gedenkstätte Bergen-Belsen*, depoimentos de testemunhas, Margot Vetrocova, entrevista, dezembro de 1986.

32. Laqueur, *Dagboek*, p. 88.

33. Laqueur, *Dagboek*, p. 89.

34. Wenck, *Zwischen Menschenhandel*, p. 338, 347; Wiener Library, Ruth Wiener Collection, 1962/1/3/1: diário de Ruth Wiener, 4 de novembro de 1944.

35. Wachsmann, KL, p. 563.

36. Arquivo do *Gedenkstätte Bergen-Belsen, Protokol dr. Terezia Braun*, Budapeste, 20 de julho de 1945, para a The Jewish Agency for Palestine DEGOB, nº 659.

37. Herzberg, *Amor fati & Tweestromenland*, p. 283-293.

38. Laqueur, *Dagboek*, p. 96.

39. NIOD, 250d, inv. nº 761, Suze e Surry Polak.

40. Herzberg, *Amor fati & Tweestromenland*, p. 293-297.

41. *Gedenkstätte Bergen-Belsen*, Klara Lebowitz.

42. A entrevista foi conduzida em inglês. Citação original: "In Bergen-Belsen you know, on New Year's Eve '44-'45, the whole camp had to stand on roll call. All night. In the cold and it was snowing. And you had to stay there, and they even took out the people who were in the socalled *Revier*, the hospital. They asked them also to be in the roll call. And therefore you could imagine how many people died that night. In the icy conditions, that's what they did in, in Bergen-Belsen. That's how they wanted to get rid of us. I don't know how we survived and how I survived it. Can you imagine? All night!". AFS, AFC, Arquivo de Testemunhas, entrevista Freda Wineman-Silberberg, 24 de agosto de 2015.

43. Citação original: "The guards [...] were cold, cold, they beat us up. And they wanted us inside, and when we went outside they beat us up. They were the same barbaric, barbaric cruel people. I don't know where they got them from. They were told that we were Untermenschen, that we're not really meant to live, you know, so that they could do with us what they liked. They didn't treat us as human beings. We were just na object to destroy, you know. That's what it was. They had no consideration as a, to you, as you were a person, you were not

a person anymore, you didn't exist anymore, you didn't exist anymore, as a person". Segundo Freda Silberberg, essa foi a chamada em 1º de janeiro de 1945. USC-SF, VHA, entrevista Freda Wineman (Freda Wineman-Silberberg), 28 de fevereiro de 1996.

44. Herzberg, *Amor fati & Tweestromenland*, p. 11-17.

45. Herzberg, *Amor fati & Tweestromenland*, p. 14.

46. Herzberg, *Amor fati & Tweestromenland*, p. 16.

47. Herzberg, *Amor fati & Tweestromenland*, p. 33.

48. Herzberg, *Amor fati & Tweestromenland*, p. 28-37.

49. Wenck, *Zwischen Menschenhandel*, p. 346.

50. Lassker-Wallfisch, *Inherit the Truth*, p. 87.

51. Landsberger et al. (ed.), *Auschwitz 6*, p. 34.

52. Arolsen Archives 5.792, 1.1.3.1, número de série 315.

53. *Gedenkstätte Bergen-Belsen*, declaração de Simone Grzybowski; Abadi, *Terre de détresse*, p. 93-94; Janny Brilleslijper, NIOD, 250d, inv. nº 834, F. Schrijver-Jacobs.

54. Lindwer, *De laatste zeven maanden*, p. 83.

55. Laqueur, *Dagboek*, p. 93.

56. Biblioteca Wiener, Coleção Ruth Wiener, 1962/1/3/1, diário de Ruth Wiener, 20 de novembro de 1944.

57. Herzberg, *Amor fati & Tweestromenland*, p. 255-256, nota do diário de 8 de novembro de 1944.

58. Wenck, *Zwischen Menschenhandel*, p. 347.

59. Biblioteca Wiener, Coleção Ruth Wiener, 1962/1/3/1, diário de Ruth Wiener, 20 de novembro de 1944.

60. AFS, AFC, Arquivo de Testemunhas, entrevista com Ruth Klemens-Wiener, 12 de janeiro de 2010.

61. Lindwer, *De laatste zeven maanden*, p. 117.

62. USC-SF, VHA, entrevista com Ellen Spangenthal-Daniel, 26 de julho de 1995.

63. Wachsmann, KL, p. 782-784.

64. AFS, AFC, Arquivo de Testemunhas, entrevista com Annelore Beem-Daniel, 19 de maio de 2014.

65. NIOD, 804, inv. nº 18, Cato Polak.

66. Wachsmann observa que a variante feminina *Muselweiber* também era utilizada. Wachsmann, KL, p. 293.

67. USC-SF, VHA, entrevista com Ellen Spangenthal-Daniel, 26 de julho de 1995.

68. USC-SF, VHA, entrevista com Ellen Spangenthal-Daniel, 26 de julho de 1995.

69. AFS, AFC, Arquivo de Testemunhas, entrevista com Annelore Beem-Daniel, 19 de maio de 2014.

70. Lindwer, *De laatste zeven maanden*, p. 118.

71. Lin Jaldati e Eberhard Rebling, *Sag nie du gehst den letzten Weg. Lebenserinnerungen 1911 bis 1988* (Marburg, 1995), p. 360.

72. Ao contrário de algumas outras prisioneiras, as irmãs Brilleslijper não tinham treinamento de enfermeiras. Não está totalmente claro como elas obtiveram essa posição e os privilégios a ela associados. Cf. Brandes, *Voltooid en onvoltooid verleden tijd*, p. 32-34; Lindwer, *De laatste zeven maanden*, p. 82.

73. AFS, AFC, Arquivo de Testemunhas, declaração de L. Rebling-Brilleslijper, 5 de abril de 1951.

74. Lindwer, *De laatste zeven maanden*, p. 84-85. Ver também: Roxanne van Iperen, *'t Hooge Nest* (Amsterdã, 2018), p. 334.

75. AFS, AFC, Arquivo de Testemunhas, declaração L. Rebling-Brilleslijper, 5 de abril de 1951.

76. Lindwer, *De laatste zeven maanden*, p. 86; Brandes, *Voltooid en onvoltooid verleden tijd*, p. 32.

77. Lientje Rebling-Brilleslijper (sob seu nome artístico de Lin Jaldati) cita a mesma história, mas acrescenta que o guarda vinha todas as noites e estava sempre bêbado. Jaldati e Rebling, *Sag nie du gehst den letzten Weg*, p. 359. De acordo com Annelore Beem-Daniel, ela teve contato com vários prisioneiros holandeses, mas mesmo de Janny e Lientje Brilleslijper ela tem apenas vagas memórias. AFS, AFC, Arquivo de Testemunhas, entrevista com Annelore Beem-Daniel, 19 de maio de 2014. Sua irmã mais velha, Ellen Spangenthal-Daniel, já em 1995 entrevistada pela Shoah Foundation, também não descreve um grupo tão unido. USC-SF, VHA, entrevista com Ellen Spangenthal-Daniel, 26 de julho de 1995.

78. Lindwer, *De laatste zeven maanden*, p. 88; e Van Iperen, *'t Hooge Nest*, p. 339.

79. Lindwer, *De laatste zeven maanden*, p. 89.

80. Lindwer, *De laatste zeven maanden*, p. 129.

81. Lista de transporte, 5 de dezembro de 1944, em: Hetty Verolme, *De kleine moeder van Bergen-Belsen. Hoe een veertienjarig meisje het concentratiekamp wist te overleven* (Utrecht, 2014), p. 267; AFS, AFC, Arquivo de Testemunhas, entrevista com Nanette König-Blitz, 2 de agosto de 2012.

82. AFS, AFC, Arquivo de Testemunhas, entrevista com Nanette König-Blitz, 2 de agosto de 2012.

83. AFF, OtF, coor_014, carta de Nanette Blitz a Otto Frank, 31 de outubro de 1945.

84. Ghetto Fighters' House Museum, cat. nº 195, inv. nº 11723rm, Hol, declaração de Margot Drach-Rosenthal, z.d.

85. Ghetto Fighters' House Museum, cat. nº 3.907, inv. nº 03097rm, declaração de Sophia (Sophie) Engelsman-Huisman, agosto de 1966. Ela esteve em Bergen-Belsen até 7 de fevereiro e está na lista de transporte de Bergen-Belsen para Raguhn.

86. Laqueur, *Dagboek*, p. 23.

87. Biblioteca Wiener, Coleção Ruth Wiener, 1962/1/3/1, diário de Ruth Wiener, 4 de novembro de 1944.

88. Laqueur, *Dagboek*, p. 93.

89. NIOD, 804, inv. nº 18, Cato Polak; Ghetto Fighters' House Museum, 1966, Sophia Engelsman (os judeus do outro lado da cerca tentaram ajudar); Rachel van Amerongen-Frankfoorder em: Lindwer, *De laatste zeven maanden*, p. 128; NRK 2.050, inv. nº 923, srta. Sophia Huisman, 8 de agosto de 1945.

90. NIOD, 804, inv. nº 18, Cato Polak, p. 7.

91. Lindwer, *De laatste zeven maanden*, p. 128.

92. Lindwer, *De laatste zeven maanden*, p. 40.

93. Entrevista com Hanna Elisabeth Pick, *"Persönliche Erinnerungen an Anne Frank"*, *Mitteilungsblatt*, publicada pelo *Verband der Einwanderer deutsch-jüdische Herkunft*, nº 28, 12 de julho de 1957.

94. AFS, AFC, Arquivo de Testemunhas, entrevista com Hannah Pick-Goslar, 6 a 7 de maio de 2009. Ver também: AFS, AFC, Arquivo de Testemunhas, entrevista com Nanette König-Blitz, 2 de agosto de 2012, que também se lembra de ter encontrado Anne no portão.

95. AFS, AFC, Arquivo de Testemunhas, entrevista com Hannah Pick-Goslar, 6 a 7 de maio de 2009.

96. Wenck, *Zwischen Menschenhandel*, p. 351-352.

97. NRK 2.050, inv. nº 1.204, Bertha Kaas-Hekster.

98. NRK 2.050, inv. nº 1.204, Bertha Kaas-Hekster.

99. NRK 2.050, inv. nº 949, Netherlands names extracted by I. R. O. I. T. S.; lista de transporte em 3 de setembro de 1944.

100. ITS, doc. nº 3396827#1, carta da *Comission Mixte de Secours de la Croix-Rouge Internationale* à *Deutsches Rotes Kreuz, Generalführer Hartmann*, 23 de janeiro de 1945, listando 51 destinatários.

101. Ver, além dos testemunhos a seguir, também: AFS, AFC, Arquivo de Testemunhas, entrevista com Marion Bienes, 24 de novembro de 1993. Bienes também veio de Frankfurt e frequentou lá a mesma escola primária que Margot. No entanto, ela só conheceu Margot em Amsterdã. Depois de ser presa em seu esconderijo, Bienes acabou indo parar em Bergen-Belsen. Ela afirma em uma entrevista que em janeiro de 1945 soube que Anne e Margot estavam no campo e viriam ao portão para um encontro. No entanto, ela própria estava totalmente preocupada com seu pai, que estava gravemente doente na época e morreu no campo em janeiro de 1945.

102. Isso deve ser um acréscimo posterior, porque Hanneli não podia ver Anne através da cerca, mas Anne deve ter lhe contado sobre sua condição e sua falta de roupas.

103. Citação original: "I can only remember, women from Auschwitz, and Hanneli has found out that Anne Frank was in that camp right next to us but separated with barbed wire and you were not allowed to communicate with anyone. So she heard about it and she asked to have a message taken to Anne Frank to meet at the fence that evening. It could only [happen] in the evening because if the guard posts would see that there was interaction they would shoot. So we did it after dark and Anne came, this was Hanneli who saw her alone, she was very thin and she didn't have any clothes. She was cold and just had a blanket wrapped around her so she asked Hanneli if she could find some clothes for her and that is the point where Hanneli told me about it and we went together some clothes to threw over the fence the next night, and we did and we met Anne and threw over the bundle but she didn't see it in the dark [...] and someone else came and took the bundle and ran off with it and that was the day before my family and I left Bergen-Belsen for the exchange and it was many years later that Hanneli told me that she did manage to throw another bundle the next night and Anne did received". VHA, entrevista com Irene Butter-Hasenberg, www.irenebutter.com/about (acesso em 4 de setembro de 2020).

104. AFS, AFC, Arquivo de Testemunhas, entrevista com Martha Dotan-van Collem, 5 de maio de 2009.

105. É provavelmente o conhecido boxeador Ben Bril, que na época estava no *Sternlager* em Bergen-Belsen junto com Eva Lek-van Leeuwen. Veja também a lista de transporte de 21 de janeiro de 1945 e a lista de prisioneiros que chegaram a Bergen-Belsen em 25 de janeiro de 1945 para a troca com a América do Sul. Ver também a explicação de Bernd Horstmann, *Kurator für das Namensverzeichnis der Häftlinge des KZ Bergen-Belsen*.

106. Citação original: "Ja, ich habe Anne in Belsen gesehen. Sie war mit einem Transport aus Auschwitz gekommen, und zuerst brachten sie sie in Zelten unter, weil in den Baracken kein Platz mehr war. Aber als das Wetter umschlug und es Herbst in der Heide wurde, zerfetzte

der Sturm eines Nachts diese Zelte und warf sie um. Da wurden sie alle auf verschiedenen Blocks verteilt, und Margot und Anne kamen in unserem Nachbarblock, und ich sah Anne hinter dem Drahtverhau auf der anderen Seite der Straße. Da drüben ging es ihnen noch schlechter als uns, denn wir hatten noch ab und zu einmal ein Paket bekommen, aber sie hatten gar nichts, und ich rief hinüber: Lauf nicht weg Anne, warte! Und ich rannte in die Baracke und packte zusammen, was ich fand, und pack in ein Bündel zusammen, was ich fand und lieb zum Drahtverhau zurück. Aber es war weit bis druben, und wir Frauen waren so schwach, und wie wir noch überlegten, wie wir das Bündel hinüberwerfen könnten, kam Herr Brill vorbei. Er war sehr gross und ich sagte: Ich habe hier ein altes Kleid und Seife und ein Stuck Brot, Herr Brill, und bitte, werfen Sie es hinüber. Dort steht das Kind! Herr Brill zögerte zuerst und wusste nicht, ob er es wagen sollte, denn der Wachtposten konnte uns sehen. Aber er überwand sich, wie er das Kind sah. [...] Und er nahm das Bündel und holte aus, und dann warf er es im hohen Bogen hinuber..." Schnabel, *Anne Frank*, p. 146.

107. Lindwer, *De laatste zeven maanden*, p. 98, 100.

108. AFS, AFC, inv. nº 01.204, declaração de L. Rebling-Brilleslijper, 11 de novembro de 1945.

109. AFS, AFC, OFA, inv. nº 85, Otto Frank para a sra. Rebling Brilleslijper, 4 de outubro de 1945.

110. AFS, AFC, inv. nº 01.204, declaração de L. Rebling-Brilleslijper, 11 de novembro de 1945.

111. NRK, arquivo 117.266, Anne Frank, carta de Kleiman em nome de Otto Frank à Comissão para a Declaração de Óbito de Desaparecidos do Ministério da Justiça, 7 de maio de 1954.

112. NRK, arquivo 117.266, cartão da Cartoteca do Escritório para a Liquidação dos Campos de Concentração (ABC).

113. E-mail de Michiel Schwarzenberg (NRK) para Erika Prins (AFS), 15 de março de 2015.

114. SAA, Arquivo do Registro Civil, acesso 5.009, inv. nº 7.411, suplemento 105-117, assentos nº 46 (Anne) e 47 (Margot).

115. https://lci.rivm.nl/richtlijnen/vlektyfus (acesso em 4 de setembro de 2020); Gerald L. Mandell, John L. Bennet, Raphael Dolin e Douglas Mandell, *Bennet's Principles and Practices of Infectuous Diseases*, parte 2 (7. ed., Filadélfia, 2010), p. 2.217-2.220.

116. YIVO, Arquivo Otto Frank. Otto Frank a Julius Holländer, novembro de 1941. Otto escreve que todos receberam uma vacina na barriga contra a febre tifoide.

117. https://lci.rivm.nl/richtlijnen/vlektyfus (acesso em 4 de setembro de 2020); Gerald L. Mandell, John L. Bennet, Raphael Dolin e Douglas Mandell, *Bennet's Principles and Practices of Infectuous Diseases*, parte 2 (7. ed., Filadélfia, 2010), p. 2.217-2.220.

118. Lindwer, *De laatste zeven maanden*, p. 118.

119. AFS, AFC, Arquivo de Testemunhas, entrevista com Nanette König-Blitz, 2 de agosto de 2012.

120. AFS, AFC, Arquivo de Testemunhas, entrevista com Nanette König-Blitz, 2 de agosto de 2012. Janny Brandes-Brilleslijper também afirmou que Margot caiu da cama. Lindwer, *De laatste zeven maanden*, p. 91.

121. AFS, AFC, Arquivo de Testemunhas, declaração de L. Rebling-Brilleslijper, 5 de abril de 1951. Ver também: Jaldati e Rebling, *Sag nie du gehst den letzten Weg*, p. 362-363.

122. Arolsen Archives, p. 5.792, 1.1.3.1, números de ordem 101, 315 e 216.

123. Lindwer, *De laatste zeven maanden*, p. 99.

6. "Me lembro de Gusta van Pels — de origem alemã"
Auguste van Pels em Raguhn

1. USC-SF, VHA, entrevista com Freda Wineman (Freda Wineman-Silberberg), 28 de fevereiro de 1996; Wenck, *Zwischen Menschenhandel*, p. 347; NIOD, 804, inv. nº 18, Cato Polak.

2. *Gedenkstätte Bergen-Belsen*, Simone Grzybowski-Hochberg; lista de transporte Bergen--Belsen-Raguhn, 7 de fevereiro de 1945: 139 mulheres francesas, 100 húngaras, 86 polonesas, 67 tchecas, 30 italianas, 28 holandesas e outras mulheres de Grécia, Turquia, Bulgária, Romênia, Eslováquia, Iugoslávia e Estados Unidos e várias mulheres apátridas.

3. NRK 2.050, inv. nº 949, Netherlands names extracted by I. R. O. I. T. S.; lista de transporte em 3 de setembro de 1944.

4. AFS, AFC, Arquivo de Testemunhas, entrevista com Annelore Beem-Daniel, 19 de maio de 2014.

5. NIOD, 804, inv. nº 18, Cato Polak. Ver também: NIOD, 250d, inv. nº 761, Suze e Surry Polak.

6. NIOD, 804, inv. nº 18, Cato Polak.

7. Arolsen Archives, p. 5.792, 1.1.3.1, apostila da lista de transporte Bergen-Belsen-Raguhn, 10 de fevereiro de 1945.

8. Lindwer, *De laatste zeven maanden*, p. 132. Em fevereiro de 1945, grandes transportes de evacuação e marchas da morte ainda chegavam a Bergen-Belsen.

9. Citação original: "Well, we had to walk to the train station. And the people were not exactly nice to us, they spit on us. The Germans, yeah. Because you walked sometimes through the village you know. And uh, yes we were put again in the train and this time we weren't sorry to leave Bergen-Belsen, because we thought it was getting worse. And we arrived in Raguhn we said: Thank God, it's a small camp, you know. Thank God it's a small camp". AFS, AFC, Arquivo de Testemunhas, entrevista com Freda Wineman-Silberberg, 24 de agosto de 2015.

10. Megargee, *Encyclopedia of Camps and Ghettos 1*, p. 409-410; Irmgard Seidel, "Raguhn", em: Benz e Distel (ed.), *Der Ort des Terrors* 3, p. 551-552.

11. Landsberger et al. (ed.), *Auschwitz 6*, p. 39.

12. Cópia da lista com *Neuzugänge vom 21. Marz 1945*, recebida em Bergen-Belsen, *Hauptkommission zur Untersuchung der Verbrechen am polnischen Volk, Institut des nationalen Gedenks in Warchau, signatur Buchenwald, syg. 41, k. 30-39*.

13. NIOD, 804, inv. nº 18, Cato Polak.

14. USC-SF, VHA, entrevista com Ellen Spangenthal-Daniel, 26 de julho de 1995.

15. NIOD, 804, inv. nº 18, Cato Polak; Holocaust Survivor testimonial Freda Wineman-Silberberg at UJIA, Londres, 19 de novembro de 2012, www.youtube.com/watch?v=CVsC9jJwXfs (acesso em janeiro de 2016); USC-SF, VHA, entrevista com Freda Wineman (Freda Wineman--Silberberg), 28 de fevereiro de 1996; Ria van den Brandt, *Testemunhas de Theresienstadt*, entrevista com Annelore Beem-Daniel, 20 de outubro de 2009.

16. Seidel, "Raguhn", p. 552.

17. www.aussenlager.buchenwald.de, Projekt Außenlager des ehemaligen KZ Buchenwald (acesso em janeiro de 2016).

18. Lindwer, *De laatste zeven maanden*, p. 132.

19. Lindwer, *De laatste zeven maanden*, p. 132-133.

20. USC-SF, VHA, entrevista com Ellen Spangenthal-Daniel, 26 de julho de 1995.

21. "But when I was in Raguhn, when we worked in that factory and we were twelve hours without food. Can you imagine standing on a machine, after all what we already had gone through, I don't know how we stood, making pieces of machinery on a machine, that was working fast. [...] There was a fat German, he said uh: Tomorrow I will bring you something, he whispered. So Jeanine and I, so we're already dying for the next day to see what he was going to bring us. He brought us some potato peel! And we, he put it in the drawer, you know. And we knew if you would eat that you would have even worse diarrhea. That's how generou he was. Can you imagine how he treated us". AFS, AFC, Arquivo de Testemunhas, entrevista com Freda Wineman-Silberberg, 24 de agosto de 2015.

22. Seidel, "Raguhn", p. 552; Megargee, *Encyclopedia of Camps and Ghettos 1*, p. 410.

23. Declaração NRK, fevereiro de 1961, processo nº 103586, Auguste van Pels-Röttgen.

24. USC-SF, VHA, entrevista com Ellen Spangenthal-Daniel, 26 de julho de 1995.

25. USC-SF, VHA, entrevista com Ellen Spangenthal-Daniel, 26 de julho de 1995.

26. NRK 2.050, inv. nº 1.204, declaração de Bertha Kaas-Hekster, 8 de janeiro de 1948.

27. NRK 2.050, inv. nº 1.237, declaração de Rachel van Amerongen-Frankfoorder.

28. Ver AFS, AFC, Arquivo de Testemunhas, entrevista com Nanette König-Blitz, 2 de agosto de 2012, e entrevista com Annelore Beem-Daniel, 19 de maio de 2014; de Otto Frank para a *Rechtsanwaltin* Elisabeth Späth (em conexão com a *Entschädigung* de Auguste van Pels), 13 de abril de 1960.

7. "Eles nunca voltaram"
Peter van Pels em Mauthausen e Melk

1. Landsberger et al. (ed.), *Auschwitz* 5, p. 29.

2. Strzelecki, "Evacuation", p. 274. Ver também: Wachsmann, KL, p. 760-775.

3. Landsberger et al. (ed.), *Auschwitz* 5, p. 31, 227; idem, *Auschwitz* 6, p. 85; NIOD, 250d, inv. nº 827, declaração de C. Schimmer e A.F. van Velzen.

4. Haenen, *De bokser*, p. 136-163.

5. NRK, *Liste der Zugänge von* 25. *Januar 1945 Mauthausen*. De acordo com os dados da NRK, eram no total 5.724 presos. Landsberger et al. (ed.), *Auschwitz* 6, p. 85. Ver também: Haenen, *De bokser*, p. 136-163. Moszkowicz pertencia ao mesmo grupo de prisioneiros.

6. Por exemplo: KZ-*Gedenkstätte Mauthausen*, AMM OH/ZP*1/299*, entrevista com Jakob Maestro, 17 de junho de 2002, p. 53. A descrição dessa marcha da morte é baseada, entre outros, nos testemunhos de Jakob Maestro, Job Jansen, Mari Sloot, Max Rodrigues Garcia, C. Schimmer e A. F. van Velzen.

7. Com base nos testemunhos de C. Schimmer, A. F. van Velzen, Jakob Maestro e Job Jansen.

8. KZ-*Gedenkstätte Mauthausen*, AMM OH/ZP*1/ 299*, entrevista com Jakob Maestro, 17 de junho de 2002, p. 50; A. F. van Velzen; Mari Sloot.

9. Com base no testemunho de A. F. van Velzen.

10. Alden Thwaits Garcia, *Auschwitz*, p. 125.

11. NIOD, 250d, inv. nº 646, declaração de S. M. Kropveld.

12. NIOD, 250d, inv. nº 646, declaração de S. M. Kropveld.

13. Pohl se tornaria chefe do *Wirtschafts-Verwaltungshauptamt* (WVHA) em 1942 como SS-*-Obergruppenführer und General der Waffen*-SS.

14. Wachsmann, KL, p. 230-234.

15. Ver também o capítulo 2. De Jong, *Het Koninkrijk 4*, p. 739, 929-934; Peter Romijn, *Burgemeesters in oorlogstijd. Besturen onder Duitse bezetting* (Amsterdã, 2006), p. 250-263.

16. Arolsen Archives 5.792, CC Mauthausen, general report by Mr. Kanthack, former inmate etc., p. 54.

17. Os campos foram classificados de acordo com *Stufe* I, II *e* III, sendo *Stufe* III o regime mais severo.

18. Ladislaus Szucs, *Zählappell. Als Arzt im Konzentrationslager* (Frankfurt/Main, 1995), p. 34. Harald Hutterberger explicou verbalmente o cálculo das calorias.

19. Ver também: Maršálek, *Die Geschichte des Konzentrationslager Mauthausen* (Viena, 1995), p. 181-215.

20. Maršálek, *Die Geschichte*, p. 181-193.

21. Maršálek, *Die Geschichte*, p. 196-215; Hans Maršálek, *Die Vergasungsaktionen im Konzentrationslager Mauthausen — Gaskammer, Gaswagen, Vergasungsanstalt Hartheim, Tarnnamen Dokumentation* (Viena, 1988); Bertrand Perz, Florian Freund: "Tötungen durch Giftgas im Konzentrationslager Mauthausen", em: Günther Morsch e Bertrand Perz, *Neue Studien zu nationalsozialistische Massentötungen durch Giftgas* (Berlim, 2011), p. 244-257.

22. Esses números não levam em consideração os prisioneiros que morreram após a libertação de Mauthausen, www.mauthausen-memorial.org/de/Wissen/Das-Konzentrationslager--Mauthausen-1938-1945 (acesso em 16 de abril de 2019).

23. KZ-*Gedenkstätte Mauthausen, E/13/08/01*, lista de 25 de janeiro de 1945.

24. KZ-*Gedenkstätte Mauthausen*, AMM OH/ZP*1/234*, entrevista com Miksa Mechlowitz, 11 de junho de 2002; e USHMM, Michal Kraus, *Diary*, p. 15.

25. NIOD, 250d, inv. nº 827, declaração de C. Schimmer, p. 28.

26. KZ-*Gedenkstätte Mauthausen, E/13/08/01*, lista de 25 de janeiro de 1945.

27. Registro de cópia carbono de Peter van Pels Mauthausen, cópia em AFS. Na história "Minha primeira entrevista", Anne Frank escreve que ele tinha olhos azul-acinzentados. *Anne Frank*, "Minha primeira entrevista" (22 de fevereiro de 1944), em: Anne Frank, *Verhaaltjes, en gebeurtenissen uit het Achterhuis. Cady's leven* (Amsterdã, 2001), p. 64-65.

28. KZ-*Gedenkstätte Mauthausen*, AMM OH/ZP*1/299*, entrevista com Jakob Maestro, 17 de junho de 2002. Maestro menciona números diferentes: mil em um pavilhão destinado a cem pessoas e quinhentas em um pavilhão para oitenta.

29. Ioan Gottlieb, *Euch werde ich's noch zeigen. Vom Ghetto Baia Mare durch Auschwitz, Mauthausen, Melk und zurück: 1929-1945* (Constança, 2006), p. 25.

30. Roman Frister, *The Cap, or the Price of a Life* (Nova York, 2000), p. 101.

31. Visão geral do número de prisioneiros em Mauthausen, 27 de janeiro de 1945 e 30 de janeiro de 1945; Zement é o codinome para o campo-satélite de Ebensee. Arolsen Archives 5.792; Peter van Pels parte para Melk em 29 de janeiro de 1945, os transportes para Gusen e Ebensee ocorrem em torno dessa data.

32. NRK, arquivo 135.177-3, mapa do campo de Mauthausen. Ver também p. 171, 278; e NIOD, 250d, inv. nº 827, declaração de C. Schimmer, p. 28.

33. Arolsen Archives 5.792, Lista de deportação Mauthausen-Melk; Schimmer menciona oito marceneiros nessa seleção, então é possível que presos com a mesma profissão tenham sido escolhidos juntos para a seleção de Melk. NIOD, 250d, inv. nº 827, declaração de C. Schimmer, p. 28.

34. A fábrica de armas Steyr-Daimler-Puch AG era a maior produtora de rolamentos de esferas no Reich alemão e mudou sua fábrica de rolamentos de esferas de Steyr-Münichholz para Melk para se proteger dos ataques aéreos dos Aliados.

35. *Das Lagersystem Mauthausen, Hauptlager und Aussenlager, zur Schichte des Aussenlagers Melk*, www.mauthausen-memorial.at (acessado em outubro de 2010); e Bertrand Perz, *Das Project "Quarz". Der Bau einer unterirdischer Fabrik durch Häftlinge des KZ Melk für die Steyr--Daimler-Puch AG 1944-1945* (Innsbruck, 2014).

36. Lista de transporte de Melk, 29 de janeiro de 1945. Essa lista contém 1.971 nomes. Isso corresponde aproximadamente aos dados das sinopses do número de prisioneiros em Mauthausen Bad Arolsen entre 27 e 30 de janeiro de 1945. Arolsen Archives 5.792.

37. Moshe Ha-Elion, *The Straits of Hell: The Chronicles of a Salonikan Jew in the Nazi Extermination Camps Auschwitz, Mauthausen, Melk, Ebensee* (Mannheim, 2005), p. 58-59.

38. KZ-*Gedenkstätte Mauthausen*, B/30/13, Melk, p. 3.

39. KZ-*Gedenkstatte Mauthausen*, B/30/II/8. Segundo o comandante do campo Julius Ludolph durante seu interrogatório em 22 de maio de 1945 pelo major Harolder Sullivan: alemães do Reich, judeus, franceses, russos, poloneses, noruegueses, maometanos, eslovenos, italianos, espanhóis e jovens.

40. KZ-*Gedenkstätte Mauthausen*, B/30/13, Melk, p. 3.

41. Cinco mil prisioneiros faleceram em Melk, perderam a vida em acidentes ou foram mortos a tiros. De um total de 14.357 presos. Total de prisioneiros de abril de 1944 a abril de 1945: 14.387 (*Eingänge*) — 8.928 (retornados) = 5.459. Morreram 4.873 e fugiram 85.

42. Citação original: "The toilets were caked with dirt, as were the few showers. In fact, dirt covered everything and before long, we were infested with lice". Ha-Elion, *The Straits*, p. 58.

43. NIOD, 250d, inv. nº 1.185, H. L. Bastiaans.

44. NIOD, 250d, inv. nº 1.185, H. L. Bastiaans.

45. NIOD, 250d, inv. nº 827, declaração C. Schimmer, p. 29.

46. Ha-Elion, *The Straits*, p. 60.

47. Bertrand Perz, "Kinder und Jugendliche im Konzentrationslager Mauthausen und seine Außenlagern", *Dachauer Hefte* 9 (1993), p. 71-90.

48. KZ-*Gedenkstätte Mauthausen*, B/30/II/8, interrogatório do comandante do campo Julius Ludolph, em 22 de maio de 1945, feito pelo major Harolder Sullivan. O comandante do campo tentou várias vezes mandar as crianças de volta para Mauthausen porque não podia utilizá-las. As empresas pagavam dinheiro pelos trabalhadores forçados e não tinham nenhum interesse em crianças.

49. Peter van Pels voltou a Mauthausen em 11 de abril; esses são os jovens e doentes de Melk. Os outros prisioneiros, cerca de 6 mil, foram para Ebensee. KZ-*Gedenkstätte Mauthausen, B/30/6/d, Aufstellung über von* KL-*Melk abgegange Transporte (Evakuierung des Lagers)*.

50. NIOD, 250d, inv. nº 827, declaração de C. Schimmer, p. 29.

51. Citação original: "Ich wurde einmal zusammengeprügelt weil ich bei der Arbeit eingeschlafen war. Bekam 25 Hiebe dafür. Und werden ständig geschlagen, aus keinem bestimmten Grund. Einfach so". KZ-*Gedenkstätte Mauthausen*, AMM OH/ ZP*1/234*, entrevista com Miksa Mechlowitz, 11 de junho de 2002.

52. Alguns presos que realizavam trabalho especializado estavam um pouco melhor nessas circunstâncias, como o holandês Job Jansen (um ex-funcionário da Opekta). Ele tinha de fazer a manutenção das bombas para manter os túneis secos. USC-SF, VHA, entrevista com Josephus Jansen, 15 de outubro de 1996. Ver também: Ha-Elion, *The Straits*, p. 58.

53. Arolsen Archives 5.792, CC Mauthausen, general report by Mr. Kanthack, former inmate etc., p. 54.

54. KZ-*Gedenkstätte Mauthausen,* AMM OH/ZP1/234, entrevista com Miksa Mechlowitz, 11 de junho de 2002.

55. KZ-*Gedenkstätte Mauthausen*, B/30/13, Melk, p. 3; NIOD, 250d, inv. nº 827, declaração de C. Schimmer, p. 29.

56. Desde novembro de 1944, havia um crematório em Melk; antes disso, os cadáveres eram empilhados e depois de algum tempo transportados para Mauthausen. KZ-*Gedenkstätte Mauthausen, Abteilung* IV/7, *B/30-B/39*.

57. Perz, *Das Projekt "Quarz"*, p. 531. Mil e quinhentos foram retornados a Mauthausen; Perz menciona jovens com menos de vinte anos; Peter tinha dezoito anos.

58. Perz, *Das Projekt "Quarz"*, p. 531-532.

59. Perz, *Das Projekt "Quarz"*, p. 532.

60. KZ-*Gedenkstätte Mauthausen*, B/30/6/2, *Aufstellung über von* KL-*Melk abgegange Transporte (Evakuierung des Lagers)*.

61. KZ-*Gedenkstätte Mauthausen*, registro de entrada (Y/36, Y/44); registro de entrada (E/13/8/1), inscrição de Peter van Pels.

62. KZ-*Gedenkstätte Mauthausen*, AMM H/02/03, Václav Berdych, "Krankenhauspflege", p. 8.

63. KZ-*Gedenkstätte Mauthausen*, *Abteilung* IV/7, *Archiv H / 1, Die medizienische Betreuung, das Revier*.

64. NIOD, 250d, inv. nº 1.185, H. L. Bastiaans.

65. Dez dias depois, a autoridade foi transferida pelos norte-americanos para o exército soviético.

66. KZ-*Gedenkstätte Mauthausen*, *Abteilung* IV/7, "Hospital Mauth. Abgangsbuch" (Tote) 5.5.45-18.5.45.

67. KZ-*Gedenkstätte Mauthausen*, *Abteilung* IV/7, *Liste der "Verstorbene"*, elaborada pelo Terceiro Exército dos Estados Unidos, 1945.

68. Ver também: Wachsmann, KL, p. 823-833.

69. Em 21 de novembro de 1949, a NRK transmitiu a data do falecimento em 5 de maio de 1945 à Comissão para a Declaração de Óbito de Desaparecidos. A data do falecimento em 10 de maio de 1945 está anotada no verso do cartão, com base na r830/4. NRK, campos e prisões, inv. nº 429JRK. KZ-*Gedenkstätte Mauthausen, Abteilung* IV/7, Hospital Mauth. Abgangsbuch (Tote) 5.5.45-18.5.45.

8. "Dos holandeses, a maioria morreu"
Fritz Pfeffer em Neuengamme

1. NRK, arquivo 122, cartão de Charlotte Kaletta a NRK, 1º de agosto de 1945; DKA, Coleção Schnabel, notas de Schnabel, p. 149; declaração de Jakob de Vries, sra. Swaap em: NRK, arquivo 42.095 (Willem Swaap). AFS, AFC, OFA, inv. nº 211, entrevista com Otto Frank feita por Arthur Unger, 6 de fevereiro de 1978. Ernst Schnabel também escreve sobre isso. Schnabel, *Anne Frank*, p. 138.

2. NRK, arquivo 122, cartão de Kaletta a NRK, 8 de agosto de 1945: "[...] a última mensagem sobre Pfeffer data de 1º de outubro, quando ele foi junto com um transporte de médicos".

3. Ver a seção "Fritz Pfeffer em Neuengamme".

4. NRK 2050, inv. nº 1.091, declaração de Janny Hamburger-Bolle, 29 de março de 1951.

5. A intenção era usá-los na fabricação de notas falsas. Landsberger et al. (ed.), *Auschwitz 6*, p. 13.

6. Landsberger et al. (ed.), *Auschwitz 6*, transporte para AK (*Außenkommando) Wüstegiersdorf* (Comando GR). Entre eles, estavam também o dr. Abraham Wittenburg, Max Hamburger, o dr. Izak Mannheimer, o dr. S. M. Kropveld e o dr. Kok. NRK 2.050, inv. nº 1.091, declaração de Janny Hamburger-Bolle, 29 de março de 1951, e arquivo 42.382, Maurits van Aalst; em 15 de maio de 1944, Janny Hamburger-Bolle foi com um grupo de dezesseis enfermeiras, ou o que quer que tenham sido, de Auschwitz a Groß-Rosen. NRK 2050, inv. nº 1.091, declaração de Janny Hamburger-Bolle, 29 de março de 1951. Ver também: Göbel, *Een hemel zonder vogels*, p. 92-93.

7. Baseado no monumento digital do círculo de amigos de Neuengamme, www.monument.vriendenkringneuengamme.nl (acesso em 4 de setembro de 2020), o *Totenbuch* (livro dos mortos) on-line do *Gedenkstätte KZ-Neuengamme*, www.kz-gedenkstaette-neuengamme.de/geschichte/totenbuch/die-toten-1940-1945/ (acesso em 4 de setembro de 2020), complementado com uma explicação escrita por Alyn Beßmann, do *Gedenkstätte*: médico Max Mosheim 64.969, médico Arthur Moser 64.970, dentista Fritz Pfeffer 64.971, médico Isaac Chatt 64.976, dentista Willem Swaap 64.995. Fritz Pfeffer recebeu o número 64.971 na chegada a Neuengamme. Willem Swaap recebeu o número 64.995. Os números atribuídos em Neuengamme são únicos. No entanto, pode haver grandes lacunas na numeração. NRK, inv. nº 3.281, *Comité International de la Croix-Rouge, Häftlings-Nummerzuteilung*, p. 26. Pode-se deduzir dos números dos prisioneiros em alguns dos cartões de registro preservados que eles chegaram entre 10 e 18 de novembro de 1944. Landsberger et al. (ed.), *Auschwitz 6*, p. 13-14; Judith Schuyf, *Nederlanders in Neuengamme. De ervaringen van ruim 5500 Nederlanders in een Duits concentratiekamp, 1940-1945* (Zaltbommel, 2005), p. 187. Criado com base no testemunho dos "Puttenaren" Jaap van Wincoop (www.oktober44.nl/het-verhaal-van-jaap-van-wincoop), Wouter Roozendaal (www.oktober44.nl/het-verhaal-van-wouter-rozendaal) e J. Vonhof (www.oktober44.nl/ik-ben-zo-weer-terug), que chegaram a Neuengamme em meados de outubro (acesso em março de 2016).

8. NRK 2050, inv. nº 2.179, Barend Konijn. Um deles era Willem Swaap, colocado nesse transporte em novembro de 1944, embora estivesse no pavilhão dos doentes em Auschwitz.

9. Informações fornecidas por Alyn Beßmann do *Gedenkstätte Neuengamme*. Eram os médicos Max Mosheim, Arthur Moser, Isaac Chatt, Michel Peterfalvi, Nikolaus Stein, Wilhelm Schert, o dentista Adalbert Raduciner e o ginecologista dr. Adalbert Fehér.

10. Buggeln, *Slave Labor*; Hermann Kaienburg, *Das Konzentrationslager Neuengamme*, 1938-1945 (Bonn, 1997).

11. Ver também: Buggeln, *Slave Labor*; Kaienburg, *Das Konzentrationslager Neuengamme*.

12. Karin Orth, *"Erziehung zum Folterer? Das Beispiel des KZ-Kommandanten Max Pauly"*, em: Peter Burschel et al. (ed.), *Das Quälen des Körpers. Eine historische Anthropologie der Folter* (Colônia, 2000).

13. www.kz-gedenkstaette-neuengamme.de/geschichte/totenbuch (acesso em 18 de junho de 2020). Compare também com a estimativa mais ampla de Kaienburg, que presume que entre 40 mil e 55 mil prisioneiros morreram em Neuengamme. Kaienburg, *Neuengamme*, p. 268.

14. Kaienburg, "Vernichtung durch Arbeit", p. 371.

15. Reimer Möller, "Die beiden 'Zyklon B'-Mordaktionen im Konzentrationslager Neuengamme 1942", em: Günter Morsch e Bertrand Perz (ed.), *Neue Studien zu nationalsozialistisches Massentötungen durch Giftgas* (Berlim, 2011).

16. Prisioneiros de Bélgica, Dinamarca, Alemanha, França, Grécia, Hungria, Itália, Iugoslávia, Letônia, Luxemburgo, Holanda, Noruega, Áustria, Polônia, Rússia, Espanha e Tchecoslováquia.

17. Cerca de 13 mil prisioneiros judeus foram registrados em Neuengamme.

18. Os números foram retirados do site do KZ *Gedenkstätte Neuengamme*, www.kz-gedenkstaette-neuengamme.de (acesso em 26 de junho de 2020).

19. Schuyf, *Nederlanders in Neuengamme*, p. 33.

20. Sobre De Kom, Haersma Buma e Campert, ver também: Bas von Benda-Beckmann, *Het Oranjehotel. Een Duitse gevangenis in Scheveningen* (Amsterdã, 2019), p. 41, 350-351, 360-361.

21. Seiscentos e cinquenta e nove homens foram levados para Amersfoort, 58 deles foram postos em liberdade, em seguida 601 homens foram para Neuengamme, dos quais 13 escaparam; 588 prisioneiros chegaram a Neuengamme; 48 deles sobreviveram e retornaram. www.oktober44.nl/weggevoerde-mannen e www.oktober44.nl/razzia (acesso em 4 de setembro de 2020).

22. Wim Alosery, entrevistado no *de Volkskrant*, em 2 de maio de 2015.

23. Kaienburg, "Vernichtung durch Arbeit", p. 97. Hamburgo era uma das cinco *Führerstädten*. Os planos incluíam uma ponte pênsil de setecentos metros sobre o Elba, um "Gauhaus" de 250 metros de altura e uma fachada de prédios de escritórios e edifícios industriais.

24. Schuyf, *Nederlanders in Neuengamme,* p. 33.

25. Nos subcampos ou comandos, os trabalhadores forçados frequentemente trabalhavam para clientes industriais ou privados que contratavam os prisioneiros por um salário diário de 4 a 6 RM (*Reichsmark*) da SS; a escavação de fossos e defesas antitanque foi encomendada pelo governo nazista. Schuyf, *Nederlanders in Neuengamme*, p. 55-57.

26. Friedrich Pfeffer em: www.kz-gedenkstaette-neuengamme.de/geschichte/totenbuch/ (acesso em 18 de junho de 2020).

27. NRK, arquivo 7.500, Fritz Pfeffer. No entanto, não é impossível que ele tenha ido parar em Neuengamme vindo de Auschwitz via Sachsenhausen. Landsberger et al. (ed.), *Auschwitz 6*, p. 13-14, 20; Schuyf, *Nederlanders in Neuengamme*, p. 137. Em 24 de outubro de 1944, um transporte com homens parte de Auschwitz para Sachsenhausen; Sietse Geertsema (do círculo de amigos de Neuengamme) também menciona Buchenwald como uma possibilidade.

28. Criado com base no testemunho dos "Puttenaren" Jaap van Wincoop (www.oktober44.nl/het-verhaal-van-jaap-van-wincoop), Wouter Roozendaal (www.oktober44.nl/het-verhaal--van-wouter-rozendaal) e J. Vonhof (www.oktober44.nl/ik-ben-zo-weer-terug), que chegaram a Neuengamme em meados de outubro (acesso em março de 2016).

29. www.vriendenkringneuengamme.nl/media/film-cor-bos, fragmento de filme 3 (acesso em 4 de setembro de 2020).

30. Uma cama malfeita resultava em surras de porrete. Esse procedimento é baseado em: NRK 2.050, inv. nº 1.755, "Hoe was het leven in Neuengamme. Alleen door geluk komt men er levend vanaf", p. 2.

31. www.oktober44.nl/het-verhaal-van-jaap-van-wincoop (acesso em 17 de agosto de 2020).

32. Johannes Paulus Lokker (Melissant, 25 de setembro de 1902) foi preso em 18 de novembro de 1944 por atividades de resistência e chegou a Neuengamme em 4 de fevereiro de 1945. www.monument.vriendenkringneuengamme.nl (acesso em 4 de setembro de 2020). O relatório anônimo e sem data encontrado no NRK (NRK 2.050, nº 1.755, "Hoe

was het leven in Neuengamme. Alleen door geluk komt men er levend vanaf") parece pertencer a Johannes 'Han' Lokker. Schuyf, *Nederlanders in Neuengamme*, p. 47. Ver também o fragmento da entrevista "Olhando ao redor com Ton Lokker de Barneveld" (Emissora Gelderland, 6 de março de 2017), www.youtube.com/watch?v=LrEyaWgb8ZA (acesso em 25 de junho de 2020).

33. NRK 2.050, inv. nº 1.755, "Hoe was het leven in Neuengamme. Alleen door geluk komt men er levend vanaf", p. 6.

34. Ver também: Wachsmann, KL, p. 707-717.

35. www.oktober44.nl/het-verhaal-van-jaap-van-wincoop (acesso em 17 de agosto de 2020).

36. Ver, por exemplo: www.oktober44.nl/het-verhaal-van-wouter-rozendaal (acesso em 4 de setembro de 2020); NRK 2.050, inv. nº 1.755, "Hoe was het leven in Neuengamme. Alleen door geluk komt men er levend vanaf", p. 3.

37. *Gedenkstätte Neuengamme,* "Häftlings-Toten-Nachweis", 17.12.1944-19.1.1945.

38. www.menselijke-lichaam.com/besmettelijke-ziektes/enterocolitis (acesso em fevereiro de 2016).

39. NRK 2.050, inv. nº 1.755, "Hoe was het leven in Neuengamme. Alleen door geluk komt men er levend vanaf", p. 3.

40. Lista de doenças prescritas dos arquivos do Museu Estatal de Auschwitz-Birkenau, sem número de inventário conhecido (cópia em AFS); www.monument.vriendenkringneuengamme.nl (acesso em 4 de setembro de 2020).

41. Kaienburg, "Vernichtung durch Arbeit", p. 161-180.

42. NRK, arquivo 7.500, certidão de óbito de Fritz Pfeffer, nº IX/107.

43. www.kz-gedenkstaette-neuengamme.de (acesso em março de 2016). *Standesamt Hamburg-Neuengamme*, Translado da certidão de óbito, AFS, coleção do museu, objeto A_Pfeffer_I_016. O local do falecimento é mencionado na certidão de óbito: Hausdeich 60 em Hamburgo-Neuengamme, 16 de fevereiro de 1945. Esse é o crematório do campo.

44. NRK, arquivo 7.500 de Fritz Pfeffer, carta à sra. C. Kaletta de J. van de Voss, 23 de outubro de 1945.

9. "Onde as crianças estão, eu não sei"
A busca de Otto

1. Por exemplo: Joseph Spronz, Sal de Liema, Bob Zadick, Barend Konijn, Rudi Meijer. AFS, AFC, OFA, inv. nº 85.

2. Por exemplo, de Johan Goudsmit, Simon Meyer, que faleceu em Stutthof, e Nico Pimentel, que faleceu em Groß-Rosen. Banco de dados de Juan Goudsmit.

3. Otto menciona Hans Goudsmit.

4. Coleção particular de Juan Goudsmit, lista de transporte Auschwitz-Stutthof.

5. Citação original: "Hoffentlich erreichen Dich diese Zeilen, die Dir und all den Lieben die Nachricht bringen, dass ich durch die Russen gerettet wurde, gesund voll guten Mutes bin und in jeder Beziehung gut versorgt. Wo Edith und die Kinder sich befinden weiss ich nicht, wir sind seit 5. Sept 44 getrennt. Ich hörte nur, dass sie nach Deutschland transportiert wurden. Man muss hoffen, sie gesund zurück zu sehen. Bitte benachrichtige meine Schwäger und meine Freunde in Holland von meiner Rettung. Ich sehne mich danach Euch Alle

wieder zu sehen und hoffe, dass dies bald möglich sein wird. Wenn auch Ihr nur Alle gesund seid. Wann werde ich wohl Nachricht von Euch erhalten können? Alles Liebe und innigste Grüsse und Küsse. Dein Sohn. Otto". AFS, OFA, inv. nº 17, Otto Frank a Alice Frank-Stern, 23 de fevereiro de 1945.

6. Embora Rosa de Winter-Levy não soubesse disso na época, sua filha, Judik, sobreviveria aos campos. Elas se reencontraram pouco depois de chegar à Holanda. De Winter-Levy, *Aan de gaskamer ontsnapt!*, p. 23.

7. Assim era o caderno de notas de Otto Frank, no qual ele observa: "Mensagem sobre a morte de Edith no hospital em 6 de janeiro de 1945, devido à fraqueza, sem sofrimento". AFS, AFC, OFA, inv. nº 40, caderno de notas de Otto Frank, 1945. Ver também: Lee, *Het verborgen leven*, p. 160.

8. Rosa de Winter-Levy em: Lee, *Het verborgen leven*, p. 160. Ver também: AFS, AFC, OFA, inv. nº 40, caderno de notas de Otto Frank, 1945.

9. Citação original: "Viel kann ich nicht schreiben, denn die Nachricht von Edith's Tod am 6.I.45, die ich jetzt erhielt, hat mich doch so getroffen, dass ich nicht ganz der Alte bin. Der Gedanke an die Kinder hält mich aufrecht. Edith ist im Krankenhaus an Schwäche durch Unternährung gestorben, so dass ihr Körper eine Darmstörung die hinzu kam nicht aushilt. In Wirklichkeit auch ein Mord der Deutschen". AFS, AFC, OFA, inv. nº 17, Otto Frank a Alice Frank-Stern, 23 de fevereiro de 1945. Ver também: Lee, *Het verborgen leven*, p. 161.

10. Eva Schloss-Geiringer citada em: Lee, *Het verborgen leven*, p. 161. Ver também: Schloss, *Herinneringen*, p. 179.

11. AFS, AFC, OFA, inv. nº 40, caderno de notas de Otto Frank, 1945.

12. Citação original: "Ich schreibe hier im Büro, es ist alle wie ein schwerer Traum. Ich kann mich in der Wirklichkeit noch nicht zurecht finden [...] Wo sie sind, weiss ich nicht und die Gedanke an sie verlässt mich nicht". AFF_AIF_corr_10_0029, Otto Frank a Alice Frank-Stern, 8 de junho de 1945. Ver também: Lee, *Het verborgen leven*, p. 174.

13. AFS, AFC, Arquivo de Testemunhas, entrevista com Rudi Nussbaum, 22 de fevereiro de 2010. A mãe de Nussbaum era Eleonora Nussbaum-Mager. Ela faleceu em 4 de maio de 1945 em Bergen-Belsen. https://www.joodsmonument.nl/en/page/171634/eleonora-nussbaum-mager.

Este livro, composto na fonte Fairfield,
foi impresso em papel Lux Cream 60g/m² na Grafilar.
São Paulo, setembro de 2025.